국제범죄의 지휘관책임

국제범죄의 지휘관책임

이윤제

景仁文化社

책머리에

국제범죄는 우리나라 근현대사의 도처에서 발견된다. 일제에 의해 강점당했고, 북한의 침략과 동족상잔의 전쟁, 그리고 군대가 시민을 학살한 5·18을 겪었다. 일본군'위안부' 문제의 법적 청산은 아직 이루어지지 않았고, 분단된 조국이 통일되면 과거청산이 문제될 것이다.

이 책의 주제인 지휘관책임은 지도자(지휘관, 상급자)들의 국제범죄에 대한 법적 책임을 다룬다. 집단의 의사를 결정하고, 총과 칼을 통제하는 실권자들이야 말로 국제범죄의 발생에 가장 책임이 큰 자들이다. 지휘관책임은 자신의 실효적 통제 하에 있는 부하(하급자)의 범죄에 대하여 알았거나 이를 과실로 알지 못한 국가, 군, 또는 이에 준하는 조직의 지도자(상급자)가 부하(하급자)의 국제범죄를 방지, 억제, 처벌, 보고하지 않은 경우에 상급자에게 성립하는 형사책임이다. 지휘관책임의 객관적 요건은 부하에 대한 상급자의 실효적 통제(상급자-하급자 관계), 부하의 범죄에 관한 상급자의 의무 불이행(부작위), 부하의 국제범죄의 발생이고, 주관적 요건은 부하의 범죄에 대한 인식 또는 인식의 실패이다. 국가의 개입이나 묵인이라는 국제범죄의 집단범죄성은 상급자가 부하의 국제범죄를 통제할 수 있는 실질적 능력, 즉 상급자의 부하에 대한 "실효적 통제"라는 요건에 반영된다.

지휘관책임의 법적 성질에 관하여는 독립범죄설과 책임형식설이 대립하고 있다. 책임형식설은 상급자가 부하의 범죄에 부작위에 의해 가담·참여한 공범의 일종이라고 보는데 반하여, 독립범죄설은 부하의 범죄에 대하여 필요한 조치를 취하지 않은 상급자의 부작위에 대한 형사책임으로 부하의 범죄와는 독립된 범죄라고 이해한다.

책임형식설은 부하의 범죄에 대하여 상급자를 유죄로 처벌하여 온 국제형사재판의 실무를 설명하는데 용이하지만, 상급자가 부하의 범죄에 대하여 알지 못한 경우와 부하의 범죄가 발생한 후에 상급자가 처벌(보고) 의무를 이행하지 않은 경우를 설명하는데 난점을 보여준다. 책임형식설과 독립범죄설의 대립은 ICC 로마규정의 이행입법에서 그 차이가 나타난다. 책임형식설을 택하는 경우에 국제형법의 통일적·일원적 지휘관책임이 각국의 공범체계에 따라 재구성되면서 지휘관책임이 그 유형별로 분리되고, 결국은 국가별로 지휘관책임의 내용이 달라지는 결과를 초래한다(지휘관책임의 다원화).

독일은 지휘관책임을 국제형법전에 도입하면서 상급자의 고의와 과실, 작위의무의 내용을 기준으로 3가지 규정을 만든다. 상급자가 부하의 범죄에 대하여 알면서 범죄를 방지하지 않은 경우에 상급자를 정범과 같은 형으로 처벌하는 총칙규정 1개(제4조), 상급자의 고의 또는 과실의 감독의무위반과 과실에 의한 부하의 범죄의 방지의무위반을 결합한 감독의무위반죄(제13조), 부하의 범죄를 고지하지 않은 부작위를 처벌하는 범죄보고불이행죄(제14조)를 규정하였다. 우리나라의 「국제형사재판소 관할 범죄의 처벌 등에 관한 법률」("국제범죄처벌법")은 독일의 국제형법전을 참고로 하였으나 독일 국제형법전의 제13조와 제14조에 해당하는 내용을 하나의 직무태만죄로 구성함으로써 독일과 달리 2개의 조문(국제범죄처벌법 제5조, 제15조)을 두고 있다.

독일 국제형법전과 마찬가지로 우리의 국제범죄처벌법은 직무태만죄(제15조)에 시효가 적용되도록 하였을 뿐만 아니라, 과실의 범죄보고불이행죄를 처벌하지 않고 있다. 지휘관책임의 범죄보고불이행죄는 국가보안법의 불고지죄와 그 적용 대상과 법적 성격이 전혀 다르다. 불고지와 달리 지휘관책임의 범죄보고불이행죄는 시민의 양심의 자유나 정치적 자유를 제한하는 것이 아니라 시민의 자유와 인

권을 유린한 지도자들의 의무위반을 처벌하는 것이다. 지휘관책임
에 대한 시효의 적용과 과실 범죄보고불이행죄의 불벌은 국제형사
재판소(ICC) 로마규정과 배치되며, 국제범죄의 성격에 부합하지 않을
뿐만 아니라, 주요 국가들의 로마규정의 이행입법과도 다르다. 따라
서 ICC 로마규정의 보충성 원칙을 만족시키지 못하기 때문에 우리
법원이 ICC에 대하여 가지고 있는 자국민에 대한 우선적 재판권을
잃을 가능성이 있다.

이 책에서 저자는 지휘관책임에 시효의 적용을 배제하고, 과실의
범죄보고불이행죄를 신설하는 등 우리나라 국제범죄처벌법의 문제
점을 보완하는데 필요한 내용을 담은 지휘관책임 "부분개정안"(私案
I)을 제안한다. 한편, 지휘관책임에 관한 각국의 입법을 통일할 수 있
는 방안으로 독립범죄설에 기초한 지휘관책임 "전면개정안"(私案 II)
을 별도로 마련함으로써 우리나라와 다른 나라의 장래의 입법에 참
고가 되도록 하였다.

마지막으로 감사의 말을 남긴다. 이 책은 저자의 박사학위 논문
인 "국제범죄에 대한 지휘관책임의 연구"를 수정·보완한 것이다. 누
구보다 지도교수이신 한인섭 교수님께 감사드린다. 스승의 은혜는
하늘과 같다. 선생님이 없으셨다면 이 책도, 지금의 나도 없었을 것
이다. 박사학위 심사위원이셨던 신동운 교수님, 조국 교수님, 이근관
교수님, 이승호 교수님께 다시 없이 큰 은혜를 입었다. 교수님들로
부터 박사학위 논문을 심사받은 것은 내게 커다란 행운이었다. 몇
년에 거쳐 연구한 주제였음에도 불구하고 도저히 해결할 수 없어 괴
로웠던 부분들이 심사과정을 통해서 쉽게 이해가 되었다. 다섯 분의
고명하신 선생님들로부터 동시에 배울 수 있는 기회를 언제 다시 가
질 수 있겠는가! 신동운 교수님은 한국 형법의 진수를, 조국 교수님
은 학자의 치밀함을, 이근관 교수님은 국제법의 접근법을 가르쳐 주
셨다. 이승호 교수님의 지적은 국제형법의 책임형식설을 종전과 다

른 관점에서 검토할 수 있는 계기가 되었다. 심사위원이셨던 교수님들 외에도 국제인권법을 가르쳐 주신 정인섭 교수님, 형법 이론을 가르쳐 주신 이용식 교수님, 형사소송법을 가르쳐 주신 이상원 교수님께도 감사드린다. 이 책의 이곳, 저곳에 선생님들의 가르침이 들어가 있다. 그리고 일본군'위안부' 연구회 회원, 아주대학교 법학전문대학원 교수님들, 특히 형사법 교수님들께 감사드린다. 검찰과 법무부에서 같이 고생했던 선·후배 동료들, 특히 문성우 변호사님과 안상돈 검사장님께 감사드리고, 네덜란드 헤이그에서 나를 지도하고 보살펴 주셨던 권오곤 ICTY 전 재판관님과 송상현 전 ICC 소장님께 특별히 감사드린다. 이재순, 신현수, 김진국, 박성수, 조민행, 김남준, 이석범, 이성호, 김인회, 차규근 변호사님, 그리고 지금 개혁을 위해 같이 고군분투하시는 법무·검찰 개혁위원회 위원님들과 출판의 기쁨을 나누고 싶다. 일일이 거명하지 못한 친구와 후배·동료들에게도 존경과 감사의 마음을 전한다.

　가족들에 대하여 한없이 고맙고, 미안한 마음을 이번 기회를 통하여 표현하고 싶다. 내가 박사가 될 줄 모르시고 돌아가신 어머니께 가장 죄송하다. 어머니 생전에 효도 한번 제대로 못한 것이 늘 마음에 걸린다. 아버지, 누님과 형님 내외께도 고맙다. 장인, 장모님께도 진심으로 감사드리고 큰 처남 내외와 작은 처남에게도 고마운 마음을 전한다. 아버지와 장인, 장모님께는 앞으로 정말 잘해야겠다. 마지막으로 내가 박사 논문 쓰는 동안 온갖 스트레스를 다 받은 아내와 아이들(채은, 유진)에게도 사랑과 미안한 마음을 전한다. 이 책에 영광이 있다면 그것은 사랑하는 나의 아내, 한예성에게 돌아 갈 몫이다.

2017년 12월

이 윤 제

<h3 style="text-align:center">〈목 차〉</h3>

책머리에

제1장 서론

제1절 연구의 목적

야마시타(山下奉文) 대장의 하루는 짧았다. 부하들이 수천명의 필리핀 민간인을 처형하고 수백명의 여자들을 강간하고 있는 동안, 야마시타는 맥아더의 진격을 막기 위한 작전계획에 몰두하였다. 전쟁이 끝나고 야마시타는 말한다. 자신이 그런 사실을 알고 있었다면 그런 잔혹한 일들을 막기 위해 온 힘을 다했을 것이라고. 야마시타가 부하들에게 학살을 명령했다는 것은 풍문이었다. 야마시타가 부하들의 범죄를 알고 있었다는 명백한 증거도 없었다. 확실한 것은 일본군이 수만 명의 민간인을 학살했지만 그 동안 누구도 처벌받지 않았다는 것이었다. 미군 군사위원회는 고민하였다. 끔찍한 범죄들이 조직적으로 광범위한 지역에서 발생하였다. 범죄를 직접 저지른 일선 지휘관들과 사병들만 처벌해야 하는가? 야마시타의 말 한디만 있었으면 대량참사를 막을 수 있었다. 그런데, 야마시타는 너무 바빠서 몰랐다고 한다. 무슨 근거로 부하들이 저지른 범죄에 대하여 야마시타가 책임을 져야 한다고 말할 것인가?

미국 군사위원회의 고민에서 국제형법의 지휘관책임이 탄생하였다. 자신의 지휘·통솔 하에 있는 부하(하급자)가 대량 살상, 강간 등 반인륜적 범죄를 저질렀을 때 단순히 이를 몰랐다는 이유로 지휘관이 자동면책 되어서는 안된다. 그러나, 죄형법정주의와 책임주의를 기초로 한 국내 형법의 기준과 원칙이 국제법에서는 무시되어도 좋은 것인가. 오히려 문명국가가 발전시켜온 형사책임에 관한 원칙과 기준이 국제범죄의 처벌에도 준수되어야 하지 않는가? 지도자의 국제범죄에 대한 부작위의 처벌을 둘러싼 논란들을 지휘관책임의 개념 하에 본격적으로 검토하려는 것이 본 논군의 목적이다.

지휘관책임은 국제범죄의 발생에 가장 큰 책임이 있는 소위 "실세"를 처벌하는 원칙이다. 국제형법의 지휘관책임은 이 원칙의 근거를 조직의 지도자인 실권자(實權者)가 부하들을 통제할 수 있는 능력을 가지고 있다는 점에서 찾았다. 그러나, 책임주의 원칙에 의하면 부하의 범죄를 알면서 방지하지 않은 지도자는 대부분 방조범에 불과하다. 부하의 범죄를 알지 못하여 이를 방지하지 못한 지도자는 불가벌이거나 과실범에 불과하다. 부하의 범죄가 발생한 이후에 이를 알고도 처벌하지 않은 상급자는 직무위반죄가 있는 경우에 처벌을 받겠지만, 과실로 알지 못한 경우에도 부하의 범죄에 대하여 상급자를 처벌하는 것은 형법의 책임주의에 반한다.

국제범죄라는 집단범죄를 규율하는 국제형법에도 책임주의는 관철되어야 한다. 지휘관책임이 책임주의 위반이라면 국제형법에서 이 원칙이 성립되고, 광범위하게 확산된 이유가 무엇일까? 선진 각국은 이렇게 논란이 되는 원칙을 자국의 형법에 왜 도입하였을까? 이 논문은 지휘관책임이 입증책임을 전가하거나, 결과책임이나 집단처벌을 정당화하는 이론이라고 보지 않는다. 조직의 의사결정권자인 지휘관, 상급자를 처벌하고자 하는 지휘관책임은 국제범죄의 집단범죄성을 반영하는 것이며, 개인주의, 자유주의에 입각한 국내 형법과는 다른 특성을 가지고 있다. 그러나, 책임주의는 개인주의, 자유주의 형법의 전제일 뿐만 아니라 개인의 형사책임을 다루는 국제형법의 전제이기도 하다. 따라서, 지휘관책임은 책임주의 형법에서 어떻게 정당화될 수 있을 것인가가 문제되며, 이것은 지휘관책임의 집단범죄성과 형법의 자유주의를 어떻게 조화시킬 것인가라는 문제일 것이다.

이 논문은 지휘관책임이 부하의 범죄에 참여하거나 가담하는 공범(책임형식설)이 아니라 부하의 범죄를 통제하여야 할 의무를 위반한 지도자의 부작위를 처벌하는 독립된 범죄(독립범죄설)라는 것을 논증함으로써 이 문제의 해결을 시도하고자 한다. 범죄구성요건을 실행한 부하를 정범으로 보고 상급자를 정범의 범죄에 참여·가담한 공범으로 보는 것이 상급자의 행위의 불법과 책임을 정당하게 평가한 것인가? 부하에 대하여 명령, 지휘권을 가지는 지도자가 부하에 의해 발생한 범죄에 대하여 지는 책임이 부하의 범죄로부터 파생하는 부수적, 종속적 책임이라는 공범론적 구성이 대량참사를 발생시킨 국제범죄에서 타당한 것인가? 이러한 결론의 타당성을 받아들이지 못한다면, 개인의 개별적 행위를 중심으로 한 형법의 원리들을 국제범죄에 그대로 적용할 수는 없을 것이다.

공범론을 기초로 지휘관책임을 재구성한 우리나라의 「국제형사재판소 관할 범죄의 처벌 등에 관한 법률」은 국제범죄를 저지른 부하를 상급자가 과실로 처벌하지 못한 경우를 지휘관책임에서 제외하고 있다. 야마시타는 광범위하고 조직적으로 발생한 부하들의 범죄를 알지 못하였기 때문에 교수형에 처해졌다. IMTFE(도쿄 국제군사재판소), ICTY(구유고국제형사재판소), ICC(국제형사재판소)는 물론 많은 국가들이 이러한 경우를 지휘관책임에 의해 처벌하고 있다. 우리의 지휘관책임은 국제형법의 기준이나 주요 국가들의 지휘관책임과 달리 규정되어 있다. 따라서 이 연구는 우리나라의 현행 지휘관책임의 개정 방안을 제시하고자 한다.

제2절 연구의 범위와 방법

1. 선행연구의 검토

1) 외국의 연구

대륙법계에서는 Mettraux(네덜란드), Meloni(이탈리아), Nybondas(네덜란드)가 지휘관책임을 주제로 한 영문 단행본을 비슷한 시기에 출간하였다.[1] 이들은 지휘관책임에 관한 ICTY의 판례를 정밀하게 분석하고 관습국제법의 지휘관책임의 성립요건을 체계적으로 정리하여 제시함으로써 후행 연구에 큰 도움을 주었다. Nybondas는 특히 민간인 상급자(문민실권자)에 대한 지휘관책임의 적용을 중점적으로 다루었고 ICC의 로마규정(Rome Statute)이 민간인 상급자(문민실권자)와 군지휘관을 구분함으로써 초래한 문제점을 지적하였다.

한편, Sliedregt(네덜란드)는 "국제법에 있어서 개인의 형사책임"을 통해 국제형법의 책임형식(modes of liability)이 국제범죄의 집단범죄성과 관련이 있다는 단서를 제공하였다. 이 책의 주제는 국제형법의 책임에 관한 일반론이었고, 지휘관책임에 초점을 맞추지는 않았다.[2]

---

1) G. Mettraux, The Law of command Responsibility, Oxford University Press, 2009; C. Meloni, Command Responsibility in International Criminal Law, T·M·C·Asser Press, 2010; M. L. Nybondas, Command Responsibility and its Applicability to Civilian Superiors, TMC Asser Press, 2010; M.P.W. Brouwers(ed.), The Law of Command Responsibility, Wolf Legal Publishers, 2012는 지휘관책임에 관한 판례의 내용을 발췌하여 모아 놓은 것으로 연구서가 아니다.

2) E. V. Sliedregt, Individual Criminal Responsibility in International Law, Oxford University Press, 2012; Sliedgret의 2012년 저서는 동녀의 2003년 저서인 "The Criminal Responsibility of Individuals for Violations of International Humanitarian Law"를 보완, 발전시킨 것이다. E. V. Sliedregt, The Criminal responsibility of Individuals for Violations of International Humanitarian Law, T.M.C Asser Press, 2003

독일 Mannheim 대학교의 형법 교수인 Bülte는 "형법의 지휘관책임"을
최근 출간하였다. 이 책은 제목에서도 알 수 있듯이 독일 형법에서
지휘관책임의 근거를 찾고 있으며, 지휘관책임을 독일 일반 형법에
도입하는 방안을 제시하고 있다.[3]

　미국에서는 야마시타 판결이 오랜 기간 동안 연구 주제가 되었
다. 야마시타 판결을 벗어나 지휘관책임 일반을 연구한 단행본으로
자신의 경험담을 권두에 포함시킨 Rockwood(미국)의 "뉘른베르크와
의 결별"이 있다. 그는 지휘관책임의 법리적 분석보다는 미국의 정
책 변화와 미국의 지휘관책임의 관계에 관심을 가졌다.[4] 학술지 논
문인 Damaška의 "지휘관책임의 부정적 측면"과 Danner와 Martinez(각
미국)가 공동으로 기술한 "연좌제"는 지휘관책임이 책임주의에 위배
된다는 문제제기를 하였다.[5] Robinson(캐나다)의 "지휘관책임이 왜

참조.

3) J. Bülte, Vorgesetztenverantwortlichkeit im Strafrecht, Nomos, 2015.

4) Rockwood 대위(Captain)는 미국 육군 소속 정보장교로 Haiti(하이티)에서 작
전을 수행중 하이티 정부(Raoul Cédas 독재정권)의 정치범 수용소를 방관하
는 미국의 정책에 항의하다가 항명죄로 처벌되었다. 제대 후 미국 외교사
를 전공하여 박사학위를 받았고, 2007년 Walking Away from Nuremberg를 출
간하였다. L. P. Rockwood, Walking Away from Nuremberg, University of
Massachusetts Press, 2007.

5) Damaška는 대륙법에 속하는 크로아티아 출신으로 미국의 Yale대 형법 교수
로 재직하고 있다. Damaška는 부하의 범죄를 과실로 알지 못한 경우와 부
하의 범죄를 처벌하지 않은 경우에 상급자가 부하가 저지른 범죄의 정범
으로 처벌하는 것은 국내 형법의 책임주의(culpability principle)을 위반하는
것이라고 주장한다. Damaška는 지휘관책임이 자기책임(just desserts)을 벗어
나 일반예방(공리주의, utilitarianism)에 근거한 것이라고 보고 있다. Mirjan
Damaška, "The Shadow Side of Command Responsibility", The American Journal of
Comparative Law 49(3), 2001, pp. 455-496; Danner와 Martinez의 논문은 국제형법
이 형법, 인권법, 이행기 정의(Transitional Justice)라는 세 가지 분야(discipline)
의 결합으로 이루어졌기 때문에 형법의 유책성의 원칙이 엄격하게 적용되
지 못하고 있다고 분석하고 있다. Danner, Allison Marston/Martinez, Jenny S.,

이렇게 복잡해졌을까?"라는 논문은 지휘관책임을 책임형식(a mode of liability)설로 설명하려고 한 영미법계 최초의 본격적 시도로 평가될 수 있다. Robinson은 상급자의 부작위와 부하의 범죄의 발생 사이에 인과관계가 인정되어야만 지휘관책임이 책임주의와 조화될 수 있다고 주장하였다.[6]

지휘관책임은 국제형법의 오랜 연구 주제였음에도 불구하고, 국제범죄의 집단범죄성, 지휘관책임의 법적 성질, 그리고 지휘관책임의 성립요건을 일관된 이론에 의해 설명하는 문헌이나 각국의 지휘관책임을 비교분석한 연구는 아직 발표되지 않았다.

2) 국내의 연구

2005년 김응학의 "지휘관의 부작위로 인한 형사책임"은 지휘관책임에 관한 쟁점과 국제형사재판기구들의 판례를 소개한 국내 최초의 박사학위 논문이다.[7] 이 논문은 지휘관책임의 정당성과 공정성 문제를 구별하고 있다.[8] 지휘관책임이 ICTY, ICTR의 판례를 통하여

"Guilty Associations: Joint Criminal Enterprise, Command Responsibility, and the Development of International Criminal Law", California Law Review 93(1), 2005, pp. 75-169.

6) D. Robinson, "How Command Responsibility Got So Complicated: A Culpability Contribution, its Obfuscation, and a Simple Solution", Melbourne Journal of International Law 13(1), 2012, pp. 1-58.

7) 김응학, 국제형사법상 지휘관의 부작위로 인한 형사책임－ICTY와 ICTR 판례를 중심으로－, 고려대학교 박사학위 논문, 2006.

8) 이 논문은 지휘관책임에 의한 처벌의 정당성을 관습국제법 외에도 첫째, 국가들이 국제사회의 기본적 가치의 수호에 대하여 공감하게 된 점, 둘째, 지휘관이야말로 전쟁 상황에서 인권수호를 할 수 있는 유일한 사람이라는 점, 셋째, 지휘관의 의무불이행에 따르는 희생이 너무 크다는 점, 넷째, 역사적 경험으로 볼 때 부하의 범죄행위에는 사실상 공모와 다름없는 묵인이 있었다는 점, 다섯째, 이러한 큰 희생을 막을 막중한 책임이 있는 미래

관습국제법으로 확립됨으로써 처벌의 정당성 문제는 해결되었다고
보고, 처벌의 공정성 문제를 지휘관책임의 성립요건(적용요건)의 문
제로 파악하여 이것을 제시하는 것을 연구의 주된 목적으로 삼았다.
이 논문은 기존에 우리나라에 많이 소개되지 않았던 지휘관책임에
관한 입법례와 판례들을 소개함으로써 후행 연구에 중요한 기초 자
료를 제공하였다. 2005년에 작성되었기 때문에 최근의 판례와 논의
가 반영되지 못한 것은 당연하다고 하겠다.

　임덕규의 1996년 "전쟁법과 지휘관의 책임", 1997년 "부하의 위법
행위에 대한 상관(지휘관)의 지휘책임"은 야마시타 판결과 1977년 제
1추가 의정서의 지휘관책임을 소개하였고,[9] 2005년 김영석의 "전쟁
범죄에 있어서 군사지휘관 및 기타상급자의 책임에 관한 고찰"은 로
마규정 제28조의 지휘관책임의 성립요건의 해석과 관련된 판례들을
소개하고 있다.[10] 2007년 박중섭의 "부하의 전쟁범죄에 대한 지휘관
의 형사책임"은 우리나라의 로마규정 이행입법인 「국제형사재판소
관할 범죄의 처벌 등에 관한 법률」을 분석하였다. 이 논문은 국제형
법의 지휘관책임은 지휘관은 자기가 허가, 명령한 행위와 묵인 또는
간과한 행위에 대해서 책임을 진다는 제한적 지휘책임이라고 설명
하면서 지휘관책임에서 군사적 필요의 원칙과 인도주의 원칙이 조
화를 이루어야 한다고 한다. 자기책임의 원칙, 불법과 형벌의 비례
원칙이라는 면에서 우리나라 이행법률의 지휘관책임은 법정형이 과

　　의 지휘관에 대한 예방적 억제 효과 등에서 찾고 있다. 김응학, 국제형사
　　법상 지휘관의 부작위로 인한 형사책임-ICTY와 ICTR 판례를 중심으로-,
　　고려대학교 박사학위 논문, 2006, 6-7면.
　9) 임덕규, 전쟁법과 지휘관의 책임, 국제법학회논총 41권 2호, 대한국제법학
　　회, 1996; 임덕규, 부하의 위법행위에 대한 상관(지휘관)의 지휘책임, 인도
　　법논총 17호, 대한적십자사 인도법연구소, 1997.
10) 김영석, 전쟁범죄에 있어서 군사지휘관 및 기타상급자의 책임에 관한 고
　　찰, 인도법논총 제25호, 대한적십자사 인도법연구소, 2005.

중하다고 주장하고 있다.[11] 2007년 이태엽의 논문 "국제형사법상 전시 지휘관 책임의 법적 성격"은 지휘관책임에 관한 판례를 개관하고 지휘관책임과 부진정부작위범의 법적 구조가 같다고 주장하면서 상급자에게 과실만 있는 경우는 책임주의에 비추어 지휘관책임이 성립하지 않는다는 결론에 이르고 있다.[12] 2007년 이진국의 논문 "국제형사재판소에 관한 로마규정 제28조의 상급자책임"은 제3자에 대한 감독의무로부터 발생하는 보증인의무를 지휘관책임의 실질적 근거로 보는 독일의 보증인설(부진정부작위범설)을 간략히 소개하고 있다. 지휘관책임의 범죄체계론상 지위에 관하여 타인의 불법행위에 대한 책임의 확장이라는 점에서 공범론에 위치하지만 부작위범의 성격도 가지고 있다고 주장하였으나 본격적으로 지휘관책임의 법적 성질에 대한 논의를 전개하지는 않았다.[13] 2013년 필자의 "야마시타 사건과 상급자책임"은 야마시타 판결을 소개하고, 우리나라의 ICC 로마규정 이행법률이 독일의 이행입법(국제형법전)의 입장을 따른 것을 비판하였다.[14]

위 연구들은 관습국제법과 ICC 로마규정의 지휘관책임을 소개하는데 기여하였으나 지휘관책임의 탄생배경인 국제범죄의 집단범죄성을 논의의 출발점으로 하지 않았다. 결과적으로 지휘관책임의 처벌 근거와 법적 성질, 지휘관책임의 성립요건, 각국의 지휘관책임의 차이를 일관된 기준에 의하여 설명하지 못하고 있다.[15] 지휘관책임

---

11) 박중섭은 2007년 당시 공군 대령으로 국방부 고등군사법원 군판사였다. 박중섭, 부하의 전쟁범죄에 대한 지휘관의 형사책임, 인도법논총 27호, 대한적십자사 인도법연구소, 2007.
12) 이태엽, 국제형사법상 전시 지휘관 책임의 법적 성격, 법조 통권 제614호, 대한변호사협회, 2007. 11.
13) 이진국, 국제형사재판소에 관한 로마규정 제28조의 상급자책임, 아주법학 1권 3호, 2007.
14) 이윤제, 야마시타 사건과 상급자책임, 서울국제법연구 제20권 제1호, 서울국제법연구원, 2013.

의 집단범죄성과 그 형법적 효과는 위와 같이 국제형법의 지휘관책임을 직접 연구대상으로 한 논문보다는, 5·18 광주 민중 학살[16]이라는 현실 문제의 고민을 통해서 보다 실증적으로 분석되었다.

한인섭은 12·12 군사반란에 대한 검찰의 1994년 12월 기소유예 처분, 5·18 관련 사건에 대한 검찰의 '성공한 쿠데타론'을 근거로 한 1995년 7월 '공소권 없음' 처분과 그 이후 검찰이 태도를 변경하여 신군부의 전두환, 노태우 등을 구속기소한 이후 이루어진 1996년부터 1997년까지의 1심, 항소심, 상고심 재판에 대한 논문들을 발표하였다.[17] 1심 판결은 12·12가 역사의 흐름을 바꿔놓은 것이기 때문에 5·

---

15) 2014년 박미경의 "국제형사법상 개인의 형사책임 원칙에 관한 연구"는 집단범죄를 다루는 국제형법의 책임원칙이라는 광범위한 주제 하에서 지휘관책임, 공동범죄집단, 범행지배론에 관한 현재까지의 판례 이론(jurisprudence)을 소개하였다. 이 논문은 지휘관책임보다는 공동범죄집단과 범행지배론의 비교에 중점을 두고 있으며, ICC 1심 재판부가 영미법의 공동범죄집단을 배척하고 독일법의 범행지배론을 기초로 공동정범을 인정하고 있다는 국제형사재판의 최근 동향을 보여주고 있다. 박미경, 국제형사법상 개인의 형사책임 원칙에 관한 연구, 한양대학교 박사학위 논문, 2014.

16) "5·18"에 대한 명칭은 "5·18 광주 민주화 운동", "5·18 광주항쟁", "5·18 광주학살" 등 다양하게 사용되고 있는데, 전두환, 노태우 등 피고인에 대한 재판은 일반적으로 "5·18 재판"이라고 불리고 있다. 시민들의 저항권 행사라는 측면을 강조하느냐, 신군부의 범죄라는 측면을 강조하느냐에 따라서 그 명칭이 달라질 수 있을 것이다. 이 연구는 국제범죄의 집단범죄성에 관한 것이고, "5·18 광주 시민 학살"은 피해 규모가 표현되지 않는다는 점에 비추어 "5·18 광주 민중 학살"로 부르기로 한다.

17) 5·18 광주 시민 학살에 관한 한인섭의 논문은 검찰의 처분과 법원의 재판에 대응하여 수회에 걸쳐서 발표되었는데, 그 중 중요 논문은 "5·18, 법적 책임과 역사적 책임"(1995)과 "5·18 재판과 사회정의"(2006)에 수록되어 있다. "5·18, 법적 책임과 역사적 책임"은 1995년 7월 18일 검찰이 신군부에 대하여 '공소권 없음' 결정을 한 직후 출간되었다. "5·18 재판과 사회정의"의 4장 "12·12 사건에 대한 검찰의 기소유예, 무엇이 문제인가"는 12·12 사건에 대한 검찰의 기소유예에 대한 반박을, 1장 "정치군부의 내란행위와 '성공한 쿠데타론'의 반법치성"은 5·17 비상계엄확대와 5·18 광주 시민 학살에

18 가담자보다 12·12 가담자에 대하여 무겁게 다루었다고 하였고, 대법원은 '광주시민을 살상함으로써 국가기관을 협박했다'는 법리를 전개하였다. 이에 대하여 한인섭은 12·12가 군대를 향한 것이고(반란), 5·17이 국가조직에 대한 것이라면(내란), 5·18은 국민에 대한 대량살상(내란목적살인)이기 때문에 5·18에 가장 큰 비중을 두어야 마땅하며, 5·18이 국민(광주시민)에 대한 인권유린을 자행한 국가범죄라는 측면을 대법원이 소홀히 다루었다고 비판하였다.[18] 한인섭은 이러한 구분을 근거로 광주민중학살의 국가범죄(국제범죄)적 성격을 반영하는 책임 이론을 전개하였다. 즉, "누가 대량살상의 책임자인가"라는 화두에서 조직체범죄의 경우에는 지휘명령체계의 사실상 또는 실질적 지배권과 의사결정권을 가지는 자가 자행된 모든 범죄에 대하여 책임을 져야 한다고 주장하였다.[19] 이것은 지휘관책임의 성립

대한 검찰의 공소권 없음 결정에 대한 반론을 담고 있다. 2장 "5·18재판의 입체분석"은 전두환, 노태우 등 피고인들의 12·12, 5·17, 5·18, 비자금 사건 등 4가지 범죄사실에 대한 1심 판결을 분석한 것이고, 3장 "5·18재판과 과거청산"은 항소심과 대법원 판결을 분석하였다. 5장은 5·18 광주 민중 학살에 대한 총평으로 사건의 전말과 재판의 법적 쟁점을 다루고 있을 뿐만 아니라 과거청산에 관하여 진상규명, 책임자처벌, 피해배상, 명예회복, 정신계승 및 기념사업이라는 다섯 가지 원칙을 제시하고 있다. 6장의 "광주를 넘어"(Kwangju and Beyond: Coping with Past State Atrocities in South Korea)는 Johns Hopkins 대학의 Human Rights Quarterly 27권 3호(2005)에 게재된 것이다. 이 논문은 세기의 재판으로 부를 수 있는 한국의 5·18 광주 민중 학살 사건 재판을 소개하여 국내 형법에 의해 국제범죄를 재판한 경험을 외국과 공유하고, 과거청산에 관한 바람직한 모델을 제시하였다("광주를 넘어"라는 번역은 필자). 박은정·한인섭 엮음, 5·18, 법적 책임과 역사적 책임, 이화여자대학교 출판부, 1995; 한인섭, 5·18 재판과 사회정의, 경인문화사, 2006; In-sup Han, "Kwangju and Beyond: Coping with Past State Atrocities in South Korea", Human Rights Quarterly 27(3), The Johns Hopkins University Press, 2005, pp. 998-1045.

18) 한인섭, *ibid.*, 40, 115면.

19) 한인섭, *ibid.*, 54-56, 115-116, 168-170면.

요건에 관한 관습국제법의 기준을 확립한 1998년 ICTY의 첼리비취 (Čelebići) 판결과 1998년 채택된 ICC 로마규정의 "실효적 통제" 기준과 같다.[20] 나아가, 5·18 재판의 증거재판주의에 관한 분석에서 발포명령이 없었던 경우에도 대량살상의 상황을 만든 조직의 의사결정권자를 밝히는 것으로 입증 문제가 해결될 수 있다는 견해를 피력함으로써 지휘관책임의 성립요건과 입증책임에 관한 ICTY의 Čelebići 판결과 맥을 같이 하였다.[21] ICTY의 초기 재판에서 각광받았던 지휘관책임이 후기에 가서 점차 이용되지 않은 원인중의 하나로 ICTY가 최고 지도자들의 처벌에 집중하여 이들만을 기소하는 바람에 피고인들과 현장에서 범죄를 실행한 자들의 지휘통제관계를 입증하는 것이 어려웠기 때문이라는 분석이 있다. 한인섭이 현지의 하급지휘관과 병사들도 기소했어야 한다고 지적한 것도 같은 맥락에서 이해될 수 있다.[22]

한인섭은 5·18 광주 민중 학살이라는 특정 사건에서 형법의 내란목적살인죄에 대한 신군부의 책임을 논증하고자 했다. 이 과정에서 조직체범죄(집단범죄)로서의 국제범죄의 특성에 주목하였으나 국제형법의 지휘관책임 그 자체를 연구의 대상으로 하지는 않았다. 한인

---

20) 한인섭의 "5·18 재판의 입체분석"은 1996년 10월에 발표되었고, 관습국제법의 지휘관책임에 관한 실효적 통제 기준을 확립한 ICTY의 Čelebići 판결이 나온 것은 1998년 11월이었다.

21) 한인섭, 5·18 재판과 사회정의, 경인문화사, 2006, 52,-57면; ICTY의 Čelebići 판결은 부하들에 의해서 저질러진 범죄의 존재라는 요건과 상급자가 그의 권한의 범위 내에서 그 범죄를 방지하기 위한 조치를 취하지 않았다는 요건에 의해 인과관계가 반영되기 때문에 지휘관책임의 성립요건으로 별도의 인과관계 요건은 필요하지 않다는 것이며 이 판결로 인하여 관습국제법의 지휘관책임은 상급자의 부작위와 부하의 범죄 사이에 인과관계를 요구하지 않는 것으로 확립되었다고 평가된다. Prosecutor v. Delalić et al. (Case No. IT-96-21) Trial Chamber Judgement, 16 November 1998, para. 399.

22) 한인섭, 5·18 재판과 사회정의, 경인문화사, 2006, 60-61면.

섭이 5·18 광주 민중 학살의 책임자를 규명하기 위해서 제시한 이론 모델은 국내 형법의 (공모)공동정범을 조직체범죄의 특성에 따라 수정한 것으로 보인다. 이것은 한인섭이 지휘관(상급자)이 부하의 범죄에 대하여 알았던 경우를 주된 연구대상으로 하였고, 상급자에게 과실이 있는 경우는 중시하지 않았던 점에서 드러난다.[23] 이러한 점에서 한인섭의 신군부 책임이론은 지휘관책임의 법적 성질에 관한 책임형식설(공범설)에 가깝다. 한인섭 모델의 근저에 국내 형법 이론이 있었기 때문에 상급자가 하급자의 범행을 알지 못하였고 단지 과실이 있었던 경우까지 상급자가 하급자의 범행에 대하여 책임을 져야 하는가 하는 의문이 있었을 것으로 추측된다.[24]

2. 연구의 범위

야마시타(山下奉文)의 유죄판결은 그 역사적 의의에도 불구하고 자유주의적 형법의 기초인 책임주의(責任主義)나 유책성의 원칙 (principle of culpability)을 위반하였다는 비판을 받았다. 지휘관책임이 관습국제법의 원칙으로 확산되는 과정에서도 그 정당성, 성립요건에 대한 논쟁은 계속되었다. 이러한 논란은 결국 국제형법의 지휘관책임이 관습국제법, ICC 로마규정, 각국의 이행입법으로 다원화되는 결

---

23) *Ibid.*, 52, 55, 112, 172면 참조.
24) 한인섭이 5·18 광주 민중 학살에 대한 신군부의 책임을 구성한 내용은 지휘관책임의 법적 성질에 관하여 고의에 의한 범죄의 참여를 중심으로 이론 구성을 한 책임형식(a mode of liability)설과 유사하다. 뒤에서 보듯이 필자는 책임형식설은 국내 형법의 공범론을 국제형법의 지휘관책임에 반영한 것으로 보고 있다. 한인섭의 연구에서 신군부의 책임모델은 지휘관의 의사결정권, 실질적 지휘권, 통제범위를 핵심 개념으로 하고 있다는 점에서는 지휘관책임에 가깝지만, 그 주관적 요건으로 고의 쪽에 방점을 둠으로써 국제형법의 공동범죄집단(Joint Criminal Enterprise)이나 국내 형법의 (공모)공동정범의 성격도 가지고 있다.

과를 초래하였다. 이러한 혼란은 국제형사재판의 초기에 국제범죄의 발생에 실질적 책임이 있는 지도자들의 처벌을 위한 책임이론으로서 지휘관책임의 유용성이 부각됨으로써 그 법적 성질이 명확히 규정되지 않은 채 광범위하게 전파되었기 때문이다. 이러한 다원화는 단순히 이론적 다툼에 그치는 것이 아니라 어떤 법원에서 재판을 받는지에 따라 피고인의 처벌 여부가 달라지는 결과를 초래함으로써 재판의 공정성과 정당성에 대한 비판을 받을 수 있는 문제를 야기한다. 이 연구는 지휘관책임의 처벌 근거와 법적 성격을 명확히 규명함으로써 지휘관책임에 대한 책임주의위반 논란을 종식시키고, 국제범죄의 실질적 책임자를 처벌하고자 하는 각국의 지휘관책임을 통일시킬 수 있는 모델을 제시하고자 한다.

지휘관책임의 법적 성질을 규명하기 위하여는 먼저 국제범죄의 집단범죄로서의 특성과 이에 대한 대처로서의 국제형법의 규범적 특성을 이해하여야 한다. 국제형법의 특성을 반영하는 책임형식들(modes of liability)이 어떤 것이 있는지, 왜 이런 다양한 형식들이 국제형법에 출현하였는지를 살펴볼 필요가 있다. 여기서는 뉘른베르크 재판의 집단범죄에 대한 대응이었던 Bernays의 집단범죄성론을 살펴보고, 지휘관책임과 함께 국제형사재판에서 집단범죄의 책임자 처벌의 주된 이론으로 활용된 ICTY의 공동범죄집단(Joint Criminal Enterprise)을 간단히 검토한다.

지휘관책임은 국제형법에서 처음으로 성립되었고 국내 형법 체계에서는 이에 상응하는 포괄적 형사책임이 없었다고 한다. 국내 형법에 없었던 형사책임의 원칙이 왜 국제형법에서 탄생하였고, 어떤 경로를 통해서 발전, 확산되었는지가 설명되어야 한다. 이러한 과정에서 지휘관책임의 필요성과 지휘관책임에 의한 처벌의 정당성(지휘관책임의 근거)이 규명될 것이다. 지휘관책임의 법적 성질을 규명하기 위하여 죄형법정주의와 책임주의 위반이라는 비판속에서 지휘

관책임의 성립요건이 확립되는 과정을 개관할 필요가 있다. 관습국
제법, ICC 로마규정, 각국의 국제형법 이행입법상의 지휘관책임을 비
교하는 기회가 필요하다.[25] 관습국제법의 지휘관책임은 지휘관책임
의 성립과 발전 과정을 통하여 확인할 수 있다. 본고에서는 지휘관
책임이 성립한 1945년 미국 군사위원회의 야마시타 판결, 민간인 상
급자(내각의 구성원)에게 지휘관책임을 인정한 도쿄 재판, 지휘관책
임이 최초로 성문화된 제네바제협약에 관한 1977년 제1추가의정서,
구유고국제형사재판소(International Criminal Tribunal for former Yugoslavia,
ICTY)의 Čelebići(첼리비취) 수용소 사건을 분석한다. 조약법의 대표적
예로 ICC 로마규정을 분석하고 로마규정의 지휘관책임을 적용한 국
제형사재판소(International Criminal Court, ICC)의 Bemba(벰바) 사건을
살펴본다.[26]

---

25) 국제법의 법원(法源)에는 관습국제법, 조약, 법의 일반원칙이 있다. ICC 로
　마규정 자체는 조약이며 ICTY의 판례가 대표하고 있는 관습국제법과는 상
　당한 차이가 있다. 국제법의 法源의 하나인 법의 일반원칙을 독자적인 국
　제형법의 法源으로 볼 수 있는지에 관하여는 논란이 있다. Jordan J. Paust et
　al, International Criminal Law, 3rd ed., Carolina Academic Press, 2007, pp. 5-6, 14.
26) 국제형사재판기구는 특정 사안에 대하여 설립되었던 임시재판소(ad hoc
　tribunals)와 항구적 재판소인 ICC로 대별된다. 뉘른베르크와 도쿄 국제군사
　재판 이후 성립한 임시재판소로서 지휘관책임을 규정하고 있는 재판소는
　ICTY 외에도 르완다국제형사재판소(International Criminal Tribunal for Rwanda,
　ICTR), 시에라리온 특별재판소(Special Court for Sierra Leone, SCSL), 캄보디아
　특별재판부(Extraordinary Chambers in the Courts of Cambodia, ECCC) 등도 포함
　된다. 이들은 지휘관책임에 관하여 대부분 ICTY의 규정과 판례를 따르고
　있기 때문에 ICTR의 경우처럼 특별히 언급할 필요가 있는 외에는 이 논문
　에서 별도로 살펴보지 않는다; SCSL은 국제연합과 Sierra Leone 정부간에 체
　결된 국제조약에 근거하여 시에라리온의 프리타운(Freetown)에 설치되었으
　며, 1996년 11월 30일 이후에 발생한 국제인도법 위반과 Sierra Leone 국내법
　의 위반에 대한 주요 책임자를 형사소추하고 재판하는 임무를 담당한다
　(Sierra Leone 특별재판소 규정 제1조); 캄보디아 공화국에서는 국내 사법의
　일부로서 '특별재판부'(Extraordinary Chambers)가 설치되었다. ECCC는 크메르

지휘관책임의 법적 성격의 본격적인 분석은 책임형식설과 독립 범죄설의 대립이 시작되는 ICTY의 Hadžihasanović(하지하사노비취) 사건과 그 이후의 ICTY, ICC의 관련 판례들을 검토하는 작업을 통해 이루어진다. 여기서는 지휘관책임의 집단범죄성, 성립요건, 책임주의와의 조화라는 관점에서 지휘관책임의 법적 성격을 분석한다.

본고는 국제적 국제형법의 지휘관책임의 법적 성질의 규명과 이를 통한 우리나라의 「국제형사재판소 관할 범죄의 처벌 등에 관한 법률」(이하 "국제범죄처벌법")[27] 지휘관책임 규정의 정비와 개선을 목적으로 한다. 이를 위하여 각국의 ICC 로마규정의 이행입법을 검토할 필요가 있다. 우리나라는 독일의 국제형법전을 참고로 국제범죄처벌법을 제정하였기 때문에 본 연구에서 독일 국제형법전의 연구는 큰 비중을 차지한다. 한편 ICC, ICTY가 소재하고 있는 나라로서 국제형법에 많은 관심을 가지고 있는 네덜란드는 독자적인 내용을 가진 지휘관책임을 구성하였다. 영미법계 국가인 캐나다는 독립범죄설에 입각한 지휘관책임을 입법하였다. 영미법계인 캐나다와 영국, 호주와 대륙법계 속하는 독일, 네덜란드, 우리나라의 이행입법을 비교하는 것은 국내 형법의 정범·공범의 구별 체계, 죄형법정주의에 관한 태도가 국내 형법에 지휘관책임이 편입될 때 어떤 영향을 주는

루즈가 집권기 동안(1975년 4월 17일부터 1979년 1월 6일까지) 자행한 범죄의 형법적 청산에 관한 재판업무를 담당하며 국내법위반과 국제형법위반을 관할 대상으로 하고 있다.

27) 국제형사재판소 관할 범죄의 처벌 등에 관한 법률을 국제범죄처벌법이라고 약칭한다. 법제처 국가법령정보센터에서는 동 법률의 약칭을 "국제형사범죄법"이라고 할 것을 제안하고 있는데 "국제형사범죄"의 의미가 명확하지 않고, 널리 인정되고 있는 "국제범죄"라는 용어를 두고 "국제형사범죄"라는 새로운 용어를 사용하여야 할 이유가 없으며, 국제형사재판소 관할 범죄의 처벌 등에 관한 법률이 실체법 규정만을 담고 있는 것이 아니라 절차법 규정[19(범죄인인도법의 준용), 20조(국제형사공조법의 준용)]까지 담고 있는 점에 비추어 적절한 약칭으로 보기 어렵다.

지를 살펴볼 수 있게 해준다. 한편, 우리나라, 독일, 네덜란드와 같은 대륙법계에 속하는 일본의 태도는 국내 형법의 체계나 죄형법정주의만으로는 국제형법의 이행입법이 설명될 수 없다는 것을 보여준다. 이러한 국내 형법의 지휘관책임을 비교하는 작업을 통해서 지휘관책임의 법적 성질에 관하여 책임형식설을 택하는 경우에 지휘관책임이 국가별로 다원화된다는 점을 논증하고자 한다. 그러나, 공범과 부작위범에 관한 각국 국내 형법의 체계와 이론은 본고의 연구범위를 벗어나며 지휘관책임의 법적 성질을 규명하기 위해 필요한 정도의 언급에 그친다.

지휘관책임에 관한 관습국제법과 ICC 로마규정의 분석, 지휘관책임의 법적 성질에 대한 고찰, 그리고 로마규정에 대한 각국의 이행입법의 비교분석을 기초로 우리나라 국제범죄처벌법의 내용을 분석한다. 이 과정에서 우리 법이 참고로 한 독일 국제형법전과 우리나라의 국제범죄처벌법의 비교법적 연구를 시도한다. 우리나라의 국제범죄처벌법을 분석하는 과정에서 동 법률의 지휘관책임이 관습국제법이나 ICC 로마규정과 같은 국제적 국제형법을 반영하고 있는지, 모순이나 문제점은 없는지, 가벌성의 흠결로 인하여 ICC 로마규정의 보충성 원칙을 충족시키지 못하는 것은 아닌지 검토한다.

위와 같은 분석을 통하여 우리나라의 국제범죄처벌법의 지휘관책임의 문제점을 살펴보고, 관련 규정의 개정안(改正私案)을 제시한다. 필자의 개정안은 두 가지로 제시된다. 첫째는 현행 국제범죄처벌법에서 반드시 개정하여야 할 부분을 지적하는 국제범죄처벌법 지휘관책임 "부분개정안"(私案 I)이다. 이 개정안은 현행법의 문제점 중에서 반드시 개정되어야 한다고 필자가 생각하는 부분만을 담는다. 둘째는 장기적으로 국제적 국제형법과 각국의 국내적 국제형법의 지휘관책임을 통일할 수 있도록 독립범죄설에 기초하여 구성한 지휘관책임 규정이다. 이것은 우리나라는 물론 각국의 지휘관책임의 입법에 참고가 될 수 있는 모델로 제시하는 "전면개정안(私案 II)"
이다.

3. 연구의 방법

이 논문의 목적은 지휘관책임의 처벌 근거와 법적 성질을 명확히
규명함으로써 우리 국제범죄처벌법의 지휘관책임이 국제범죄에 책
임이 있는 자들을 처벌하는데 특별한 문제점은 없는지를 검토하고
그 개선 방안을 제시하는 것이다. 이러한 목적을 위하여 다음과 같
은 연구 방법을 사용한다.

첫째, 지휘관책임이 성립하고 발전하는 역사적 과정을 분석한다.
지휘관책임이 성립하는 야마시타 판결과 지휘관책임의 법리를 발전
시킨 도쿄 재판, 관습국제법을 최초로 성문화한 1977년 제1추가의정
서, 지휘관책임에 관한 관습국제법 기준을 확립한 ICTY의 Čelebići 판
결, 항구적 국제형사재판소의 재판규범으로 지휘관책임을 수용한
1998년 ICC 로마규정의 성립과정과 그 내용을 분석한다.

둘째, 비교법적 분석을 행한다. 지휘관책임에 관한 각국의 입법례
를 지휘관책임을 중심으로 비교분석한다. 영미법계 국가인 영국, 호
주, 캐나다와 대륙법계인 일본의 태도와 네덜란드, 독일, 우리나라의
입법을 검토함으로써 영미법계와 대륙법계의 차이점, 지휘관책임에
관한 각국의 입장을 확인함으로써 각국의 형법 이론의 차이와 지휘
관책임의 관계를 살펴본다. 특히 우리나라의 지휘관책임이 참고로
한 독일과 우리나라의 입법을 비교분석한다.

셋째, 지휘관책임에 관한 중요 판례들을 분석한다. 미국 군사위원
회의 야마시타 판결, 도쿄 국제군사재판, ICTY의 Čelebići(첼리비취)
판결, Hadžihasanović(하지하사노비취) 결정, Orić(오리취) 판결, ICC의
Bemba(벰바) 판결 등 주요 판례들을 비교분석함으로써 지휘관책임의

성립요건은 물론 지휘관책임의 실무에서의 중요성과 문제점을 살펴
볼 수 있는 기회를 갖는다.

　넷째, 우리나라의 국제범죄처벌법의 해석론과 정책론(입법론)을
제시한다. 지휘관책임 규정을 입법 취지, 문언의 의미 분석과 외국
의 입법례와 비교함으로써 검토하고, 문제점이 있으면 해석에 의해
서 보완이 가능한지를 살펴본다. ICC 로마규정에 가입한 당사국으로
서 로마규정의 내용을 충실히 이행하였는지, 가벌성의 흠결은 없는
지, 죄형법정주의의 명확성의 원칙을 만족시키고 책임주의와 조화될
수 있는지를 고찰한다. 이러한 분석을 토대로 현행 국제범죄처벌법
에서 반드시 보완되어야 할 내용을 담은 부분개정안(私案 I)과, 이
와 별도로 장래에 우리나라와 각국이 지휘관책임을 통일하는데 참
고할 수 있는 전면개정안(私案 II)도 제시한다.

제2장 국제범죄와 지휘관책임

제1절 국제형법의 의의와 효력

1. 국제형법의 의의와 법원(法源)

국제형법(Völkerstrafrecht)은 국제범죄와 그 처벌에 관한 규범이다. 국제형법은 국제법(국제공법)과 형법의 결합으로 구성되며, 개인의 행위에 대하여 형벌을 부과한다는 점에서 형법이지만, 그 法源이 국제법이라는 점에서 국제법에 속한다.[1] 형법과 국제법의 성격을 모두 가지고 있는 국제형법의 이중적 성격은 인권과 이행기 정의(transitional justice)를 중시하는 국제법의 원칙과 체계적 엄밀성과 책임주의의 조화를 요구하는 형법의 원칙이 긴장관계에 있다는 것을 의미한다. 국제형법의 성립, 해석, 적용에서 형법과 국제법의 원칙과 성격은 충돌을 보여준다.[2] 이것은 집단범죄적 특성을 강조하는 관습국제법의 지휘관책임, 엄격한 국내 형법의 이론체계에 기초한 국가들의 지휘관

---

1) 국제형법은 국제사회의 형법(das Strafrecht der Völkergemeinschaft)이다. H. Satzger, Internationales und Europäisches Strafrecht, 3. Aufl., Nomos, 2009, S. 219; 국제형법과 국제형사법이라는 용어는 자주 혼용되고 있다. 이것은 영미법이 실체법과 절차법을 엄격히 구분하지 않은 오랜 전통에서 비롯된다. 국제형사법을 실체적인 내용과 절차적인 내용으로 구분하여 전자를 국제형법, 후자를 국제형사절차법이라고 부를 수 있다. 따라서 국제형법은 국제형사법을 의미할 때도 있고, 국제범죄에 관한 실체법만을 의미할 때도 있다. 중국에서는 International Criminal Law를 국제형법으로, 일본에서는 국제형사법으로 번역하고 있고, 우리나라는 양자가 모두 사용되고 있다. 이하에서 국제형법이라고 할 때는 그 문맥에 따라 국제형사법을 말하거나 국제범죄에 관한 실체법을 말하기도 한다. 실제에 있어서 국제형사절차법은 각 국제형사재판기구들의 절차법으로 각각 발전하였기 때문에 국제형법 (실체법)과 같은 정도의 통일적인 내용을 형성하지 못하고 있다.

2) A.M. Danner/J. S. Martinez, "Guilty Associations: Joint Criminal Enterprise, Command Responsibility, and the Development of International Criminal Law", California Law Review 93(1), 2005, pp. 80-102.

책임, 그리고 양자의 중간적 모습을 보여주고 있는 ICC 로마규정의 지휘관책임의 차이에 반영되고 있다.

국제형법의 가장 대표적인 法源으로는 국제형사재판기구들의 재판에 의해 확인된 관습국제법, 국제형사재판소(ICC)의 근거규범으로서의 ICC 로마규정(조약법)이 있다.[3] 국제법의 형식으로 존재하는 국제형법을 국제적 국제형법(internationales Völkerstrafrecht)이라 하고, 국내 법원이 국제범죄에 적용하는 형법으로 국내법의 형식으로 존재하는 것을 국내적 국제형법(nationales Völkerstrafrecht)이라고 한다.[4] 국

---

3) 관습국제법은 주로 IMT, IMTFE, ICTY, ICTR과 같은 국제형사재판기구들의 판례에 의하여 발전하였으며, 1907년 헤이그육전규칙, 1949년 4개의 제네바협약, 1977년 제네바협약들에 대한 2개의 추가의정서, 집단살해방지협약과 같은 국제조약은 관습국제법의 효력을 갖는다. H. Satzger, Internationales und Europäisches Strafrecht, 2009, S. 252; 국제형사재판기구들의 관습국제법에 대한 인식이 다를 수 있기 때문에 각 국제형사재판기구들이 확인한 관습국제법의 내용도 다를 수 있다. 한편 ICC 로마규정(Rome Statute of the International Criminal Court)은 1998년 로마의 외교관회의에서 체결된 조약(treaty)이다. ICC의 설립 근거이자 재판규범으로 줄여서 ICC Statute(ICC 규정) 또는 로마규정(Rome Statute)라고 불린다. 이하에서는 이를 혼용하여 사용한다.

4) 국제형법은 다양한 의미로 사용된다. Satzger는 광의의 국제형법(Internationales Strafrecht im weitern Sinn)은 국제적 요소를 갖는 형법의 모든 영역을 말한다고 하면서, 그 예로 국제형법, 초국가적 형법[특히 유럽 형법(Europäisches Strafrecht)], 사법공조(Rechtshilfe-recht), 형법적용법(Strafanwendungsrecht)을 들고 있다. 국제형법(Internationales Strafrecht, International Criminal law)은 국제법으로부터 직접적으로 가벌성이 도출되는 범규범을 말하며 영미법에서 이러한 의미로 국제형법을 사용하고 있다. 특히 국제형법을 각국의 법체계에 이행하는 경우에 이것을 국내적 국제형법(nationales Völkerstrafrecht)이라고 하며, 광의의 국제형법에 포함될 수 있다. 국내적 국제형법의 예는 독일의 국제형법전이 있다. H. Satzger, a.a.O., S. 34; 한편 Satzger는 국제적 국제형법(internationales Völkerstrafrecht)이라는 용어를 직접적으로 사용하고 있지는 않다. 그렇지만 국제형법의 法源이 되는 관습국제법과 국제조약을 국제적 국제형법으로 지칭하고 이것의 특성을 국내적 국제형법과 비교하는 것은 지휘관책임의 성격을 규명하는데 유용하다. 따라서 이 연구에서는 국

제형법은 국제법에서 기원하기 때문에 국내적 국제형법은 국제법으로 존재하는 국제형법을 국내 형법에 반영하거나 편입한 것이다.[5] 본래적 의미의 국제범죄는 관습국제법위반에 의한 범죄를 말하기 때문에 일반적으로 국제형법이라고 하면 관습국제법인 국제형법을 말하며, ICC 로마규정도 관습국제법을 상당 부분 반영하고 있다. 국내적 국제형법은 많은 경우에 로마규정의 이행법률로서 제정되었지만, 로마규정을 그대로 따르지는 않았다. 관습국제법, 자국의 헌법, 형법의 일반원칙 등 다양한 요소들을 반영하여 각국마다 그 내용이 다르다.[6] 본고에서 국제형법이라고 하는 경우에 일반적으로는 관습

국제적 국제형법(internationales Völkerstrafrecht)과 국내적 국제형법(nationales Völkerstrafrecht)이라는 용어를 사용한다. 같은 이유로 독일의 Bülte도 국제적 국제형법과 국내적 국제형법을 대비하여 사용하고 있다. J. Bülte, Vorgesetztenverantwortlichkeit im Strafrecht, Nomos, 2015, 47-54 ff.

5) 국내 법원이 국제형법을 적용하는 경우에도 그것이 국내법의 일부인지에 대하여는 논의가 있다. 프랑스의 대법원(Cour de cassation)은 Klaus Barbie 사건에서 Crimes Against Humanity는 그 성질에 비추어 프랑스 국내법의 영역에 속하지 않으며, 국제형법 질서에 속한다고 1983년 판시하였다. W. N. Ferdinadusse, Direct Application of International Criminal Law in National Courts, T.M.C.Asser Press, 2006, p. 63; J. Lelieur-Fischer, "Prosecuting the Crimes against Humanity Committed during the Algerian War: an Impossible Endeavour?", Journal of International Criminal Justice 2(1), 2004, p. 233 참조; "독일 국제형법전은 국제형법을 독일 국내 형법 체계에 도입하기 위하여 만들어진 것이다. 이것은 엄격한 의미에서 국내 형법의 일부가 아니다." C. J. M. Safferling, "Germany's Adoption of an International Criminal Code", Annual of German & European Law Vol 1, Berghahn Books, 2004, p. 380.

6) 필자는 국제형법은 국제범죄에 관한 법이기 때문에 가급적 통일된 내용을 가져야 한다고 생각한다. 국제형법이 나라별로 다원화되는 것은 필연적이며 이를 문제시할 수 없다고 주장할 수도 있다. 그러나, 로마규정이 관습국제법을 대표하는 ICTY의 판례를 상당 정도 벗어나고 있다는 것에 대한 우려가 이미 나오고 있다. 한편, 각국은 국내적 국제형법을 자신들의 형법 체계 내에 부합하는 방향으로 또는 자신들의 역사나 법감정 등에 따라 변형하고 있다. 이러한 결과 인류의 보편적 가치에 대한 침해라고 하는 국제

국제법으로 존재하는 국제형법을, 광의로는 관습국제법과 국제조약
(대표적인 것으로 ICC 로마규정)으로 존재하는 국제형법(국제적 국
제형법)을, 최광의로는 국제적 국제형법과 국내적 국제형법을 포함
하는 의미로 사용한다.

2. 국제형법의 효력

국제형사재판기구들은 국제형법을 개인에 대한 재판규범으로 적
용한다. 이것은 자연인인 개인의 형사책임이 국제형법의 규범으로
부터 직접적으로 도출된다는 국제형법의 이론 구성과 일치한다.[7] 국
제형법의 국내법상의 효력에 관하여는 국제법과 국내법의 관계를
어떻게 보느냐와 관련이 있다. 일반적으로는 국제법 우위의 일원주
의, 국내법 우위의 일원주의, 이원주의가 대립한다고 볼 수 있다. 상
당수의 국가들은 순수한 일원론과 이원론의 중간에 위치하며, 이원
론적 국가라고 하여도 관습국제법의 적용에 있어서는 일원론적 입
장을 취하는 경우가 대부분이라고 한다.[8]

국제형법과 국내형법의 관계는 국제법과 국내법의 관계에 관한
일반론보다 더 복잡한 논의를 필요로 한다. 형벌권은 주권의 가장
대표적인 작용이라는 점에서 주권국가가 국내 입법 없이 자국에서
국제형법을 직접 적용하는 것을 기대하기 어렵다. 국제형법의 주된
법원은 관습국제법이기 때문에 성문형법만을 형법의 法源으로 인정
하는 나라에서는 국제형법이 자국에서 직접 효력을 가진다고 보기

범죄에 대한 재판의 결과가 어떤 재판소에서 재판을 받느냐에 따라 달라
질 수 있게 되는 문제가 발생한다. 국제형법은 보편적 관할권(세계주의)을
인정하고 있기 때문에 이러한 상황이 발생할 가능성을 부정할 수 없으며,
이러한 결과는 (형법적) 정의에 관념에 부합하지 않는다.

7) H. Satzger, Internationales und Europäisches Strafrecht, 2009, S. 219.
8) 정인섭, 신국제법강의 제6판, 박영사, 2016, 87-93면 참조.

가 더욱 어렵다. 많은 나라에서 죄형법정주의는 헌법의 원칙이기도 하기 때문에 국제형법의 국내적 효력은 결국 국내 헌법이나 국내 형법과 국제형법의 관계 문제로 귀착된다.[9]

1) 국제형법의 죄형법정주의

죄형법정주의(principle of legality, nullum crimen sine lege)는 개인이 자유의지가 있다는 것을 논리적 전제로 개인이 형사 책임을 수반하는 금지된 행위를 스스로 선택할 때 범죄가 성립하고 형벌이 부과된다는 의미이다.[10] 성문형법전을 처벌근거로 이해하고 관습형법을 금지하는 등 형법의 법원을 제한적으로 파악하는 죄형법정주의를 대륙법계 죄형법정주의 또는 엄격한 죄형법정주의로 부른다면, 커먼로 범죄(common law crimes)와 같이 판례에 의한 창조되는 범죄를 인정하고, 형법의 법원(法源)에 성문법 외에도 판례를 포함시키는 죄형법정주의를 영미법계 죄형법정주의 또는 완화된 죄형법정주의로 분류할 수 있다.[11] 우리나라의 죄형법정주의는 범죄와 형벌은 법률로써

---

9) 세계의 대부분의 국가들이 형법뿐만 아니라 헌법에 죄형법정주의를 규정하고 있다는 것을 보여는 실증적인 분석에 대하여는 K. S. Gallant, The Principle of Legality in International and Comparative Criminal Law, Cambridge University Press, 2009, pp. 411-424 참조.

10) G. Hallevy, A Modern Treatise on the Principle of Legality in Criminal Law, Springer, 2010, pp. 3-4; Hallevy는 죄형법정주의의 하위 원칙을 표현하는 4가지 측면이 있다고 하면서, 형법의 法源, 형법의 시간적 적용범위, 형법의 장소적 적용범위, 형법의 해석을 들고 있다. Ibid., pp. 6-8.

11) 대륙법계와 영미법계의 죄형법정주의의 근본적 차이는 판례의 法源性에 있다. 역사적 배경이 다른 양쪽의 죄형법정주의를 단순 비교하는 것은 타당하지 못하다. 참고로 Hayek는 "판례법 체계와 법의 지배의 이념 사이에 어떤 본질적인 충돌이 있다. 판례법 하에서는 법관이 꾸준히 법을 형성하기 때문에, 그가 이미 존재하는 규정을 단순히 적용한다는 원칙은 그 체계 하에서는 법이 성문화된 곳보다 덜 완전하게조차도 전혀 다루어질 수 없

규정되어야 한다는 원칙을 말하며 전자에 속한다.[12]

　뉘른베르크 국제군사재판은 국제형법에서는 죄형법정주의가 적용되지 않는다고 하였다.[13] ICTY는 조약의 근거없이 관습국제법만을 근거로 국제범죄를 인정할 수 있다고 함으로써 영미법계 죄형법정주의에 가까운 태도를 취하였다.[14] 1998년 ICC 로마규정은 국제범죄의 성립요건과 형법의 일반원칙을 자세히 규정함으로써 점차 대륙법계의 죄형법정주의로 방향을 선회하고 있다는 것을 보여주고 있다.[15] Bassiouni(바시오니)는 국제형법의 죄형법정주의의 특성으로 관

다."(F. A. Hayek, The Political Ideal of the Rule of Law, National Bank of Egypt, 1955, p. 19)고 주장하였으나, 약 20년 후에는 커먼로가 사실은 자유와 법의 지배의 보루였다고 말하여 그 입장을 변경하였다고 한다. Brian Z. Tamanaha (이헌환 역), 법치주의란 무엇인가, 박영사, 2014, 134-135면에서 재인용; 한편 Bassiouni는 관습국제법의 성격으로 인하여 죄형법정주의를 만족시키기 어렵고 따라서 국제형법을 성문화하여야 한다고 주장한다. M. C. Bassiouni, International criminal law. vol. 1: Sources, subjects, and contents, 3rd ed., Martinus Nijhoff Publishers, 2008, pp. 103, 105; 영미형법에서 죄형법정주의는 자유사회의 핵심적 가치를 반영한다. 그 이론적 근거는 삼권분립원칙, 예고(notice), 그리고 법의 지배이며, 공정성(fairness), 자유(liberty), 민주성(democracy), 평등성(equality)의 4가지 가치가 담겨 있다. 이경재, 영미형법상의 죄형법정주의, 법학연구 제21권 제3호, 2010. 12., 162면.

12) 신동운, 형법총론 제9판, 법문사, 2015, 18면.

13) 죄형법정주의는 주권에 대한 제약이 아니며, 일반적인 정의의 원칙이다. Trial of the Major War Criminals before the International Military Tribunal. Nuremberg. 14 November 1945 - 1 October 1946, Volume 1, Published at Nuremberg, Germany, 1947, p. 219, https://www.loc.gov/rr/frd/Military_Law /pdf/NT_Vol-I.pdf 2016. 4. 20. 최종접속.

14) Prosecutor v. Hadžihasanović & Alagic & Kubura, (Case No. IT-01-47-AR72) Appeals Chamber Decision on Interlocutory Appeal Challenging Jurisdiction in Relation to Command Responsibility, 16 July 2003, para. 35

15) 로마규정은 제2부 제11조에서 시간적 관할권을 규정하고, 제3부 형법의 일반원칙(general principles of criminal law)에서 직접적으로 죄형법정주의를 규정하고 있다(제22조 범죄법정주의, 제23조 형벌법정주의, 제24조 소급효 금지). 제22조는 죄형법정주의의 핵심인 범죄법정주의와 형법의 소급적용금

습국제법의 *法源性*, 유추해석의 인정, 형벌법정주의의 부존재 등을 들고 있다.[16]

Bassiouni에 의하면 국제형법의 죄형법정주의는 유추해석에 의한 국제범죄의 인정과 형벌의 결정을 인정한다. 국제법상 허용되는 행위를 국제범죄로 보아 처벌할 수는 없지만, 국제법상 금지되는 행위나 국제법상 금지되는지 허용되는지 명확하지 않은 행위에 대하여는 그 행위가 다른 국제범죄와 유사하고, 동등한 정도의 해악을 초래한다면 유추에 의해 국제범죄로 처벌하는 것이 허용된다고 한다.[17]

영미형법의 영향과 실무적인 이유로 인하여 대륙법계의 법실증주의 형사사법시스템에 존재하는 것과 같은 형벌법정주의는 국제형법에서 존재하지 않는다. 뉘른베르크와 도쿄 국제군사재판, 연합국 통제위원회법 제10호, ICTY, ICTR, ICC의 규정은 범죄 유형별 법정형

지(제1항) 및 그에 따르는 엄격해석원칙과 막연한 경우에는 피의자, 피고인의 이익으로 해석하도록 하는 원칙(제2항)을 선언하고 있다. 제23조의 형벌법정주의와 관련하여 로마규정은 제7부에서 형의 종류와 결정 절차에 대한 규정을 두고 있다; Bassiouni는 로마규정의 죄형법정주의는 대륙법보다는 영미법에 가까우며, 특히 독일법과는 확실히 구별된다고 한다. M. Cherif Bassiouni, International criminal law. vol. 1, 2008, p. 94.

16) M. C. Bassiouni, *ibid.*, pp. 73-105 참조.

17) Bassiouni는 이것을 국제법의 결과이자 속성이라고 한다. '국제조약의 죄형법정주의도 국내법의 죄형법정주의와 다른 특성을 가지고 있다. 중앙집권적인 입법 기관과 입법기준이 없는 국제법의 세계에서 국제형법에 관한 국제조약은 대부분 정치적 타협의 결과였으며, 일관된 정책과 통일된 입법 기술을 결여하였다. 조약의 기초자들은 대부분 외교관들로서 죄형법정주의에 관심이 없었고, 국제형법이나 비교형법에 대한 전문성도 없었다. 조약들에서 국제범죄의 성립요소는 엄밀하게 정의되지 못했고 면책 사유는 포함되지 않았으며, 형벌법정주의는 무시되었다. 전쟁범죄와 해적의 예에서 보듯이 개별 국가들이 국내법의 유사한 범죄를 유추하여 국제범죄에 대한 형벌을 결정하는 것이 허용되었다.' *Ibid.*, pp. 87-89, 95.

을 제시하지 않고 판사들에게 형벌을 결정할 수 있는 광범위한 권한
을 부여하였다.

　2차 대전후 영국과 미국이 국제형법의 탄생에 결정적인 역할을
하였다는 역사적 배경과, 국제형법의 法源이 관습국제법을 포함하고
있다는 점에서 국제형법은 영미법계 죄형법정주의와 밀접한 관련을
맺고 있다. 이러한 이유로 뉘른베르크 후속 재판에서 미국의 검사였
던 Telford Taylor는 "국제[형]법은 영미법의 common law(Anglo-Saxon
common law)처럼 관습법의 체계이며, 국제 관행, 조약, 선언, 권위있
는 학설(learned texts), 기타의 法源으로부터 도출된다."고 하였다.[18]

2) 국제형법의 국내에서의 효력

　국제형법이 개별적인 국가를 통하지 않고 국제형사재판기구에
의해 적용되는 것을 국제형법의 직접 집행 시스템이라고 한다. 이에
반하여 국내 재판소가 국제형법을 적용하는 것을 국제형법의 간접
집행 시스템이라고 한다.[19] 간접 집행 시스템과 관련하여 Satzger는

---

18) Common law를 적용하는 법원이 common law 원칙(principle)의 범위에 관하
　여 다른 결론을 내릴 수 있는 것과 마찬가지로 국제재판소들이나 국회들
　도 재판이나 조약에 있어서 국제법을 적용하고 표현함에 있어서 국제법의
　원칙의 범위(the scope of a principle of international law)에 관하여 불일치할
　수 있다. Telford Taylor(Brigade General, U.S.A. Chief of Counsel for War Crimes),
　Final Report to The Secretary of the Army on the Nuremberg War Crimes Trials under
　Control Council Law No. 10, 15 August 1945, p. 9. https://www.loc.gov/rr/frd/Military
　_Law/pdf/NT_final-report. pdf 2015. 11. 23. 최종접속.
19) 국제형법의 집행에는 두 가지가 있다. 하나는 "간접 집행 모델"(Indirect
　Enforcement Model)이고 다른 하나는 "직접 집행 모델"(Direct Enforcement
　Model)이다. 간접 집행 모델은 재판권을 주장하는 국가가 국제형법을 집행
　하는 것을 말한다. 간접 집행에서 국내 법원의 판결은 국제범죄의 불법을
　반영하도록 국내의 입법자가 제정한 국내법의 범죄구성요건에 근거하여
　이루어진다. 간접 집행 모델이 가지고 있는 단점은 국제범죄들을 규정한

국제형법의 국내 법원에 있어서의 효력은 국내 헌법의 규정에 따라 달라진다고 설명한다. 국내 헌법이 달리 규정하고 있지 않는 한 원칙적으로 국내법원에 국제형법의 규범이 직접적 효력을 가지고 바로 적용된다고 보기는 어렵다고 한다.[20]

헌법은 역사적 산물이며, 추상적인 가치 규범으로 구성되어 있다. 많은 나라에서 죄형법정주의를 헌법과 형법의 원칙으로 보고 있으나 그 구체적인 의미와 적용범위에는 차이가 있다. 죄형법정주의만이 (헌)법의 최고 이념은 아니며,[21] 죄형법정주의를 인정하는 취지와

국내법의 국제범죄들이 각 국가마다 상이한 실체법적, 소송법적 내용을 가지게 된다는 것이다. 간접 집행 모델에 의하는 경우에는 세계적으로 동등한 처벌이 이루어질 수 없다. 나아가, 간접 집행 모델에서는 국제범죄가 전혀 소추되거나 처벌되지 않는 상황이 발생하는 것을 막을 수 없다. 간접 집행 모델에서는 국가들이 국제형법의 범죄구성요건을 자국의 국내법 질서에 이행할 준비가 되어있지 않거나 그 밖의 다른 이유로 국제범죄를 소추할 수 없는 가능성이 항상 존재하게 된다. 간접 집행의 예로는 이스라엘의 Eichmann에 대한 재판, 프랑스의 Klaus Barbie에 대한 재판이 있다. 한편, 직접 집행 모델은 ICTY의 Tadić에 대한 재판처럼 국제기구를 통하여 집행된다. 이때 피고인에 대한 판결은 국내 규범이 아니라 국제형법 자체에 근거한다. 항구적 국제형사재판소가 설립되었지만 아직도 직접 집행은 예외적 현상이라고 할 것이다. 직접 집행을 담당하였던 재판소는 뉘른베르크 국제군사재판소, 도쿄 국제군사재판소, ICTY, ICTR 등이 있다. H. Satzger, Internationales und Europäisches Strafrecht, 2009, 221-222 ff.

20) *Ibid.*, S. 219. 이 점에 대하여는 각국의 국내법 질서에 있어서 국제법의 효력이라는 일반적인 논의 외에도 국내 헌법과 형사법 질서가 가지고 있는 죄형법정주의의 내용이 문제될 것이다.

21) 헌법은 전문에서 "밖으로는 항구적인 세계평화와 인류공영에 이바지함으로써 우리들과 우리들의 자손의 안전과 자유와 행복을 영원히 확보할 것을 다짐"하고 있으며, 제5조 제1항은 대한민국이 국제평화의 유지에 노력하고 침략적 전쟁을 부인한다고 하고 있으며, 제6조 제1항은 헌법에 의하여 체결·공포된 조약과 일반적으로 승인된 국제법규는 국내법과 같은 효력을 가진다고 하고 있으며, 제2항에서 외국인은 국제법과 조약이 정하는 바에 의하여 그 지위가 보장된다고 하고 있다. 나아가 헌법의 제2장은 국

목적에 따른 적용범위가 있다.[22] 또한, 죄형법정주의의 내용은 국가
마다 다르며 엄격한 내용을 갖는 국가들로부터 완화된 내용을 가지
는 국가들까지 다양한 스펙트럼이 존재한다. 많은 나라에서 죄형법
정주의를 헌법과 형법의 가장 중요한 원칙으로 보고 있지만 법원이
국제형법을 적용함에 있어서 엄격한 죄형법정주의를 반드시 관철하
고 있지는 않다.[23]

민의 자유와 권리를 규정하는 등 우리 헌법은 다양한 가치를 포함하고 있
다. 따라서, 헌법과 형법이 죄형법정주의라는 자유주의적 가치를 중시한
다는 것만으로 반드시 우리 헌법과 형법의 엄격한 죄형법정주의를 국제범
죄에도 그대로 적용하여야 한다는 결론에 이를 수는 없다.

22) 소급효금지원칙은 국가로부터 시민을 보호하기 위한 것이지 유책한 권력
자를 그 다음에 오는 국가권력이나 불법청산으로터 보호하려는 것이 아니
라는 것을 근거로 동 원칙이 불법국가의 권력자를 소급적으로 처벌하는
것이 금지하지 않는다는 주장이 있다. 이 견해는 정권의 담당자가 범한 범
죄행위를 사후에 소급적으로 처벌할 수 있다는 점을 사회계약론과 자연법
론에 입각하여 논증한다. 반야 아드레아스 벨케(한상훈 역), 소급효금지원
칙의 의의와 한계, 민주법학 제10호, 1996, 132-139면 참조; 통독 후의 연방법
원은 국경수비대 사건에서 동독 초병의 행위에 대하여 행위 당시의 서독
형법, 즉 재판시의 통일 독일의 형법의 법규정을 적용하지 않고 행위시,
행위지에 유효한 법 즉 동독의 국경법을 적용함으로써 소급효금지원칙위
반의 문제를 피하였다. 요아힘 헤르만(신동운·김재봉 역), 베를린 장벽경
비판결에 대한 평석, 서울대학교 법학 제34권 3·4호, 1993, 317면; Klaus
Marxen(김성천 역), 소급효 금지의 근거와 범위-구 동독 정부의 범죄행위
에 대한 형사 사법적 처리에 관한 독일 내에서의 최근의 논의 전개-, 형
사법연구 제8권, 1995, 197면 참조.

23) 프랑스에서는 1964년 "1945년 8월 8일의 국제군사재판소 헌장에 명시된 인
도에 반하는 죄(Crimes Against Humanity)의 정의를 반영한 1946년 2월 13일의
국제연합 결의안에서 정의된 Crimes Against Humanity는 본성상 공소시효가
없다."는 단 하나의 조문을 가진 법률이 제정되었다. 입법자들은 공소시효
만료를 앞두고 있는 시점에서(1964년은 해방 20주년이 되는 해다) 프랑스
에 남아 있거나 들어오려 하는 나치 전범들을 처벌할 수 있게 하고 그럼으
로써 실제 처벌보다는 이들의 프랑스 체류를 막으려는 취지였다(이용우,
프랑스의 과거사 청산, 역사비평사, 2008, 155면). 프랑스의 대법원(Court def

Cassation)은 리옹의 도살자로 불린 나치 전범 바르비(Klaus Barbie) 사건에서 피고인의 죄형법정주의 주장을 ICCPR 제15조 제2항, 프랑스 헌법 제55조(적법하게 비준 또는 승인된 국제조약이나 국제협정은 각기 상대국에서도 시행된다는 유보 하에 공포하는 즉시 법률에 우선하는 효력을 가진다)에 근거하여 배척하였다. 한편, 관습국제법에 의한 국제범죄는 프랑스 국내에 직접적 적용이 되지 않는다고 한다(W. N. Ferdinadusse, Direct Application, 2006, p. 66). 1994년 프랑스 형법은 Crimes Against Humanity에 대한 규정을 도입하였지만 이 법의 시행 이전의 범죄행위에는 적용되지 않는다(Catherine Elliott, French Criminal Law, Routledge, 2001, p. 130-131). 이러한 프랑스의 태도에 따르면 나치 전범은 처벌할 수 있지만, 프랑스가 알제리에서 저지른 인도에 반하는 죄는 처벌할 수 없게 된다; 아르헨티나의 법원은 제2차 세계대전 중 이탈리아에서 전쟁범죄와 crimes against humanity를 저지른 혐의를 받고 있는 Erich Priebke에 대한 범죄인인도 절차에서, 관습국제법을 적용하였고, '헌법은 형사(criminal matters)에 있어서도 국제법의 최고성을 인정하며, 죄형법정주의는 국제범죄에 있어서 엄격히 적용되지 않는다'고 하고 있다. Ward N. Ferdinadusse, Direct Application, 2006, p. 71-76; 미국에서 국제법 위반 즉 국제범죄는 커먼로 범죄이다(W. R. LaFave, Criminal Law, 5th ed., Thomson Reuters, 2010, p. 83). 미국의 일부 학자들은 1812년 연방대법원이 Hudson 판결에서 연방범죄에 관하여 "입법부가 행위를 범죄로 규정하고, 그것에 형벌을 부과하며, 그리고 입법부가 법원이 그러한 범죄에 대하여 관할권을 갖는다고 선언한다."[United States v. Hudson, 11 U.S. 32, 34, 3 L. Ed. 259 (1812)]라고 판시한 것을 근거로 조약과 관습과 같은 국제형법이 미국에 직접 적용되지 않는다고 주장하였다. Hudson 판결에도 불구하고 국제형법의 직접적 적용을 지지하는 견해는 다음과 같은 이유를 제시한다. 첫째, Hudson 사건에서 대법원은 일반적 커먼로 범죄의 기소를 배척한 것이지 국제범죄를 배척한 것이 아니다. 오늘날 커먼로 범죄를 부정하는 원칙이 관습국제법에도 적용되는지는 아직도 명백히 답이 확정된 것이 아니다. 둘째로 Hudson 이후에도 특정 원용 규범의 존재 여부와 무관하게 국제범죄의 직접적 적용이 계속 이루어지고 있다. 전쟁의 관습과 법위반은 물론이고 주로 관습법에 근거하기는 하지만 조약에 근거를 둔 국제범죄들의 예가 보인다. 이러한 사례들의 일부는 명시적으로 성문법령의 근거에 대한 요구를 배척하고 있다. 셋째로, Hudson 판결의 연방 커먼로 범죄 폐지 원칙의 근거는 연방 정부와 주 정부의 권력의 분리에서 나오는 것이지 법적 안정성에 대한 우려에서 나온 것이 아니라는 점이다. 이러한 근거는 연방 법원이 주의 입법부의 권한을 침해하는 새로운 범죄를 만드는 것을 삼

시민적, 정치적 자유에 관한 국제협약(International Covenant on Civil and Political Rights, ICCPR) 제15조[24]는 국제범죄에 대하여 개별 국가가 그 국제범죄가 발생할 당시에 자국의 형법에 없었던 새로운 규정을 만들고 이 법률에 의해서 처벌하는 것을 승인하고 있다. 이러한 법률은 형식적으로는 소급하는 것처럼 보이지만 국제법에 의하여 그 행위 당시에 범죄로 인정된 것이기 때문에 실질적으로는 소급처벌이 아니다. 그러나, 국제형법의 *法源*이 되는 관습국제법의 존재를 확인하고 그 내용을 명확히 하는 것이 쉽지 않다. 엄격한 죄형법정주의를 채택하고 있는 우리나라에서 관습국제법 그 자체를 적용하여 국제범죄를 처벌하는 것은 쉽지 않은 문제이다. 따라서, 우리나라 헌법과 형법의 죄형법정주의, 헌법 제6조의 조화로운 해석은 우리나라에서 국제범죄를 처벌하기 위하여는 관습국제법만을 근거로 할 수 없고 국회에서 만든 법률에 의하여야 한다는 의미를 갖는다.[25]

가라는 요구이다. 이것은 주의 권한과는 무관한 문제에 관한 현존하는 국제범죄의 적용을 배제하는 것이 아니다. 이것이 아마도 Hudson 사건에도 불구하고 전쟁법의 직접적 적용이 계속 이루어졌는지를 설명할 수 있을 것이다(W. N. Ferdinadusse, Direct Application, 2006, pp. 50-55). Lafave는 Hudson 판결 자체가 잘못된 것이라고 보고 있다. W. R. LaFave, Criminal Law, 2010, p. 81.

24) ICCPR 제15조
   1. 어느 누구도 행위시의 국내법 또는 국제법에 의하여 범죄를 구성하지 아니하는 작위 또는 부작위를 이유로 유죄로 되지 아니한다. 또한 어느 누구도 범죄가 행하여진 때에 적용될 수 있는 형벌보다도 중한 형벌을 받지 아니한다. 범죄인은 범죄가 행하여진 후에 보다 가벼운 형을 부과하도록 하는 규정이 법률에 정해진 경우에는 그 혜택을 받는다.
   2. 이 조의 어떠한 규정도 국제사회에 의하여 인정된 법의 일반원칙에 따라 그 행위시에 범죄를 구성하는 작위 또는 부작위를 이유로 당해인을 재판하고 처벌하는 것을 방해하지 아니한다.
25) 로마규정의 당사국들은 로마규정의 이행을 위하여 특별법을 만들거나 형법을 개정하거나 심지어는 헌법을 개정하기도 하였다. 이것은 당사국들의 자국의 국민이 국제범죄를 저지른 경우에 처벌규범의 흠결로 인하여 ICC

에서 재판을 받는 결과를 피하려고 하였기 때문이다. 로마규정의 이행입법과 관련하여 독일, 일본, 한국의 태도를 비교하는 것은 매우 흥미롭다. 세 나라 모두 대륙법계의 죄형법정주의를 택하고 있기 때문에 매우 엄격한 죄형법정주의를 국내 형법의 원칙으로 가지고 있다. 따라서 죄형법정주의라는 관점에서 보면 이들 나라들이 로마규정의 이행입법의 내용은 비슷할 것으로 예상된다. 그러나 현실에서는 매우 다른 모습이 나타났다. 독일은 국제범죄의 실체법과 절차법에 걸쳐 모두 상세한 규범을 마련하였다. 한국은 2007년 국제형사재판소 관할범죄의 처벌 등에 관한 법률을 제정하였다. 이 법률은 국제범죄의 정의(definition)에 관하여 상세한 규정을 두었으나 ICC와의 협력 절차에 관하여는 오직 2개의 조문만을 두었다. 범인의 인도(surrender)에 대하여 국내법인 범죄인인도법(Extradition Act)을 준용하고(19조), ICC와의 사법공조에 대하여 국내법인 국제형사사법공조법을 준용하도록 하였다(20조). 한편 일본은 국제범죄에 관한 실체법을 만들지 않고 ICC와의 협력에 관한 절차법만을 제정하였다. 이러한 차이점은 국내 형법에 의하여 로마규정을 이행하는 경우에 죄형법정주의라는 형법의 원칙만으로 설명될 수 없다는 것을 보여준다. 독일은 뉘른베르크 국제군사재판, 연합군 통제위원회법 제10호(Control Council Law No. 10, "CCL No. 10")에 근거한 점령군 군사재판 이후에 스스로 과거청산 작업을 하였지만, 이때 사용된 규범은 국제형법이 아닌 독일의 국내 형법이었다. 독일은 유럽인권협약 제7조 제2항에 대한 유보를 2001년 10월에 철회하였다. 유럽인권협약 제7조 제2항은 시민적, 정치적 자유에 관한 국제협약(ICCPR) 제15조 제2항에 상응하는 것으로 뉘른베르크 재판에 대한 승인을 의미한다(C. Kress, "Germany and International Law: Continuity or Change?", in: *H. R. Reginbogin/C. J. M. Safferling(ed.)*, The Nuremberg Trials International Criminal Law Since 1995, 60th Aniversary International Conference, K·G·Saur München, 2006, p. 240]. 한편, 일본은 전범을 스스로 처벌한 적이 없다. 일본은 로마규정에 있는 국제범죄의 이름이 거론되는 것을 두려워하였던 것으로 추측된다. 성노예, 강제노동, 지휘관책임과 같은 용어들은 일본인들이 과거에 저지른 위안부(comfort women), 강제노역, 일왕(Emperor)의 책임 문제를 기억하게 만든다. 이런 이유로 일본은 실체법을 만들지 않고 중립적 언어를 사용하는 ICC와의 협력에 관한 절차법만을 제정한 것으로 보인다. 한편, 한국은 전범문제에 관한 한 과거로부터 자유로웠고, 국내 정치에서 민주화의 성과를 바탕으로 인권에 대한 의식이 높아졌기 때문에 로마규정의 취지에 대한 동참의 의지를 빨리 대외에 표방하고자 신속히 로마규정의 이행법률을 제정한 것으로 보인다.

3) 소결

국제형법의 죄형법정주의에 관한 논의는 다음과 같은 의미를 갖는다. 첫째, 국제형법의 지휘관책임의 포괄적 성격이 우리 형법의 죄형법정주의를 충족하지 못한다는 이유만으로 국제형법의 지휘관책임이 죄형법정주의위반이라고 할 수는 없다. 우리 형법의 관점에서 보면 관습국제법의 지휘관책임은 물론 ICC 로마규정의 지휘관책임조차 범죄와 형벌의 명확성을 갖추지 못하였으며, 따라서 죄형법정주의위반이다. 그러나, 영미법과 국제형법도 죄형법정주의를 부정하고 있지 않다. 국제형법 자체를 부정하지 않는 한 국제형법의 지휘관책임을 죄형법정주의위반이라고 평가할 수는 없다. 둘째는 이 논문에서 제시하는 지휘관책임 규정(전면개정안, 私案 II)과 관련된다. 우리나라의 현행 국제범죄처벌법의 지휘관책임과 이에 대한 필자의 부분개정안(私案 I)은 죄형법정주의에 비추어 큰 문제점은 없다. 한편, 필자가 부분개정안과 별도로 제시하고 있는 전면개정안은 지휘관책임의 포괄성을 유지하고 있다는 점에서 우리 형법의 엄격한 죄형법정주의를 반드시 만족시킨다고 보기 어렵다. 그러나, 국제범죄의 집단범죄적 특성에 비추어 지휘관책임의 포괄성은 일정 정도 수반될 수밖에 없으며, 국제범죄을 적용대상으로 하는 국내적 국제형법의 지휘관책임에서 이러한 특성을 완전히 배제하는 것은 타당하다고 할 수 없다. 지휘관책임은 국내 형법의 일반 범죄에는 적용되지 않고, 국제범죄처벌법의 국제범죄에만 적용되는 규범이기 때문이다. 따라서, 우리 형법의 엄격한 죄형법정주의를 국제범죄처벌법의 지휘관책임에 반드시 그대로 적용할 것은 아니라고 본다.

제2절 국제범죄

1. 국제범죄의 의의

1) 국제범죄의 정의

국제범죄(International Crimes)는 맥락에 따라 다양한 의미로 사용되고 있으며 국제범죄의 정의와 내용에 대하여 많은 이견이 존재한다.[26] 국제범죄에 관하여 널리 알려진 정의는 국제법에 의하여 개인의 가벌성이 직접적으로 발생하는 범죄를 말한다.[27] Cassese는 이러한 국제범죄의 특징으로 관습국제법위반, 국제 공동체 전체가 중시하는 규범위반, 보편적 법익의 침해, 보편적 관할권(세계주의), 범죄자에 대한 형사 또는 민사적 면책(immunity)의 부인과 같은 내용을 제시하면서 이러한 특징들이 국제범죄에서 누적적으로 나타난다고 한다. Cassese는 전쟁범죄, 인도에 반하는 죄, 집단살해, 고문, 침략범죄, 국제테러리즘(international terrorism)을 들고 있다.[28][29]

---

26) 이러한 이유로 일부 학자들은 국제범죄를 국제형사재판기구들에게 재판 관할권이 부여된 범죄들이라는 의미로 제한하여 사용한다. R. Cryer/H. Friman/D. Robinson/E. Wilmshurst, An Introduction to International Criminal Law and Procedure, 3rd ed., Cambridge University Press, 2014, p. 4.

27) G. Werle/F. Jessberger, Principles of International Criminal Law, 3rd ed., Oxford University Press, 2014, para. 89; A. Cassese, International Criminal Law, 2nd ed, Oxford University Press, 2008, p. 11; 국제범죄가 되기 위해서는 첫째, 개인의 형사책임을 발생시키고, 둘째, 국제법에 근거하여야 하며, 셋째, 그것이 국내법에 편입이 되는 지와 무관하게 범죄여야 한다. G. Werle, Principles of International Criminal Law, 2nd ed., 2009, T·M·C·Asser Press, para. 84.

28) A. Cassese, International Criminal Law,2008, pp. 11-13; 해적(pirate)은 뉘른베르크 이전에 가장 대표적인 국제범죄로 불렸으나 최근의 일반적인 견해는 해적을 엄격한 의미의 국제범죄로 보지 아니하고 초국경범죄로 분류하고 있다. Ibid., p. 12; R. O'Keefe, International Criminal Law, Oxford University Press,

2015, p. 51; 반면에 Bassiouni는 국제범죄 개념에 조약범죄를 포함하며 이에
따라 28개의 광범위한 국제범죄 목록을 제시하고 있다. M. C. Bassiouni,
International Criminal Law. Vol I, 2008, pp. 133-136; 국제범죄 개념의 다양성에
관한 논의는 M. C. Bassiouni, Introduction to International Criminal Law, Martinus
Nijhoff Publishers, 2nd ed., 2013, p. 139-149; G. Schwarzenberger, The Problem of
an International Criminal law, in: Gerry Simpson(ed.). War Crimes Law. Vol I (Edited
by , 2004, pp. 5-16; 국제범죄 개념에 대한 혼란을 보여주는 사법연수원, 국
제형사법, 2013, 11-21면 참조.

29) 여기서 말하는 고문은 인도에 반하는 죄나 전쟁범죄의 범주에 속하는 고
문(torture)이 아닌 독립된 국제범죄로서의 고문을 말한다. 1984년 12일 10일
채택된 고문 및 그 밖의 잔혹한, 비인도적인 또는 굴욕적인 대우나 처벌의
방지에 관한 협약(Convention against Torture and Other Cruel, Inhuman or
Degrading Treatment or Punishment, 고문방지협약) 제1조는 고문의 정의에 관
하여, "공무원이나 그 밖의 공무수행자가 직접 또는 이러한 자의 교사·동
의·묵인 아래, 어떤 개인이나 제3자로부터 정보나 자백을 얻어내기 위한
목적으로, 개인이나 제3자가 실행하였거나 실행한 혐의가 있는 행위에 대
하여 처벌을 하기 위한 목적으로, 개인이나 제3자를 협박·강요할 목적으
로, 또는 모든 종류의 차별에 기초한 이유로, 개인에게 고의로 극심한 신
체적·정신적 고통을 가하는 행위를 말한다. 다만, 합법적 제재조치로부터
초래되거나, 이에 내재하거나 이에 부수되는 고통은 고문에 포함되지 아
니한다."고 규정하고 있다. 고문방지협약은 국내 형법 체계에서 고문을 범
죄화할 것을 요구하고(제4조), 당사국이 고문범죄자를 인도하지 않는 경우
에는 자국에서 처벌하도록 하고 있다(제7조). 이러한 고문방지협약이라는
조약범죄의 수준을 넘어 고문은 국제관습법에 의해 독립된 국제범죄로 인
정되고 있다(A. Cassese, International Criminal Law,2008. p. 149; A. Cassese/P.
Gaeta/L. Baig/M. Fan/C. Gosnell/A. Whiting, Cassese's International Criminal Law,
3rd ed, Oxford University Press, 2013, p. 132). 고문의 금지는 강행규범(a
peremptory norm or jus cogens)에 속하며, 조약법이나 "평범한(ordinary)" 관습
국제법보다 우월적인 규범이다(Prosecutor v. Furundžija, (Case No. IT-95-17-1)
Trial Chamber Judgement, 10 December 1998, para. 153.). 한편, 피노체트에 대한
범죄인인도가 문제된 영국의 대법원에서 Hope of Craighead 경은 고문이 관
습국제법상의 국제범죄인지가 범행 무렵인 1988년 9월 29일에 확립되지 않
았다고 주장하였다(United Kingdom, House of Lords, Regina v. Bartle and the
Commissioner of Police for the Metropolis and Others Ex Parte Pinochet, Regina v.
Evans and Another and the Commissioner of Police for the Metropolis and Others

2) 국제범죄와 구별되는 개념

국제범죄와 유사한 개념들로 초국경범죄(Transnational Crime), 조약
범죄(Treaty Crime), 초국가범죄(Supranational Crime)가 있다. 1945년 2차
대전의 영향으로 탄생한 국제형법은 냉전기간 동면 상태에 들어갔
다. 이 기간 동안 국제형법은 범죄에 관련된 국가들의 국제적 협력,
즉 범죄인인도, 형사사법공조, 수형자인도 등 국내법상의 범죄의 예
방과 진압을 위한 국가간 협력에 관련되는 규범으로 이해되었다.[30]
이런 이유로 1990년대 이전까지는 국제형법(International Crime)은 초국
경범죄에 관한 국내 형법을 지칭하는 용어로 사용되기도 하였다.
Transnational Crime(초국경범죄)은 국제성 범죄[31], 월경범죄[32], 다국적
범죄[33], 초국가적범죄[34] 등으로도 번역되고 있으며, 자금세탁, 부패,
마약, 해적, 사이버 범죄 등 범죄의 효과가 국경 밖으로 미치는 범죄
들을 말하며, 범죄의 국제화 현상과 더불어 주목을 받고 있다.[35] 국

Ex Parte Pinochet (On Appeal from a Divisional Court of the Queen's Bench
Division), 24 March 1999, Judgement, http://www.publications .parliament.uk /pa/
ld199899/ldjudgmt/jd990324/pino4.htm 2016. 6. 5. 최종접속].

30) 김주덕, 국제형법, 육서당, 1997; 사법연수원, 국제형사법, 2000.

31) 이종화, 국제범죄의 개념과 현황, 한국경찰법연구 1권 1호, 2003, 194면 이
하.

32) 本名 純(백영준 역), 마피아들의 '동아시아공동체' 비전통적 안전보장문제
로서의 월경범죄, 배재대학교 한국-시베리아센터 A View of Russian Mafiya 6
호, 2009년 7월 94면 이하.

33) 김혜선, 국제범죄와 다국적 범죄의 개념 구분에 관한 고찰, 한국경찰연구
14권 3호, 2015, 13면.

34) 황문규, 초국가적 범죄의 개념과 우리나라 경찰의 대응 방향, 경찰학연구
11권 4호, 2011, 100면.

35) 국제성 범죄는 국제성이라는 수식어가 너무 광범위하여 특정한 의미를 전
달하지 못하고, 월경범죄는 위법하게 국경을 넘어가는 범죄를 말하는 것
으로 오인되며, 다국적 범죄도 다국적 범죄가 국적을 여러 개 가지는 것이
범죄라는 뜻으로 오인되는 것은 사소한 문제라고 하더라도 '다국적'이라는

제범죄의 개념은 범죄 자체의 성격에 기초한 것으로 그 가벌성이 국제법에서 직접 발생하는데 반하여, 초국경범죄는 국제 협력이 강조되는 국내법상의 범죄이다. 이러한 이유로 국제범죄를 국제법의 형법적 측면이라고 하고 초국경범죄를 형법의 국제법적 측면이라고 한다.[36] Transnational Crime을 초국가적 범죄로 번역하는 경우가 있는데 초국가적 범죄에 해당하는 Supranational Crime이라는 용어가 따로 있으므로 이는 적절하지 않다.[37] 초국가적 범죄(Supranational Crime)는 조약이나 관습국제법에 의해 범죄화된 것이 아니고 개개의 주권국

표현이 국제성과 마찬가지로 너무 광범위한 뜻을 가진다. 초국가적 범죄는 국가를 초월한다는 표현이 국경을 넘어선다는 것보다 더 고차원적인 수준을 요구하는 것처럼 들리는 점, 그리고 EU 형법과 같이 개별 국가 단위를 넘어서는 국제법적 존재의 형법에 의하여 창조되는 범죄를 초국가적 범죄(supranational crime)라고 부르는 경우가 많아 결국 용어의 중복과 혼란을 야기한다는 면에서 타당하지 않다. 한편, 국제법에서 transnational law를 초국내법 또는 초국경법이라고 번역하고 있다. 여기서 초국내적(transnational)이라는 용어는 어떤 사건, 거래, 사물 혹은 사람이 국경을 넘어 '외국적 요소(foreign element)를 가지고 있음'을 의미한다고 한다(김대순, 국제법론 제18판, 삼영사, 2015, 5면). 이에 따르면 transnational crime을 초국내적 범죄 또는 초국내범죄라고 번역할 수 있을 것이다. 그런데 초국내적 범죄라는 용어는 그 의미가 쉽게 전달되지 않는다. transnational crime의 취지를 전달하면서도 월경범죄와는 달리 오해의 소지가 없는 "초국경범죄"가 타당하다고 생각된다; transnational crime과 관련하여 앞에서 본 것 이외에도 국제범죄, 국월범죄, 역외범죄, 외사범죄와 같은 용어들이 사용되었다. 김혜선, 국제범죄와 다국적 범죄의 개념 구분에 관한 고찰, 한국경찰연구 14권 3호, 2015, 4면 참조.

36) R. Cryer/H. Friman/D. Robinson/E. Wilmshurst, An Introduction,2014, pp. 5-8; G. Werle/F. Jessberger, Principles, 2014, para. 13; N. Boister, An Introduction to Transnational Criminal Law, Oxford University Press, 2012, p. 17.

37) 현재 외교통상부가 United Nations Convention against Transnational Organized Crime을 "국제연합 초국가적 조직범죄 방지 협약"으로 번역하고 있는데 이는 타당하지 않다. 외교통상부/조약정보/다자조약에서 조약명을 검색할 수 있다. http://www.mofa.go.kr/trade/ treatylaw/treatyinformation/multilateral/index.jsp?menu=m_30_50_40&tabmenu=t_2 2016. 6. 2. 최종접속.

가 단위를 초월하여 존재하는 초국가적 기구가 자신의 권위와 자격
에 의해 직접 창설한 형법에 의해 규정된 범죄를 말한다. 이러한 의
미의 초국가적 범죄에 관한 형법을 초국가적 형법(supranational criminal
law)라고 부르며 유럽연합(EU)에서 이러한 초국가적형법이 발생할
것으로 예상되고 있다.[38]

조약범죄(Treaty Crime)는 조약이 당사국에 대하여 국내에서 범죄
화할 것을 요구하는 범죄인데, 이것은 관습국제법상의 국제범죄인
경우도 있고, 초국경범죄인 경우도 있다.

3) 국제범죄의 내용

Cassese의 설명에서 보듯이 국제범죄의 핵심은 일반국제법으로 불
리는 관습국제법위반에 있다. 문서로 체결되는 것이 통례인 조약과
달리 관습국제법은 그것을 확인하는 문제가 뒤따른다.[39] 국제형사재
판기구들의 재판은 관습국제상의 국제범죄의 존재와 내용에 대한

---

38) G. Werle/F. Jessberger, Principles,2014, para. 135; 한편, 초국가적형법을 국제형
   사재판기구(international criminal tribunals and courts)의 독특한 형사규범을 말
   하는 것으로 사용하는 견해(R. Haveman/O. Kavran/J. Nicholls, Supranational
   Criminal Law: A System Sui Generis, Intersensia, 2003, p. 3)도 있으나 이러한 입
   장은 ICTY나 ICC가 유럽연합과 달리 초국가적(supranational) 성격이 있다고
   보기 어렵다는 점에서 지지를 받지 못하고 있다. R. Cryer/H. Friman/D.
   Robinson/E. Wilmshurst, An Introduction,2014, p. 8; 초국가적(supranational)이라
   는 표현은 대체로 어떤 국제적 실체의 연방지향적 경향을 지칭하기 위하
   여 사용되고 있다. 유럽공동체가 '초국가적'이라고 함은 그것이 '부분적 그
   리고 초기의 연방주의'(partial and incipient federalism)를 나타내고 있음을 의
   미한다. 김대순, 국제법론 제18판, 삼영사, 2015, 5면.
39) 조약은 국제법 주체들이 국제법의 규율하에 일정한 법률효과를 발생시키
   기 위하여 체결한 국제적 합의이다. 반면에 관습국제법은 국가들의 일반
   적 관행에 대하여 국가들이 법적 구속력이 있다고 확신한 것이다. 정인섭,
   신국제법강의 제6판, 박영사, 2016, 37-38면; 김대순, 국제법론, 2015, 47-48면.

중요한 증거가 된다. 국제형사재판기구들의 재판을 통해 관습국제
법이 확인되며 실질적으로는 국제형사재판기구들이 그러한 관습국
제법을 창조한다고 말해진다. 이점에 있어서 관습국제법은 common
law에 가깝다.[40] 한편 ICC의 관할 범죄인 국제범죄는 ICC 로마규정이
라는 조약에 근거한다. ICC 로마규정은 외교관회의에서 타협에 의하
여 성립하였기 때문에 상당 부분 관습국제법과 다른 내용을 가지게
되었다.[41]

　　일반적으로 국제범죄로 인정되는 것으로 집단살해죄, 인도에 반하
는 죄, 전쟁범죄, 침략범죄가 있다. 이들은 소위 핵심범죄(core crimes)
로 불리며 ICC의 관할범죄로 규정되어 있다. 간략히 말하면 집단살
해죄는 국민적, 민족적, 인종적 또는 종교적 집단의 전부 또는 그 일
부를 그 자체로서 파괴하는 행위(로마규정 제6조 참조), 인도에 반하
는 죄는 광범위하거나 체계적으로 자행되는 인권 침해 범죄(로마규
정 제7조 참조), 전쟁범죄는 무력충돌에 관한 국제법의 심각한 위반
(로마규정 제8조 참조), 침략범죄는 타국에 대한 위법한 무력사용(로
마규정 제8조의2 참조)[42]을 의미한다. 뉘른베르크와 도쿄 국제군사

---

40) R. O'Keefe, International Criminal Law, 2015, p. 51.

41) H. Satzger, Internationales und Europäisches Strafrecht,2009, S. 252; ICC Katanga &
　　Chui 사건의 전심재판부는 로마규정이 책임형식(modes of liability)을 명시적
　　으로 제공하고 있기 때문에 관습국제법이나 ICTY의 판례에 의존할 필요가
　　없다는 취지를 표시하고 있다. 이것은 국제범죄에 관하여 판단한 것은 아
　　니나 로마규정 자체가 관습국제법과는 다르다는 것을 간접적으로 시사하
　　고 있다. Prosecutor v. Germain Katanga & Mathieu Ngudjolo Chui, (Case No.
　　ICC-01/04-01/07) Pre-Trial Chamber I Decision on the Confirmation of Charges, 30
　　September 2008, para. 508.

42) 침략범죄의 주체인 지도자에는 국가의 조직에 밀접하게 관련되어 있지만
　　공식적으로는 그 조직의 일부에 있지 않은 재계의 지도자(industrialist)도 포
　　할될 수 있다는 견해가 있다. 최태현, 한국에 있어서의 ICC규정 침략범죄
　　조항의 국내적 이행, 한양대학교 법학논총, 제32집 제2호, 2015, 86면; 침략
　　범죄는 집단살해, 인도에 반하는 죄, 전쟁범죄와 달리 지도자범죄로 불린

재판소는 평화에 반하는 죄, 인도에 반하는 죄, 전쟁범죄를, 연합국 통제위원회법 제10호는 평화에 반하는 죄, 전쟁범죄, 인도에 반하는 죄, 뉘른베르크 국제군사재판소에 의해 범죄성이 선언된 집단 또는 조직의 구성원죄를, ICTY, ICTR은 집단살해, 인도에 반하는 죄, 전쟁범죄를 규정하였다. 뉘른베르크와 도쿄 재판, 연합국 통제위원회법의 인도에 반하는 죄는 집단살해죄를 포함하는 개념이었다.[43]

국제범죄를 구성하는 살인과 같은 개별적 행위들이 국내법의 일반 범죄로서도 처벌받지 않았던 것은 국가의 직접적 행위, 개입이나 묵인에 의하여 그러한 행위들이 발생하였기 때문이다. 국가는 추상적 존재가 아니며 국가의 정책과 행위는 국가의 정치, 경제, 군사 등의 지도자들에 의해 이루어진다. 이들은 국내적으로는 국가권력의 담당자로서 국가형벌권의 행사를 좌지우지하였고, 국제적으로는 주

다. 침략범죄의 주체는 국가의 정치적 활동 또는 군사활동을 실효적으로 지배하거나 지시하는 지위에 있는 사람에 한정되며 진정신분범의 성격을 갖는다. 이진국, 국제형법상 침략범죄 구성요건의 신설과 전망, 형사정책연구 제24권 제1호, 한국형사정책연구원, 2013 봄, 341면.

43) 지휘관책임은 지도자범죄로 불리는 침략범죄에는 적용이 되지 않는다는 주장이 있다. 지휘관책임이 성립하기 위해서는 군지휘관이나 민간인 상급자(문민실권자)와 그의 부하들의 종속관계가 존재하여야 하는데 침략범죄를 저지르는 자들은 국가의 정치, 군사에 있어서 가장 상위의 지도자, 지휘관들로서 그 보다 상위의 지휘·명령권자를 상정하기 힘들며, 상급자의 명령에 복종해야 할 수밖에 없는 지위에 있는 자는 침략행위의 결정에 참여할 정도의 지도자라고 보기 어렵다는 점을 근거로 한다. M. L. Nybondas, Command Responsibility and its Applicability to Civilian Superiors, TMC Asser Press, 2010, pp. 175-176; 로마규정 제25조(3)*bis*는 침략범죄에 관하여는 국가의 정치적 또는 군사적 행동을 효율적으로 통제하거나 지시할 수 있는 지위에 있는 자에 대하여만 제25조가 적용된다고 규정하고 있다. 이것은 침략범죄에 있어서는 국가의 정치, 군사 지도자가 아닌 자는 명령, 교사, 방조 등으로는 침략범죄를 범할 수 없다는 취지이다. 제28조에 대하여는 제25조(3)*bis*와 같은 조항을 별도로 두고 있지 않다는 점에 비추어 침략범죄에 대하여 제28조 지휘관책임의 적용이 인정된다고 해석할 여지가 있다.

권과 정치적 행위라는 방패에 기대어 면책되었다. 이러한 지도자들
의 행위가 국제범죄로 구성됨으로써 주권의 장벽은 낮아졌다. 그러
나 국가의 지도자들이 하급자, 부하들의 범행을 지시하거나 유인, 묵
인한 경우에 이들의 범죄에 대한 관여를 입증하고 처벌하는 것은 여
전히 어려웠다. 이러한 이유로 범죄를 실행한 부하들과의 인적 관련
성을 이유로 지도자들의 형사책임을 물으려는 공동범죄집단 이론과
지휘관책임 이론이 국제형법에서 발전하였다.

2. 국제범죄의 집단범죄성(Collective Criminality)

1) 국가의 관여나 묵인

Moffett는 국내범죄(domestic crimes)와 비교하여 국제범죄가 보여주
는 다섯 가지의 일반적 특성을 (1) 대규모의 피해(mass victimization),
(2) 집단의 조직화된 범행가담, (3) 이데올로기에 의한 범죄 (4) 국가
의 개입, (5) 범죄와 그에 대한 불처벌이 피해자에게 미치는 충격이
라고 설명한다.[44] 이러한 다섯 가지 특징은 국제범죄가 국가의 개입,
관여, 또는 묵인에 의하여 발생한다는 점에서 기인한다. 국가와 같
은 거대 조직의 관여가 없이는 대규모의 범죄가 장기간 지속되는 것
이 쉽지 않다. 형벌권의 주체인 국가가 관여하였기 때문에 그 권력

---

44) 국제범죄의 중대성은 피해자와 피해자의 가족에게 미치는 범죄의 영향과
관련이 있다. 종종 국제범죄는 심각한 정신적 외상과 고통을 피해자와 목
격자들에게 남기는 잔인한 살인과 신체절단을 수반한다. 이것들은 피해자
의 나이, 성, 취약성에 의해 더 악화된다. 국가가 정의의 집행을 거부하거
나 범죄의 존재 자체를 부인하여 가해자들에게 면죄부를 줌으로써 피해자
들의 고통은 더 심해진다. L. Moffett, Justice for Victims Before the International
Criminal Court, Routledge, 2014, pp. 10.-12; 5·18 재판의 '법정에서조차 소외된
피해자들'에 관하여는 한인섭, 5·18 재판과 사회정의, 경인문화사, 2006,
61-62면 참조.

주체에 변경이 있을 때까지 사실상 처벌이 불가능하였던 것이다.[45]
국가범죄, 거시범죄, 체제불법에 관한 논의는 국제범죄의 이러한 특
성을 이해하는데 도움을 준다.

 국가범죄는 국가권력에 의한 중대한 인권유린행위이다. 국가가
그가 가진 우월적 권력을 남용하여, 국민의 생명·신체에 심각한 침
해를 조직적·체계적으로 저지르는 수준에 이르면 국가범죄가 성립
한다.[46] 국가범죄의 특징은 국가라는 형벌권의 주체가 범죄의 주체

---

45) 군인이나 정치인이 아닌 민간인 개인에 의하여 저질러졌을 경우에도 국가
  의 정책이나 체제불법(system criminality)과 어떤 식으로든 관련되어 있다. A.
  Cassese, International Criminal Law,2008, p. 54; 전쟁범죄나 인도에 반하는 죄로
  부터 독립된 범죄로서의 고문(torture)이 국제범죄로 인정되는 이유는 일반
  범죄(예를 들어, 가학증을 가진 자에 의한 고문)와 달리 국가가 개입되기
  때문이다. A. Cassese/P. Gaeta/L. Baig/M. Fan/C. Gosnell/A. Whiting, Cassese's
  International Criminal Law,2013, p. 133; [전두환, 노태두 등] 피고인들의 범죄행
  위는 국가에 대한 범죄(crimes against the state)의 성격과 함께 국가권력을 이
  용(혹은 남용)하여 국민에 대한 인권유린을 자행한 국가범죄(state crimes)의
  양면을 띠고 있다. 한인섭, 5·18 재판과 사회정의, 경인문화사, 2006, 115면.
46) 이재승, 국가범죄, 앨피, 2010, 17-24면; 한인섭, 재심·시효·인권, 경인문화사,
  2007, 62면; 국제형법에서 말하는 국제범죄로서의 국가범죄는 개인의 형사
  책임을 다루는 것으로 국가의 위법한 행위에 대하여 국가가 책임을 치는
  국가책임(state responsibility)과는 다르다. 국가책임으로서의 국가범죄는 국
  가 그 자체가 범죄를 할 수 있고, 그 법률효과로서 국가 그 자체에 대하여
  형사책임을 부과할 수 있다는 이론이다. 국가책임으로서의 국제범죄 개념
  을 인정하고 국가의 위법행위를 국제범죄(crime)와 국제불법행위(delict)로
  구별하는 견해가 국제연합 국제법위원회(International Law Commission, ILC)의
  국가책임법 1976년 초안에 도입되어, 1996년 초안까지 유지되었다. 그러나,
  2001년 ILC의 국가책임법 최종 초안에서 국제범죄의 개념이 삭제되고, 대
  신 강행규범의 중대한 위반에 대한 특별한 책임을 인정하면서 대세적 의
  무위반에 대하여 국제공동체의 모든 구성원이 책임 추궁을 할 수 있다고
  하였다. 김석현, 국제법상 국가책임, 삼영사, 2007, 221-235면; 국가책임법에
  서 국가범죄 개념이 삭제된 것은 국가범죄에 대한 개인의 형사책임을 다
  루는 국제형법이 1990년대 이후 발전한 영향으로 보인다.

가 되었다는 점에 있다. 이 점에 주목하면 국제범죄를 보편적 관할권(Universal Jurisdiction)이 적용이 되는 범죄로 정의할 수 있다.[47] 국가가 그의 기관을 통해서 적극적으로 범죄에 참여하거나 또는 비국가 행위자(non-state actors)가 저지른 범죄를 묵인하는 부작위를 통해서 범죄에 관여한 경우에 국가가 그 시민에 대하여 행사하는 형사재판권의 독점을 포함하는 정치적 권력으로서의 적법성 또는 정당성(legitimacy)의 조건을 위반한 것이다. 이 경우에 다른 국가는 개별적으로 또는 집단적으로 국제공동체의 이름으로 그 범죄에 대하여 재판권을 행사할 수 있게 되는데 이를 보편적 관할권이라고 한다.[48]

---

47) 세계주의(Universalprinzip)란 특정한 범죄에 대해서 범죄지나 범인의 국적 여하를 묻지 않고 자국의 형법을 적용하는 원칙을 말한다. 신동운, 형법총론 제9판, 법문사, 2015, 70면; 한편 국제형법에서는 세계주의 대신에 보편적 관할권(Universal Jurisdiction)이라는 용어를 사용하고 있다. 국제법에서는 관할권을 광의로 사용하여 재판권과 이를 전제로 특정 법원이 가지는 관할권을 모두 포함하는 의미로 사용한다. 즉, 우리나라 법원이 국제재판관할권을 가진다는 전제 하에 우리나라의 어떤 법원이 그 사건을 재판하는 것이 타당한가의 문제를 국내재판관할권이라고 부른다. 서철원, 숭실대학교 법학논총 제14집, 가상공간에서의 관할권행사에 관한 소고, 2004, 79면; 형법에서는 형사재판권은 우리 법원의 형벌권이 미치는 적용범위를 말하고, 관할권은 재판권을 전제로 재판업무의 분담기준에 따라 특정 법원이 그 사건을 재판할 수 있는 심리와 재판의 권한을 말한다. 신동운, 신형사소송법 제5판, 법문사, 2014, 756-760면; 법원행정처, 법원실무제요 형사[I], 2008, 42-45면; 따라서 보편적 관할권이라는 용어는 국내 형법 체계에 부합하는 용어는 아니지만 국제형법에서 전통적으로 사용하고 있는 점에 비추어 이 글에서도 이를 사용하기로 한다. 보편적 관할권에 관하여는 박찬운, 국제범죄와 보편적 관할권, 한울, 2009; 박영길, 국제법상 보편적 관할권, 서울대학교 박사학위 논문, 2009; C. C. Joyner, "Arresting impunity: The case for universal jurisdiction in bringing war criminals to accountability", Law and Contemporary Problems 59(No 4), 1996, pp. 163-171; S. Macedo, Universal Jurisdiction, University of Pennsylvania Press, 2006; 박병도, 국제범죄에 관한 보편적 관할권, 국제법학회논총 49권 2호, 대한국제법학회, 2004. 8. 참조.

48) W. Lee, International Crimes and Universal Jurisdiction, in: L. May/Z. Hoskins(ed.),

거시범죄(Makrokriminalität)란 조직구조, 권력기구 또는 그 밖의 집단적 행동체계(kollektiver Actionszusammenhang)의 내부에서 체제와 상황에 순응하거나 부합하는 태도를 보여주는 범죄적 행위를 말한다. 거시범죄는 본질적으로 국가가 관여한 범죄 또는 국가에 의하여 강화된 범죄를 의미한다. 거시범죄로서의 국제범죄의 특징은 형사책임을 져야 할 자가 범죄를 직접 실행한 자보다는 오히려 "책상정범"(Schreibtischtäter)이라는 점이다. 따라서 국제범죄의 거시범죄적 특성을 반영하는 국제형법의 범죄 참가형식은 범행을 직접 실행한 자뿐만 아니라 배후에서 조종을 한 자에게도 국제범죄에 대한 형사책임을 귀속시킬 수 있는 규범을 제공하여야 한다.[49]

체제불법의 핵심인 "체제"(system)는 국가의 체제 내의 일정한 범죄적 풍토로 인하여 국제범죄가 발생했다는 점을 강조한다. 체제불법의 전형적인 내용은 정부의 명령, 유도, 선호나 범행의 묵인 같은 것이며 이것들은 체제에 봉사하고 체제에 의해 야기된다. 사회심리학이나 범죄학에서는 일반 범죄와 대비되는 체제불법 또는 체제범죄의 특성을 복종의 범죄(crimes of obedience)라고 한다.[50]

국가범죄, 체제불법, 거시범죄에 대한 논의는 국제범죄가 국가 기관(state officials)에 의해 직접 수행되거나 국가정책 또는 체제불법과 관련을 맺고 있는 개인(private individuals)에 의해 이루어진다는 점을 보여준다.[51] 국제범죄는 일반적으로 국내 형법에서도 범죄에 해당하

International Criminal Law and Philosophy, Cambridge University Press, 2010, pp. 18-19.

49) H. Satzger, Internationales und Europäisches Strafrecht, 2009, 219-220, 268 ff.

50) E. V. Sliedregt, Individual Criminal Responsibility, 2012, pp. 20-21.

51) 국가범죄, 거시범죄, 체제범죄와 달리 조직범죄(organized crime)라는 용어는 국제형법에서 자주 사용되고 있지 않다. 조직범죄는 범죄를 목적으로 하는 조직의 형성에 초점을 둔 것으로 국제범죄보다는 초국경범죄(transnational cirmes)에서 많이 논의되고 있다. 조직범죄의 정의에 대하여는 명확히 확립된 견해가 없다. 주로 마피아와 같은 범죄조직을 염두에 두고 지휘체계

는 살인, 폭행, 강간, 감금, 강도, 방화와 같은 기본범죄(underlying offence)에 의하여 실현된다. 이러한 일반 범죄(ordinary crime)는 국가 또는 이와 준하는 조직과 결합함으로써 국제범죄가 된다. 국가의 개입은 (a) 국제적 혹은 국내적 무력충돌과의 관련성으로, 이러한 무력충돌이 없는 경우에는 (b) 그러한 행위가 정치적 혹은 이데올로기적 차원을 가지고 있거나 혹은 국가 권력, 이에 준하는 조직된 비국가집단이나 단체의 행위와 관련되었다는 점으로 나타난다.[52] 개인적 목적을 추구하는 해적, 노예거래, 부녀자 매매, 통화위조, 마약밀매와 같은 초국경범죄는 이러한 점에서 국제범죄와 구별된다. Werle와 Cassese는 국제범죄의 이러한 특성을 '국제적 요소(the international element)', '상황적 요건(contextual element)', 또는 '조직화된 폭력의 맥락(a context of organized violence)'이라고 부른다. 따라서 국제범죄는 그것을 이루는 기본범죄(underlying offence) 또는 일반범죄(ordinary crime)와 국제적 요소(international element) 또는 상황적 요건(contextual element)의 이중 구조를 가지게 된다.[53] 조직화된 폭력은 국제범죄별로 다른 형태로 나타난다. 집단살해죄에서는 보호되는 집단의 파괴라는 목적에서, 인도에 반하는 죄에서는 민간인 주민에 대한 광범위하거나 체계적인 공격이라는 상황으로, 전쟁범죄에서는 무력충돌의 상황으로, 침

(command structures), 내부의 계층화(internal stratification), 통일된 규범(unified norms), 상징(symbols), 집단적 정체성(collective identification)이라는 특징을 가지고 있다고 설명되고 있다. 미국에서는 조직범죄를 암시장을 통해서 수익을 얻는 중앙집권적 범죄조직과 관련시켜 파악하고 있고 이러한 접근법이 국제적으로도 통용되고 있다고 한다. L. Campbell, Organised Crime and the Law, Hart Publishing, 2013, pp. 13-14.

52) A. Cassese, International Criminal Law, 2008, pp. 53-54; G. Werle/F. Jessberger, Principles, 2014, para. 102.

53) A. Cassese, International Criminal Law, 2008, p. 54; G. Werle/F. Jessberger, Principles, 2014, paras. 103-104; 김상걸, 인도에 반하는 죄의 상황적 구성요건, 국제법학회논총 61권 1호, 2016. 72-76면.

략범죄에서는 침략 그 자체로 나타난다. 국가의 개입과 조직화된 폭력으로 인하여 일반 범죄는 국제공동체의 관심사가 되는 국제범죄가 된다. 이러한 국제적 요소는 국제범죄자들에 대한 오랜 불처벌의 역사를 설명해 준다. 이들은 국가형벌권을 담당하는 국가의 지도자이었기 때문에 사실상 처벌할 수 없었던 것이다.[54]

2) 지도자들에 대한 면책의 부인

지휘관책임은 조직의 운명을 결정할 수 있는 지도자들에 대하여 그들의 부하가 저지른 범죄에 대하여 책임을 묻는 것이다. 그러나 권력의 주체인 지도자들을 처벌하는 것은 쉬운 일이 아니었다. 특히 고위직으로 갈수록 책임을 추궁하는 것은 어려웠다. 국제법과 국내법이 지도자들에게 부여한 면책(Immunity)은 국제범죄의 실질적 주체인 지도자들에 대한 재판과 처벌의 장애사유로 작용하여 왔다.

국제법은 국가 주권의 평등과 국제관계의 효율성을 보장하기 위하여 주권면제 원칙(Grundsatz der Staatenimmunität)을 인정하고 있다.[55] 국제법에 의한 주권면제는 공적 지위에 있는 기간 동안 공적 기능의 수행을 방해받지 않도록 보장해 주는 인적 면제(immunity ratione personae, personal/status immunity)와 국가 기관(state agents)이 공적 지위에서 행위한 경우에 국가행위이론(Act of State)에 따라 주어지는 물적 면제(immunity ratione materiae, functional/subject-matter immunities)로 구분

---

54) 이러한 이유로 국제범죄를 보편적 관할권(세계주의)의 대상이 되는 범죄로 정의하는 견해가 있다. 국가가 국제적 요소를 갖는 국제범죄를 스스로 처벌할 의사나 능력이 없는 경우에 국제공동체나 다른 국가가 개입하여 처벌하여야 한다는 주장이다. W. Lee, International Crimes and Universal Jurisdiction, in: L. May/Z. Hoskins(ed.), International Criminal Law and Philosophy, 2010, pp. 37-38.

55) H. Satzger, Internationales und Europäisches Strafrecht, 2009, S. 266.

된다.[56] 국내법에 의한 면책은 개별국가의 헌법이나 법률에 의한 면책을 말한다.[57]

국내법, 국제법의 면제(면책)가 국제범죄에 대하여도 적용되는가에 대하여 논란이 있다. 과거에는 국가의 지도자들이 국제범죄를 명령하거나 그들의 유인, 묵인, 방치에 의하여 국제범죄가 발생한 경우에 국내법상의 법적, 제도적 면책을 받았고, 국가형벌권의 실질적인 담당자로서 사실상 처벌을 받지 않았다. 국제법상으로는 주권평등, 내정불간섭, 주권면제라는 이름으로 재판과 처벌로부터 면책을 받았다. 오늘날 국제사회는 인권이 심각하고 광범위하게 침해되는 경우에는 정의의 요구를 주권면제의 존중이라는 전통적 원칙보다 우선시키고 있다. 인간존엄성이라는 새로운 추진력이 국가 관료들의 전통적 보호막을 깨뜨리고 있는 것이다.[58]

국제형법은 국제범죄에 관한 물적, 인적면제를 제한하는 방향으로 발전하였다. 뉘른베르크 국제군사재판소(International Military Tribunal)

---

56) A. Cassese, International Criminal Law, 2008, p. 302; 인적 면제는 신분 면제, 또는 지위 면제로도 불리며, 외국의 고위 정부대표자들에게 개인적으로 부속되는 면제로서, 그들이 그러한 신분을 유지하는 동안에만 인정된다. 국가원수, 정부수반, 외무장관이 향유하는 인적 면제가 다른 고위 관료들에게도 적용되는지, 어느 선까지 적용되는지에 대하여는 아직 분명하지 않는다. 한편, 물적 면제는 직무면제라고도 불리며, 문제된 행위나 거래의 성질에 근거하여 국가면제를 결정한다. 보통 인적 면제를 향유할 권리가 주어지지 않는 하급 공무원이나 임시대리인(ad hoc agents)이 외국을 대리하여 수행하는 행위 또는 거래에 대하여도 물적 면제가 부여된다. 김대순, 국제법론, 2015, 574-577면.

57) 우리 헌법은 대통령과 국회의원에 대하여 일정한 면책(특권)을 인정하고 있다(헌법 제44조, 제45조, 제84조조 참조). 대통령의 불소추특권의 법적 성질에 대하여는 신동운, 신형사소송법, 2014, 562-563면; 국회의원의 면책특권의 법적 성질에 대하여는 ibid., 758면; 국회의원에 대한 석방요구의 법적 효과에 대하여는 ibid., 1065-1066면 참조.

58) A. Cassese, International Criminal Law, 2008, p. 308.

헌장 7조가 "피고인들의 공식적인 지위는 국가의 수반이든 정부 부
서의 책임있는 관리이든, 그들의 책임을 면제시키거나 처벌을 경감
시키는 것으로 간주되어서는 안된다."라고 규정한 이래 도쿄 국제군
사재판소, ICTY, ICC의 규정들은 모두 피고인들의 공적 지위에 따른
면책을 부인하고 있다.[59)60)] 이것이 야마시타 사건 이래로 국가의 최
고 지도자들과 고위직 관리(senior officers)를 대상으로 하는 '지휘관책

---

59) 도쿄 국제군사재판소 헌장 6조; 뉘른베르크 헌장 및 재판에서 승인된 국제
법 일반원칙(뉘른베르크원칙) 원칙 1, 원칙 3; ICTY 규정 제7조(4); ICC 규정
제27조(공적 지위의 무관련성) 참조.

60) ICJ의 체포영장 사건은 인적면제에 관한 국제규범과 국제범죄에 대한 국제
규범 사이의 충돌과 관련된다. 이 사건에서 콩고의 현직 외교부장관에게
인정되는 면제는 전쟁범죄와 인도에 반하는 죄에 대한 혐의에 대하여는
적용되지 않는다고 벨기에가 주장하였다. ICJ는 "국내 법원의 관할을 규율
하는 규칙은 관할 면제를 규율하는 규칙과 조심스럽게 구별되어야 한다.
관할은 면제의 부재를 의미하는 것이 아니며, 면제의 부재가 관할을 의미
하는 것도 아니다. 따라서 일정한 중대한 범죄들에 대한 다양한 국제 조약
들이 국가들에 대하여 기소나 인도(prosecution or extradition)의 의무를 부과
하고, 이에 따라 그들의 범죄에 대한 재판권을 확장시키고 있을지라도, 그
러한 관할의 확대가 외교부장관과 같은 자에게 부여된 관습국제법상의 면
제에 영향을 주지 못한다."(International Court of Justice, Arrest Warrant of 11
April 2000, para. 59). ICJ는 현직 외교부장관이 누리는 면제(immunity)가 불처벌
(impunity)을 향유할 수 있다는 것을 의미하지는 않는다고 하면서(International
Court of Justice, Arrest Warrant of 11 April 2000, para. 60), 다음과 같이 기소가
될 수 있는 상황을 제시하였다. 첫째, 인적면제는 자신의 본국에는 적용되
지 않는다. 둘째, 인적면제를 누리는 외교부장관이 대표하는 국가가 인적
면제를 포기하는 경우에 그는 외국에 대하여 인적면제를 주장할 수 없다.
셋째, 그가 외교부장관직을 갖지 않게 되면 인적면제는 더 이상 적용되지
않는다. 넷째, 재판권을 갖는 일정한 국제형사재판기구(certain international
criminal courts)의 절차에 현직 또는 전직 외교부장관은 복종해야 한다. 이
러한 예로는 ICTY, ICTR, ICC가 있다. ICC 규정 27조(2)는 명시적으로 "2. 국
내법 또는 국제법상으로 개인의 공적 지위에 따르는 면제나 특별한 절차
규칙은 그 자에 대한 재판소의 관할권 행사를 방해하지 아니한다."고 규정
하고 있다(International Court of Justice, Arrest Warrant of 11 April 2000, para. 61).

임'이 그토록 중요해진 이유이다.[61]

3) 국제형법의 책임형식(Modes of Liability)

(1) 집단책임의 성격을 반영한 규범체계

국제범죄의 가해자는 집단(group)이며 피해자도 집단(group)이
다.[62] 살인, 상해, 강간, 강도와 같은 일반범죄(ordinary crimes)가 대량
으로 발생하였다고 하여 국제범죄가 되지 않는다. 국제적 요소, 즉
조직화된 폭력의 배경 없이는 그것은 일반 범죄일 뿐이다. 국제범죄
는 이를 구성하는 개별적인 일반범죄들을 단순히 양적으로 합한 것
이상의 새로운 성격을 가진다.

대규모 잔혹행위의 부분을 구성하는 개별적 행위들은 조직화된
다수의 실행자들에 의해 수행된다. 이들은 다양한 계급의 군인들,
이에 동조하는 정부의 관료들과 평범한 개인들을 포함한다. 이들의
협력은 헤아릴 수 없이 많은 다양한 형태로 이루어진다. 이러한 집
단범죄의 특성은 입증의 어려움을 수반한다. 대량학살의 경우에 누
가 어떻게 피해자들을 죽였는지 증언할 수 있는 피해자가 남아 있지
않은 경우도 적지 않다.[63] 대규모의 범죄가 장기간에 걸쳐 발생한

---

61) A. Cassese, International Criminal Law, 2008, p. 307.
62) 피해자는 어떤 집단의 구성원이라는 이유로 선택된다. 나치는 유대인을
    선택했고, 알카에다는 9·11에서 미국인을 선택했다. 크메르루즈는 캄보디
    아의 전문가 계층(professional classes)을 선택하였다. 피해자들은 개인적인
    잘못이나, 행위 때문이 아니라 단지 어떤 집단의 구성원으로 인식되어 선
    택되었다. 가해자, 피해자의 집단화는 국제범죄의 유형과 사례별로 다르
    지만, 집단성은 국제범죄의 특성이다. M. A. Drumbl, "Collective violence and
    individual punishment: The criminality of mass atrocity", Northwestern University Law
    Review 99(2), 2005, p.571.
63) 프랑스는 2차대전의 전범처벌에 관한 재판에서 멤버쉽을 범죄화하는 것
    (criminal membership)을 제안하였다. 프랑스는 Lidice 마을의 파괴를 예를 들

경우에 개별적 행위들을 입증하는 것이 지극히 어렵다. 다수의 가담
자와 다수의 피해자, 장기간의 범죄의 발생은 개인의 개별적 행위가
범죄결과에 미치는 복잡한 인과관계를 입증하는 것을 곤란하게 만
든다. 다수의 개인들의 행위가 장기간에 걸쳐서 다양한 인과관계를
통해 많은 범죄피해의 발생에 기여한 경우에 전체 범죄속에서 특정
한 개인의 역할을 평가하고 그에 부합하는 형사책임을 부과하는 것
이 쉬운 것이 아니었다. 거대한 조직에서 범죄의 계획, 구상과 범죄
의 실행자가 분리된다. 지도자급 범죄자들에 대하여는 범죄행위에
대한 관여를 입증하기가 어렵고, 하급의 범죄자들은 그들이 실행한
개별적 행위를 넘어 국제범죄 전체의 맥락을 알고 있었다는 것을 입
증하기가 어렵다.

　전통적인 형법적 방법론은 특정한 범죄자의 개별적 행위와 그 규
범적 평가에 초점을 두고 있기 때문에 집단범죄 안에서의 개인의 개
별적 불법의 특성을 반영하는 만족할 만한 방법을 국내 형법에서 발
견하기 어려웠다. 국내 형법의 정범, 교사범, 방조범과 같은 몇 개의
책임형식들(modes of liability)은 이러한 국제범죄의 현실을 반영하기
어려웠다. 형법의 이론에 의하면 국제범죄를 구성하는 일반범죄를

면서 형법의 일반이론이 엄격하게 적용된다면 집단범죄(collective crime)에 대
하여 대처할 방법이 없다고 주장하였다. 독일군은 1942년 Reinhard Heydrich가
프라하에서 슬로박과 체코 군인들에 의해 암살되자 그 보복으로 체코의
Lidice 마을을 파괴하였다. 거의 모든 주민들이 살해되었고 증인을 남기지
않았기 때문에 개인들의 범죄에 대한 역할에 대하여 증명하는 것은 사실
상 불가능하였다. 이러한 상황에서 범죄조직이라는 개념은 유용한 것이었
다. 프랑스는 대규모 범죄(mass crime)라는 문제에 대하여 2가지 해결책을
제시하였다. 첫째는 입증책임의 곤란을 해결하기 위하여 유죄를 추정하는
것이다. 두 번째는 범죄자단체(assoication de malfaiteurs)이다. 프랑스 형법의
범죄자단체 또는 범죄집단은 자발적으로 범죄집단의 구성원이 될 것과 그
집단이 범죄를 저지르는 목적을 가지고 있을 것을 요구하였다. E. V.
Sliedregt, Individual Criminal Responsibility, 2012, p. 27.

저지른 개별 행위자들이 소추되어 전체의 조직화된 폭력에 대하여 책임을 지게 하는 것은 집단처벌이며 책임주의에 위반된다. 국제범죄의 집단적 성격은 이러한 자유주의적 형법의 접근 방법과 잘 부합되지 않았다. 따라서 국제형법에서는 국제범죄에 참여, 가담한 자들에 대하여 일반 범죄에 적용되는 것과는 다른 새로운 이론적 접근이 요구되었다. 국제형법은 개인의 행위에 초점을 둔 법이면서도 동시에 집단적 범죄현상을 다루어야 했던 것이다. 이런 이유로 국제형법에서는 국내 형법과 달리 책임에 관한 원칙이 차지하는 비중이 상대적으로 높게 되었다.[64] 뉘른베르크 국제군사재판소 규정, 연합국 통제위원회법 제10호, ICTY 규정, ICC 로마규정은 국내 형법보다 훨씬 다양한 책임형식(modes of liability)을 제시하고 있다.[65] 이하에서는 국

---

64) M. A. Drumbl, "Collective violence and individual punishment", N. W. L. Rev. 99(2), 2005, pp. 541-542; M. Osiel, "The Banality of Good: Aligning Incentives Against Mass Atrocity", Columbia Law Review 105(6), pp. 1751-1756; B. I. Bonafé, "Finding a Proper Role for Command Responsibility", Journal of International Criminal Justice 5(3), 2007, pp. 599-600; R. Cryer/H. Friman/D. Robinson/E. Wilmshurst, An Introduction, 2014, p. 353

65) 뉘른베르크 국제군사재판소 헌장 제6조는 국제범죄의 공동의 계획이나 공모의 형성 또는 집행에 참여한 지도자, 조직자, 선동자, 공범(accomplices)은 그러한 계획의 실행으로 여하한 자에 의하여 수행된 모든 행위에 대하여 책임이 있다고 규정하고 있다; 뉘른베르크 국제군사재판 이후의 전범재판을 규정한 연합국 통제위원회법 제10호는 제2조 제1항에서 평화에 반하는 죄, 전쟁범죄, 인도에 반하는 죄에도 '국제군사재판소에 의해 범죄성이 선언된 범죄 집단 또는 조직의 구성원죄'(제2조(1)(d))를 별도로 두었다. 나아가 2조 제2항은 다음과 같은 규정을 두었다: "누구든지 그가 행동을 한 국적이나 자격에 상관없이 다음과 같은 행위를 한 자는 본 조의 제1항에 규정된 범죄를 저지른 것으로 본다. 그는 제1항에 규정된 범죄의 실행의 정범이거나 공범이거나, 또는 그러한 범죄의 실행을 명령했거나, 교사했거나, 또는 그러한 범죄의 실행에 동의를 하였거나, 또는 그러한 범죄의 실행과 연관된 계획과 기획(enterprise)과 관련되었거나, 그러한 범죄의 실행과 연관된 조직과 단체(organization and groups)의 구성원이다. 또는 제1항과 관련하여 그가 독일 또는 독일의 동맹국, 전투협력국, 위성국가(allies,

제범죄의 집단범죄적 성격에 대한 국제형법의 대응을 살펴본다.

(2) Bernays의 집단범죄성 이론(Theory of Collective Criminality)

미국의 Murray C. Bernays 대령(Colonel)은 2차대전 후 나치의 재판에 필요한 이론의 수립에 기여하였다.[66] Bernays는 주축국의 모든 전쟁범죄자들을 기소하고 처벌하는 것은 불가능하다는 것을 깨달았다. 나치의 범죄는 그 규모, 피해자의 수, 다수 국가의 참여 등 기존의

---

co-belligerents, or satellites)에서 고위의 정치, 민간, 또는 군사[참모부(General Staff, Generalstab)를 포함한다]의 지위를 가졌거나 위 국가들의 재정, 산업, 경제에서 중요한 높은 직위를 가졌다."; ICTY 규정은 국제범죄를 계획, 선동, 명령, 실행자 및 계획, 준비, 실행하는 것을 조력하거나 교사한 자[제7조(1)]를 처벌하고 별도로 상급자책임[제7조(3)]을 두고 있다. 나아가 판례는 공동범죄집단을 실행의 한 형태로 인정하고 있다; ICC 규정은 책임형식을 더 세분화하여 실행(단독, 공동, 간접)[제25조(3)(a)], 야기(명령, 권유, 유인)[제25조(3)(b)], 조력(방조, 협력)[제25조(3)(c)], 기여[제25조(3)(d)], 집단살해의 선동[제25조(3)(e)], 미수[제25조(3)(f)]라는 자세하고 상세한 목록을 제시하고 별도로 지휘관책임(제28조)을 두고 있다. ICC의 Katanga & Chui 사건의 전심 재판부는 간접실행의 개념을 설명하기 위하여 Roxin의 정범 배후의 정범(Täter hinter dem Täter)과 조직지배(Organisationsherrschaft)이론을 원용하고, 공동실행과 간접실행을 결합한 간접공동실행을 인정하기도 하였다[Prosecutor v. Germain Katanga & Mathieu Ngudjolo Chui, (Case No. ICC-01/04-01/07) Pre-Trial Chamber I Decision on the Confirmation of Charges, 30 September 2008, paras. 480-518]. Lubanga 사건에서는 공동실행의 판단 기준에서 범행지배설(Tatherrschaftslehre)에 기초하여 기능적 범행지배의 본질적 기여를 요구하였다[Prosecutor v. Thomas Lubanga Dyilo, (Case No. ICC-01/04-01/06) Trial Chamber I Judgement, 14 March 2012, paras. 1263-1272].

66) 미국 육군 참모부 소속의 Bernays 대령은 뉘른베르크 재판 동안 미국의 기소 전략(prosecutorial strategy)을 구상한 것으로 알려져 있다. The Owen M. Kuperschmid Holocaust and Human Rights Project Seventh International Conference Judgements on Nuremberg: The Past Half Century and Beyond-A Panel Discussion of Nuremberg Prosecutors, 16 B.C. Third World L.J., 2005, p. 215; L. S. Sunga, "Musing on The Future of International Criminal Justice", Asia Pacific Law Review 11(2), 2003, p. 226.

형법 이론으로는 감당하기 어려웠고 특별한 책임 이론이 필요하다
고 보았다. 주축국의 전쟁범죄자들의 배후에는 나치 이론과 정책의
선동이 있었다. Bernays는 나치 선동의 범죄적 성격이 먼저 확립한
후에야 관련된 개인들의 재판과 처벌의 정당성이 달성된다고 보았
다. 이러한 접근법에 의해서 개인들의 행위의 범죄성이 명확해지면,
개인들의 개별적 행위의 범죄성은 특정한 범죄행위의 실행에 근거
할 필요가 없게 된다. 이에 따르면 개인들의 유죄는 그러한 행위들
을 실행하기 위하여 만들어진 조직의 구성원 자격으로부터 바로 도
출된다.[67]

공모죄(conspiracy)와 범죄조직(criminal organizations)은 Bernays의 집
단범죄성 이론의 두 기둥을 이룬다. Bernays의 공모죄 구상에 의하면
게슈타포와 같은 집단을 대표하는 개인들은 공모죄(criminal conspiracy)
로 처벌받으며 이러한 재판을 통하여 범죄집단이 확정된다.[68] 한편,
범죄집단의 구성원이 처벌되는 과정은 두 단계를 통해 구체적으로
실현된다. 첫째, 주된 전쟁범죄자에 대한 재판권을 부여받은 국제형
사재판기구가 나치 당(Nazi-Partei), Gestapo(Geheime Staatspolizei, 비밀경
찰) SS(Schutzstaffel, 친위대), SA(Sturmabteilung, 돌격대)와 같은 나치 조
직을 범죄조직이라고 결정한다. 둘째, 국제형사재판기구에 의해 범
죄조직으로 선언된 조직의 구성원들을 국내 법원이 재판한다. 여기
서 개인들에 대한 유죄는 구성원이라는 입증(proof of membership)만
으로 충분하다.[69]

---

67) E. V. Sliedregt, Individual Criminal Responsibility, 2012, p. 22.

68) E. Borgwardt, "Re-Examining Nuremberg As A New Deal Institution: Politics, Culture
and the Limits of Law in Generating Human Rights Norms", Berkeley Journal of
International Law 23(2), 2005, p. 433.

69) E. V. Sliedregt, Individual Criminal Responsibility, 2012, pp. 22-23; L. S. Sunga,
"Musing on The Future of International Criminal Justice", Asia Pacific Law Review
11(2), 2003, pp. 225-226.

나치의 범죄에 대응하여 Bernays가 구상한 소위 집단범죄성 이론은 뉘른베르크 헌장과 연합국 통제위원회법 제10호에 반영되었다. 뉘른베르크 헌장의 범죄조직에 대한 규정(제9조-제10조)은 범죄조직의 재판에 관하여 국제군사재판소와 국내 법원들간의 역할 분담에 대하여 규정하고 있다[70]. 뉘른베르크 헌장 제9조에 따른 범죄집단이나 범죄조직의 선언은 개인의 형사책임에 관한 것이 아니라 그가 속한 집단이나 조직에 관한 것이다. 그 집단이나 조직이 범죄조직 또는 범죄집단이라는 것이 증명되면 이후의 절차에서 이에 대한 이의를 제기할 수 없게 한다(제10조). 제10조는 런던 협정[71]의 당사국이 그들의 국내 법원, 군사 법원, 점령지 법원의 절차에서 뉘른베르크 국제군사재판소에 의해 범죄 집단이나 조직으로 선언된 집단·조직의 구성원이라는 사유만으로 재판할 수 있는 근거를 제공한다. 이것

---

70) 제9조

여하한 집단이나 조직의 개인 구성원의 재판에서 본 재판소는 (그 개인이 유죄판결을 받는 행위와 관련하여) 그 구성원인 속한 그 집단이나 조직이 범죄조직(a criminal organization)이라고 선언할 수 있다.

공소장의 수령 후에 본 재판소는 적절하다고 생각되는 경우에 검사가 재판소로 하여금 그러한 선언을 하도록 요청할 의도를 가지고 있고 그 조직의 구성원이 그 조직의 범죄적 성격에 대한 의문에 대하여 본 재판소가 청문하여 줄 것을 신청할 수 있는 권리가 있다는 점에 대하여 고지를 할 것이다. 본 재판소는 그러한 신청을 허락하거나 기각할 수 있다. 그러한 신청이 받아들여 진다면, 본 재판소는 신청인의 변호와 청문 방법에 대하여 결정한다.

제10조

본 재판소에 의하여 집단이나 조직의 범죄성이 선언되면, 본 조약의 당사국(Signatory)의 국내 관할 당국은 국가, 군, 또는 점령지 재판소에서 개인들에 대하여 그 집단이나 조직의 구성원이라는 점에 대한 재판을 할 수 있다. 그러한 경우에 그 집단이나 조직의 범죄적 성격은 증명된 것으로 간주되며 이에 대하여 이의를 제기할 수 없다.

71) 뉘른베르크 헌장은 유럽의 주축국의 전범을 처벌하기 위하여 1945년 8월 8일 런던에서 체결한 협정(London Agreement)의 부속서이다.

은 국제범죄를 실행한 자들을 주된 대상으로 한 것이었다.

그러나, 뉘른베르크 국제군사재판소는 실제 재판에서 공모죄와 범죄조직구성원죄가 집단처벌이 되지 않도록 상당한 주의를 기울였다. 전쟁범죄와 인도에 반하는 죄의 공모죄를 인정하지 않았을 뿐만 아니라, 침략범죄(평화에 반하는 죄)의 공모죄의 성립요건에 대하여도 '공모의 범죄 목적에 관하여 그 개요가 명확히 확인되어야 하고, 공모행위가 그와 관련된 결정이나 행동의 시기로부터 너무 멀면 안 된다'는 제한을 가하였다.[72] 1945년 12월 20일 통과된 연합국 통제위원회법 제10호를 염두에 두면서 범죄조직구성원죄에 대하여 '개인책임의 원칙에 따라 집단처벌은 허용되지 않으며 범죄조직의 구성원이라는 범죄로 처벌하기 위하여는 피고인이 조직의 범죄적 성격을 알고 있을 것과 일정한 정도의 자발성이 요구된다'고 판시하였다.[73]

뉘른베르크 헌장에 따라 국제군사재판소는 주요 전쟁범죄자들을 침략범죄(평화에 반하는 죄)의 공모죄(conspiracy)로 처벌하고, 나치 당의 지도부(Leadership Corps of the Nazi party), Gestapo, SD(Sicherheitsdienst, 보안대), SS를 범죄조직으로 선언하였다.[74] 연합국의 군사법원과 재판소들은 이에 기하여 중간 또는 하급 범죄자들을 범죄조직의 구성원죄로 처벌하였다.[75]

Bernays의 구상 중에서 범죄조직구성원죄는 책임주의에 반하는 집단처벌에 가까웠기 때문에 이후 국제형법에서 다시 나타나지 않

---

72) Trial of the Major War Criminals before the International Military Tribunal, Nuremberg, 14 November 1945 - 1 October 1946, Volume 1, Published at Nuremberg, Germany, 1947, pp. 224-226.

73) *Ibid.*, p. 256.

74) *Ibid.*, pp. 257-279.

75) IMT가 범죄집단을 선언 다음의 후속 재판은 연합국 통제위원회법 제10호에 근거하여 뉘른베르크 헌장 제10조를 이행한 경우와 범죄조직에 관한 자국의 국내 형법의 규정들을 적용한 경우로 나누어진다. E. V. Sliedregt, Individual Criminal Responsibility, 2012, p. 30.

았다. 한편 Bernays의 공모죄(conspiracy) 구상은 ICTY의 공동범죄집단 이론으로 발전하였다. Bernays의 공모죄나 ICTY의 공동범죄집단 이론은 공모와 같은 주관적 결합을 필요로 한다는 점에서 이러한 결합을 요구하지 않는 지휘관책임과 구별된다.

(3) 공동범죄집단

① 개관

영미법의 공모죄(conspiracy)에 기초한 Bernays의 구상은 ICTY의 공동범죄집단(Joint Criminal Enterprise, JCE)[76] 이론으로 발전하였다. 공동

---

76) Joint Criminal Enterprise는 여러 가지 번역이 있을 수 있다. 우리나라에서는 "공동범죄집단"(권오곤, 국제 형사재판과 한국 형사재판의 비교법적 고찰, 인권과 정의 359호, 대한변호사협회, 2006, 22면; 설일영, 공동범죄집단(Joint Criminal Enterprise) 법리 연구: ICTY의 판례를 중심으로, 인도법논총 제30호, 대한적십자사 인도법연구소, 2008, 22면), "공동범죄계획"(김성규, 국제형사법에 있어서의 정범의 개념, 외법논집 제38권 제2호, 2014. 5., 40면)이 있다. 이에 대하여는 번역상의 혼란을 피하거나 아직 정확한 용어가 확정되지 않았다는 이유로 "JCE"를 사용한다는 입장도 있다(최태현/박미경, JCE이론의 주요 내용과 그에 대한 비판, 법학논총 31집 2호, 2014, 한양대학교 법학연구소, 173-174면; 박경규, ICTY 판례에 의해 확립된 JCE이론의 법적 성격, 서울법학 23권 3호, 서울시립대학교 법학연구소, 2016, 298면). 竹村仁美, "國際刑事法におけるJCE(Joint Criminal Enterprise)の槪念(1)", 「一橋法學」 第6卷 第2号, 2007., 968면은 일본에서는 JCE가 국제형사법에서도 최근 나온 용어이기 때문에 아직 번역어가 정해져 있지 않다고 하면서 JCE를 사용하고 있다. 다만, 범죄집단(犯罪集團)으로 번역한 예가 있고, 공동범죄계획(共同犯罪計劃), 또는 공동범죄기도(共同犯罪企圖)와 같은 번역도 고려할 만하다고 한다. 多谷千香子, 戰爭犯罪と法, 岩波書店, 2006, 101면은 JCE를 범죄집단이라고 지칭하고 있는데, 이 책을 번역한 多谷千香子(이민효/김유성 역), 전쟁범죄와 법, 연경문화사, 2010, 135-141면은 범죄집단이라는 용어 대신에 JCE를 사용하고 있다. JCE에 속하는 자들이 정범으로 처벌받는다는 점에 착안하면 "공동목적정범"으로 번역하는 것도 가능하다는 주장도 있다(설일영, 앞의 논문, 22면). 현재, JCE에 대하여는 집단에 초점을 둔 "범죄집단", "공동범죄집단"과 공모에 초점을 둔 "공동범죄계획", "공동범죄기도", 그리

범죄집단 이론은 ICTY의 Tadić(타디취) 사건의 항소심 판결에서 확립
된다. 1992년 보스니아 지역에서 세르비아계의 무장집단이 Sivci(시브
치) 근처의 Jaskići(야스키취) 마을을 공격한 직후 그곳에서 5명의 남
자가 살해된 것이 발견되었다. 1심 재판부는 Tadić가 당시 이 무장집
단과 함께 행동하였지만 피해자 5명중 4명의 머리에 총상이 있다는
점 외에 살인과 관련된 정황이 밝혀진 것이 없고 누가 이 5명을 살해
했는지 알 수 없다는 이유로 Tadić에 대하여 무죄를 선고하였다. 검
사의 항소에 대하여 항소심은 관습국제법의 공동범죄집단 이론을
적용하여 Tadić에 대하여 유죄 판결을 하였다.[77]

고 공모라는 요건과 법적 효과로서 정범으로 처벌받는다는 취지를 포함시
킨 "공동목적정범"이라는 세 가지 유형의 번역이 고려되고 있는 것이다.
"공동목적정범"은 공동정범이라는 취지를 강조하는 외에 국제범죄의 집단
범죄로서의 특성이 나타나지 않는다. "공동범죄계획"이나 "공동범죄기도"
는 JCE가 공모(conspiracy)에서 기원하였다는 점에서 일응 타당한 면이 있으
나 JCE가 공모와 완전히 같은 것은 아니다. 또한 JCE가 공동의 범죄 "계획"
이나 공동의 범죄 "기도"만으로 처벌하는 것으로 오인하게 할 우려도 있
다. "범죄집단"은 Joint Criminal Enterprise에서 "Joint"의 의미를 사장시키고
"Criminal Enterpris" 부분만을 포함하고 있다. JCE가 집단범죄 현상에 대응하
는 이론으로 ICTY에서 등장한 역사적 배경, Joint Criminal Enterprise의 직역에
가장 가까우면서 이 용어에 특별한 문제점이 드러나지 않는 점에 비추어
이 논문에서는 "공동범죄집단"을 사용한다; 한편, 우리나라 판례의 공모공
동정범과 ICTY의 공동범죄집단을 비교하는 것은 어렵다. 왜냐하면 ICTY의
공동범죄집단 이론도 명확한 내용을 가지고 있다고 보기 어렵고, 우리의
판례도 최근 기능적 행위지배를 요구하는 등 그 내용이 변경되고 있기 때
문이다. 그럼에도 불구하고 그 차이를 비교한다면 공동범죄집단은 (기본
적 범죄행위를 넘어서는) 목적의 공통을 요구함에 반하여 공모공동정범은
범죄의 고의를 공통으로 하고 있으며, 공동범죄집단은 공통의 목적의 실
행에 협력하거나 기여할 것이 요구되지만 공모공동정범은 고의의 실행에
반드시 참여할 필요는 없다. 설일영, 앞의 논문, 24면 참조.

77) Prosecutor v. Tadić, (Case No. IT-94-1) Trial Chamber Judgement, 7 May 1997, paras.
342-343, 373, 761; Prosecutor v. Tadić, (Case No. IT-94-1-A) Appeals Chamber
Judgement, 15 July 1999, paras. 190, 226; Tadić 항소심 판결에서 사용된 공통의

② 집단범죄에 대한 대응 이론

전쟁상황에서 발생하는 대부분의 국제범죄들은 개인의 범죄적 성향의 결과가 아니다. 국제범죄는 많은 경우에 공통의 범죄 목적(a common criminal design)을 추구하는 집단에 의해 수행된다. 이 집단의 일부 구성원들이 살인, 파괴와 같은 구체적 범죄행위를 신체적으로 실행한다. 그러나, 다른 구성원들의 기여와 참여도 그 범죄의 실행에 필수적이며 이들의 참여의 정신적 중요성은 개별적인 범죄행위의 신체적 실행과 다르게 평가되지 않는다.[78] ICTY 항소심은 이러한 범죄집단을 공동범죄집단(Joint Criminal Enterprise)이라고 칭하였다.[79] ICTY는 공동범죄집단이 ICTY 규정 제7조 제1항에 규정된 실행(commission)의 개념에 묵시적으로 포함되어 있다고 하였다.[80]

③ 공동범죄집단의 유형

공동범죄집단은 Tadić 사건의 항소심 재판부의 분류에 따라 공동범죄집단 첫 번째 유형(JCE I), 공동범죄집단 두 번째 유형(JCE II), 공동범죄집단 세 번째 유형(JCE III)으로 구분된다.[81] 이 세 가지 유형의

계획(common plan), 공통의 설계(common design), 공통의 목적(common purpose)은 실질적으로 동일한 의미이다. 이하에서는 가급적 판결문의 실제 기재를 따르지만 직역이 어색한 경우에는 혼용한다.

78) Prosecutor v. Tadić, (Case No. IT-94-1-A) Appeals Chamber Judgement, 15 July 1999, para. 191.

79) Ibid., para. 220.

80) ICTY 규정 제7(1)조는 공동범죄집단에 의해 범죄의 실행에 가담하는 형식(modes of participating in the commission of crimes)을 포함한다. Ibid., para. 190.

81) Tadić 사건의 항소심 재판부는 첫 번째 유형을 공동실행(co-perpetration) 사례, 두 번째 유형을 수용소 사례(concentration camp case)라고 불렀으나 세 번째 유형에 대하여는 이름을 붙이지 않았다. Ibid., para. 220; K. Ambos는 공동범죄집단 I을 기본적 유형(basic form), 공동범죄집단 II를 체제적 유형(the systemic form), 공동범죄집단 III을 확장적 유형(extended JCE)이라고 부른다. K. Ambos, "Joint Criminal Enterprise and Command Responsibility", Journal of

객관적 요건은 (1) 복수의 사람, (2) ICTY 규정에 있는 범죄의 실행이
나 이와 관련된 공동의 계획, 설계, 또는 목적의 존재, (3) ICTY 규정
에 있는 범죄의 실행과 관련된 공동의 설계에 대한 피고인의 참여로
동일하지만 주관적 요건은 그 유형별로 다르다.[82]

(i) 공동범죄집단 I (기본적 유형)

첫 번째 유형은 공동의 설계에 참여한 모든 참가자들이 범죄에
대한 동일한 고의를 가지고 그러한 참가자의 하나 또는 그 이상이
실제로 그 범죄를 고의를 가지고 실현한다.[83] 공동의 설계에 따라
행동한 모든 공동 피고인들(co-defendants)이 동일한 범죄의 고의를 가
지는 경우이다. 예를 들어, 각 공동정범이 모두 살인의 고의(intent)를
가지고 살인이라는 공동의 설계를 실천하면서 이들이 각기 다른 역
할을 수행하는 경우에 공동정범(co-perpetrators)들 사이에 살인의 계획
이 형성된다.[84]

International Criminal Justice 5(1), 2007, p. 160.

82) Prosecutor v. Tadić, (Case No. IT-94-1-A) Appeals Chamber Judgement, 15 July 1999,
para. 220; 객관적 요건의 세 번째는 피고인이 공동범죄집단의 공동의 계획,
설계 또는 목적의 실행에 협력 또는 기여를 하여야 한다는 것이다. 따라서
공동의 계획, 설계 또는 목적에 대한 참여는 매우 광범위한 내용을 담을
수 있으며 부작위로도 가능하다. G. Boas/J. Bischoff/N. L. Reid, International
Criminal Law Practitioner Library. Volume I - Forms of Responsibility International
Criminal Law, Cambridge University Press, 2007, pp. 44-51.

83) Prosecutor v. Tadić, (Case No. IT-94-1-A) Appeals Chamber Judgement, 15 July 1999,
para. 220.

84) 이 경우 살인을 하지 않았거나 그것이 증명되지 않은 가담자에게 형사책임
을 귀속시키기 위한 객관적, 주관적 요건은 다음과 같다: (i) 피고인이 자발
적으로 공동의 설계의 한 측면에 참여하였다(예를 들어 피해자에게 치명적
이지 않은 폭력을 가하거나, 다른 공동정범에게 물질적 협력을 제공하거나
다른 공동정범의 활동을 도와준다). (ii) 피고인이 살인행위를 직접 하지 않
을 경우에도 그는 그 결과를 의도(intend)하여야 한다. Ibid., para. 196.

(ii) 공동범죄집단 II (수용소 유형)

두 번째는 소위 강제수용소 사례(concentration camp cases)이다. 강제수용소 사례는 첫 번째 유형의 변형에 불과하다.[85] 공통의 목적의 개념은 강제수용소(concentration camp)를 운영하는 군대나 행정기구의 구성원들에 의해서 저질러진 범죄들에 대하여 적용된다. 여기서 집단은 합의된 계획(a concerted plan)을 위해 행동한다.[86] 객관적 요건은 억압 체제의 강제에 대한 적극적 참여이며 이것은 피고인의 권한과 그의 기능으로부터 추론될 수 있다.[87] 이 경우에 필요한 주관적 요소는 부당한 처우 체계(system of ill-treatment)의 성질에 대한 인식과 부당한 처우라는 공동의 설계를 지속하려는 고의(intent)이다. 그러한 고의는 수용소나 계급조직구조 내에서의 피고인의 권한으로부터 추론될 수 있다.[88]

(iii) 공동범죄집단 III (확장적 유형)

세 번째 유형은 범죄실행자의 하나가 공동의 설계에 속하지 않는 행위를 저질렀으나 그것이 공통된 목적 수행의 자연스럽고 예견가능한 결과(a natural and foreseeable consequence of the effecting of that common purpose)인 경우이다. 예를 들어, 하나의 인종(ethnicity)을 그들의 동네, 마을이나 지역에서 강제로 이주시키자는 공통된 그리고 공유된 의도[인종청소(ethnic cleansing)를 실천하려는 의도]가 있었고 그러한 행위를 하는 과정에서 피해자가 총을 맞아 살해된 경우이다.

---

85) *Ibid.*, para. 203.

86) *Ibid.*, para. 202.

87) *Ibid.*, para. 203.

88) *Ibid.*, para. 196; 피고인이 높은 계급이나 권한이 공동의 설계에 대한 인식과 그러한 설계에 대하여 참여한다는 의도를 보여주는 경우에는 피고인에 대한 고의를 증명할 필요가 거의 없다. 피고인이 유죄가 되면 그는 부당한 처우라는 범죄(ill-treatment)의 공동정범이 된다.

살인이 공동의 설계(common design)에 일부로서 명시적으로 포함된
것은 아니지만 그럼에도 불구하고 민간인을 총으로 위협하여 강제
로 이주시키다가 사람들이 죽을 수도 있다는 것은 예견가능하다. 사
망의 위험이 공동 설계(common design) 이행의 예견가능하고 피고인이
무모하거나(reckless) 그러한 위험에 대하여 무관심하였다면(indifferent)
그 집단에 참가한 피고인에게 형사책임이 귀속될 수 있다.[89] 이 유
형의 주관적 요건은 (i) 공동범죄집단에 참여하고 그 범죄적 목적을
개인적으로 또는 공동으로 발전시키려는 의도(intention), 그리고 (ii)
집단의 다른 구성원들에 의해 공동의 범죄 목적에 포함되지 않는 범
죄가 저질러질 수 있다는 가능성에 대한 예견가능성이다.[90]

④ 공동범죄집단 III의 적용과 이에 대한 비판

항소심은 Tadić 사건에 공동범죄집단 III를 적용하여 5명의 사망에
대한 책임을 물었다. Tadić는 1992년 5월부터 12월까지 Jaskići 마을이
있는 Prijedor(프리예도르) 지역에서 "대 세르비아"(a Great Serbia)의 건
설을 위하여 비세르비아계(non-Serb)의 주민을 축출하는 비인간적인
공동 범죄 목적에 적극 참여하였다. 이 공통의 목적에 비세르비아
남자들을 살해하는 것이 포함되어 있지는 않았으나, Prijedor 지역에
서 비세르비아계 주민들을 축출하는 과정에서 살인행위가 빈번이
발생했고 Tadić도 이것을 알고 있었다. Tadić와 그가 속한 무장집단은

---

89) *Ibid.*, para. 204.
90) 범죄 결과를 귀속시키기 위하여는 범죄집단의 다른 구성원들이 이를 예견
할 수 있었어야 하며 과실(negligence)로는 만족되지 않는다. 일정한 결과를
발생시키려고 의도하지는 않았지만, 집단의 행위에 의해서 그러한 결과가
발생할 가능성이 매우 높다는 것을 인식하고도 그럼에도 불구하고 그러한
위험을 자의로 받아들여야 한다. 달리 말하면 소위 dolus eventualis(어떤 국
내 형법 체계에서는 advertent recklessness로 불리기도 한다)가 필요하다.
Ibid., para. 220.

사건 당일인 1992년 6월 14일 Jaskići 마을을 공격하고 마을의 남자들 일부를 심하게 구타했다. Tadić는 비인간적인 행위들을 저지름으로써 Prijedor 지역에서 비세르비아계 주민들 축출한다는 범죄적 목적을 달성하려는 의도를 가지고 있었고, 이 사건과 같은 상황에서는 이러한 공통의 목표를 실천하는 중에 비세르비아인들이 살해될 수 있다는 것이 예견가능하다. Tadić는 그가 속해 있는 집단이 그러한 살인을 할 가능성이 높다는 것을 알고 있었음에도 불구하고 이에 참여함으로써 그러한 위험을 스스로 받아들였다.[91]

공동범죄집단 이론, 특히 공동범죄집단 III 유형에 대하여는 결과책임이라는 비판, 공범에 불과한 자를 정범으로 처벌한다는 비판이 제기되고 있다.[92] 캄보디아 특별재판부(Extraordinary Chambers in the Courts of Cambodia)는 재판의 적용대상이 되는 1975부터 1977까지의

---

91) *Ibid.,* paras. 230-237; 항소심은 Tadić에 대하여 검사가 기소한 공소사실 30(ICTY 규정 제2조(a)의 고의적 살인에 의한 중대한 위반), 공소사실 31(ICTY 규정 제3조(1)(a)의 살인에 의한 전쟁의 관습과 법 위반), 공소사실 32(ICTY 규정 제5(a) 살인에 의한 인도에 반하는 죄)에 대하여 각 ICTY 규정 제7조(1)을 적용하여 유죄를 인정하였다. *Ibid.,* paras. 235-237.

92) 공동범죄집단은 공동의 범죄실행에 가담한 경우에는 모든 가담자들을 그러한 공동의 범죄의 과정에 발생한 범죄들에 대하여 정범으로 처벌할 수 있도록 한다. 공동범죄집단 III 유형은 공동의 계획에 있지 않은 범죄가 발생된 경우에도 그에 대한 정범으로서의 책임을 지는 문제점이 발생한다. H. Satzger, Internationales und Europäisches Strafrecht, 2009, S. 270; ICTY의 공동범죄집단 이론에 관하여 정범과 공범의 구별이라는 관점에서 분석·비판한 내용은 박경규, ICTY 판례에 의해 확립된 JCE이론의 법적 성격, 서울법학 23권 3호, 서울시립대학교 법학연구소, 2016, 319-326면; 집단살해죄의 정범에는 집단을 파괴할 목적이라는 특별고의가 필요하다. 공동범죄집단 III에 의하면 이러한 목적이 없는 자도 집단살해죄가 저질러질 것을 예상할 수 있었던 경우에 집단살해죄의 정범으로 처벌받을 수 있게 된다는 점에서 집단살해죄의 주관적 요건을 과실의 수준으로 낮추게 된다는 비판에 대하여는 박미경, 국제형사법상 개인의 형사책임 원칙에 관한 연구, 한양대학교 박사학위 논문, 2014, 155-158면.

관습국제법에서 공동범죄집단 III 유형을 인정할 근거가 없다는 이유로 이를 배척하였다.[93] 한편, ICC의 Lubanga(루방가) 사건에서 전심재판부와 1심재판부는 피고인의 공동정범(co-perpetration) 책임을 공동범죄집단으로 구성하지 않고 Roxin의 기능적 범행지배(Die funktionelle Tatherrschaft)론에 기초하였다.[94]

4) 공동범죄집단과 지휘관책임

ICTY의 초기에 지휘관책임은 국제범죄의 책임에 대한 가장 책임이 있는 자들에 대한 책임귀속이론으로 환영을 받았다. ICTY의 검사는 기소의 편의를 위해서 제7조 제1항(직접책임)과 제7조 제3항(지휘관책임)을 모두 적용하여 기소하였다. 제7조 제1항의 대부분은 공동범죄집단이었고, ICTY의 초기의 판례도 ICTY 규정 제7조 제1항과 제3항이 동시에 성립할 수 있다고 보았다.[95] 그러나, 지휘관책임의 성립

---

93) Prosecutor v. Nuon Chea et al., (Case No. 002/19-09-2007/ECCC/TC) Trial Chamber Decision on the Applicability of Joint Criminal Enterprise, 12 September 2011, paras. 27-29; 박경규, 앞의 논문, 325-326; A. Cassese/P. Gaeta/L. Baig/M. Fan/C. Gosnell/A. Whiting, Cassese's International Criminal Law, 2013, p. 164.

94) Prosecutor v. Lubanga Dyilo, Case No ICC-01/04-01/06, Pre-Trial Chamber I, Decision on the confirmation of charges, 14 May 2007, para. 330-332; Prosecutor v. Thomas Lubanga Dyilo, Case No ICC-01/04-01/06, Trial Chamber I Judgement, 14 March 2012, para. 976-1018; 범행지배론을 적용한 ICC의 판례들에 대하여는 박미경, 앞의 학위논문, 181-230면 참조; 그러나, ICC의 다른 재판부들이 범행지배론을 버리고 공동범죄집단 이론을 택할 수 있는 가능성은 열려 있다는 주장이 있다. A. Cassese/P. Gaeta/L. Baig/M. Fan/C. Gosnell/A. Whiting, Cassese's International Criminal Law, 2013, p. 175.

95) Prosecutor v. Delalić et al., (Case No. IT-96-21) Trial Chamber Judgement, 16 November 1998. para. 1223; ICTY, Prosecutor v. Delalić et al. (Case No. IT-96-21) Appeals Chamber Judgment, 20 February 2001, para. 745; W. A. Schabas, The UN International Criminal Tribunals: The former Yugoslavia, Rwanda and Sierra Leone, Cambridge University Press, 2006, pp. 315-317.

요건인 상급자의 부하에 대한 실효적 통제(effective control)의 입증이 매우 어렵다는 것이 확인되기 시작하였다. 현실에서 상급자가 그의 부하에 대하여 실효적 통제를 가지고 있는지가 명확하지 않은 경우가 왕왕 존재했다. 게다가 ICTY의 판례는 점차 제7조 제1항을 제7조 제3항에 대한 특별규정으로 보고 제7조 제1항의 직접 책임이 인정되지 않는 경우에만 제7조 제3항을 적용하였다.[96] 이에 따라 ICTY 검사는 지휘관책임을 공동범죄집단이 성립되지 못한 경우에 대비한 예비용으로 활용하였다. 그러나, 공동범죄집단의 성립요건은 매우 완화되어 있었고 지휘관책임의 실효적 통제 요건은 매우 엄격하였기 때문에 공동범죄집단이 성립되지 않은 경우에 지휘관책임이 성립되는 경우는 현실적으로 존재하지 않았다.[97] 게다가 고의를 요건으로 하는 공동범죄집단이, 인식이나 인식의 실패를 요건으로 하는 지휘관책임 보다 무거운 책임으로 보여서 검사에게 더 매력적이었다.[98] 이러한 이유로 ICTY의 검사는 지휘관책임보다 공동범죄집단을 더 선호하게 되었다.

---

96) Prosecutor v. Stakić, (Case No. IT-97-24) Trial Chamber Judgement, 31 July 2003, para. 466; Prosecutor v. Brđanin, (Case No. IT-99-36-T) Trial Chamber Judgement, 1 September 2004, paras. 284-285; Prosecutor v. Kordić & Čerkez, (Case No. IT-95-14-2-A) Appeals Chamber Judgement, 17 December 2004, paras. 34-35.

97) W. A. Schabas, The UN International Criminal Tribunals, 2006, p. 324.

98) M. L. Nybondas, Command Responsibility, 2010, pp. 143-147.

제3절 국제범죄와 지휘관책임

1. 지휘관책임의 의의

일반적으로 지휘관책임은 위계질서가 엄격한 조직에서 부하의 국제범죄를 방지하거나 처벌하지 않은 상급자가 지는 국제법상의 형사책임을 말한다. 부하에 대하여 실효적 통제를 가지고 있는 상급자는 부하의 범죄를 방지, 처벌할 의무가 있으며, 이러한 의무를 이행하지 않은 경우에 부하가 저지른 범죄와 관련하여 처벌된다. 작위를 요건으로 하지 않는 부작위 책임이며 하급자의 범행에 대하여 상급자가 알고 있었던 경우는 물론이고 알지 못한데 과실이 있었던 경우까지 처벌할 수 있는 포괄적 책임이다. 지휘관책임은 야마시타 (Yamashita)에 대한 미국 군사위원회와 연방 대법원의 판결에서 기원하기 때문에 야마시타 책임(Yamashita responsibility)이라고도 불린다.[99]

---

99) Command responsibility의 직역은 지휘책임이다. Command responsibility를 지휘관책임이라고 부르는 것은 지휘관이 내린 지휘(명령)보다 그러한 명령을 내릴 수 있는 지휘관의 권한과 지위에 초점을 둔 것이다. 1977년 제1추가 의정서 68조(2)와 ICTY 규정 7조(3)은 지휘관과 상급자를 Superior라고 칭하였다. 이러한 이유로 ICTY는 지휘관책임을 가리킬 때 command responsibility 대신에 superior responsibility라는 용어를 사용한 경우도 많다. 이하에서는 command responsibility를 지휘관책임으로 부르지만 지휘관책임과 상급자책임의 내용에 실질적인 차이는 없으므로 상급자책임을 혼용하기도 한다. M. L. Nybondas, Command Responsibility, 2010, p. 153; 이윤제, 야마시타 사건과 상급자책임, 서울국제법연구 제20권 제1호, 서울국제법연구원, 2013, 44면 참조; 권오곤 ICTY 전 재판관은 '지휘 책임'을 사용하고 있다. 권오곤, 국제 형사재판과 한국 형사재판의 비교법적 고찰, 인권과 정의 359호, 대한변호사협회, 2006, 22면; Responsibility는 형사상 또는 민사상의 법률적인 책임(Liability)을 뜻하는 경우도 있고 지휘관의 역할, 권한과 의무를 뜻하는 경우도 있다. 본고에서는 Liability 그중에서도 형사상 책임의 의미로 사용한다. H.L.A. Hart, Punishment and Responsibility, 2nd ed., Oxford, 2008, pp. 210-230

지휘관책임은 야마시타 판결을 계기로 국제형법에서 처음으로 확립된 것이며 국내 형사법 체계에서는 이러한 유형의 책임이 존재하지 않았다는 것이 일반적인 견해이다.[100)101)]

지휘관책임(Command Responsibility)은 주로 군에서 사용되는 용어

참조.

100) G. Werle/F. Jessberger, Principles, 2014, para. 579; G. Mettraux, The Law of command Responsibility, 2009, p. 43; E. V. Sliedregt, Individual Criminal Responsibility , 2012, p. 9; 지휘관책임은 국제형법에 고유한 책임 이론(inculpatory doctrine)이며 국내법에는 이에 상응하는 책임 이론이 존재하지 않는다. R. Cryer/H. Friman/D. Robinson/E. Wilmshurst, An Introduction, 2014, p. 384; 지휘관책임은 국내법에서 기원하지 않는다. 지휘관책임은 국제법에서 출현하여 국내법으로 전파되었다. A. Cassese, International Criminal Law, 2008, p. 242.

101) Bassiouni에 의하면 command responsibility는 넓은 의미에서 다음의 두 가지 다른 내용을 포함한다. 첫째는 상급자가 위법한 명령, 즉 부하에게 국제형법에서 범죄가 되는 국제범죄행위를 범하도록 명령한 것이다. 둘째는 부하들이 저지른 국제범죄로 인하여 상급자가 지는 책임이다. 국제형법상 지휘관책임은 부하의 범죄와 관련된 상급자의 부작위를 문제삼는 간접책임인 점에서 직접책임에 해당하는 첫 번째와는 다르다. 지휘관책임을 고찰함에 있어서 명령 책임을 포함시키는 견해는 상관명령의 복종의 항변과 지휘관책임을 동전의 양면으로 보고 있다. 부하에게 범죄를 명령한 상급자의 책임에 대하여는 특별한 다툼이 없으므로 본 논문은 지휘관책임에서 첫 번째 의미를 제외한다. M. C. Bassiouni, *Introduction to International Criminal Law 2nd ed.*, Martinus Nijhoff Publishers, 2013, pp. 332, 337, 339, 368 참조; 지휘관책임을 간접책임으로, 지휘관책임 이외의 다른 책임형식들을 직접책임으로 부르는 경우가 많다. 지휘관책임의 법적 성질에 관한 독립범죄설의 입장에서는 지휘관책임은 상급자의 부작위에 대한 직접책임이다. 한편, 방조범의 경우에 실행행위를 스스로 하지 않았다는 점에서 간접책임이지만, 정범의 실행행위가 귀속되어 책임진다는 면에서는 간접책임이라고 볼 수도 있는 등 간접책임과 직접책임의 구별은 명확하지 않다. 따라서 직접책임이냐, 간접책임이냐는 표현은 정확한 것은 아니다. 그러나, 지휘관책임을 간접책임, 지휘관책임 이외의 다른 모든 책임형식을 통합하여 직접책임이라고 지칭하는 것의 편리성이 있으므로 이하에서도 이러한 용어례를 따른다.

이다.[102] 1977년 제1추가의정서 86조(2)나 ICTY 규정 제7조(3)은 군지휘관(Commander) 대신에 상급자(Superior)를 사용하였고, 지휘관책임이 부하 또는 하급자에 대하여 실효적 통제를 가지고 있는 민간인 상급자(문민실권자)에 대하여도 적용되기 때문에 군과 민간인 조직을 모두 포함할 수 있는 상관의 책임 또는 상급자책임(Superior Responsibility)이라는 용어도 자주 사용된다.[103] 여기서 민간인 상급자(Civilian Superior)는 군인이나 전투원이 아니라는 의미이며, 관료, 공무원은 물론, 정치인, 기업인과 같은 비공무원도 포함된다.

지휘관책임의 대상이 되는 군지휘관이나 (민간인) 상급자는 자기가 속한 조직의 의사결정권, 명령권 또는 지휘권을 가진 자, 즉 그 조직의 지도자, 실권자를 말한다. 따라서 "Superior", "Civilian Superior"라는 용어나 그 번역인 "상급자" 또는 "상관"이나 "민간인 상급자"는 이러한 의미를 전달하지 못한다. "Superior"는 단지 자신의 하급자나 부하에 대하여 계층 구조상 상부에 있다는 의미에 불과하며 그 조직의 의사결정권자로서 부하에 대하여 실효적 통제를 가지는 지위라는 의미를 전달하지 못하기 때문이다. 따라서 "상급자책임"은 군과 민간인 조직 모두에서 지휘관책임이 발생할 수 있다는 것을 보여주기는 하지만 조직의 실권자인 지도자의 책임을 지칭하는 용어로는 한계를 가지고 있다. "Civilian Superior"의 보다 정확한 번역은 "문민실권자", "문민최상급자", "문민통솔자", 그리고 군의 지휘권을 가진 국가 원수와 같은 경우에는 "문민통수권자"와 같은 용어가 될 것이다. 또한 군지휘관과 문민실권자를 모두 포함하는 말로는 "상급자"보다

---

102) A. Cassese/P. Gaeta/L. Baig/M. Fan/C. Gosnell/A. Whiting, Cassese's International Criminal Law, 2013, pp. 180-181.

103) G. Werle/F. Jessberger, Principles, 2014, para. 580은 command responsibility가 협소한 개념이기 때문에 superior responsibility를 선호한다고 하면서 로마규정 제28조(지휘관과 기타 상급자의 책임)도 상급자책임이라는 용어에 기반을 두고 있다고 한다.

는 "지도자", "실권자"(實權者), "통솔자"(統率者), "실세"(實勢)와 같은 용어가 더 적당할 것이다. 이하에서는 전통적인 용어례에 따르며, "Civilian Superior"는 "민간인 상급자"로, 군지휘관과 민간인 상급자를 모두 포함하는 용어로는 "상급자" 또는 "상관"을 사용한다. 지휘관은 군지휘관을 의미하며, 특별히 군지휘관과 사실상의 군지휘관을 구분할 필요가 있는 경우가 아니라면 사실상의 군지휘관도 포함한다.

2. 지휘관책임의 집단범죄성 – 조직의 명령권자의 책임

공동범죄집단과 지휘관책임은 국제형법에서 집단범죄에 대한 대응으로 발전하였다는 점에서 공통점을 가지고 있으나 피고인과 범죄의 실행자 사이의 결합의 방식이 다르다. Bernays의 구상과 ICTY의 공동범죄집단의 집단범죄적 요소는 공통의 범죄 목적(common criminal purpose)이다.[104] 공동범죄집단은 범죄를 목적으로 결합한 자들이다. 범죄의 성립의 규범적 평가에 있어서 공모자들 사이의 상급자-하급자의 관계는 무의미하다. 공모자들은 공동의 범죄의 동등한 주체로서 수평적 관계에 있으며 상급자의 역할은 존재하지 않는다. 각 개인의 범죄에 있어서 실질적인 책임의 정도는 범죄성립 단계에서는 구별되지 않는다는 점에서 공통의 범죄적 목적으로 결합한 자들의 형사책임은 일원적으로 파악된다.[105]

한편, 지휘관책임에서의 지휘관책임의 집단범죄적 요소는 상급자가 그가 속한 조직의 의사결정권자, 명령권자라는 지위, 즉 상급자와 국제범죄를 저지른 부하의 관계(상급자의 지위 또는 상급자의 부하에 대한 실효적 통제)에 있다. 공동범죄집단과 달리 상급자와 부하

---

104) K. Ambos, "Joint Criminal Enterprise and Command Responsibility", J. Int. Criminal Justice 5(1), 2007, p. 167.
105) E. V. Sliedregt, Individual Criminal Responsibility, 2012, p. 37.

가 공모를 통하여 범죄적 목적으로 결합한 것이 아니며, 상급자는 그의 부하의 범죄에 대하여 적절한 통제를 하지 않았다는 이유로 형사책임을 진다. 따라서 지휘관책임은 Bernays의 구상이나 이를 승계한 ICTY의 공동범죄집단 이론과 다르며 미국 군사위원회와 연방대법원의 야마시타 판결을 통하여 별도로 발전한다.

지휘관책임은 계층적 구조를 가진 조직이나 집단이 국제범죄를 저지른 경우에 그 조직이나 집단의 지도자, 지휘관을 처벌하기 위하여 국제형법에서 처음 등장하였다. 국제범죄는 많은 경우에 상명하복구조를 가진 계층적으로 조직된 집단의 구성원들에 의해 장기간에 걸쳐 수행된다. 이것이 가능한 이유는 이러한 범죄의 준비와 실행이 조직과 이 조직을 지도하는 지도자들에 의해 유지된다는 점에 있다. 지도자는 자기와 부하들을 포함하는 전체 조직을 대신하여 의사결정을 할 수 있다. 부하들은 상급자의 명령에 복종하고 그것을 집행하도록 요구된다. 상급자는 명령을 하며, 그는 그의 명령이 적절하게 집행되도록 하여야 할 책임이 있다. 따라서 집단범죄를 저지른 조직의 문화, 의사, 운명을 결정할 수 있는 상급자에 대하여는 그러한 조직이 저지른 범죄에 대하여 그가 기여한 정도에 상응하는 책임을 부여야 한다.[106]

---

106) 지휘관책임은 지휘계통(chain of command), 그리고 그 지휘계통을 통하여 최상층의 권력자의 결정이 최하층에까지 미친다는 점에 초점을 두고 있다. 이 이론은 지도자들의 중대하고, 위임할 수 없는 의무, 그리고 이들이 그러한 의무를 부담하는 지위라는 것을 알면서 이를 받아들였다는 점을 강조한다. M. Osiel, "The Banality of Good", Columbia Law Review 105(6), 2005, p. 1770; Arendt의 악의 평범성에 대한 보고서는 악명 높은 나치 전범 Eichmann이 괴물이 아니라 사실은 평범한 인간이고 그토록 끔직한 일들을 한 후에도 여전히 정상인과 같다고 말한다. 중간 관리자에 불과하고 인간적으로도 평범 또는 조금 부족했던 Eichmann이 수 많은 유대인을 강제수용소로 보내는 일을 계획하고 집행하였다는 사실, 그리고 전범들의 대부분이 Eichmann처럼 지극히 정상적인 사람들이었다는 사실은 집단범

집단의 하급자들은 범죄의 객관적 요건들의 실행에 직접 참여하고, 상급자는 범죄의 신체적인 실행에는 관여하지 않는다. 그러나, 집단의 조직적 구조에 비추어 보면 범죄의 발생에 대한 실질적 책임은 지휘관과 같은 지도적 지위에 있는 자가 가장 크다.[107] 이들은 국제범죄의 발생을 미연에 방지할 수 있는 충분한 권한을 가지고 있었지만 이것을 묵인, 방치하였다.[108] 따라서, 범죄에 대한 책임을 합리

죄에서 누가 가장 큰 책임을 져야 하는가를 말해준다. 악의 평범성을 집단에 퍼뜨린 자가 책임을 져야 한다. Arendt는 이것을 "말과 사고를 허용하지 않는 악의 평범성이라는 두려운 교훈(the lesson of the fearsome, word-and-thought-defying banality of evil)"이라고 불렀다. H. Arendt, Eichmann in Jerusalem: A Report on the Banality of Evil, Penguin Classics, 2006, pp. 252, 276 (강조는 원저자).

107) 국내형법과 달리 국제범죄의 전형적인 범죄자(paradigmatic offender)는 범죄를 직접 실행한 자, 즉 방아쇠를 당긴 자 아니라 그 명령을 한 자, 배후에서 계획을 한 지도적 위치에 있는 자(masterminds)들이다. 이러한 점에서 범죄를 실행한 자에 비하여 소위 범죄에 가담한 자들의 책임이 더 크다고 할 수 있으며 이들은 종종 국제범죄에 가장 큰 책임을 지는 자(those bearing greatest responsibility) 또는 국제범죄에 가장 큰 책임이 있다고 의심되는 최고지도자들이라고 불린다. 이것은 국제범죄의 집단범죄성(collective criminality)을 반영하는 것이며, 책임에 관한 원칙(general principles of liability)이 국제형법에서 상대적으로 큰 비중을 차지하는 이유이기도 하다. R. Cryer/H. Friman/D. Robinson/E. Wilmshurst, An Introduction, 2014, p. 353; 누가 대량살상의 책임자인가. 그것은 개인범죄와 정반대로 해석되어야 한다. 개인범죄의 경우 최후의 행위자가 정범성을 갖는다. 그러나, 조직체범죄의 경우 실제 발포자일수록 낮은 직급에서 명령을 받은 위치에 서며, 일종의 도구처럼 이용된다. 책임의 정도는 현장에서 떨어져 지휘명령체계에서 상위에 있는 자가 더 높으며, 지휘명령체계를 사실상 지배하는 자가 범죄의 수괴가 된다. 한인섭, 5·18 재판과 사회정의, 경인문화사, 2006, 169면; 피고인의 상급자, 지도자의 신분은 국제범죄의 피고인에 대한 양형에 있어서 가중 요소로 작용한다. S. D'Ascoli, Sentencing in International Criminal Law, Hart Publishing, 2011, pp. 233-237.

108) 1913년 카네기 국제평화기금(International Endowment for International Peace)은 발칸 전쟁의 원인을 조사하기 위한 위원회를 설치하였다. 이 위원회

적으로 분배한다면 비록 범죄 실행에 신체적인 참여를 하지 않았다
고 하더라도, 범죄의 발생에 책임이 있는 지도자, 지휘관, 상급자들
에 대하여는 그 역할에 부합하는 처벌을 하는 것이 타당하다.[109]

는 1914년 발칸전쟁의 원인과 행위에 대한 조사보고서(Report of the
International Commission to Inquire into the Cause and the Conduct of the Balkan
Wars)에서 모든 교전 행위 그리고 그 와중에 저질러진 잔혹행위는 권력자
의 말 한디만 있었으면 끝났을 것이라고 하였다. R. Arnold/O. Triffterer,
"Article 28 Responsibility of Commanders and Other Superiors", in: O.
Triffterer(ed.), Commentary, 2008, p. 802; 위 조사보고서는 발칸 전쟁의 진정
한 범죄자들은 대중의 의견을 선동하고 민중의 무지를 악용한 자들이며
이들은 모든 사람의 이익을 자신의 개인적 이익을 위하여 희생시킨 자들
이라고 주장하였다. International Commission to Inquire into the Causes and
Conduct of the Balkan Wars(Carnegie Endowment for International Peace), Report
of the International Commission to Inquire into the Causes and Conduct of the
Balkan War, 1914, p. 19. https://archive.org/details/reportofinternat00inteuoft 2016.
3. 1. 최종접속; 위 보고서는 지휘계통에 있는 모든 상급자들은 부하들이
전쟁의 관습과 법의 엄격한 준수나 그들의 전쟁범죄와 같은 불법행위를
방지하는데 있어서 결정적인 역할을 한다고 하였다. 1993년 이 보고서를
재인쇄하였을 때, G. F. Kennan은 지휘관책임과 관련하여 1991년 이후 구
유고지역에서 발생한 사건들과 1910년대 발생한 발칸 전쟁을 비교하면서
'위 보고서가 지적하였듯이 지휘관들이 문제된 범죄행위들을 명령하지
않았다면 그것은 분명히 그들에 의하여 묵인되었거나 유인되었을 것이
다.'라고 쓰고 있다고 한다. O. Triffterer, "Causality, a Separate Element of the
Doctrine of Superior Responsibility as Expressed in Article 28 Rome Statute",
Leiden Journal of International Law 15(1), p. 180; ICTY를 설립한 국제연합 안전
보장이사회는 ICTY의 재판소 업무종료 계획(ICTY Completion Strategy)을 승
인하면서 ICTY의 관할 범죄에 대하여 가장 책임이 있는 최고위 지도자들
(the most senior leaders suspected of being most responsible for crimes within
ICTY's jurisdiction)에 대한 기소와 재판에 집중할 것으로 요구하였다.
RESOLUTION 1503 (2003), Adopted by the Security Council at its 4817th meeting,
on 28 August 2003; RESOLUTION 1534 (2004), Adopted by the Security Council at
its 4935th meeting, on 26 March 2004.

109) 그러나, 실제로 이러한 기여의 정도를 정형화하고 그에 상응하는 형사처
벌을 하는 것이 쉽지 않다. B. I. Bonafé, "Finding a Proper Role for Command

ICC 로마규정은 국내 법원이 국제범죄를 저지른 자에 대하여 재판권을 행사하지 않는 경우에만 국제형사재판소가 재판권을 행사한다는 보충성의 원칙을 택하고 있다. 이러한 원칙에 따라 "사건이 재판소의 추가적 조치를 정당화하기에 충분한 중대성이 없는 경우"에 국제형사재판소는 재판권을 행사하지 않는다[로마규정 제17조(1)(d)]. 사건의 중대성(gravity)이라는 요건은 ICC가 국제범죄에 대하여 가장 책임이 있는 최고위급 지도자들에 대하여 재판권을 행사한다는 것을 의미한다.[110] 또한, 국제범죄에 대하여는 국가수반, 공적지위에 의한 면책이 인정되지 않기 때문에 지휘관책임은 국제범죄에 대하여 가장 책임이 큰 자를 처벌하는 책임형식으로 기능할 수 있다.[111] 따라서 지휘관책임은 국제범죄의 발생에 가장 책임이 큰 자를 처벌하고자 하는 국제형법에 가장 적합한 모델의 하나라고 할 수 있다.[112]

Responsibility", J. Intl Criminal Justice 5(3), 2007, p. 600.

110) Prosecutor v. Thomas Lubanga Dyilo, (Case No. ICC-01/04-01/06) Pre-Trial Chamber I Decision concerning PTC I's Decision of 10 February 2006 and the Incorporation of Documents into the Record of the Case against Mr Thomas Lubanga Dyilo, 24 February 2006, para. 50.

111) R. Arnold/O. Triffterer, "Article 28 Responsibility of Commanders and Other Superiors", in: O. Triffterer(ed.), Commentary, 2008 , p. 799; 지휘관책임이 최초로 등장한 야마시타 재판이나 도쿄국제군사재판에서 보듯이 지휘관책임의 대상자들은 최고사령관이나 내각의 구성원들이었다. 그런데 임시재판소들은 대부분 중간이나 하급의 지휘관들에 대하여 지휘관책임을 적용하였다. 이것은 임시재판부들이 상급자-하급자의 관계(실효적 통제)의 요건을 입증하기 어려웠기 때문이다. B. I. Bonafé, "Finding a Proper Role for Command Responsibility", J. Int. Criminal Justice 5(3), 2007, p. 616.

112) 커먼로와 독일의 객관설과 같은 전통적인 국내 형법의 정범과 공범의 구별은 범죄 구성요건을 최종적으로 실행한 자를 정범으로 보고 그에 대하여 다른 방식으로 인과적으로 기여한 자를 공범으로 보는 자연적 접근법에 기초하고 있다. 이러한 입장은 (우리나라와 독일의 형법이 교사범에 대하여는 정범과 동일한 형에 처하도록 하고 있는 것을 제외하면) 일반

　　그러나, 이것이 지휘관, 상급자가 가장 중한 형벌을 받아야 한다
는 것을 의미하지는 않는다.[113] 지휘관책임은 부하의 범죄를 알면서
도 방지하지 않은 경우는 물론이고 과실로 이를 알지 못한 경우도
포함하는 다양한 유형을 포함하고 있다. 따라서, 지휘관책임이 국제
범죄의 발생에 대하여 가장 책임이 큰 자를 처벌하기 위한 책임형식
(a mode of liability)이라는 것이 반드시 모든 경우에 상급자를 중하게
처벌하여야 한다는 것을 의미하지 않는다.[114] 상급자의 부하에 대한

　　적으로 정범이 공범보다 더 무거운 책임이 있다고 본다. 국제범죄에 대
하여 가장 책임이 크다(most responsible)는 의미는 발생한 범죄에 대하여
위와 같은 전통적인 국내 형법체계에 따라 정범이 되는지, 공범이 되는지
를 전제로 하는 것은 아니다. 자연적 접근법은 범죄의 정의를 만족하는
행위가 아닌 행위를 하는 모든 자는 공범이라는 생각에 기초한다. 그러
나 이러한 접근법은 발단 단계가 낮고 단순한 사회에서 적용하는데는 문
제가 없지만 마피아와 같은 조직범죄, 무기불법매매와 같이 복잡한 구조
를 통하여 범죄가 발생하는 경우, 국제범죄와 같은 집단범죄에서는 적용
이 쉽지 않다. J. G. Stewart, "Complicity", in: M. D. Dubber/T. Hörnie(ed.), The
Oxford Handbook of Criminal Law, Oxford University Press, 2014, pp. 536-537 참조.
113) 군과 민간인 조직의 고위 지도자들이 직접 국제범죄를 스스로 실행한 사
　　례는 거의 없다. 따라서 국제범죄를 직접 실행한 지도자와 하급자의 양
　　형을 직접 비교하는 것은 사실상 불가능하다. S. D'Ascoli, Sentencing, 2011,
　　p. 238.
114) 2010년 8월까지의 ICTY와 ICTR의 선고형량을 책임형식별로 비교한 분석에
　　따르면 일반적으로 지휘관책임에 대한 실제 형량은 직접책임보다 경하
　　다. ICTY의 1심재판부의 경우에 직접책임으로만 유죄판결을 받은 피고인
　　의 구금형의 평균은 22년, 직접책임과 지휘관책임에 대하여 모두 유죄판
　　결을 받은 피고인의 구금형의 평균은 12.9년, 지휘관책임에 대하여만 유
　　죄가 선고된 경우에는 구금형의 평균은 4년이었다. 한편, ICTR의 1심재판
　　부의 경우에 직접책임으로만 유죄판결을 받은 피고인의 구금형의 평균은
　　44.8년, 직접책임과 지휘관책임에 대하여 모두 유죄판결을 받은 피고인의
　　구금형의 평균은 78.7년, 지휘관책임에 대하여만 유죄판결을 받은 사례는
　　1건으로 11년의 구금형이었다. 참고로 1심재판부의 선고형의 평균은 ICTY
　　의 경우는 19년, ICTR의 경우는 52년이다. Ibid., pp. 215-219; 그럼에도 불구
　　하고 캐나다의 로마규정 이행입법은 지휘관책임에 관하여 상급자가 부하

실효적 통제라는 지휘관책임의 성립요건은 집단범죄의 발생에 책임이 있는 지도자들의 처벌이 반드시 이행되어야 한다는 국제형법의 요청을 반영한 것이지만,[115] 이것이 피고인이 상급자라는 이유로 그의 책임의 정도를 넘는 형벌을 받게 하는 것을 의미하지 않는다. 국가, 정치, 군의 고위 지도자들이 국제범죄를 직접 명령하지 않은 경

의 범죄에 대하여 알고 있었던 경우는 물론이고 알지 못한 경우에도 종신 구금형에 처할 수 있다고 규정하고 있다. 이것은 캐나다의 입법자들이 국제범죄의 발생에 있어서 단순한 부작위에 그친 상급자의 책임이 국제범죄를 직접실행한 자들에 (심지어는 상급자의 귀책사유가 부하의 범죄에 대하여 알지 못한 과실에 불과한 경우에조차) 못하지 않다고 생각했다는 것을 의미한다. Canada, Crimes Against Humanity and War Crimes Act, 제5조(3), 제7조(4).

115) 지도자들에 대한 면책의 부인과 지휘관책임은 역사적으로 밀접한 관계에 있다. 미국은 1차 대전의 원인과 책임자 처벌 방안을 논의한 전쟁의 주모자의 책임과 형벌의 집행에 관한 위원회(Commission on the Responsibility of the Authors of War and on Enforcement of Penalties)에 유보 문서(Memorandum of reservation)를 제출하였다. 이 유보문서는 부정적 범죄(Negative Criminality)와 국가원수에 대한 면책특권(Head of State Immunity)의 침해에 대하여 반대의견을 제시하였다. 상급의 지위에 있는 자가 그들의 부하들이 범죄를 저지르는 것을 방지하지 않은 경우를 부정적 범죄라고 칭하면서 국가원수를 포함하여 고위직에 있는 자들이 그들의 부하들이 저지른 범죄에 대하여 법적 책임을 져야 한다는 위원회의 다수의견에 대하여 반대한 것이다. 미국의 반대 의견을 고려한 위원회는 장래에 설치될 재판소(High Tribunal)가 다루어야 할 집단(groups)을 다음과 같이 제안하였다: 군인이든 민간인이든 적국의 권력자들(authorities)로서 국가의 수반을 포함하여 그들의 지위가 아무리 높다고 하더라도 계급의 고하를 막론하고 전쟁의 법과 관습을 위반하도록 명령하였거나 또는 전쟁의 법과 관습의 위반을 알고 개입을 할 수 있는 권한을 가지고 있었음에도 불구하고 그러한 위반을 방지하거나 방지할 수 있는 조치를 취하거나 그러한 위반을 끝내게 하거나 막지 않은 자. S. Darcy, Collective Responsibility and Accountability Under International Law, Transnational Publishers, 2007, pp. 190-191; The Tokyo Judgment, APA-University Press Amsterdam Bv, 1977, p. 1063; H. M. Rhea, The United States and International Criminal Tribunal, Intersentia, 2012, pp. 38-41.

우에도 국제공동체에 의한 처벌이 가능하다는 것을 경고함으로써 인권유린을 방지하고, 국제범죄의 기본적 행위를 직접 실행한 수많은 하급의 범죄자들을 사실상 모두 처벌할 수 없는 경우에 이러한 범죄 발생의 실질적인 원인이자 상징인 지도자들에 대하여 정의를 실현함으로써 (그 집단을 포함하는) 사회의 화해, 평화를 이루는 것이 지휘관책임의 목적이다.[116]

3. 지휘관책임의 문제점

1) 포괄성

국제형법이 지휘관책임의 근거가 되는 상급자의 의무는 부하의 범죄를 방지, 억제, 처벌, 보고할 의무를 포함하는 광범위한 내용이며,[117] 지휘관책임의 주관적 요건은 인식뿐만 아니라 과실을 포함하고 있다. 지휘관책임은 상급자가 부하들이 범행을 하는 것을 알면서도 이를 막지 아니하거나 이를 알았어야 함에도 불구하고 알지 못하여 방지를 못한 경우와 부하들의 범행 사실을 알면서도 이를 처벌하지 않거나 이를 알았어야 함에도 불구하고 이를 알지 못하여 처벌하지 않은 경우를 포함하는 다양한 유형을 포함한다.[118] 지휘관책임의

---

116) M. Osiel, "The Banality of Good", Columbia Law Review 105(6), 2005, p. 1751.
117) 지휘관책임은 작위의무위반을 처벌하기 때문에 그 의무의 내용을 어떻게 보느냐에 따라 지휘관의 의무에 광범위한 내용을 담을 수 있다. ICTY의 Hadžihasanović 사건에서는 부하들의 범죄를 막기 위해 병력을 보내야 할 의무가 있는지가 문제되었다. M. L. Nybondas, Command Responsibility, 2010, p. 153.
118) 부하가 범죄를 저지른 경우에 상급자가 이를 처벌하지 않으면 그 조직 내에 그 범죄가 조장, 묵인된다는 인식을 퍼뜨리며 그 결과 그 범죄는 계속 발생한다. 따라서 지휘관책임은 범죄를 처벌하지 않은 상급자의 책임을 범죄를 방지하지 않은 책임과 동등한 유형으로 파악한다.

광범성은 지휘관책임을 기소 단계에서 다른 책임에 대한 예비적, 보충적 책임으로 활용할 수 있게 하였다. 국제범죄를 계획하고 선동한 지도자들에 대한 직접 책임을 물을 증거가 없는 경우에, 지휘관책임은 그의 지휘 하에 있는 자들이 저지른 국제범죄에 대하여 도덕적으로 유책한 상급자가 책임을 질 수 있게 하여 준다.[119] 자기가 명령하였거나 알고 있었다는 증거를 남기지 않은 경우에도 형사책임을 피할 수 없으며, 국제공동체로부터 자유로운 존재가 아니라는 것을 국가와 조직의 지도자들에게 경고한다.[120] 이러한 광범위한 책임은 국가지도자들이 면책을 받아 왔던 현실에 대한 국제공동체의 반성이며, 국제형법이 일반 예방적 규범으로서 효과적으로 기능하게 한다.

그러나, 이러한 포괄적 내용을 담고 있는 지휘관책임의 처벌근거와 그에 부합하는 성립요건을 제시하지 못하는 경우에 지휘관책임은 집단책임이며 결과책임이라는 비난을 받게 되고, 나아가 죄형법정주의 명확성 위반, 책임주의위반이라는 비판을 피할 수 없게 된다.[121][122]

---

119) Prosecutor v. Kayishema & Ruzindana, (Case No. ICTR-95-1-T) Appeals Chamber Judgement, 1 June 2001, para. 516.

120) 그들의 지휘관의 명령이나 노력에 의하여 억제되지 못한 부대의 난폭성(excesses)이 거의 대부분 전쟁법이 방지하려고 하는 위반행위들로 귀결된다는 점은 명백하다. 침략군의 지휘관이 민간인 주민과 전쟁포로의 보호를 위한 합리적인 조치를 취하는 것을 게을리하고도 처벌을 받지 않는다면 민간인 주민과 전쟁포로를 잔인한 행위들로부터 보호하려는 전쟁법의 목적은 대부분 좌절된다. In re Yamashita, 327 U.S. 1, at 15 (1945).

121) 지휘관책임이 책임주의위반이라는 대표적 주장은 M. Damaška, "The Shadow Side of Command Responsibility", Am. J. Com. Law 49(3), 2001; A. M. Danner/J. S. Martinez, "Guilty Associations", California Law Review 93(1), 2005.

122) 지휘관책임이 포괄적 성격과 부작위책임이라는 점에 비추어 지휘관책임이 다른 책임에 대한 보충적(catch-all provision) 책임인지가 문제된다. ICTY 판례는 방조의 성립요건으로 피고인의 행위가 정범의 범죄의 실행에 상당한 기여(substantial contribution)를 할 것을 요구하며[Prosecutor v. Furundžija,

2) 집단책임과의 구별

지휘관책임은 집단책임, 무과실책임, 대위책임(vicarious liability)과 구별된다. 집단책임은 범죄를 저지른 집단의 구성원이라는 이유로 처벌을 하는 것이며, 무과실책임은 피고인에게 귀책사유가 없음에도 불구하고 처벌한다. 대위책임은 단지 피고인과 타인과의 관계, 그 타인의 범죄행위라는 두 가지 요건으로 충족된다. 이에 반하여 지휘관책임은 상급자의 인식이나 과실과 같은 귀책사유(fault)와 상급자의 작위의무위반(범죄 방지 의무와 처벌 의무의 위반)을 요건으로 한다(culpability principle).[123] 따라서, 지휘관책임이 집단범죄의 특성을 반

(Case No. IT-95-17-1) Trial Chamber Judgement, 10 December 1998, para. 273-275], 주관적 요건에 있어서 정범의 고의를 공유할 필요는 없으나 정범의 범죄의 본질적 요건을 알고 있어야 할 것을 요구한다[Prosecutor v. Krnojelac, (Case No. IT-97-25-A) Appeals Chamber Judgement, 17 September 2003, para. 52]. 이러한 이유로 방조가 지휘관책임보다 요건이 강화된 형태의 중한 책임처럼 보이며 판례는 직접책임이 적용되는 경우에는 지휘관책임은 보충적인 책임으로 보아 이에 대하여 판단을 하지 않는다[Prosecutor v. Nahimana et al., (Case No. ICTR-99-52-A) Appeals Chamber Judgement, 28 November 2007, para. 667]. 그러나, 지휘관책임은 상급자의 하급자에 대한 실효적 통제를 요구하고 있고, 자신의 의무 위반을 이유로 처벌받는 것이므로 정범의 범행에 가담하는 방조와는 법적 성질이 전혀 다르기 때문에 방조와 지휘관책임 중에서 어떤 것이 더 중한 책임이라고 일률적으로 말할 수 없다(독립범죄설). Strugar 사건에서 ICTY 1심 재판부는 피고인이 마을에 대하여 위법한 공격을 중단시키기 위하여 더 효과적인 조치를 취하지 않은 경우에 방조(A&A)보다 상급자책임으로 규율하는 것이 타당하다고 하여 지휘관책임이 방조의 보충적 책임이 아니라는 취지로 판결을 하였다[Prosecutor v. Strugar, (Case No. IT-01-42-T) Trial Chamber Judgement, 31 January 2005, para 355]; 독일의 국제형법전 제4조는 상급자가 부하의 범죄를 알고도 이를 방지하지 않은 경우에 상급자를 부하가 저지른 범죄의 정범과 동일한 형으로 처벌하고 있다.

123) D. Robinson, "How Command Responsibility Got So Complicated: A Culpability Contribution, its Obfuscation, and a Simple Solution", Melbourne Journal of

영하였다고 하여 집단책임이나, 무과실책임, 대위책임을 인정하는 것이 아니다. 집단범죄의 특성만을 강조하는 경우에 그 집단에 속한 자들 중에서 억울하게 처벌을 받는 자들이 생길 수 있다. 이러한 점에서 집단범죄에 있어서 누구에게 어떤 요건 하에서 형사책임을 분배하느냐는 중요한 문제이다. 지휘관책임의 법적 성질을 규명하는 것은 지휘관책임의 성립요건이 책임주의와 조화를 이룰 수 있도록 하여준다.[124]

3) 입증책임

범죄의 주관적 요건과 객관적 요건의 입증이라는 측면에서 보면 범죄의 객관적 요건의 유형적 실행은 부하들에게서 나타나고, 범죄에 대한 계획이나 고의는 상급자로부터 기원한다. 범죄를 신체적으로 수행하는 부하들의 고의는 범죄행위 자체에서 추론할 수 있기 때문에 부하들의 범죄는 상급자에 비하여 쉽게 입증될 수 있다. 문제는 범죄에 대한 실행 행위에 가담하지 않고 범죄장소에서 멀리 떨어져 있는 상급자들의 범의를 입증하는 것이다.[125] 현실에 있어서 집단

International Law 13(1), 2012, pp. 9-10; B. I. Bonafé, "Finding a Proper Role for Command Responsibility", J. Int. Criminal Justice 5(3), 2007, pp. 603-604; 대륙법의 경우는 책임주의 또는 유책성의 원칙(culpability principle)이 종종 헌법에까지 규정되고 있으나 영미법에서는 인과관계만을 요구하는 정도에 불과한 경우(felony murder)도 있다는 예를 들면서 대륙법이 책임주의를 영미법보다 더 엄격하게 준수하고 있다는 견해가 있다. M. Damaška, "The Shadow Side of Command Responsibility", Am. J. Com. Law 49(3), 2001, p. 465.

124) 형법의 가장 중요한 원칙의 하나는 개인책임의 원칙이며 집단처벌은 허용되지 않는다(Criminal guilt is personal and mass punishments should be avoided). Trial of the Major War Criminals before the International Military Tribunal. Nuremberg. 14 November 1945 – 1 October 1946. Volume 1, Published at Nuremberg, Germany, 1947, p. 256.

125) B. I. Bonafé, "Finding a Proper Role for Command Responsibility", J. Int. Criminal

의 가장 상부에 속하는 자들은 범죄를 명령한 것은 물론 묵인한 사실도 부인한다.[126] 집단범죄인 국제범죄의 책임을 누구에게, 어떻게 배치하고, 그러한 책임 발생의 근거를 어떻게 입증하여 그들의 책임에 부합하는 처벌을 하느냐는 매우 어려운 문제이다.[127] 지휘관책임은 상급자가 국제범죄에 직접 개입하였다는 것을 입증하지 못한 경우에도 상급자에 대한 형사소추를 가능하게 한다.

그러나, 지휘관책임은 입증책임의 전가를 통한 결과책임이 아니다. 지휘관책임은 상급자가 부하의 국제범죄의 발생을 의욕했을 것을 요건으로 하지 않는다. 부하가 국제범죄를 저지른 경우에 상급자는 그가 부하의 범죄를 알고 있었거나, 알았었어야 함에도 불구하고 이를 몰랐던 경우에, 부하의 범죄를 방지하거나 처벌하지 않은 자신의 부작위에 상응하는 형사책임만을 지는 것이다.[128]

Justice 5(3), 2007, p. 600.

126) 5·18 관여자들은 모두 자신의 범행(내란목적'살인') 관여사실을 부인했다. 전두환은 자기권한 밖의 일이라 했고, 계엄사령관(이희성)은 자위권발동을 중계발표했을 뿐이고, 국방부장관(주영복)은 대책회의에 사회를 했을 뿐이고, 1군단장(황영시)은 작전명령서를 단지 전달했을 뿐이고, 특전사령관(정호용)은 보급품 지원과 작전상의 조언만 했을 뿐이고, 광주 현지의 지휘관이었던 소준열과 박준병은 단지 명령대로 행동했을 뿐이라고 주장했다. 반면 영관급 이하의 일선 장교와 사병들은 위에서 시키는 대로 했을 뿐이라고 주장했다. 한인섭, 5·18 재판과 사회정의, 경인문화사, 2006, 169면.

127) 집단적 범죄인 국제범죄, 특히 집단적 폭력(mob violence)이 관련된 경우에 있어서 범죄에 가담한 자들 중에서 구체적으로 누가 어떤 피해자에게 어떤 짓을 하였는지 어떤 행위에 의해 어떤 결과가 발생한 것인지 인과관계를 알기 어렵고 그것이 아예 불가능한 경우도 있다. Prosecutor v. Tadić, (Case No. IT-94-1-A) Appeals Chamber Judgement, 15 July 1999, para. 205.

128) 뒤에서 보는 바와 같이 책임주의와의 조화라는 관점에서 보면 지휘관책임을 부하의 범죄에 대한 참여나 가담으로 보는 책임형식설은 타당하지 않다. 독립범죄설은 지휘관책임은 상급자가 자신의 의무를 이행하지 않는 것에 대한 형사책임을 지는 것으로 이해한다.

4) 다원화

지휘관책임은 ICTY의 판례가 대표하는 관습국제법, 로마규정이 대표하는 지휘관책임에서 다른 내용으로 나타나고 있다. 나아가 지휘관책임에 관한 각국의 국내법(이것은 현재 로마규정의 이행입법의 형식으로 나타나고 있다)은 국가별로 다른 내용을 담고 있다. 인권법은 국제범죄를 저지른 자들에 대한 철저한 처벌을 요구한다. 그러나, 공정한 재판을 보장하지 않은 재판 결과는 정당성을 인정받지 못하며, 인권의 보호와 발전에도 궁극적으로 도움이 되지 않는다. 형법의 가장 중요한 원칙인 죄형법정주의는 피고인에게 형사책임의 성립요건을 명확하게 알려 줌으로써 공정한 재판을 보장하도록 요구한다. 따라서, 피고인이 어떤 재판소에서 재판을 받는지에 따라 지휘관책임의 성립요건이 달라지고 그 결과 재판의 결과가 달라질 수 있다면 피고인의 입장에서 지휘관책임은 명확한 것이 아니며, 죄형법정주의의 근본 취지를 위반한 것이다. 따라서 피고인에게 공정한 재판을 보장하기 위하여 지휘관책임의 내용을 통일시키는 것이 필요하고 이를 위해서는 지휘관책임의 법적 성질이 규명되어야 한다.

5) 소결 - 지휘관책임의 법적 성질 규명 필요

국제범죄를 저지른 집단의 상급자나 그 구성원이라는 이유만으로 그를 처벌할 수 없다. 개인에게 형벌을 과하는 국제형법에서 집단처벌은 허용되지 않으며, 자신의 책임에 상응하는 처벌만이 정당화될 수 있다. 다양한 유형을 가지고 있는 지휘관책임의 포괄성으로 인하여 그 법적 성격을 명확히 규명하지 못하면 그 성립요건에 불명확성이 수반되며, 이로 인하여 피고인에게 입증책임을 전가하거나 그의 책임을 초과하는 과중한 처벌이 이루질 수 있다.

지휘관책임의 법적 성격이 규명되지 않은 채 광범위하게 확산되면서 지휘관책임의 성립요건인 상급자의 주관적 요건, 상급자의 부작위와 부하의 범죄와의 인과관계 여부 등에 관하여 관습국제법, ICC 로마규정, 각국의 로마규정 이행입법이 각기 다른 내용을 갖게 되었다. 지휘관책임이 각국의 죄형법정주의를 만족시키면서도, 책임주의와 조화되는 내용을 갖기 위하여는 먼저 그 법적 성질이 명확히 규명되어야 한다. 지휘관책임의 법적 성질은 지휘관책임에 의해 상급자를 처벌하는 지휘관책임의 근거·목적과 조화를 이루고, 지휘관책임의 성립요건과 법적 효과를 모순 없이 일관되게 설명할 수 있어야 한다. 관습국제법, ICC 로마규정, 각국의 국제형법의 이행입법이 이러한 이론적 성과에 기초하여 지휘관책임을 규정한다면 피고인이 어떤 법원에서 재판을 받아도 동일한 결과를 받을 수 있는 공정한 재판이 보장될 것이다.

이하에서는 지휘관책임의 법적 성질을 논하기 위한 준비작업으로 관습국제법과 로마규정의 지휘관책임을 분석하고 비교한다.

제3장 관습국제법의 지휘관책임

제1절 지휘관책임의 성립 - 야마시타 사건

연합국은 1942년에 국제연합 전쟁위원회(United Nations War Crimes Commission, UNWCC)를 만들어 동맹국들(Axis powers)이 저지른 잔혹행위의 조사에 착수하였다. 1945년 8월 8일 런던에서 뉘른베르크 국제군사재판의 재판규범(Nuremberg Charter)을 포함하는 런던협정(London Agreement)이 체결되었기 때문에 미군이 야마시타(山下奉文, Tomoyuki Yamashita) 대장을 체포했을 때 야마시타에 대한 재판은 예견되어 있었다.[1] 야마시타 사건에서는 부하들의 범죄에 직접 참여한 사실이 입증되지 않은 지휘관 야마시타가 어떤 근거로 처벌되는지가 쟁점이 되었다. 이러한 논란이 결국 국제형법에 고유한 형사책임이라고 불리는 지휘관책임의 기원이 되었다.

야마시타는 1944년 10월 9일부터 1945년 9월 3일 항복할 때까지 필리핀 주둔 일본군 총사령관 겸 군정 총독이었다.[2] 미군이 필리핀 지역을 탈환하기 시작하고 전략적 요충지인 레이테 섬에 상륙하자 야마시타는 1944년 12월 제14방면군을 3개의 그룹으로 나누어 미군에 대항하였다. 루존(Luzon) 섬의 북부 산악지역을 담당하는 병력 15만의 쇼부 그룹(Shobu Group)은 자신이 직접 지휘하고, 요코야마 중장

---

1) 야마시타 재판은 1945년 9월 19일 시작된 뉘른베르크 국제군사재판과 비슷한 무렵인 1945년 9월 25일 시작되어 1946년 9월 30일과 10월 1일 판결이 선고된 뉘른베르크 국제군사재판보다 먼저인 1945년 12월 7일(일본의 진주만 공격 4주년) 유죄 판결이 선고되었다. 야마시타 변호인들이 신청한 인신보호영장 등은 미국 연방대법원에 의해 1946년 2월 4일 기각되었고, 같은 달 23일 교수형이 집행되었다.

2) 이윤제, 야마시타 사건과 상급자책임, 서울국제법연구 제20권 제1호, 서울국제법연구원, 2013, 47면.

이 지휘하는 7만 병력의 심부 그룹(Shimbu Group)은 루존 섬의 남부 (마닐라 남동부의 산악 지대)를, 츠카다 소장이 지휘하는 4만 병력의 켐부 그룹(Kembu Group)이 루존 섬의 서부와 바탄(Bataan) 반도를 방어하도록 하였다.[3] 미군이 필리핀을 탈환하기 전까지 끔직한 범죄들이 계속되었다. 심부 그룹은 미군이 도착하기 전에 게릴라를 소탕한다는 명목으로 바탕가스 지역에서 약 25,000명의 민간인 주민을 학살하였다.[4] 마닐라를 지키던 2만명은 미군에 의해 포위되자 2주 동안 8천명 이상의 민간인을 살해하고, 약 500명의 여성을 강간하였다.[5]

1. 미국 군사위원회

미국 군사위원회(United States Military Commission in the Asia-Pacific)에서 야마시타에 대한 공소사실은 사령관 야마시타가 1944년 10월 9일부터 1945년 9월 2일까지 필리핀에서 그의 지휘하에 있는 병력이 연합국과 필리핀인에 대하여 범죄들을 저지르게 허용함(permitting)으로써 부하들의 작전을 통제하는 지휘관의 의무를 불이행하였다는 전쟁법위반(violation of the law of war)이었고, 36,500명 이상의 필리핀 민간인, 미군 포로의 살해와 비인간적 대우, 수백명의 강간, 재산 파괴를 포함하는 123개의 혐의가 제시되었다.[6]

---

3) R. L. Lael, The Yamashita Precedent: War Crimes and Command Responsibility, Scholarly Resources Inc, 1982, pp. 12-13.

4) 필리핀인들이 일본 제국주의적 침략에 수없이 다양한 형태로 저항했으며 특히 게릴라 활동과 언론을 통한 저항 운동이 주류를 이루었다. 권오신, 태평양전쟁기 일본의 필리핀 점령과 지배: "대동아공영권"의 그림자, 아시아연구 제9권 제2호, 2006, 92면.

5) B. D. Landrum, "The Yamashita War Crimes Trial: Command Responsibility Then and Now", Military Law Review Vol 149, Summer, 1995, pp. 294-295.

6) 검사가 추가로 제출한 구체적 공소사실(Bills of particular)은 3가지 범주의 범죄에 대하여 모두 123개의 혐의를 담고 있었다. 3가지 범주의 범죄는 (1) 민

공소사실 자체에도 야마시타가 범죄를 명령하였다거나 이를 알고 있었다는 주장이 없었다. 야마시타는 123개 혐의의 잔혹행위가 발생한 사실에 대하여 다투지 않고, 자신이 그러한 명령을 한 적이 없으며, 그러한 일들을 전혀 알지 못하였다고 주장하였다. 그런 범죄가 발생한 사실을 알았다면 자신은 이를 방지하기 위하여 모든 노력을 다했을 것이라고 주장하였다.[7] 증인 Narciso Lapus과 Joaquin Galang는 야마시타가 마닐라를 파괴하고 필리핀 사람을 학살하라는 명령을 내렸다고 증언했으나, 이들의 증언은 전문증거에 불과하였다.[8] 야마시타의 변호인은 일본군의 범죄는 야마시타가 공표했었던

간인 수용자와 전쟁포로의 기아, 재판없는 처형이나 학살, 부당한 대우, (2) 고문, 강간, 그리고 기아, 참수, 총검으로 찌르기, 곤봉으로 때리기, 교수, 산채로 화형, 폭발물에 의한 폭파에 의한 여자, 어린이, 종교인을 포함하는 많은 필리핀 주민들의 살인과 학살, (3) 많은 수의 주택, 영업장소, 예배장소, 병원, 공공 건물, 교육 시설을 정당한 군사적 필요없이 소훼하고 파괴. 시간적으로 범죄는 피고인이 필리핀의 일본군을 지휘하던 시기에 걸쳐있고 장소적으로는 범죄는 필리핀 도서에 걸쳐있었다. 예를 들어 첫 번째 혐의는 "1944년 10월 9일부터 1945년 5월 1일까지 사이에 바탕가스 주의 민간인(the civilian population of Batangas Province)의 다수를 학살, 제거하고 그곳에 있는 공적, 사적, 종교적 재산을 파괴하고 황폐화하려는 목적과 치밀한 계획의 실행과 그 결과로 정당한 이유나 재판 없이 비무장, 비전투원인 민간인 25,000명의 남녀, 어린이가 잔인하게 학대받고 사망하도록 하였으며 전체 거주지가 군사적 필요 없이 무분별하게 파괴되고 황폐화되었다.", 다섯 번째 혐의는 "1944년 11월 세부 주의 북부에서 비무장의 비전투원인 민간인 1천 이상이 정당한 이유나 재판없이 학살되었다." 등이다. 이윤제, 야마시타 사건과 상급자책임, 서울국제법연구 제20권 제1호, 서울국제법연구원, 2013, 47면.

7) W. H. Parks, "Command Responsibility for war crimes", Military Law Review Vol 62, 1973, p. 24.

8) R. L. Lael, *The Yamashita Precedent: War Crimes and Command Responsibility*, Scholarly Resources Inc, 1982, pp. 84-86; Richard L. Lael은 범죄가 발생한 장소를 분석하여 야마시타가 직접 지휘하는 지역에서는 135명의 민간인 사망자가 발생하였고, 요코야마 중장이 지휘하는 장소에서 35,000명 이상이 사망한

명령에 명백히 반하는 것이었으며, 미군의 우세한 공격에 의한 일본
군 병력간의 통신 두절, 일본군 명령 체계의 문제점 등으로 인해 야
마시타는 부하들의 범행을 알 수 없었다고 주장하였다.[9]

　야마시타의 유죄에 대한 결정적 증거를 발견하지 못한 군사위원
회는 야마시타의 변명에 대하여 직접적인 대답을 하지 않았다. 군사
위원회는 야마시타가 오랜 경험을 가진 장교라는 점과 대규모의 범
죄가 오랜 기간에 걸쳐서 발생하였다는 점을 지적하면서 다음과 같
이 결정하였다: (1) 피고인의 지휘 하에 있는 일본군은 잔혹행위와
범죄들을 저질렀다. 이 행위들은 그 성질상 우발적인 것이 아니라
많은 경우에 있어서 사관과 부사관에 의하여 감독되었다. (2) 피고인
은 문제된 기간동안 상황에 의하여 요구되는 부대에 대한 실효적 통
제(effective control)를 하지 않았다.[10] 군사위원회는 야마시타 피고인

　사실, 전쟁범죄가 집중적으로 발생한 2월에 야마시타가 100마일 이상 떨어
진 북쪽에 있었다는 점을 근거로 야마시타가 부하들의 범죄를 알지 못하
였을 것이라고 주장한다. *Ibid.*, p. 139-140; 한편, William H. Parks은 미국 군
사위원회의 재판기록을 면밀히 검토한 결과 야마시타가 포로 2,000명의 처
형을 직접 명령하였다는 증언을 발견하였다. 그는 학살이 발생하는 기간
동안 통신이 가능했고, 학살이 장교들에 의해서 감독되었으며 탄약을 아
끼는 소위 경제적 방법으로 질서정연하게 일정 기간 동안 집중적으로 발
생한 점, 야마시타의 작전본부에서 몇백 야드(yard) 옆에서 포로들이 학대
를 받고 있었던 점 등을 근거로 야마시타의 유죄를 확신하였다. W. H.
Parks, "Command Responsibility for war crimes", *Mil. L. Rev. 62*, 1973, pp. 25-28.

9) 多谷千香子(이민효/김유성 역), 전쟁범죄와 법, 연경문화사, 2010, 154면.

10) 이윤제, 앞의 논문, 49-50면; The Commission concludes : (1) That a series of
atrocities and other high crimes have been committed by members of the Japanese
armed forces under your command against the people of the United States, their
allies and dependencies throughout the Philippine Islands ; that they were not
sporadic in nature but in many cases were methodically supervised by Japanese
officers and non-commissioned officers; (2) That during the period in question you
failed to provide effective control of your troops as was required by the
circumstances. The United Nations War Crimes Commission, Law Reports of Trials of

의 범죄혐의에 대하여 유죄라고 평결하고 교수형을 선고하였다. 피
고인측은 바로 인신보호영장과 판결집행정지 영장을 미국 연방대법
원에 제출하였다.[11]

2. 미국 연방대법원 – 죄형법정주의 논쟁

1946년 2월 4일 선고된 미국 연방대법원의 판결은 다수의견과 반
대의견이 대립하였다. 핵심쟁점은 지휘관책임이 새로운 책임의 창
설이냐 아니면 기존의 전쟁범죄에 포함되어 있는 책임이냐는 점이
었다.

1) 다수의견

군사위원회의 판결을 지지한 다수의견(대법원장 Stone 집필)의 논
증은 지휘관의 작위의무의 정책적 근거의 제시, 지휘관의 작위의무
를 보여주는 규범의 존재, 지휘관의 작위의무위반에 대한 형사처벌
사례라는 3단계 구조로 구성되었다. 연방대법원의 다수의견은 먼저
공소사실의 핵심은 야마시타가 군 지휘관으로서 그의 지휘를 받는
군인들이 특정된 잔혹행위를 대규모로 광범위하게 '저지르도록 허용
함으로써(permitting them to commit)' 그들의 작전을 통제할 의무를 위
반한 부작위의 불법이며, 야마시타가 그러한 행위들을 직접 실행하
지 않거나 지시하지 않았다고 하여 면책되지 않는다고 하였다.[12]

War Criminals, Volume IV, 1948, p. 35.
11) 연방대법원은 1946년 2월 4일 군사위원회의 판결에 대한 인시보호영장과
판결집행정지영장을 기각하였다. 맥아더가 사면을 거부함에 따라 1946년 2
월 23일 야마시타에 대한 교수형이 집행되었다. R. L. Lael, The Yamashita
Precedent, 1982, pp. 97, 118-119.
12) 공소사실은 신청인이 그러한 행위들을 실행하거나 지시하였다고 하고 있

지휘관책임의 정책적 근거는 지휘관이 부하들을 통제하여야 할
의무가 민간인과 전쟁포로들에 대한 범죄의 억제를 위해 필요하다
는 일반예방사상을 제시하였다. 군지휘관이 부하들을 통제하지 못
하는 경우에 민간인과 전쟁포로들을 보호하는 전쟁법의 목적이 달
성되지 않는다는 것이다.[13]

문제는 이러한 책임이 기존의 전쟁법상 인정되는 형사책임으로
죄형법정주의를 만족시키는가이다. 다수의견은 "우리는 전쟁법을 만
드는 것이 아니라 전쟁법이 의회의 결정 또는 헌법과 충돌하지 않는

지 아니하며 그 결과 신청인에 대하여 어떠한 위반혐의도 제시되어 있지
않다고 (신청인에 의하여) 주장되고 있다. 그러나 이것은 공소사실의 요지
가 신청인이 군 지휘관으로서 그의 지휘를 받는 군인들이 특정된 잔혹행
위를 대규모로 광범위하게 '저지르도록 함으로써(permitting them to commit)'
그들의 작전을 통제할 의무를 위반한 불법이라는 사실을 간과한 것이다.
문제는 통제되지 않은 군인들에 의한 적국의 영토의 점령이 수반할 가능
성이 있는 전쟁법위반이 되는 특정한 행위들의 방지를 위하여 군의 지휘
관이 그의 지휘에 있는 부대를 통제하기 위해 그의 권한 내에 있는 적절한
조치들을 취해야 할 의무가 그 지휘관에게 부과되는가, 그리고 그러한 위
반의 결과가 발생하였을 때 지휘관이 그러한 조치를 취하지 못한 것에 대
한 개인적 책임으로 처벌될 수 있는가이다. 신청인이 재판을 받은 공소사
실이 그가 그의 지휘를 받는 병력이 특정된 잔혹행위들을 저지르게 함으
로써 그들을 통제할 의무를 위반하였다는 혐의라는 것은 명백하다(a
breach of his duty to control the operations of the members of his command, by
permitting them to commit the specific atrocities). 공소사실은 전쟁법이 신청인
에게 부과하는 의무를 신청인의 책임으로 이행하지 못하여(the culpable
failure of petitioner to perform the duty imposed on him by the law of war) 유죄를
선고하기에 충분한지를 보여주는 증거를 군사위원회가 심리할 수 있는 근
거로 충분하다. In re Yamashita, 327 U.S. 1, at 14-15, 17 (1945)

13) 지휘관의 명령이나 노력에 의하여 억제되지 못한 부대의 난폭성(excesses)
이 거의 대부분 전쟁법위반행위들로 귀결된다는 점은 명백하다. 침략군의
지휘관이 민간인 주민과 전쟁포로의 보호를 위한 합리적인 조치를 취하는
것을 게을리 하고도 처벌을 받지 않는다면 민간인 주민과 전쟁포로를 잔인
한 행위들로부터 보호하려는 전쟁법의 목적은 대부분 좌절된다. Ibid., at 15.

한도에서 이를 존중하려는 것이다."[14]라고 함으로써 야마시타의 형사처벌이 죄형법정주의에 반하지 않는다는 입장을 취하였다. 이러한 주장이 성립하기 위하여는 지휘관에게 작위 의무가 있다는 점과 그러한 의무의 위반이 범죄로서 처벌받는다는 규범이 존재하여야 한다.[15]

다수의견은 지휘관이 부하를 통제하여야 할 작위의무의 근거로 1907년 제4헤이그 협약 부속서 제1조의 무장 병력이 '그의 부하들에 대하여 책임이 있는 자의 의하여 지휘'되어야 한다는 규정과 1907년 제10 헤이그 협약 제19조, 1929년 제네바 적십자 협약 제26조 등을 근거로 하였다.[16] 다수의견은 이러한 규정이 일본군 사령관이자 필리핀의 군정 총독인 야마시타에게 전쟁포로와 민간인 주민을 보호하기 위하여 상황에 적절하고 그의 권한 범위 내에 있는 모든 조치를 취하여야 할 적극적인 의무를 부과하고 있다고 판시하였다.[17] 지휘관의 위와 같은 의무위반이 형사처벌의 근거가 되는지에 대하여 다수의견은 이러한 의무는 "우리 자신의 군사 재판소(our own military tribunals)에서 인정되어 왔고 그 위반은 형사처벌되어 왔다"고 판시하

---

14) *Ibid.*, at 16.

15) *Ibid.*, at 14-15.

16) 이윤제, 야마시타 사건과 상급자책임, 서울국제법연구 제20권 제1호, 서울국제법연구원, 2013, 51면; 이 조항들은 일본군 사령관이자 필리핀의 군정 총독인 신청인에 대하여 전쟁포로와 민간인 주민을 보호하기 위하여 상황에 적절하고 그의 권한 범위 내에 있는 모든 조치를 취하여야 할 적극적인 의무를 부과하고 있는 것이 명백하다. In re Yamashita, 327 U.S. 1, at 15-16 (1945); 지휘관책임은 책임지휘의 원칙(principles of responsible command)에서 기원한다고 보는 것이 일반적 견해이다. 이 원칙은 군대나 적법한 교전집단은 그의 부하에 대하여 책임을 지는 자에 의해 지휘되어야 할 것을 요구한다. 따라서, 이러한 지휘권을 가진 자는 그의 지휘에 있는 부대에 의한 위법행위에 대하여 책임을 진다는 것이다. C. Meloni, Command Responsibility, 2010, p. 35-37.

17) In re Yamashita, 327 U.S. 1, at 16 (1945).

면서 그 예로 자기가 현재하고 있는 상황에서 저질러진 피점령국 거
주자의 살해를 방지하기 위한 조치를 장교가 취하지 않은 사례를 들
고 있다.[18]

2) 반대의견

반대의견은 다수의견이 제시한 조약과 판례들이 지휘관의 부하들
에 대한 범죄예방의무의 존재를 보여주지 못하고, 또 그러한 의무가
인정된다고 하더라도 그 위반이 반드시 형사책임을 수반한다는 점을
명확히 보여주지 못한다고 반박하였다. 1907년 10월 14일 제4 헤이그
협약 부속서 제1조의 소위 "책임 있는 지휘관"(responsible commander)
의 의미는 무장 병력이 그의 부하들에 대하여 책임을 지는 자에 의
하여 지휘된다면 민병대와 자원병 조직에 전쟁의 법, 권리, 의무가
적용된다는 것에 불과하다고 보았다. 그의 부하에 대하여 책임을 진
다는 문언은 그 책임을 누구에 대하여 진다는 것인지, 그것이 개인
의 형사책임을 의미하는 것인지 불명확하다는 것이다.[19] 1907년 제10
헤이그 협약 제19조나 1929년 제네바 적십자 협약 제26조는 야마시타
사건처럼 아주 어려운 전투 상황에 있는 지휘관의 부대에 대하여는
적용되지 않는다고 주장하고, 또한 다수의견이 제시한 사례는 지휘
관이 자신의 지휘를 받는 병력으로 하여금 잔혹행위나 전쟁범죄를

---

18) *Ibid.*
19) *Ibid.*, at 36, Murphey 판사의 반대의견; [1907년 헤이그 육전법규] 부속규칙
제1조는 조문의 내용에서 분명히 알 수 있듯이 군대 및 그와 동일시할 수
있는 단체에 대한 규정에 지나지 않는다. 지휘관 책임과 약간 관련 있는
것은 군대와 동일시되는 단체에 대하여 '부하에 대해 책임을 지는 자에 의
해 지휘될 것'을 들고 있다는 점인데, 지휘계통의 존재를 요구하고 있을
뿐이며 부하의 위법행위에 상관이 지휘관 책임을 진다는 취지의 규정이
아니다. 多谷千香子(이민효/김유성 역), 전쟁범죄와 법, 2010, 148면.

저지르도록 명령한 경우라서 야마시타 사건과는 사안이 다르다고
반박하였다.[20]

3. 분석과 비판

1) 상급자의 지위

상급자의 지위는 부하들에 대한 실효적 통제를 가지고 있는 자를
의미하며, 실효적 통제는 부하들의 범죄를 방지, 처벌할 수 있는 실
질적인 능력을 말한다. 야마시타가 당시 그의 부하들의 범죄를 방지
할 수 있는 능력이 있었느냐가 문제되었다. 반대의견은 야마시타의
부대가 패전하고 있는 상황이었기 때문에 야마시타에게 이러한 능
력이 없었고 이러한 상황에 있는 지휘관에게 부하들의 전쟁범죄에
대한 책임을 물을 수 없다고 하였다.[21] 야마시타의 처벌을 반대한
Murphy 판사는 승전국이 패전국 지휘관의 의무를 자의적으로 창조한
뒤 그러한 의무위반을 이유로 마음먹은 대로 처벌할 수 있는 위험성
을 지적하였다.[22] 다수의견은 군사위원회의 판결을 승인함으로써 야

---

20) In re Yamashita, 327 U.S. 1, at 37-39 (1946) Murphey 판사의 반대의견.
21) 야마시타는 우월적인 공격력에 의해 항시적이고 전멸적인 공격을 받고 있
    던 군대의 지도자였다. *Ibid.*, at 37, Murphey 판사의 반대의견.
22) Murphy 판사의 반대 의견은 사실은 지휘관책임을 포함하는 국제형법의 인
    류에 대한 중요한 공헌을 예견하는 것이기도 하였다. 즉, 그는 다음과 같
    이 설시하였다. "[야마시타 재판과 같은] 그러한 절차는 우리의 전통이나
    인류 공동의 이상을 발전시키기 위해 우리가 하여 온 커다란 희생에 어울
    리지 않는다. 당장은 기분이 좋을 것이다. 그러나, 나중에 차분하게 생각
    하면 오늘 받아들여진 절차의 제한없고 위험한 연루를 깨닫게 될 것이다.
    하사관부터 장군까지(from sergeant to general), 군의 지휘관의 직에 있는 누
    구도 이러한 연루를 벗어날 수 없을 것이다. 실로 미래의 미국의 대통령이
    나 그의 참모장들, 군사 고문들의 운명은 이 판결에 의하여 결정될 것이

마시타가 부하들의 범죄를 방지할 수 있었다는 것을 간접적으로 인
정하였으나 이에 대한 명시적 논거를 제시하지는 않았다.

　군사위원회는 야마시타가 어려운 상황에 처해있었다는 점을 인
정하였지만, 부하들의 임무 수행에 대하여 어떠한 점검이나 조사도
한 사실이 없다는 일본군 지휘관들의 증언을 근거로 야마시타에 대
하여 유죄를 선고하였다.[23] 부하가 범죄를 저지를 당시에 지휘관이
그 부하의 범죄를 방지하거나 처벌할 수 없게 된 상황이 그 지휘관
의 선행하는 부작위에 의해서 초래된 것이라면 이러한 변명을 받아
줄 수 없다는 판단을 한 것이며, 이것이 지휘관책임에서 국제범죄에
대한 처벌의무위반이 강조되는 이유이다.[24]

다."*Ibid.*, at 28, Murphey 판사의 반대의견; 미국은 1968년 베트남의 My Lai
마을의 민간인을 학살과 관련하여 26명이 기소되었는데 현장에서 학살을
직접 명령한 Calley 중위에 대하여만 유죄판결을 하였다. 그 상급자인
Medina 대위는 상급자에게 실제로 고의가 있었던 경우에만 하급자의 범죄
행위에 대하여 책임을 진다(Jury Instruction)는 원칙에 따라 무죄판결을 받는
다. 결국 미국은 야마시타 사건에 대한 미국 연방대법원의 판결에서
Murphy 대법관이 염려한 것과는 달리 적군에게 적용한 상급자책임을 미국
인들에게는 적용하지 않았다. 그러나 이후 1977년 제1추가의정서, ICTY의
지휘관책임의 발전은 미국이 자국민이 관련된 사건에서 지휘관책임을 계
속 부정할 수 있도록 허용하고 있는 것 같지는 않다. 실제로 이라크 전쟁,
아부그레이브(Abu Ghraib) 감옥, 관타나모베이 수용소에서의 국제범죄에
대하여 미국 대통령과 고위직 정치, 군 지도자들에 대한 지휘관책임이 끊
임없기 제기되고 있다(조상제/천진호/류전철/이진국, 국제형법, 준커뮤니
케이션즈, 2011, 116-136면 참조). Murphy 판사의 불길한 예언(?)대로 지휘관
책임은 미국의 대통령이나 군지휘관들에게도 적용될 수도 있는 책임형식
으로 발전하고 있는 것이다.

23) The United Nations War Crimes Commission, Law Reports of Trials of War Criminals,
Volume IV, 1948, pp. 34-35.

24) 이러한 상황을 원인에 있어서 자유로운 부작위라고도 한다. MüKo-StGB/
Weigend, § 4 VStGB Rn. 51; 전지연, 원인에서 자유로운 행위, 한림법학
Forum 제3권, 한림대학교 법학연구소, 1993, 111면 참조.

2) 지휘관책임의 주관적 요건

영미법의 유책성의 원칙은 범죄에 대하여 피고인이 고의 또는 과실과 같은 주관적 귀책사유가 있을 것을 요구한다.[25] 연방대법원의 다수의견은 고의나 과실에 대하여 명확한 언급을 있지 않았지만, 유책한 부작위(the culpable failure of petitioner to perform the duty imposed on him by the law of war)라는 표현을 통하여 고의나 과실이 요구된다는 것을 간접적으로 시사하였다.[26] 연방대법원의 반대의견은 공소사실이 부하의 범죄에 대한 야마시타의 고의, 과실을 특정하지 않았다고 주장하면서 부하의 범죄에 대한 인식이 없는 지휘관을 처벌할 수 없다는 이유로 다수의견에 반대하였다.[27)28]

---

25) J. Hall, General Principles of Criminal Law, 2nd ed., Lawbook Exchange, LTD., 1960, pp. 93-104; A. Ashworth/J. Horder, Priniciples of Criminal Law, 11th ed., 2013, p. 155 이하.

26) In re Yamashita, 327 U.S. 1, at 17 (1945).

27) In re Yamashita, 327 U.S. 1, at 27-28 (1946) Murphey 판사의 반대의견; 특히 야마시타에 대한 군사위원회에서의 공소사실의 주관적 요건에 대한 분석은 at 50-53 Rutledge 판사의 반대의견 참조.

28) 연방대법원 반대의견을 지지하면서 야마시타에 대한 유죄판결은 야마시타가 아무런 잘못이 없음에도 불구하고 부하들의 범행에 대하여 지휘관이라는 이유로 처벌을 받았다고 주장도 있다. 이 견해에 따르면 야마시타의 형사책임은 무과실책임이며 대위책임이 적용된 것이라고 한다. "이러한 상황에서는 잔학행위를 방지하지 못한 책임의 전제로서의 과연 잔학행위가 행해지고 있다는 정보의 수집이 가능했는지 의심스럽고, 설령 정보의 수집이 가능했다고 하더라도 군의 조직 그 자체가 붕괴하는 가운데 유효한 방지책을 강구할 수 있을까 의심스럽다. … 미국 군사위원회는 당시의 구체적 상황을 무시하고 약 3개월의 속결 재판으로 교수형 판결을 내리고, 야마시타 대장에게 절대적 책임이라고도 할 수 있는 지휘관책임을 물었다. 그것은 어떠한 상황에서도 책임을 묻는 엄격한 것이었다." 多谷千香子(이민효/김유성 역), 전쟁범죄와 법, 2010, 154-155면; 이 주장은 사실관계에 관한 판단이기 때문에 이 글에서 상론하지 않는다. 다만, 도쿄 국제군사재판은 다음과 같이 판시하고 있다. "일본 육군과 해군은 중국에서의 전쟁의

군사위원회의 판결에 대하여는 다음과 같은 4가지 이론적 구성이 가능하다고 한다. (1) 야마시타가 범죄의 실행을 명령하였다. (2) 야마시타가 범죄가 발생한 것을 알면서 이를 묵인하였다. (3) 야마시타가 범죄가 발생하는 것을 알았을 때, 범죄들이 발생하는 것을 방지하기 위한 필요한 조치를 취하지 않았다. (4) 범죄가 광범위하게 발생한 점에 비추어 야마시타는 범죄의 묵인에 가까울 정도로 그의 지휘관으로서의 의무와 책임을 방기하였다.[29] (1)의 경우처럼 지휘관이 명령을 한 경우는 지휘관책임과 별도로 국제형법에서 명령(order)이라는 독립된 책임형식으로 파악되고 있다. (2)와 (3)은 실질적으로 같은 내용에 불과하다. 현재 국제형법에서는 지휘관이 부하들의 범행을 알고 있으면서 이를 방치한 경우에 지휘관책임이 성립된다는 점에 다툼이 없으므로 여기서 상론하지 않는다.

(4)의 경우에는 여러 가지 유형이 포함될 수 있다. 야마시타가 부

시작부터 1945년 8월에 일본이 항복하기까지 고문, 살인, 강간, 그리고 다른 가장 비인간적이고 야만적인 성격의 잔인한 행위들을 자유롭게 저질렀다. 이 재판소는 광범위하게 진행되고 있던 전쟁의 모든 지역에서 저질러진 잔혹행위들에 대한 증언을 구술 또는 선서진술서를 통하여 몇 달에 걸쳐 들었다. 모든 지역에서 이것들은 공통된 패턴(so common a pattern)을 따르고 있었고 결국 단 하나의 결론만이 가능하였다. - 일본 정부 또는 그 구성원인 개인 또는 무장병력의 지휘관들이 이 잔혹행위들을 비밀리에 명령을 하였거나 고의적으로 허용한 것이다." The Tokyo Judgment, APA-University Press Amsterdam Bv, 1977, p. 385; 1944년 10월에 필리핀 총사령관 야마시타의 참모장이 되어 1945년 항복할 때까지 그 직을 유지하였던 무토는 이 기간 동안 일본군은 민간인, 전쟁포로, 민간인수용자를 굶기고, 고문하고, 학살하였다. 무토는 이러한 사실들을 전혀 몰랐다고 주장하였으나 도쿄재판의 다수의견은 그의 변명에 대하여 일고의 고려도 하지 않고 일축하였다. *Ibid.*, p. 455.

29) 이윤제, 야마시타 사건과 상급자책임, 서울국제법연구 제20권 제1호, 서울국제법연구원, 2013, 55면; Prosecutor v. Delalić et al. (Case No. IT-96-21) Trial Chamber Judgement, 16 November 1998, para 384.

하들의 범행에 대한 보고가 도달함에도 불구하고 그 내용 자체의 인식을 의식적으로 거부한 경우, 부하들의 범행에 대한 직접적인 보고는 아니지만 이를 추단할 수 있는 충분한 정보가 있음에도 불구하고 더 이상 그 내용을 파악하려고 하지 않은 경우, 부하들의 범행을 알 수 있는 정보 자체를 수집하려고 하지 않은 경우, 부하들의 범행을 알 수 있는 관련 정보가 있었음에도 불구하고 이러한 정보 자체를 이해하지 못한 경우, 부하들의 범행을 알 수 있는 정보들의 수집을 게을리 한 경우 등 다양한 상황이 있을 수 있다. 연방대법원이 다수의견이 지휘관책임의 주관적 요건에 대하여 유책한 부작위(culpable failure)라고만 하고 그 구체적 내용을 제시하지 않음으로써 지휘관책임의 주관적 성립요건으로 인식 외에 무모함(reckless)이나 형사적 과실(criminal negligence)이 포함되는지가 나중에 논의되게 된다.[30]

3) 부작위범과 공범론

야마시타 재판에서 군사위원회와 연방대법원 다수의견은 야마시타에 대하여 군대라는 조직의 지휘관이 자신의 부하들을 통제할 의무를 위배한 경우에 그 부하들이 저지른 전쟁범죄에 대하여 책임을 지도록 하였다. 전쟁범죄의 실행에 직접 참여한 것이 밝혀지지 않았고 범죄의 실행자들과의 범죄 의사의 공유나 연락 유무에 대한 명확한 증거가 없는 상태에서 야마시타는 지휘관으로서의 지위·역할과 그의 통제의무의 불이행에 근거하여 처벌되었다. 야마시타 판결은 부하들이 저지른 전쟁범죄를 전제로, 야마시타가 자신의 의무를 수

---

30) 군사위원회는 피고인의 지휘 하에 있는 일본군의 잔혹행위와 범죄들이 그 성질상 우발적인 것이 아니라 많은 경우에 있어서 일본군 사관과 부사관에 의하여 감독되었다고 판시한 점에 비추어 야마시타가 부하의 범죄를 인식하고 있었다고 판단한 것으로 보인다.

행하지 않은 부작위에 초점을 두고 있다. 여기서 야마시타의 의무위반과 부하들의 범죄중 어떤 쪽에 더 초점을 두었는지 명확하지 않다. 연방대법원의 죄형법정주의위반 논쟁은 부작위범의 성립 요건으로서의 작위의무를 중심으로 하였다는 점에서 야마시타 판결은 부작위범에 근거하였다고 볼 수 있다. 이것은 야마시타의 의무위반(부작위)과 부하들의 범죄 사이에 인과관계가 논의되지 않았다는 점에서도 알 수 있다.

우리나라에서는 부하들의 범죄에 대하여 상급자를 처벌하는 경우에 공동정범, 교사나 방조와 같은 공범론이 문제되었을 것이다. 그러나 군사위원회나 연방대법원은 야마시타의 부작위가 정범이나 공범의 어디에 속하는지, 아니면 독립된 범죄인지 여부에 대한 논의는 없었다. 야마시타의 책임을 부하의 범죄에 대한 참여나 가담이라고 보는 경우에도 공범과 정범의 구별에 엄격하지 않은 영미법에서 지휘관책임을 정범으로 볼지, 공범으로 볼지는 큰 문제가 되지 않았을 것이다.[31]

---

31) 미국 모델형법전(Model Penal Code, MPC) section 2.06 (1)는 피고인은 그 범죄가 자신의 행위에 의해서 범해지거나 또는 그가 법적으로 책임을 지는 자의 행위에 의하여 범죄가 범해지는 경우에 그 범죄에 대하여 유죄가 된다고 규정하고 있다. 따라서 자신의 행위에 의하든, (피고인이 방조범인 경우처럼) 자신이 법적 책임을 지는 타인(정범)에 의하여 범죄가 발생하든 피고인이 범죄에 대하여 유죄의 책임을 지는 점에서는 차이가 없다. 이것은 결국 범죄성립 단계에서는 공범과 정범의 구별이 없다는 취지이다. 이로 인하여 미국의 모델 형법전은 이론적으로는 정범과 공범을 구별하고 있지만(doctrinal differentiation), 책임의 귀속에 있어서는 정범과 공범의 구별(differentiation in the attribution of responsibility)이 없다고 말해진다. W. R. LaFave, Criminal Law, 2010, p. 708; R. G. Singer/J. Q. La Fond, Criminal Law, 4th ed., Wolters Kluwer, 2007, p. 374; M. Jackson, Complicity in International Law, Oxford University Press, 2015, pp. 22-23; 공범의 책임에 관한 커먼로는 혼돈의 상태에 있다. 이러한 혼란은 최근에는 국제형법에 전이되고 있다. M. D. Dubber/T. Hörnle, Criminal Law: A Comparative Approach, Oxford University Press,

제2절 지휘관책임의 전개 - 도쿄 재판[32]

1. 뉘른베르크와 도쿄 국제군사재판

1946년 9월 30일, 10월 1일 양일에 걸쳐 선고된 뉘른베르크 국제군사재판에서 부작위에 근거하는 상급자책임은 큰 역할을 하지 못했다. 대부분의 피고인들이 적극적으로 범죄의 실행에 가담하였다는 것을 증명하는 충분한 양의 문서들이 확보되었기 때문이다.[33] 일본은 패전을 예상하자 전쟁과 관련하여 범죄증거로 사용될 수 있는 서류들을 대량으로 파괴하였다.[34] 따라서 지휘관책임은 도쿄 국제군사재판에서 피고인들의 범죄의 직접책임이 입증되지 못하는 경우에

2014; p. 305.

32) The International Military Tribunal For the Far East(IMTFE)는 극동 국제군사재판소라고 번역하는 것이 원문에 부합하겠지만, 많은 경우에 극동이라는 용어 대신에 동경 또는 도쿄라는 용어가 사용되고 있다. 극동이 유럽인의 관점인 점에 비추어 굳이 극동이라는 말을 고집할 이유는 없을 것이다. 한편, 지명은 그 지역 발음으로 표기하는 것이 원칙이므로 여기서는 도쿄 국제군사재판(소) 또는 도쿄 재판이라는 용어를 사용한다; 도쿄재판은 그 사건 자체가 가지는 역사적 비중에도 불구하고 제대로 된 조명을 받지 못하고 있다. 도쿄재판에 대한 글은 뉘른베르크 국제군사재판에 비하면 매우 소수이다. 도쿄재판의 경우 그 관여자들조차 회고록이나 경험담을 남기지 않는 경향이 많다고 한다. 이것은 당시 수석검사였던 미국의 Keenan의 무례하고 모욕적인 언동의 영향이라고도 한다. 박원순, 아직도 심판은 끝나지 않았다. 한겨레신문사, 1996, 205-206면; T. P. Maga, Judgment at Tokyo, University Press of Kentucky, 2001, p. ix.

33) C. Meloni, Command Responsibility, 2010, pp. 50-51; 나치도 패전 직전 몇 달 동안 범죄의 증거를 파괴하였다고 한다. H. Arendt, Eichmann in Jerusalem, 2006, pp. 276-277.

34) C. M. Chinkin, "Women's International Tribunal on Japanese Military Sexual Slavery", Am. J. Com. Law 95(2), 2001, pp. 337; 여성부, 2000년 일본군성노예전범여성국제법정 자료집, 2004, 322면 참조.

대비한 보충적 책임으로 문제되었다.

2. 도쿄재판[35]

도쿄재판에서는 일왕이 기소되지 않은 채 28명의 피고인들이 평
화에 반하는 죄, 전쟁범죄, 인도에 반하는 죄로 기소되었다. 피고인
들은 도조 히데키 등 전직 수상 4명과 전직 외상 3명을 포함하는 9명
의 민간인과 19명의 직업군인이었다.[36] 검사의 공소장은 28명의 피
고인들에 대하여 55개의 공소사실에 의해 1928년 1월 1일부터 1945년
9월 2일까지의 범죄혐의를 제기하였다. 검사의 공소사실 54와 55는
오카와, 시라토리를 제외한 피고인들 전원에 대하여 다음과 같은 범
죄혐의를 제기하였다.[37]

---

35) 도쿄재판은 1946년 4월 29일부터 1948년 11월 12일까지 열렸는데 1948년 11
  월 4일 선고공판이 열린 후 1주일간에 걸쳐 판결문이 낭독되고 같은 달 12
  일에 형이 선고되었다. 이장희, 도쿄국제군사재판과 뉘른베르크 국제군사
  재판에 대한 국제법적 비교 연구, 동북아시아역사논총 제25호, 동북아역사
  재단, 2009, 209, 218면; 야마시타 판결은 이미 1945년 9월에 시작되어 그 해
  12월 7일 지휘관책임에 의거하여 유죄판결이 선고되었고 미국 연방대법원
  도 1946년 2월 4일 야마시타에 대한 인신보호영장을 기각하여 같은 달 23
  일 사형이 집행된 상태였다.
36) 28명의 면면과 약력은 박원순, 아직도 심판은 끝나지 않았다. 한겨레신문
  사, 1996, 40면 참조; 한편 피고인들의 신분에 대하여 학자마다 평가가 약간
  씩 다른데 이는 공소사실이 피고인들의 범행에 대하여 1928년부터 1945년
  까지에 걸쳐 혐의를 제시하고 있기 때문에 피고인들의 신분이 계속 변동
  하였기 때문인 것으로 보인다. 이장희, 도쿄국제군사재판과 뉘른베르크
  국제군사재판에 대한 국제법적 비교 연구, 동북아시아역사논총 제25호, 동
  북아역사재단, 2009, 209-210면 참조.
37) The Tokyo Judgment, 1977, p. 21.

공소사실 54

피고인들은 다양한 일본 지역의 지휘관들, 전쟁성(War ministry)과 지역 캠프의 담당자들, 노동대(labour unit)의 담당자들이 무장병력, 전쟁포로, 기소를 하는 국가들의 민간인 수용자들에 대하여 전쟁의 법과 관습을 빈번히 그리고 습관적으로 위반하도록 명령, 허가, 또는 허용을 하도록 공모하고, 일본 정부가 전쟁의 법과 관습의 준수를 확보하고 그 위반을 예방하는 적절한 조치를 취하지 못하도록 공모하였다.

공소사실 55

피고인들은 그들의 직권을 이용하여 전쟁의 법과 관습의 준수를 확보하고 그 위반을 예방하는 적절한 조치를 하여야 할 법적 의무를 무모하게 무시하였다(recklessly disregarded).

공소사실 54는 부하들에게 전쟁범죄를 명령하고 부하들의 전쟁범죄를 적극적으로 조장한 혐의이며, 공소사실 55는 부하들의 전쟁범죄를 묵인, 방치한 부작위에 관한 혐의이다.

3. 도쿄재판 다수의견

다수의견은 전쟁포로(prisoners of war)와 민간인 수용자(civilian internees)에 대한 전쟁범죄와 관련된 피고인들의 지휘관책임을 정부의 작위의무, 작위의무의 귀속주체, 지휘관책임의 성립요건으로 나누어서 분석하였다.

1) 정부의 작위의무와 작위의무의 주체

전쟁에서 붙잡힌 전쟁포로들과 민간인 수용자들(이하 "포로")은 그들을 구금한 정부의 권력 하에 놓여 있으므로 그러한 정부는 이들에 대하여 보호책임을 진다. 이러한 견해는 지난 2세기 동안 관습법으로 형성이 되었고 이것이 1907년의 제4 헤이그협약에서 수용되고, 1929년의 제네바 전쟁포로 협약에서 확인되었다. 포로에 대한 정부의 보호책임은 단순한 관리(maintenance) 의무에 제한되지 않고 관습법과 조약에 의해 금지되는 부당한 대우(mistreatment)의 방지를 포함한다.[38]

다수의견은 여기서 책임이 있는 정부(the Governments responsible)는 그 정부를 지도하고 통제하는 사람들을 말한다고 한다. 따라서 포로들에 대한 의무는 정부를 구성하는 자들에 의해 이행되어야 하는 특정한 의무가 된다. 근대적 정부는 많은 의무와 과제를 이행하기 위하여 의무의 분할과 위임에 의한 정교한 시스템(system)을 구축하기 때문에 이러한 의무들은 정부의 관련자들에게 분배될 수밖에 없다. 다수의견은 정부를 구성하는 자들은 전쟁 중에 정부가 신병을 관리하고 있는 포로들에 대한 관리와 보호 의무를 다른 자들에게 위임하는 경우에도 그 포로들에 대하여 계속하여 주된 책임을 진다고 하고 있다.[39] 결국 다수의견에 의하면 정부를 구성하는 자들(이들은 정부를 지도하고 통제하는 고위직의 자들일 것이다)과 이들에 의해서 포로의 관리와 보호의 의무를 위임받은 자들(이들은 군의 지휘관이나 정부의 관료들이 될 것이다)이 지휘관책임의 주체가 된다.

이에 따르면 일반적으로 일본이 구금하고 있는 포로들에 대한 책임은 다음과 같은 자들에게 있다.

---

38) *Ibid.*, p. 29.
39) *Ibid.*, pp. 29-30.

(1) 정부의 구성원

(2) 그들의 수중에 포로들을 가지고 있는 부대의 지휘를 맡고 있
는 육군과 해군 장교

(3) 포로들의 복지를 담당하고 있는 부서의 관료

(4) 포로들에 대하여 직접적이고 직근의 통제를 가지고 있는 육
군, 해군, 관료, 민간인[40]

도쿄재판의 다수의견은 포로에 대하여 책임이 있는 자들을 지휘
관이나 상급자로 부르지는 않았다. 그러나, 이들은 포로들에 대한
부당한 대우를 방지하는데 적합한 시스템(system)을 확립, 유지하고,
자신의 권한에 의해 포로들에 대한 부당한 방지를 방지할 수 있는
조치를 취할 수 있는 자들이라는 의미에서 지휘관 또는 상급자이다.
따라서 이하에서는 이들을 "상급자"로 칭한다.

2) 지휘관책임의 성립요건

다수의견은 위와 같은 지휘관책임의 주체들이 실제로 책임을 지
는 경우를 2단계의 구조에 의해 분석하고 있다.

첫째는 포로들에 대한 정당한 대우를 확보하고 부당한 대우를 방
지하는 목적에 적합한 시스템(system)을 계속적, 효율적으로 작동하
는 것을 확립하고 유지하는 책임이다. 이러한 의무는 위에서 열거한
모든 상급자들에게 부과된다. 상급자들은 다음과 같은 조건이 충족
되면 포로들에 대한 부당한 대우에 대하여 책임을 진다:

(1) 상급자들이 적합한 시스템을 확립하지 못하였다.

(2) 상급자들이 적합한 시스템을 확립하였으나 그 시스템이 계속

---

40) *Ibid.*, p. 30.

적이고 효율적으로 작동하도록 유지하지 못했다.[41]

둘째는 위와 같은 적합한 시스템과 그것의 계속적이고 효율적인 기능이 제공되었지만 전쟁범죄가 발생한 경우에 상급자들은 다음과 같은 경우에만 책임을 진다.

(1) 상급자가 범죄행위가 저질러지고 있다는 것을 알고 있고, 그러한 사실을 알고 있는 상황에서 자신의 권한 내에 있는 그러한 범죄의 실행을 장래에 방지하기 위한 조치를 취하지 않은 경우, 또는

(2) 상급자가 그러한 사실들을 알지 못한 데에 귀책사유(fault)가 있는 경우[42]

만약 상급자가 과실(negligence)이나 태만(supineness)이 없었다면 그러한 사실을 알았거나 알았었어야 했던 경우에, 그의 직위가 그로 하여금 그러한 범죄를 방지하기 위하여 어떠한 조치를 하도록 의무를 부여하거나 또는 그 자에게 그러한 조치를 할 수 있는 권한을 허용하고 있었다면, 그는 자신의 부작위(inaction)에 대하여 면책되지 않는다.[43]

위와 같은 판결문의 구조에 따르면 첫 번째의 시스템을 적절하게 유지할 의무를 위반한 자들은 두번째 기준에 의한 판단에 나갈 필요 없이 책임을 진다. 상급자가 시스템 유지의무를 이행한 경우에도 부

---

41) 위 책임을 진 자들은 각자 위 시스템이 작동하도록 확인하여야 할 의무를 가지고 있다. 그가 그러한 의무를 소홀히 하면 그는 책임을 진다. 그가 단지 적합한 시스템을 설치하는 것에 그치고 그 시스템이 적용되는 것을 확인하는 것을 소홀히 하였다면 그는 의무를 이행한 것이 아니다. Ibid.

42) Ibid.; "(1) 지휘관이 이러한 범죄행위를 알고 있으며 자신의 권한으로 향후 동 범죄를 방지할 조치를 취하지 못하였음을 인지하고 있는 경우, 또는 (2) 지휘관이 이러한 것을 알려고 하지 못한 데 대한 과실이 있는 경우"에 지휘관책임이 성립한다고 번역한 경우도 있다. Y. Dinstein(김현수 역), 무력분쟁법상의 적대행위, 연경문화사, 2011, 371면.

43) The Tokyo Judgment, 1977, p. 30.

하의 범죄를 방지하지 못하였고, 부하의 범죄에 대하여 귀책사유 (fault)가 있으면 지휘관책임이 성립한다.[44] 따라서 1단계와 2단계는 상급자에게 순차적, 누적적 의무를 부여하고 있다.

3) 집단범죄의 특성

도쿄재판 다수의견은 지휘관책임의 근거로서 국제범죄의 집단성에 주목하고 있다.[45] 다수의견의 국제범죄의 집단성은 내각의 집단책임(collective responsibility)으로 발전한다. 포로들의 보호에 대하여

---

44) 도쿄재판이 제시하고 있는 지휘관책임 성립의 2단계 구조는 로마규정이 상급자에 대하여 2단계의 의무를 설정하고 있으며, 이 두 가지 의무의 각각과 부하들의 범죄발생 사이에 인과관계가 모두 충족되어야 지휘관책임이 성립한다는 Triffterer의 해석(이분설)과 다르다[제4장 제2절 III. 2. (1) 참조]; Triffterer의 이분설은 O. Triffterer, "'Command Responsibility' - crimen sui generis or participation as "otherwise provided" in Article 28 Rome Statute?", in: J. Arnold(Hrsg.), Menshenregerichtes Strafrecht - Festschrift für Albin Eser zum 70. Geburtstag, C.H.Beck, 2005, pp. 920-921과 M. L. Nybondas, Command Responsibility, 2010, pp. 173-176 참조; 로마규정에 대한 Triffterer의 해석의 당부당은 나중에 살펴보겠지만, 도쿄재판의 다수의견은 적절한 시스템 유지 의무위반만으로 상급자의 지휘관책임이 성립될 수 있다고 보고 있다. 도쿄재판의 다수의견은 적절한 시스템의 확립·유지의 실패와 관련된 상급자의 주관적 요건에 대하여 판시하고 있지 않다. 판결문의 문언에 비추어 시스템 자체를 확립하지 못한 것은 그 자체로 지휘관책임이 성립되고, 적합한 시스템이 확립된 후에는 그러한 적합한 시스템을 유지하지 못한데 귀책사유가 있어야 하는 것으로 읽힌다.

45) 포로들의 통제를 보다 직접적으로 담당하는 자들로부터 정당한 처리를 확약받았다는 것을 입증한다고 하여 책임이 있는 자의 면책이 보장되는 것은 아니다. 즉 다른 자들의 태도, 그러한 범죄의 보고, 또는 기타 다른 정황으로 인하여 그들의 확약이 진실인지 아닌지에 관한 추가적 조사가 그에게 요구되는 것이다. 고의의 인정 여부를 판단함에 있어서 그러한 범죄가 시간과 장소에 있어서 널리 알려져 있고, 다수에 의해 광범위하게 발생하고 있다는 점이 고려될 것이다. The Tokyo Judgment, 1977, p. 30.

집단적으로 책임을 지는 정부의 내각 구성원은 이미 범죄가 저질러
졌다는 것이 논의가 되어 그것을 알고 있고, 장래에 그러한 범죄가
저질러지는 것을 방지할 조치를 취하지 못하면서 내각의 구성원으
로 계속 있기를 선택하는 경우에 책임을 면하지 못한다. 이것은 내
각의 구성원이 포로들의 보호를 직접적으로 담당하는 부서의 장이
아닌 경우에도 마찬가지이다. 내각의 구성원은 사직할 수 있다. 그
가 포로들에 대한 부당한 대우에 대하여 알고 있고, 장래의 부당한
대우를 방지할 수 있는 권한이 없으면서도 내각의 구성원으로 계속
남아 있기를 선택함으로써 포로의 보호에 대한 내각의 집단적 책임
(collective responsibility)을 계속 보지한다면 그는 포로들에 대한 장래
의 모든 부당한 대우에 대한 책임을 자발적으로 인수한 것이다.[46]

　　다수의견은 내각의 구성원이 아닌 자들에 대하여는 사직의 의무
까지 부담시키지는 않고 있다. 이들에 대하여는 직접적으로 포로에
대한 대우를 담당하는 자와 직접적으로는 이러한 업무를 담당하고
있지 않지만, 그들이 포로에 대한 범죄를 방지할 수 있는 권한을 가
지고 있는 자로 구별하여 지휘관책임의 성립요건을 구체화하고 있
다. 즉, 육군이나 해군의 지휘관은 명령에 의해 포로에 대한 정당한
대우를 확보할 수 있고 부당한 대우를 방지할 수 있기 때문에 그들
의 통제하에 있는 포로들에 대하여 그들이 그 가능성을 미리 알고
있었거나 알았어야 하는 범죄가 저질러졌다면, 그들은 그 범죄에 대
하여 책임을 진다고 하였다. 그러나, 포로들에 대한 부당한 대우에
대하여 알고 있는 부처의 관료들은 그들의 업무가 포로들의 보호 시
스템의 집행을 포함하고, 그들이 범죄에 대하여 알았거나 알았어야
함에도 불구하고 그들이 그들의 권한으로 할 수 있는 범위에 있는
것으로 장래에 그러한 범죄가 발생하는 것을 방지하기 위하여 효율

---

46) *Ibid.*

적이 될 수 있는 아무 것도 하지 않은 경우에 장래의 그러한 범죄에 대하여 책임을 진다.[47]

4) 피고인들의 죄책

도쿄재판의 다수의견은 위와 같은 논의를 근거로 하여 피고인 25명에 대한 공소사실 54, 55에 대하여 판단을 하였다.[48] 아라키 사다오 등 14명은 공소사실 54, 55에 대한 책임을 물을 증거가 없다는 이유로 각 무죄를 선고하였다. 도조 히테키 등 5명은 공소사실 54의 책임을 물어 유죄를 인정하면서 공소사실 55에 대하여는 판단을 하지 않았다.[49] 이것은 도쿄재판의 다수의견이 공소사실 55의 지휘관책임(부작위책임)을 공소사실 54에 대한 보충적 책임으로 본 것이다.[50]

다수의견이 공소사실 54에 대하여 무죄를 선고하면서 같은 기간 발생한 범죄에 대한 공소사실 55에 대하여 유죄를 선고한 경우는 기무라 헤이타로(버마 지역의 사령관), 하타 슌로쿠(1941년부터 1944년까지 중국 원정 부대의 지휘관), 히로타 코키(1937년 12월부터 1938년 2월까지 난징참변 당시 외무성 장관), 고이소 구니아키(1944년 6개월간 수상), 시게미츠 마로루(1943년 4월부터 1945년 4월까지 외무성 장관)의 5명이다.[51]

---

47) *Ibid.*, pp. 30-31.
48) 28명의 피고인들중 2명은 재판 도중 사망하였고, 1명은 소송능력 결여로 인하여 공소기각을 하였다. 25명에 대한 판결 결과에 대하여는 김성천, 전범재판의 이념과 시사점 -일본 전범재판을 중심으로-, 비교형사법 연구 제16권 제2호, 한국비교형사법학회, 2014, 526면.
49) The Tokyo Judgment, 1977, pp. 462-463.
50) 기무라 헤이타로와 무토 아키라는 공소사실 54, 55 모두에 대하여 유죄판결을 받았다. 이 경우는 하나의 공소사실에 대한 것이 아니라 다른 공소사실에 대한 것이므로 지휘관책임의 보충적 성격과는 무관하다. *Ibid.*, pp. 451-455, 465.

4. 도쿄재판 반대의견

도쿄재판의 5인의 반대의견 중의 하나인 네덜란드인 판사 Röling
은 부작위에 대한 책임(responsibility for omission)이라는 제목하에 다수
의견의 광범위한 지휘관책임을 제한하는 취지의 판시를 하였다. 그
는 지휘관책임이 부작위책임이라는 점에서 지휘관책임의 성립요건
을 엄격히 할 것을 주장하였다.

Röling은 부작위에 대한 책임은 국내법에 있어서 법적인 의무가
명확히 확립된 특별한 경우에만 이러한 책임이 인정된다고 하면서
공소사실 55과 관련하여 지휘관책임이 성립하기 위하여 피고인에게
인식(knowledge), 권한(power), 그리고 의무(duty)라는 세 개의 요건이
요구된다고 하였다. 여기서 의무는 알아야 할 의무를 포함한다는 점
에서 세 가지의 요건은 서로 관련되어 있고, 따라서 Röling이 요구하
는 인식은 과실을 포함하게 된다. 책임자(the person in charge)가 알 수
있었거나 알았어야 했던 경우에 무지는 변명이 될 수 없다. 반면에
권한은 피고인의 법적 의무와 관련되어야 한다.[52] 이에 기하여 Röling
은 상급자가 ① 부하의 범죄행위를 알았거나 알았었어야 할 것
(should have known), ② 그러한 행위를 방지할 수 있는 권한을 가지고
있을 것, ③ 이러한 행위를 방지할 의무를 가지고 있을 것이라는 세
가지 구체적 요건을 제시하였다.[53]

Röling은 다수의견이 광범위한 지휘관책임을 인정하고 있다고 비
판하였다. 즉, 다수의견이 전쟁포로와 민간인수용자에 대한 잔혹행

---

51) *Ibid.*, pp. 452-458.
52) *Ibid.*, pp. 1062-1063.
53) 인식뿐만 아니라 형사상 과실(criminal negligence)에 기인한 인식의 부재도
   처벌된다. 그의 업무와 의무가 발생하고 있는 문제를 알아야 할 의무를 그
   담당자에게 부과하고 있고 그가 정상적인 주의를 기울이기만 했다면 그가
   알 수 있었을 경우에는 인식의 부재는 항변이 될 수 없다. *Ibid*, p. 1064.

위나 전쟁터에서 발생한 잔혹행위들에 대하여 정부의 모든 구성원
이 책임을 져야 한다고 주장하는 것은 너무 과하다고 보았다. 그는
지휘관책임의 주체를 정부의 모든 구성원에게 확장되어서는 안된다
고 주장한다.[54] 다수의견은 역할분담의 원리에도 불구하고 정부를
구성하는 자들은 지휘관책임의 근거가 되는 포로에 대한 관리와 보
호의무를 계속진다고 하고 있는데 반하여[55] Röling은 모든 정부에서
역할분담의 원리는 확립되어 있다고 하면서 전쟁 규칙의 위반을 방
지하지 않은 것에 대한 책임은 관련 국내법에 특정하여 지정되어 있
는 관리들에게 제한되어야 한다고 한다.[56] 그의 주장에 의하면 외무
성 장관이었던 히로타 코키, 시게미츠 마모루는 자신의 담당 업무가
아닌 포로에 대한 가혹행위에 관련된 지휘관책임을 지지 않는다.[57]

5. 분석과 비판

도쿄 재판의 다수의견은 전쟁포로와 민간인 수용자에 대한 비인
도적 대우를 알면서도 그대로 직위를 유지한 정부각료나 행정관료
에게 부작위 책임이 있다고 함으로써 지휘관책임을 군지휘관은 물
론 수상, 외무성 장관과 같은 민간인 상급자(문민실권자)에게 확장하
였다.[58] 도쿄 재판은 나중에 ICTY, ICTR에서 민간인 상급자(civilian

---

54) 헤이그 육전규칙이 전쟁포로가 적 정부의 권력하에 놓여 있고(4조), 그 정
　　부는 전쟁포로의 유지(maintenance)에 대한 책임을 진다고(7조) 규정하고 있
　　지만, 이것이 반드시 정부의 모든 구성원이 부당한 대우(mistreatment)에 대
　　하여 형사책임을 진다는 것을 의미하지는 않는다. *Ibid.*, p. 1064.
55) *Ibid.*, pp. 29-30.
56) 정부관리나 군지휘관에게 부과된 특정된 의무(specific obligation)가 필요하
　　다. 이러한 특정의 의무가 부작위에 대하여 그들을 형사적으로 책임지게
　　만든다. *Ibid.*, p. 1064.
57) *Ibid.*, pp. 1127, 1138.
58) 김응학, 국제형사법상 지휘관의 부작위로 인한 형사책임 - ICTY와 ICTR 판

authorities)에 대하여 지휘관책임을 적용하는 근거로 제시되었다.[59] 도쿄재판에 대하여 일본 정부 전체가 전쟁포로에 대한 부당한 취급에 대하여 집단책임을 지게 한 것이라고 비판하는 견해가 있으며, 특히 외무성 장관에게 그가 통제할 수 없는 군인들의 전쟁범죄를 방지할 의무를 부과하고 그 위반에 대하여 형사책임을 지게 한 것에 대하여 의문이 제기되고 있는데 이러한 견해는 판사 Röling과 취지를 같이 한다.[60] 그러나, 이러한 비판에 대하여는 내각의 구성원과 같은 고위직 정치인의 지휘관책임 성립요건을 일반 하급 관료나 일선의 지휘관과 같다고 보는 것이 오히려 잘못되었다고 재비판할 수 있다. 내각의 구성원과 같은 고위직 정치인과 하급 지휘관의 지휘관책임의 성립요건을 동일하게 요구한다면 대부분의 경우에 하급 지휘관만 지휘관책임을 지게 될 것이다.[61]

도쿄재판은 지휘관책임과 관련하여 특히 다음과 같은 성과를 내

례를 중심으로 -, 고려대학교 박사학위 논문, 2006, 33-37면; M. L. Nybondas, Command Responsibility, 2010, p. 66.

59) 민간인 상급자(civil authorities)에서 민간인의 의미는 공무원이 아닌 일반 시민을 말하는 것이 아니라 군지휘관이 아니라는 취지이다. 국제인도법 (international humanitarian law)에서 군지휘관과 민간인 상급자(문민실권자)의 구별은 전투원(combatants)과 비전투원(non-combatants) 또는 민간인(civilians)의 구별에 기초한다. 1977년 제1추가의정서 50(1)가 민간인(a civilian)의 정의를 제공하고 있다. M. L. Nybondas, Command Responsibility, 2010, p. 69; 민간인 상급자에 대한 지휘관책임의 적용에 대하여 도쿄재판의 히로타 코키의 예를 든 Musema 사건. ICTR, Prosecutor v. Musema (Case No. ICTR-96-13-A) Trial Chamber Judgement, 27 January 2000, paras. 132-134; 도쿄재판의 히로타 코키와 시게미츠 마로루의 예를 든 Čelebići 사건. Prosecutor v. Delalić et al., (Case No. IT-96-21) Trial Chamber Judgement, 16 November 1998, paras. 357-358.

60) C. Meloni, Command Responsibility, 2010, pp. 56-63; E. V. Sliedregt, The Criminal responsibility, 2003, pp. 128-130.

61) 인도차이나, 방글라데시아, 동티모르 등에서의 대량학살에 대한 미국의 정치인 헨리 키신저(Henry Alfred Kissinger)의 책임에 대하여는 크리스토퍼 히친스(안철홍 역), 키신저 재판, 아침이슬, 2001 참조.

었다. 국제군사재판소의 다수의견이 미국 연방대법원에 의하여 성
립한 지휘관책임을 받아들임으로써 지휘관책임에 관한 죄형법정주
의위반 논란을 종식시켰다. 또한 다수의견과 Röling의 논쟁을 통해서
지휘관책임의 성립요건이 정교화되고 책임주의에 부합하는 방향으
로 발전하였으며, 주관적 요건으로 형사상의 과실(criminal negligence)
기준, 즉 "should have known" 기준이 제시되었다.

　　다수의견은 난징참사 당시 일본군의 범죄를 알고 있던 사령관 마
츠이 이와네가 이를 중단시키기 위한 아무런 조치를 하고 있지 않은
상황에서, 마츠이의 참모에 불과하였던 무토가 이를 중단시키기 위
한 조치를 할 수 없었다는 이유로 피고인 무토에 대하여 지휘관책임
이 성립하지 않는다고 하였다. 이와 달리 다수의견이 무토가 필리핀
에서 야마시타의 참모장으로 있었을 당시에는 그가 정책에 영향을
줄 수 있는 위치(a position to influence policy)에 있었기 때문에 지휘관
책임이 성립한다고 판시함으로써 지휘관이 부하에 대하여 통제를
할 수 있는 권한을 가지고 있어야 지휘관책임이 성립할 수 있다는
점을 명백히 하였다.[62] 또한 다수의견은 공소사실 54가 성립되지 않
은 경우에만 공소사실 55에 대하여 유죄판결을 함으로써 지휘관책임
이 명령, 허가, 허용이라는 직접 책임에 대한 보충적 성격을 보여주
었다.

---

62) *The Tokyo Judgment*, 1977, p. 455; Čelebići 1심 재판부는 필자와 같은 의견을
　　제시하고 있다. 동 재판부는 이러한 결론을 지휘관책임의 발생요건이 되
　　는 지휘관의 지위의 핵심은 사실상의 통제권한의 존부에 있다는 것을 논
　　증하기 위하여 사용하였다. Prosecutor v. Delalić et al., (Case No. IT-96-21) Trial
　　Chamber Judgement, 16 November 1998, para. 375; 한편 ICTR의 Musema 사건의
　　1심 재판부도 도쿄재판의 무토에 대한 판결이 법적인 지휘관이 아니더라
　　도 영향력을 줄 수 있는 권한이 있으면 상급자책임이 성립할 수 있다고 본
　　것이라고 평가하면서 상급자책임의 기준을 실효적 통제의 존부를 기준으
　　로 하여야 한다는 결론에 이르고 있다. Prosecutor v. Musema, (Case No.
　　ICTR-96-13-A) Trial Chamber Judgement, 27 January 2000, paras. 139-144.

제3절 지휘관책임의 성문화
– 1977년 제1추가의정서

1. 지휘관책임의 성문화 과정

냉전의 시작으로 막 탄생한 국제형법은 휴지기에 들어갔으며, 국가, 정치, 군의 지도자들에 대한 위협이 되는 지휘관책임도 더 이상 논의되지 않았다. 1949년의 4개의 제네바협약은 지휘관책임을 포함하지 않았다.[63] 베트남 전쟁은 1955년 시작되어 1975년까지 계속되었

---

63) 무력충돌법 또는 무력분쟁법(Law of Armed Conflicts)으로 불리는 전쟁법은 크게 전쟁의 개시에 관한 법(jus ad bellum)과 전쟁중에 지켜야 할 법(jus in bello)로 구성된다. 일반적으로 전쟁범죄는 국제인도법(International Humaniatarian Law)의 심각한 위반이 되는 범죄를 말하는데, 이때의 국제인도법은 국제적 또는 비국제적 무력충돌시에 지켜야 할 규범이다. 전쟁법, 무력충돌법을 국제인도법과 같은 의미로 사용하는 입장도 있다. 국제인도법의 중요한 法源으로는 1949년 체결된 제네바 협약 4개와 이 제네바 협약들을 보완하기 위하여 1977년 체결된 2개의 추가 의정서가 있다. 제1 제네바 협약은 "육전에 있어서의 군대의 부상자 및 병자의 상태 개선에 관한 1949년 8월 12일자 제네바 협약", 제2 제네바 협약은 "해상에 있어서의 군대의 부상자 및 병자 및 조난자의 상태 개선에 관한 1949년 8월 12일자 제네바 협약", 제3 제네바 협약은 "포로의 대우에 관한 1949년 8월 12일자 제네바 협약", 제4 제네바 협약은 " 전시에 있어서의 민간인 보호에 관한 1949년 8월 12일자 제네바 협약"이다. 1949년 체결된 4개의 제네바 협약은 일반적으로 "1949년 제네바 제협약(諸協約)"으로 불린다. 1949년 제네바 제협약은 국제적 무력충돌과 비국제적 무력충돌에 대한 내용을 모두 포함하고 있었으나 주된 내용은 국제적 무력충돌에 관한 것이었다. 1949년 제네바 제협악에 대하여 그 동안 발전된 국제인도법의 내용을 반영하기 위하여 1977년에 이를 보완하는 2개의 추가의정서(Additional Protocol)가 체결되었다. 제1추가의정서는 "1949년 8월 12일자 제네바 제협약에 대한 추가 및 국제적 무력충돌의 희생자 보호에 관한 의정서"이다. 제2추가의정서는 "1949년 8월 12일자 제네바 제협약에 대한 추가 및 비국제적 무력충돌의 희생자 보호에 관한 의정서"이다. 제1추가 의정서는 무력충돌이 국제적 성격을 가지는 경우에 적용되

다. 1968년 3월 16일 베트남의 My Lai(미 라이) 마을에서 미군의 Medina
대위가 지휘하는 Charlie 중대(company)가 수백명의 민간인을 학살하
였다.[64] 미국 군사법원(Court Martial)에서 검사는 지휘관책임을 근거
로 Medina 대위가 부하들의 살인죄에 대하여 알고 있었거나 또는 알
았어야 했음에도 몰랐다고 주장하였다(known or should have known
standard). 판사는 배심원들에 대하여 Medina 대위가 부하들의 범죄를
알았었다는 점이 입증되는 경우에만 처벌할 수 있다고 설명하였고
(재판장 설명, Jury Instruction), 배심원은 Medina 대위를 무죄로 평결하
였다.[65]

며, 민족해방투쟁을 국제적 무력충돌으로 규정하고 있다. 제2추가의정서
는 무력충돌에 국제적 성격이 없는 경우에 적용되며 1949년 제네바제협약
의 공통 제3조를 보완한다; 1949년 제네바 제협약은 당사국들이 군지휘관
들에게 부과하여야 할 적극적인 작위 의무들을 규정하였지만, 군지휘관들
의 이러한 의무위반이 형사 책임의 근거가 될 수 있는지에 대하여 침묵하
고 있었다. Y. Shany/K. R. Michaeli, "The case against Ariel Sharon : revisiting the
doctrine of command responsibility", New York University Journal of International
Law & Politics 34(4), 2002, pp. 819-820; L. P. Rockwood, Walking Away from
Nuremberg, University of Massachusetts Press, 2007, p. 88;

64) 당시 최소 347명 이상의 민간인이 살해당했으며 이중에는 여성, 어린이, 노
인들이 포함되어 있었다. S. Darcy, Collective Responsibility, 2007, p. 326.

65) Medina 대위의 지휘를 받은 Calley 중위(First Lieutenant William L. Calley)는 소
대(platoon)를 지휘하여 직접 학살 명령을 하였다는 이유로 살인죄에 대하
여 종신 구금형(life imprisonment)를 선고받았으나 뒤에 사면을 받았다. L. P.
Rockwood, Walking Away, 2007, p. 120-125; Medina 대위(Captain Ernest Medina)는
1970년 3월 재판이 시작되어 1971년 9월 무죄를 선고받았다. Calley 중위에
대하여 1969년 9월에 재판이 시작되어 1971년 3월에 무기징역이 선고 되었
다. Calley 중위에 대한 형은 계속 감형되어 1974년 9월 석방되었다. My Lai
학살 사건에 대한 연대기 정리는 My Lai 사건의 수석 검사였던 William G.
Eckhardt 대령(Colonel, 현재 University of Missouri-Kansas City의 로스쿨 교수)의
My Lai 군사재판 홈페이지에 자세히 정리되어 있다. http://law2.umkc.edu/fac
ulty/projects/ftrials/mylai/mylaichron.html 2016. 5. 19. 최종접속; My Lai 군사재판
에 대한 비판적 견해는 M. Lippman, "War Crimes: The My Lai Massacre and the

이러한 배경 속에서 1977년 성립된 '1949년 8월 12일자 제네바 제 협약에 대한 추가 및 국제적 무력충돌의 희생자 보호에 관한 의정 서'(이하 "1977년 제1추가의정서")는 당시의 관습국제법을 토대로 제 86조(2)에서 지휘관책임을 처음으로 성문화하였다.[66]

1977년 제1추가의정서는 국제적 무력충돌에 적용된다는 점에서 내전과 같은 비국제적 무력충돌이나, 무력충돌을 전제로 하지 않는 집단살해죄, 인도에 반하는 죄에 대하여 적용될 것을 예정한 것은 아니다.

1977년 제1추가의정서에서 지휘관책임과 관련된 조항은 제86조, 제87조인데, 뒤에서 보듯이 두 조항의 관계가 명확하지 않고, 지휘관 책임을 직접 규정하고 있는 제86조(2)의 내용도 간략하여 해석상 많 은 논란을 남기고 있다.[67]

Vietnam War", San Diego justice journal Vol 1, 1993 참조; 미국은 야마시타 사건 에서 Murphy 대법관이 염려한 것과는 달리 적군에게 적용한 상급자책임을 미국인들에게는 적용하지 않았다. 1977년 제네바협약 제1추가의정서는 지 휘관책임을 처음으로 성문화하였는데 이것은 My Lai 사건의 영향으로 보 인다(私見).

66) Y. Shany/K. R. Michaeli, "The case against Ariel Sharon : revisiting the doctrine of command responsibility", N. Y. U. J. Int'l L & Pol. 34(4), 2002, p. 823.

67) B. V. Schaack/R. C. Slye, International Criminal Law and its Enforcement, 3rd ed., Foundation Press, 2015, p. 782; Čelebići 수용소 사건의 항소심 재판부는 제87 조는 지휘관과 상급자의 의무에 관련하여 제86조 제2항을 해석해 주고 있 지만, 지휘관책임에 근거한 범죄는 제86조 제2항에서만 정의되어 있다고 한다. Prosecutor v. Delalić et al., (Case No. IT-96-21) Appeals Chamber Judgement, 20 February 2001, para 237.

2. 1977년 제1추가의정서

1) 1977년 제1추가의정서의 지휘관책임 구조

1977년 제1추가의정서

제86조 - 부작위

1. 체약 당사국 및 충돌 당사국은 작위의무가 있는 경우에 이를 행하지 않음으로써 발생하는 1949년 제네바협약들 또는 본 의정서의 중대한 위반(grave breaches)을 억제하고(repress), 작위의무가 있는 경우에 이를 행하지 않음으로써 발생하는 1949년 제네바협약들 또는 본 의정서의 모든 기타의 위반을 억압(suppress)하기 위하여 필요한 조치를 취하여야 한다.[68]

2. 1949년 제네바협약들이나 본 의정서의 위반이 부하에 의하여 저질러졌다는 이유로 부하가 그러한 위반을 저지르고 있거나 저지르려고 하고 있다는 것을 알았거나 또는 당시 상황에서 그렇게 결론지을 수 있을 만한 정보를 가지고 있었음에도 불구하고 그러한 위반을 예방(prevent)하거나 억제(repress)하기 위하여 자신의 권한 내에 있는 가능한 모든 조치를 취하지 아니한 그의 상급자들(his superiors)의 형사 또는 징계 책임이 면제되는 것은 아니다.

제87조 - 지휘관의 의무

1. 체약 당사국 및 충돌 당사국은 군 지휘관들에게 그들의 지휘(command) 하에 있는 군대구성원 및 그들의 통제(control)하에 있는 다른 자들의 1949년 제네바협약들 및 본 의정서에 대한 위반을 예방하고 필요한 경우에는 이를 억압하며 권한있는 당국에 이를 보고하도록 요구하여야 한다.

> 2. 체약 당사국 및 충돌 당사국은 위반을 예방하고 억제하기 위하여 군
>   지휘관의 책임 수준에 상응하게 군지휘관들이 그들의 지휘하에 있
>   는 군대구성원들이 1949년 제네바협약들 및 본 의정서에 의한 자신
>   의 의무를 알고 있도록 하게 할 것을 요구하여야 한다.
> 3. 체약 당사국 및 충돌 당사국은 자신의 부하 또는 자신의 통제하에
>   있는 다른 자들이 1949년 제네바협약들 또는 본 의정서의 위반을 행
>   하려 하거나 행하였다는 것을 알고 있는 모든 지휘관에게 1949년 제
>   네바협약들 또는 본 의정서의 그러한 위반을 예방하기 위하여 필요
>   한 조치를 요구하고, 적절한 경우에는 그러한 위반을 한 자들에 대
>   하여 징계 또는 형사 조치를 취하도록 요구하여야 한다.

제86조 제1항은 부작위로부터 발생하는 1949년 제네바협약 4개 또
는 1977년 제1추가의정서의 중대한 또는 기타의 위반들을 억제할 국
가의 일반적인 의무를 규정하고 있다. 이러한 작위의무 위반을 억제
하는 궁극적인 방법은 형사처벌이나 징계가 될 수 있다.[69] 제86조 제

---

68) 제86조 제1항에서 repress는 grave breach을 억제하는 것을 말하고 suppress는
   grave breach 이외의 breach를 억압하는 것을 말하는데, 이것은 1949년 4개의
   제네바협약의 용어례에 의한 것이라고 한다. J. D. Preux, "Article 86-Failure
   to Act' and 'Article 87-Duty of Commanders'", in: Y. Sandoz/C. Swinarski/B.
   Zimmermann(ed.), Commentary on the Additional Protocols of the June 1977 to the
   Geneva Conventions of 12 August 1949, International Committee of the Red Cross,
   Martinus Nijhoff Publishers, 1987, p. 1011; 외교부는 1977년 제1추가의정서 제86
   조, 87조에서는 prevent를 예방이라고 번역하고 ICC 로마규정 제28조에서는
   방지라고 번역하고 있다. 방지는 미리 예방하는 것과 어떤 행동을 중단시
   키거나 제지하는 것을 모두 포함할 수 있는 용어로 볼 수 있다. 예방도 반
   드시 사전에 발생을 못하게 하는 의미로만 사용되는 것은 아니고 범죄의
   종국적인 완성을 막는다는 의미로 사용한다면 중단이나 제지의 의미도 포
   함할 수 있는 용어라고 생각된다. 이 연구에서 제1추가의정서에서는
   prevent를 예방으로 번역하고 ICTY나 ICC 로마규정에서는 방지로 번역하지
   만, 그 실질적인 의미는 같다.

1항의 의무의 내용은 광범위하며, 국가의 무장병력뿐만 아니라 교전 단체, 민병대나 의용대에도 적용된다.[70]

제86조 제2항은 조약의 위반이 부하에 의하여 저질러졌다고 하더라도 일정한 사유가 있으면 그 상급자가 형사, 징계 책임을 면하지 못한다고 규정함으로써 상급자의 부작위에 대하여 형사 책임이 인정된다는 것을 간접적으로 규정하고 있다. 제86조 제2항에 의한 지휘관책임의 성립요건은 다음과 같다: (1) 1949년 제네바협약 4개와 1977년 제1추가의정서의 부하에 의하여 저질러졌다. (2) 지휘관은 부하가 그러한 위반을 저지르고 있거나 저지르려고 하고 있다는 것을 알았거나 또는 당시 상황에서 그렇게 결론지을 수 있을 만한 정보를 가지고 있었다. (3) 상급자(Superior)가 그러한 위반을 예방하거나 억제하기 위하여 자신의 권한 내에 있는 가능한 모든 조치를 취하지 아니하였다. 여기서 상급자와 부하와의 관계(subordination) 또는 상급

---

69) *Ibid.*

70) 국제적 또는 비국제적 무력충돌에 관한 국제인도법을 준수해야 하는 자가 누구인가? 첫째, 국가 그리고 그 기관으로서의 국가의 무장병력이 있다. 둘째, 국제연합도 국제연합의 지휘하에 있는 부대가 무력충돌에 참여하면 무력충돌법의 적용을 받는다. 셋째, 전투에 참여하는 다양한 비국가단체들(non-state entities)이 있다. 이러한 단체들은 스르프스카 공화국(Republica Srpska)처럼 국제법상의 국가승인을 받지 못한 사실상의 체제(de facto regimes)이거나 적대행위에 참여하는 교전단체들(belligerent groups)일 수 있다. 넷째, 민간인인 개인이 무력충돌 상황에서 적대행위를 하는 경우이다. 2차대전후 장관(ministers), 기업가(industrialists), 일반 시민(the Essen Lynching Case)이 처벌받은 사례와 ICTR의 Akayesu 사건을 들 수 있다. R. Kolb/R. Hyde, An Introduction to the International Law of Armed Conflict, Hart Publishing, 2008, pp. 86-87; 육지에서의 전쟁의 법과 관습에 관한 1907년 제4 헤이그 협약의 부속서 제1조는 군대에 적용되는 전쟁의 권리와 의무는 부하에 대하여 책임을 지는 자에 의하여 지휘되고 작전수행에 있어서 전쟁의 법과 관습을 준수하는 등의 일정한 조건을 갖춘 민병대(militia)와 의용대(volunteer corps)에도 적용된다고 규정하고 있다. 즉 정규군에 적용되는 규범이 민병대와 의용대에도 적용된다.

자가 부하에 대하여 가지고 있는 권한의 정도에 대하여는 명시적인 언급이 없다. 그러나, 그의 상급자들(his superiors)라는 말 자체가 일정한 지휘관계를 요구한다고 볼 수 있다.[71)]

2) 지휘관책임의 성립요건

"1949년 제네바협약 4개와 이 의정서의 위반이 부하에 의하여 저질러졌다(The fact that a breach of the Conventions or of this Protocol was committed by a subordinate)"라고 규정한 제86조 제2항의 문언은 부하가 1949년 제네바협약 4개와 1977년 제1추가의정서의 위반이 제86조 제2항을 적용하기 위한 전제조건이라는 것을 의미한다. 그러나, 국제적십자위원회(International Committee of the Red Cross, 이하 "ICRC")의 주석서(Commentary)는 이를 별도의 성립요건으로 특별히 설명하고 있지는 않다.[72)]

(1) 상급자의 자격

제86조 제2항의 상급자는 지휘계통에 있는 모든 상급자를 말하는 것은 아니고 오직 그의 통제 하에 있는 부하가 저지른 범죄에 대하여 개인적 책임을 지는 상급자만을 말한다. 상급자의 부하에 대한 통제관계는 제86조 제1항에 의해 규정된 의무로부터 도출된다.[73)] 제86조

---

71) "his superiors"라는 용어는 상급자(superior)가 문제된 부하의 상급자여야 한다는 의미이며 이것은 상급자의 자격이라는 요건을 요구한다. J. D. Preux, "'Article 86-Failure to Act' and 'Article 87-Duty of Commanders'", in: Y. Sandoz/C. Swinarski/B. Zimmermann(ed.). Commentary, 1987, p. 1012.

72) Ibid., pp. 1012-1013; 제2차 대전과 관련된 재판에서 미수범을 처벌한 예가 매우 드물었기 때문에 "저질러졌다"는 표현이 미수를 포함하고 있는지는 명확하지 않다. W. A. Schabas, The International Criminal Court: A Commentary on the Rome Statute, Oxford University Press, 2010, p. 440 참조.

제2항이 상관 또는 상급자(superior)라는 용어를 쓰고 있음에 반하여 제87조는 군지휘관 또는 지휘관(military commanders 또는 commanders)라는 용어를 사용하고 있다. 따라서 제86조 제2항은 반드시 군지휘관인 상급자만을 지칭하는 것은 아니다. 제86조 제1항은 일정한 상황에서 부작위에 대하여 모든 상급자에 대한 책임을 규정한 것이고, 제87조는 자신의 지휘 또는 통제에 있는 자들에 관하여 군지휘관에게 특별한 의무를 부과하고 있다.[74] 상급자는 부하가 "위반행위를 했거나 하고 있다는 것(has committed or is going to commit a breach)"을 알 수 있게 하는 정보를 평소에 가지는 위치에 있는 자이다. 여기서 요구되는 상급자의 지위는 통제의 개념을 포함하는 계층구조(a hierarchy encompassing the concept of control)라는 관점에서 파악되며, 부하가 그의 명령을 직접 따라야 하는 관계일 필요는 없다.[75] 한편 그 부하에 대한 상급자들(his superiors)은 복수로 표현되어 있으므로 한명의 부하의 행동에 대하여 여러 명의 상급자가 지휘관책임을 질 수 있다.

(2) 주관적 요건

지휘관은 부하가 1949년 제네바협약 4개와 1977년 제1추가의정서의 위반을 저지르고 있거나 저지르려고 하고 있다는 것을 알았거나 또는 당시 상황에서 그렇게 결론지을 수 있을 만한 정보를 가지고 있었어야 한다. 야마시타 판결, 도쿄 재판, 뉘른베르크 후속 재판의 Hostage 사건, High Command 사건은 부하가 범죄에 대하여 상급자가 알고 있는 경우에 형사책임을 부과할 수 있다는 점에 대하여는 일치

---

73) J. D. Preux, "'Article 86-Failure to Act' and 'Article 87-Duty of Commanders'", in: Y. Sandoz/C. Swinarski/B. Zimmermann(ed.). Commentary, 1987, p. 1013.

74) W. J. Fenrick, "Article 28 Responsibility of Commanders and Other Superiors", in: O. Triffterer(ed.), Commentary on the Rome Statute, Nomos, 1999, p. 517.

75) J. D. Preux, "'Article 86-Failure to Act' and 'Article 87-Duty of Commanders'", n: Y. Sandoz/C. Swinarski/B. Zimmermann(ed.). Commentary, 1987, p. 1013.

하였으나, 과실 기준에 관하여 일치된 입장을 제시하지 못했다. 이러한 점에서 1977년 제1추가의정서 제86조 제2항이 지휘관책임의 성립에 관한 주관적 요건을 규정한 것은 중요한 의미를 가진다.

상급자가 알지 못한데 대하여 과실이 있는 모든 경우에 지휘관책임이 성립한다고 볼 수는 없다. 형벌의 요건으로서의 과실에 대한 영미법과 대륙법의 기준이 다른 것은 물론이고, reckless를 과실로 분류할 것인지 고의의 일종으로 볼 것인지에 대하여도 논란이 있는 등 영미법 내에서도 과실의 기준이 명확하지 않기 때문이다.[76] 논의의 핵심은 상급자가 어느 정도의 잘못이 있는 경우에 지휘관책임이 성립한다고 볼 것이냐이다. 1977년 제1추가의정서를 체결하기 위한 외교회의(Diplomatic Conference)에서 상급자책임의 주관적 요건에 과실이 포함되는지에 대한 논란이 있었다. 영문본에 근거하여 'should have enabled them to conclude'라는 표현은 의심의 여지없이 상급자의 책임이 과실(negligence)에 의해 발생할 수 있다는 주장이 당시 있었다.[77] 한편, 이러한 주장에도 불구하고 제86조 제2항의 표현이 무모함(recklessness) 기준이라는 견해도 있다.[78]

---

76) Parks는 과실을 (1) Wanton, (2) Reckless, Gross or Culpable Negligence, Simple Negligence로 분류하고 있다. W. H. Parks, "Command Responsibility for war crimes", *Military Law Review Vol 62*, 1973, p. 97 참조; 영미법의 Recklessness(무모함)은 독일법계의 고의와 과실의 중간영역에 존재한다는 견해가 있다. 김종구, 미국 형법상 Recklessness 개념에 관한 고찰, 형사법의 신동향 통권 제45호, 대검찰청, 2014, p. 5.

77) J. D. Preux, "'Article 86-Failure to Act' and 'Article 87-Duty of Commanders'", in: Y. Sandoz/C. Swinarski/B. Zimmermann(ed.), Commentary, 1987, pp. 1012-1013; 이러한 입장은 당시 스위스의 군형법(Swiss Military Penal Code) 제16조의 취지와 부합하고 있었다고 한다. 동조는 "필요한 주의를 기울임으로써 사안과 관련된 잘못을 회피할 수 있었던 자는 그 법이 그의 행위를 범죄로서 규정하는 경우에 그러한 과실에 대하여 처벌을 받을 수 있다."라고 규정하고 있었다. *Ibid.*, p. 1012 각주 26.

78) M. Lippman, "The evolution and scope of command responsibility", Leiden Journal

상급자의 책임에 관한 제1추가의정서의 주관적 기준의 구체적 의미를 파악하기 위하여는 조문이 성안된 과정을 살펴볼 필요가 있다. 제86조 제2항에 상응하는 상급자의 책임과 관련된 초기의 외교회의의 초안은 "should have known"이었으나 논란을 거쳐 현행과 같이 "had information which should have enabled them to conclude in the circumstances at the time"으로 변경되었고,[79] 후자의 기준은 전자보다 더 높은 정도의 과실을 요구한다. 그러나, 형사 과실(should have known)보다 더 높은 정도의 과실을 요구한다는 것이 반드시 recklessness(무모함)의 정도에 이를 것을 요구한다고 할 수는 없다. 관습국제법상 지휘관책임의 주관적 요건에 관한 혼란은 ICTY의 Čelebići(첼리비취) 판결에서

---

of International Law 13(1), 2000, p. 158; 1977년 제1추가의정서 제86조 제2항의 "그렇게 결론지을 수 있을 만한 정보"(information which should have enabled them to conclude)에 대응하는 프랑스어 본은 "그러한 결론을 내릴 수 있게 하는 정보"(des information leur permettant de conclure, 이를 영어로 번역하면 "information enabling them to conclude"가 된다)를 사용하고 있다. ICRC의 주석서는 불어본을 기준으로 하여야 한다고 주장한다. J. D. Preux, "'Article 86-Failure to Act' and 'Article 87-Duty of Commanders'", in: Y. Sandoz/C. Swinarski/B. Zimmermann(ed.). Commentary, 1987, pp. 1012-1014; 영문본에 의하면 부하들의 범죄에 대하여 상급자의 귀책사유 있는 무지(culpable ignorance)로 충분하며, 인식하지 못하였다는 것만으로는 책임을 면할 수 없다. 이에 반하여 불어본은 범행이 저질러지고 있다는 점에 대하여 실제로 알고 있었다는 증거를 요구하게 된다. 영문본과 불어본이 모두 공식본이기 때문에 보다 엄격한 불어본이 우선되어야 할 것이다. C. Meloni, Command Responsibility, 2010, pp. 68-69; ICRC 주석서나 Meloni의 해석과는 반대로 김영석, 전쟁범죄에 있어서 군사지휘관 및 기타상급자의 책임에 관한 고찰, 인도법논총 제25호, 대한적십자사 인도법연구소, 2005, 207면은 영문본의 "information which should have enabled them to conclude"을 "그렇게 결론을 내릴 수밖에 없는 정보"라고 번역하면서 불어본이 영문본의 의미보다 지휘관의 책임을 인정하기가 더 쉬워진다고 할 수 있고, 우리나라의 국문본도 불어본의 해석과 비슷하다고 한다.

79) J. D. Preux, "'Article 86-Failure to Act' and 'Article 87-Duty of Commanders'", in: Y. Sandoz/C. Swinarski/B. Zimmermann(ed.). Commentary, 1987, p. 1006.

정리된다.

(3) 상급자의 작위의무와 부작위

제86조 제2항의 상급자책임, 즉 상급자의 부작위에 대한 형사책임을 부과하기 위하여는 그 전제로서 상급자의 작위의무가 요구된다. ICRC 주석서는 제86조 제2항은 제87조와 관련하여 해석되어야 한다고 쓰고 있다.[80] 이에 따르면 제87조 제1, 2, 3항은 상급자책임의 전제가 되는 상급자의 작위의무를 부과하기 위하여 개별 국가들이 자국의 상급자에 대하여 일정한 작위의무를 부과하도록 요구하는 규정이라고 볼 수 있다.[81]

제86조 제2항에 따르면 지휘관은 그러한 위반을 예방하거나 억제하기 위하여 자신의 권한 내에 있는 가능한 모든 조치를 취하지 아니한 경우에 형사처벌을 받을 수 있다. 여기서 예방(prevent)은 그 내용이 분명한데 억제(repress)의 의미는 명백하지 아니하다.[82] 제86조와 제87조는 repress, suppress라는 용어를 사용하고 있는데, 이러한 용어는 법적으로 확립된 개념이 아니기 때문에 지휘관책임의 해석과 관련하여 많은 혼란을 주고 있다. 전쟁법위반을 억제한다(repress)는 것은 그것의 발생을 예방한다는 의미가 될 수도 있고, 발생하는 중인 범죄를 중단(stop)시킨다는 의미로 쓰일 수도 있으며, 이미 발생한 범죄를 처벌한다(punish)는 의미로 사용될 수도 있다. 제86조 제2항이 "예방하거나 억제하기 위하여"라고 규정하고 있는 점에 비추어 repress는 사전적인 예방보다는 발생중인 범죄를 중단시키거나 처벌

---

80) *Ibid.*, p. 1011.

81) *Ibid.*, p. 1015; 多谷千香子(이민효/김유성 역), 전쟁범죄와 법, 2010, 151면; 제87조 제3항의 의무는 지휘관이 그의 부하가 위반을 저지르려고 하거나 저질렀다는 것을 알고 있는 경우에만 적용된다. Prosecutor v. Delalić et al. (Case No. IT-96-21) Appeals Chamber Judgment, 20 February 2001, para 237.

82) C. Meloni, Command Responsibility, 2010, p. 169.

한다는 의미 쪽에 주안점을 둔 것으로 해석할 수 있다. 한편, 상급자의 의무에 관하여 ICTY 규정 제7조(3)은 방지(예방)와 처벌(prevent and punish), 로마규정 제28조는 방지(예방), 억제, 보고(prevent, repress, submit)를 사용하고 있다. 여기서 보고는 스스로 부하를 처벌할 수 있는 권한이 없는 경우에 이러한 권한을 가진 자에게 범죄를 알리는 대체적 의무이다. 이러한 규정들과 비교하여 보면 repress의 핵심이 처벌(punish)에 있다는 것을 알 수 있다.

홍미롭게도 1977년 제1추가의정서에 대한 ICRC의 주석서는 repress의 의미를 특별히 설명하지 않고 있다.[83] ICRC 주석서의 이러한 태도는 제86조 제2항의 상급자의 의무의 구체적 내용은 제87조에 규정된 의무와의 연계 속에 설명된다고 보고 있기 때문인 것으로 추측된다.[84] ICRC 주석서에 의하면 제86조 제2항의 지휘관책임의 성립요건의 전제가 되는 상급자의 의무를 알기 위하여는 제87조를 살펴보아야 한다. 제87조에 따르면 "군지휘관"은 부하나 자신의 통제를 받는 자들의 조약위반을 예방, 억제, 보고할 의무(제1항), 부하인 군인들이 조약의 의무를 알게 하여야 할 의무(제2항)를 지고, "모든 지휘관"은 부하나 자신의 통제를 받는 자들의 조약위반을 예방하기 위한 조치를 취할 의무, 그러한 위반이 발생한 경우에는 이를 처벌하거나 징계할 의무(제3항)를 진다. 여기서 "모든 지휘관"은 민병대나 의용대를 지휘하는 민간인 상급자를 포함하는 것으로 보인다.

제86조 제2항은 "가능한 모든 조치"를 취할 의무라고 규정하여 매우 광범위한 내용을 담으려고 했으면서도 "자신의 권한 내에 있는"

83) J. D. Preux, "'Article 86-Failure to Act' and 'Article 87-Duty of Commanders'", in: Y. Sandoz/C. Swinarski/B. Zimmermann(ed.). Commentary, 1987, pp. 1015-1016.

84) Prosecutor v. Hadžihasanović & Alagic & Kubura, (Case No. IT-01-47-AR72) Appeals Chamber Decision on Interlocutory Appeal Challenging Jurisdiction in Relation to Command Responsibility, 16 July 2003, Partial Dissenting Opinion of Judge Shahabuddeen, para. 25.

조치로 제한하고 있어 상급자가 불가능한 수단을 취하지 못한 경우
에는 처벌할 수 없도록 하고 있다. 한편, 몰라서 그러한 조치를 할
수 없었다는 변명은 그러한 무지가 상급자의 잘못 때문인 경우에는
받아들여지지 않는다.[85]

3) 제1추가의정서 제86조 제2항의 문제점

제86조 제2항은 부하가 1949년 제네바협약 4개와 이 의정서의 위
반을 "저지르고 있거나 저지르려고 하고 있다는 것"을 알았거나 또
는 당시 상황에서 그렇게 결론지을 수 있을 만한 정보를 가지고 있
었던 경우에 상급자의 부작위를 처벌하고 있다. 즉, 규정상으로는
상급자의 인식의 대상에 부하가 범죄를 이미 "저지른 상황"은 포함
되어 있지 않다. 여기서 상급자의 인식의 대상이 되는 부하의 범죄
상황은 단순히 지휘관책임의 주관적 요건에만 관련되는 것이 아니
다. 왜냐하면 상급자가 인식하거나 인식하였어야 할 상황에 따라 상
급자가 하여야 할 조치의무의 내용이 달라지기 때문이다. 범죄가 이
미 발생하였다면 이에 대한 처벌을 하여야 할 의무가 문제될 것이
고, 범죄가 발생하려고 하고 있다면 이를 예방하여야 할 의무가 문
제가 될 것이다. 달리 말하면, 제87조는 상급자가 취해야 할 의무를
제시하고 있지만, 상급자가 제87조에 규정된 모든 의무를 다 이행해
야 하는 것이 아니라 주어진 상황에 부합하는 의무를 이행하여야 하
는 것이다.

1977년 제1추가의정서 제86조 제2항의 문언의 문제점은 지휘관책
임의 성립요건에 대한 혼란을 초래하였다. ICTY의 Hadžihasanović 사
건에서 항소심의 다수의견은 1977년 제1추가의정서 제86조 제2항의

---

85) J. D. Preux, "'Article 86-Failure to Act' and 'Article 87-Duty of Commanders'", in: Y.
Sandoz/C. Swinarski/B. Zimmermann(ed.), Commentary, 1987,i pp. 1015-1016.

문언을 근거로 범죄가 발생한 이후에 그 범죄를 저지른 부하에 대하여 지휘관이 된 경우에는 제86조 제2항이 적용되지 않는다고 해석하고, 이것이 지휘관책임의 성립요건에 관한 관습국제법의 기준이라고 보았다. 1977년 제1추가의정서에서 제86조 제2항이 지휘관책임에 관한 규정이고, 제87조는 당사국들의 의무에 관한 것이다. 따라서 제87조와 상관없이 제86조 제2항의 문언에 따라서 지휘관책임의 성립요건이 결정된다.[86]

그런데, ICRC의 주석서는 제86조 제2항의 규정과 달리 부하가 위반행위를 "저질렀거나 저지르고 있다"는 것을 알았거나 그렇게 결론지을 수 있을 만한 정보를 가지고 있다는 취지로 해석하여 논의를 전개하고 있다.[87] ICRC의 주석서는 지휘관책임의 성립요건을 설명하면서 "위반을 하고 있거나 하려고 하고 있다는 것"(was committing or was going to commit such a breach)을 알거나 알게 하는 정보를 가지고 있을 것을 요구하지 않고 "위반행위를 했거나 하고 있다"는 것을 알거나 알 수 있게 하는 정보를 가지고 있을 것이 요구된다고 쓰고 있다. 또한 ICRC 주석서는 제87조의 의무의 모든 내용이 제86조 제2항에서 상급자가 취해야 할 조치의 내용으로 본다. 제87조는 부하가 이미 범죄를 저지른 상황에서 발생하는 상급자의 의무를 규정하고 있

---

86) Prosecutor v. Hadžihasanović & Alagic & Kubura, (Case No. IT-01-47-AR72) Appeals Chamber Decision on Interlocutory Appeal Challenging Jurisdiction in Relation to Command Responsibility, 16 July 2003, para. 53.

87) 지휘관책임이 적용이 되는 상급자는 부하가 "위반행위를 했거나 하고 있다는 것"(has committed or is going to commit a breach)을 알 수 있게 하는 정보를 평소에 가지는 위치에 있는 상급자이다. J. D. Preux, "'Article 86-Failure to Act' and 'Article 87-Duty of Commanders'", in: Y. Sandoz/C. Swinarski/B. Zimmermann(ed.), Commentary, 1987, p. 1013; 상급자의 인식, 인식가능성의 요건은 상급자가 위반이 발생했거나 또는 발생할 것이라는 것을 알았던 경우에는 특별한 문제가 없으나 발생했거나 또는 발생할 것이라는 것을 알게 해 주는 정보를 가지고 있었던 경우가 문제이다. Ibid.

다. 따라서 제87조의 의무를 전제로 하는 제86조 제2항도 부하가 이미 범죄를 저지른 상황에 적용이 된다.[88] 즉, 제1추가의정서 제86조 제2항이 부하가 위반행위를 이미 저지른 상황에 대하여 상급자가 알았거나 그렇게 결론지을 수 있을 만한 정보를 가지고 있는 경우를 명시적으로 규정하고 있지 않지만, ICRC 주석서는 제86조 제2항과 제87조의 관계에 비추어 그러한 경우도 제86조 제2항의 적용대상이 된다고 해석한 것이다.

ICRC 주석서의 이러한 해석은 결론에 있어서 Hadžihasanović 사건 항소심에서 반대의견을 제시한 Shahabuddeen 판사와 Hunt 판사의 해석과 일치한다.[89] 필자는 Hadžihasanović 사건 항소심의 다수의견에 반대하고 Shahabuddeen 판사와 Hunt 판사의 반대의견에 찬성한다. 즉, 제87조와 제86조 제2항의 밀접한 관련성, 그리고 지휘관책임의 취지를 고려하면 제86조 제2항의 문언에도 불구하고 ICRC 주석서, Shahabuddeen 판사, Hunt 판사와 같은 결론에 도달하는 것이 어렵지 않기 때문이다. 다만, 1977년 제1추가의정서 제86조 제2항 규정의 문제점은 시정되어야 할 것이고, 역시 유사한 문제를 가지고 있는 로마규정 제28조도 개정되어야 할 것이다.

---

88) ICRC 주석서는 제86조 제2항의 상급자의 구체적 의무는 제87조에서 다루어진다고 기술하고 있어 제87조의 모든 의무들이 적용되는 것처럼 서술하면서도, 주로 예방, 억제 의무를 중심으로 제86조 제2항을 설명하고 있다. *Ibid.*, p. 1014.

89) Prosecutor v. Hadžihasanović & Alagic & Kubura, (Case No. IT-01-47-AR72) Appeals Chamber Decision on Interlocutory Appeal Challenging Jurisdiction in Relation to Command Responsibility, 16 July 2003, Partial Dissenting Opinion of Judge Shahabuddeen, para. 25.

제4절 지휘관책임의 확립 - ICTY

1. 구유고국제형사재판소(ICTY)와 르완다국제형사재판소(ICTR)

1990년대 유고사회주의연방(Socialist Federal Republic of Yugoslavia)이 해체되는 과정에서 무력충돌과 잔혹행위들이 발생하자 국제연합 안전보장이사회는 국제연합 헌장 제7장에 근거하여 1993년 2월 22일 국제연합 안전보장이사회의 부속기관으로 구 유고에서 발생한 중대한 전쟁범죄를 소추하기 위한 국제재판소(an international tribunal)의 설치를 결정하였다(제808호 결의). 국제연합의 사무총장이 위 결의에 따라 1993년 5월 3일 제출한 보고서는 안전보장이사회의 결의에 의해 성립하는 국제재판소는 국제인도법의 심각한 위반에 책임있는 자들을 처벌하기 위하여 기존에 존재하는 국제인도법을 적용한다고 하였다.[90] 상급자책임(지휘관책임)은 이 보고서 포함된 ICTY 규정 제7조(3)에 있었다.[91]

한편, 1994년 아프리카의 르완다에서 후투(Hutu)족이 100일 동안

---

90) 이 보고서는 상급자의 지위에 있는 자는 이 규정에 따른 범죄를 저지르도록 명령한 것에 대하여 개인 책임을 지고, 또한 그러한 지위에 있는 자는 범죄를 예방하지 않거나 그의 부하의 위법한 행동을 방지하지 못한 것에 대하여도 책임을 진다고 하였다. 이 보고서는 상급자의 부작위 책임을 귀속책임(imputed responsibility) 또는 형사과실(criminal negligence)이라고 표현하였다. Report of the Secretary-General Pursuant to Paragraph 2 of Security Council Resolution 808 (1993), S/25705, 3 May 1993, paras. 28-29, 53-56.

91) ICTY 규정은 ICTY가 관할권을 갖는 국제범죄로서 제2조 1949년 제네바협약들의 중대한 위반, 제3조 전쟁의 법과 관습 위반, 제4조 집단살해, 제5조 인도에 반하는 죄를 두었다. ICTY의 국제범죄에 대하여는 권오곤, 국제 형사재판과 한국 형사재판의 비교법적 고찰, 인권과 정의 359호, 대한변호사협회, 2006, 19-20면 참조.

80-100만명의 투치(Tutsi)족을 살해하는 사건이 발생하였다. ICTY의 예에 따라 국제연합 안전보장이사회는 1994년 11월 8일에 결의 제955호를 통하여 르완다국제형사재판소(ICTR)의 설치를 결정하였다. ICTY와 ICTR은 규정이 거의 동일하고 항소심을 공유하였기 때문에 자매재판기구로 불린다.[92]

ICTY는 160명이 넘는 피고인들을 재판하고 많은 판례를 집적함으로써 국제형법 이론의 발전에 지대한 역할을 한다. 국제형사재판기구의 규정에 최초로 지휘관책임을 명문으로 규정하였으며, Čelebići(첼리비취) 수용소 사건을 통하여 지휘관책임의 성립요건에 관한 관습국제법 기준을 확립하였다. 그러나, 지휘관과 부하의 관계에 대하여 실효적 통제(effective control)라는 매우 엄격한 요건을 요구함으로써 ICTY 검사가 지휘관책임보다 공동범죄집단 이론을 선호하게 만들었다.

2. ICTY 규정 제7조 제3항 [ICTR 규정 제6조 제3항]

ICTY 규정 제7조 개인의 형사책임

(3) 이 규정의 제2조부터 제5조에서 언급된 행위가 부하에 의하여 저질러졌다는 사실은 그의 부하가 그러한 위반을 저질렀거나 저지르려고 하고 있다는 것을 알았거나 또는 알았을 만한 사유가 있는 경우에는 그러한 위반을 방지하거나 그러한 행위를 한 자를 처벌하기 위하

---

92) 르완다에서 발생한 사건은 국내 분쟁이었기 때문에 ICTY와 달리 ICTR은 (국제적 무력충돌의 성격을 갖는) 전쟁범죄를 관할에서 배제하였다. ICTY 규정의 제2조 제네바협약들의 중대한 위반, 제3조 전쟁의 법과 관습 위반 대신에 ICTR은 제4조에서 제네바협약들의 공통 제3조(Common Article 3)와 1977년 제2추가의정서 위반을 두고 있다.

> 여 필요하고도 합리적인 조치를 취하지 못한 그 상급자의 형사 책임을
> 면제시키지 않는다.

ICTY 규정 제7조(3)과 ICTR 규정 제6조(3)은 같은 내용을 가지고 있다. 부하가 범죄를 저질렀거나 저지르려고 하고 있다는 것을 알았거나 또는 알았을 만한 사유가 있는 경우에 상급자가 필요한 조치를 취하지 않은 경우로 규정하고 있어서 조문상으로는 부하가 범죄를 저지르고 있는 중인 상황에 대하여는 규정하고 있지 않다. 그럼에도 불구하고 부하가 범죄를 저지르려고 하고 있거나 저지르는 중인 상황에 대하여 규정하고 있는 1977년 제1추가의정서 제86조 제2항과 로마규정 제28조과 동일하게 해석하고 있다.[93] 규정의 명확성을 위하여는 부하가 범죄를 저지르려고 하는 경우, 저지르는 중인 경우, 저지른 경우를 모두 포함하는 것이 타당할 것이다.

3. ICTY의 Čelebići(첼리비취) 판결

1) Čelebići 사건

ICTY의 첼리비취 수용소(Čelebići prison camp 또는 Čelebići camp) 판결은 지휘관책임에 관한 ICTY 최초의 사건이었다.[94] 1992년 보스니아

---

93) Prosecutor v. Delalić et al. (Case No. IT-96-21) Trial Chamber Judgment, 16 November 1998, para. 395; Prosecutor v. Delalić et al., (Case No. IT-96-21) Appeals Chamber Judgement, 20 February 2001, paras. 234-235.

94) 이 사건의 정식 명칭은 Prosecutor v. Delalić et al.이다. 그런데, 사건명의 첫 번째 피고인 델라리취(Delalić)의 이름이 아닌 수용소가 있었던 Čelebići라는 지역의 이름을 따라 Čelebići 사건 또는 Čelebići 판결로 많이 불리고 있다. ICTY 홈페이지는 이 사건의 명칭을 가장 대표적 피고인인 Mucić(무치취)의 이름을 따서 무치취 등 사건(Mucić et al.)이라고 하고 있다. http://www.icty.org/

및 헤르체고비나(Bosnia and Herzegovina)의 Konjic Municipality(콘예츠
구)에서 보스니아 계와 크로아티아 계 군의 연합군과 세르비아 계
보스니아인들 사이에 전투가 발생하였다. 이 와중에 보스니아 정부
(Bosnian Government)[95]에 의해 붙잡힌 세르비아 계 보스니아인들
(Bosnian Serbs)은 Čelebići 마을의 수용소 시설에 구금되었다.

　1992년 4월부터 12월까지 Čelebići(첼리비취) 수용소에서 살인, 성
폭행, 구타, 잔혹하고 비인간적인 행위들이 수용자들에게 행해졌다.
수용자들은 대부분 남자였고 여자도 일부 있었다. 수용자들은 수용
소에 도착하자마자 구타를 당했고 구금기간 동안 정기적으로 구타
가 행해졌다. Zdravko Mucić(즈드라브코 무치취)는 수용소의 소장으
로 그가 소장으로 있는 동안에 간수들의 구타에 의해 8명의 수용자
가 사망하였고, 한 명의 수용자가 구타를 피하려다가 총살되었다.
한 수용자가 소총의 개머리판 등으로 몇 시간 동안 계속하여 맞았
고, 수용소 도착당시 상처가 심했던 다른 수용자가 계속된 구타로
인하여 사망하였다. Hazim Delić(하짐 델리취)는 수용소의 부소장으
로, 한 수용자를 며칠 동안 계속 구타하여 사망하게 하였고, 다른 수
용자를 맨홀(manhole) 속에 감금하고 하루 동안 물과 음식을 주지 않
았으며 그 후 삽과 전선 등으로 구타하였다. 물이 충분했는데도 더
운 여름에 수용자들에게 마실 물을 심각한 정도로 제한했고, 치료를
요청하는 수용자들에게 어차피 죽을 것이라고 말했다. Delić는 신문
동안 두 명의 여성 수용자를 강간하였는데, 그 중 하나는 다른 간수
들이 보고 있는 동안에 행해졌다. 수용소 간수(guard)인 Esad Landžo
(에사드 란조)는 60대의 수용자를 구타하고, 세르비아 민주당 뱃지를
그의 이마에 박았다. 이 피해자는 그후 사망하였다. 피고인은 불에
달군 집게로 한 수용자의 혀, 입, 귀를 잡아 화상을 입혔다. Landžo는

---

case/mucic/4 2016. 5. 15. 최종접속.
95) 여기서는 보스니아 및 헤르체고비나 정부를 줄여서 보스니아 정부로 부른다.

한 수용자의 얼굴에 가스마스크를 씌우고 숨을 못쉬게 하면서 불에 달군 칼로 그의 손, 다리, 허벅지를 지졌다. 한 수용자를 야구몽둥이로 때리면서 팔굽혀펴기를 하게 하였고, 다른 수용자의 성기에 불에 달군 퓨즈 선(fuse cord)을 대었다.[96]

검사는 Zejnil Delalić(제닐 델라리취), Zdravko Mucić(즈드라브코 무치취), Hazim Delić(하짐 델리취), Esad Landžo(에사드 란조) 등 피고인 4명에 대하여 1949년 제네바 협약들의 중대한 위반(ICTY 규정 제2조), 전쟁의 법과 관습위반(ICTY 규정 제3조)으로 기소하였다. 간수인 Esad Landžo를 제외한 세 명에게 지휘관책임이 적용을 청구하였다. Esad Landžo는 살인, 고문, 잔인한 처우를 실행한 직접 책임에 대하여 유죄판결을 받고 15년의 구금형을 선고받았다.[97]

1심 재판부는 Delalić가 보스니아 군의 제1기술부대(the First Tactical Group of the Bosnian Army, "TG 1")의 지휘관이며, TG 1은 순순한 전투부대로서 그 지휘관의 권한과 책임은 그의 지휘를 받는 구성원들에 대한 것으로 제한되고, 수용소 소장이나 간수에 대하여 직접적인 권한이나 실효적 통제를 가지고 있지 못하다는 이유로 Delalić의 지휘관책임에 대하여 무죄를 선고하였다.[98]

---

96) Mucić et al. Case Information Sheet pp. 1-2. http://www.icty.org/x/cases/mucic /cis/en/cis_mucic_al_en.pdf 2016. 5. 15. 최종접속.

97) Čelebići(첼리비취) 수용소의 관리에는 MUP(보스니아의 내무부 소속 경찰), HVO(헤르체코비나 지역에 결성된 크로아티아계 무장단체, Bosnian Croat Armed forces), TO(지역 방위군, Territorial Defence forces) 등 여러 집단이 관여한 것으로 알려져 있으나 정확한 관리주체는 밝혀지지 않았다. Prosecutor v. Delalić et al., (Case No. IT-96-21) Trial Chamber Judgement, 16 November 1998, paras. 142-143.

98) Ibid., para 721. 상급자-하급자 관계가 인정되기 위하여는 하급자의 범죄행위를 방지하거나 처벌할 수 있는 실질적인 능력이 있는지라는 의미에서 하급자에 대한 실효적 통제가 있어야 한다. Prosecutor v. Delalić et al., (Case No. IT-96-21) Appeals Chamber Judgement, 20 February 2001, para 256.

Mucić는 자신을 Čelebići 수용소의 지휘관이나 소장(warden)으로 임명한 어떠한 서류도 없다고 주장하였으나, 1심 재판부는 피고인이 부소장인 Delić와 간수들을 부하로 두고서 수용소에서 그의 명령을 집행하게 하였다는 점, 피고인이 수용자들의 이송, 석방, 그들에 대한 방문, 식량 지급에 대한 권한을 가지고 있었던 점, 간수들을 지휘하고 그들에 대한 인사, 징계권을 가지고 있었던 점을 근거로 그가 범죄기간 동안 수용소의 사실상의 지휘관(de facto commander)이었다고 판단하였다.[99] 수용소에서 범죄들은 너무나 빈번히 발생하였고 악명이 높았던 점을 근거로 피고인이 수용소에서 범죄가 발생하는 것을 알고 있었다고 인정하고,[100] 소장인 피고인이 Čelebići 수용소 내에서 발생하는 범죄를 방지하거나 그 실행자들을 처벌하거나 징계하기 위한 합리적이거나 적절한 조치를 취한 적이 없다고 판시하였다. Mucić는 지휘관책임에 기초하여 7년을 선고받았다.[101]

Delić는 수용소의 부소장이었는데 살인, 고문, 비인도적 대우에 직접적 참여한 부분에 대하여는 유죄로 처벌받았으나, 간수들이 소장인 Mucić에게 직접 보고하였고 Delić는 실효적 통제 권한을 가지고 있지 못하였다는 이유로 지휘관책임에 대하여는 무죄를 선고받았다. Delić가 종종 부하들의 범죄행위에 일정한 영향력을 가지고 있었다는 증거가 있었으나 이러한 영향력은 Delić가 직접 범죄행위에 참여하였다는 사실과 비도덕적 인간에 대하여 간수들이 가지는 공포로부터 기인하는 것에 불과하다고 보았다. Delić는 직접 책임에 대하여 18년의 구금형을 선고받았다.[102]

---

99) Prosecutor v. Delalić et al., (Case No. IT-96-21) Trial Chamber Judgement, 16 November 1998, paras. 731-739, 763-767.
100) *Ibid.*, paras. 769-770.
101) *Ibid.*, paras. 771-774.
102) *Ibid.*, para 806.

2) Čelebići 기준

Čelebići 1심 재판부는 ICTY 규정 제7조(3)에 따라 지휘관책임이 성립하기 위하여 첫째, 지휘관-하급자 관계가 있을 것, 둘째 하급자가 범행을 저질렀거나 범행을 저지르려고 하고 있는 것을 알았거나 알만한 이유가 있을 것, 셋째, 지휘관이 범행을 방지하거나 범인을 처벌하기 위한 필요하고도 합리적인 조치를 취하지 않았을 것이라는 점이 입증되어야 한다고 하였다.[103][104] 1심재판부가 제시한 지휘관책

---

103) 이 3가지 요건은 학자들에 의하여 일반적으로 다음과 같이 짧게 인용되고 있다. 1. 상급자-하급자 관계(superior-subordinate relationship), 2. 상급자의 실제의 인식 또는 인식의 실패(actual or constructive knowledge), 3. 상급자의 부작위(failure to act). 여기서 두 번째 요건의 constructive knowledge는 실제로 인식하지 못한 경우에도 지휘관책임이 성립할 수 있다는 취지이다. 이를 추정적 인식이라고 번역하는 경우도 있으나 이는 타당하지 않다. 왜냐하면 증거법상의 입증부담을 경감시키는 역할을 하는 추정은 반대되는 사실이 입증된 경우에는 인정되지 않기 때문이다. should have known 기준이든 had reason to know 기준이든 간에 이러한 기준을 만족시키면 지휘관책임이 인정되는 것이지 다른 어떤 사실, 즉 실제의 인식이 추정되고 그에 따라 지휘관책임이 성립되는 것이 아니다. 일반적으로 constructive는 '해석에 의한'으로 번역된다. constructive knowledge란 실제의 인식이 없는 경우에도 법적인 평가에 의하여 실제의 인식이 있는 것과 같은 법률효과가 부여된다는 의미이다. 지휘관책임에 있어서 주관적 요건은 실제의 인식이 있는 경우와 일정한 정도의 과실이 있는 경우로 이루어진다. 여기서 실제의 인식은 없지만 지휘관책임이 성립하는 주관적 요소로 인정되는 과실은 그 자체로 실제의 인식과는 구별이 되며, 그러한 정신상태가 인정되는 경우 그에 부합하는 법률효과가 발생하는 것이지 실제의 인식이 있는 경우와 동일하게 처벌된다는 것은 아니다. 따라서 지휘관책임의 성립요건으로 제시되고 있는 과실 기준들은 constructive knowledge가 아니다. 이 용어는 지휘관책임이 무과실책임, 대위책임 또는 엄격책임의 일종이 아닌가하는 오해를 불러일으킬 수 있기 때문에 사용을 피하는 것이 좋다. 그럼에도 불구하고 지휘관책임에 있어서 과실에 의해 지휘관책임이 발생하는 경우를 설명하는 제목으로 학자들 사이에 광범위하게 사용

임의 3가지 요건은 항소심 재판부에 의해 승인되고, ICTR에 받아들여
져 현재 관습국제법의 가장 대표적인 기준으로 확립되었다.[105]

(1) 상급자-하급자 관계(The Superior-Subordinate Relationship)

ICTY의 1심 재판부와 항소심 재판부는 Mucić, Delalić, Delić가 군지
휘관인지, 민간인 상급자(문민실권자)인지에 대한 판단은 하지 않았
다.[106] 민간인이든 군조직이든 간에 상급자로서의 법적 지위와 사실
적 지위에 기초하여 권한을 행사할 수 있는 위치에 있는 자는 지휘
관책임에 의해 형사처벌을 받을 수 있다. 부하들의 행동에 대한 공
식적, 법적 권한이 없다고 하여 그러한 책임이 배제되지 않는다.[107]

되고 있다. 본 논문에서도 다른 학자들의 견해를 인용하는 경우처럼 불
가피한 경우에는 이 용어를 사용한다. 다만, 단어의 뜻과 문맥에 비추어
최선의 번역을 하자면 '법적 인식', '평가적 인식', '해석적 인식', '귀속적
인식', '간주된 인식' 등이 고려될 수 있다. 해석이라는 용어는 법을 해석
한다는 것으로 오인될 수 있고, 법적 인식, 평가적 인식은 그 의미가
constructive라는 용어 자체에서 드러나지 않는다. 귀속적이라는 말이나 간
주라는 말도 무과실책임을 연상시킨다. 실제의 인식이 아닌 경우라는 의
미로 '비실제적 인식'이라고 번역하는 것도 의도와는 다른 의미로 들리기
때문에 문제가 있다. 필자는 일단 이것이 실제의 인식에 미치지 못하지
만 귀책사유가 있다는 취지를 전달하기 위하여 '인식의 실패'로 번역한
다. 훗날에 더 좋은 번역이 나올 것을 기대한다.

104) Čelebići 1심 재판부는 ICTY 규정 제2조부터 제5조까지의 범죄의 하나 이상
의 발생(commission)은 지휘관책임의 전제조건이라고 표현하고 있다.
Ibid,, para 346; 이에 반하여 Orić 사건의 1심 재판부는 요건으로 하급자가
국제범죄를 저질렀을 것을 추가하면서 이것을 주된 범죄(principal crime)이
라고 칭하였다. Prosecutor v. Orić, (Case No. IT-03-68) Trial Chamber Judgement,
30 June 2006, para. 294.

105) A. Zahar, "Command Responsibility of Civilian Superiors for Genocide", Leiden
Journal of International Law 14(3), 2001, p. 592.

106) Prosecutor v. Delalić et al., (Case No. IT-96-21) Appeals Chamber Judgement, 20
February 2001, para. 240.

107) Prosecutor v. Delalić et al., (Case No. IT-96-21) Trial Chamber Judgement, 16

중요한 것은 공식적 지위가 아니라 부하들의 행동을 통제할 수 있는 힘을 실제로 보유하고 있는지 여부이다.[108]

Čelebići 1심 재판부는 사실상의 상급자가 지휘관책임의 주체에 포함된다는 근거로 ① ICTY 규정 제7조 제3항이 지휘관책임의 주체가 되는 지휘관에 대하여 상급자(superior)라는 용어를 사용하고 있으며 이것은 사실상의 통제 권한을 포함할 수 있을 만큼 충분히 넓은 개념이라는 점,[109] ② 1977년 제1추가의정서 제86조 제2항도 superior라는 용어를 쓰고 있고, 동 의정서의 제87조 제3항은 군 지휘관의 의무를 그의 부하들뿐만 아니라 그의 통제하에 있는 다른 사람들(other persons under his control)에게까지 확장하고 있는 점,[110] ③ 뉘른베르크 국제군사재판 이후에 미국의 점령지에서 재판한 군사재판소의 Hostage 사건과 High Command 사건에서 지휘관은 자기의 지휘계통하에 있지 않은 부대들이 저지른 전쟁범죄에 대하여도 지휘관책임을 질 수 있다고 결정한 점,[111] ④ 도쿄재판에서 외상 히로타 코키(Hirota Koki)처럼 일정한 직책을 가진 민간인(civilians occupying positions of authority)에 대하여 국내법상 공식적인 권한이 존재하지 않거나 제한된 경우에도 지휘관책임을 물었던 점을 근거로 제시하였다.[112] ⑤ 또한,

---

November 1998, para. 354.

108) *Ibid.*, para. 370.

109) *Ibid.*

110) *Ibid.*, para. 371.

111) *Ibid.*, para. 372; 미국은 뉘른베르크 국제군사재판이 열렸던 뉘른베르크에서 12개의 재판을 한다. 이 재판소의 공식 명칭은 뉘른베르크 군사재판소(Nuremberg Military Tribunal, NMT)이지만, 미국 군사 재판소(American Military Tribunals 또는 United States Military Tribunals)라는 명칭도 사용된다. 이 재판들은 뉘른베르크 후속재판(subsequent proceedings)이라고 불린다. K. J. Heller, The Nuremberg Military Tribunals and the Origins of International Criminal Law, Oxford University Press, 2011, p. 1.

112) Prosecutor v. Delalić et al., (Case No. IT-96-21) Trial Chamber Judgement, 16 November 1998,, para. 376.

Čelebići 1심 재판부는 뉘른베르크 국제군사재판 후에 프랑스가 점령지에서 재판한 Röchling 사건에서 피고인 Hans Lothar von Gemmingen-Hornberg가 독일 비밀 경찰(Gestapo)에게 명령을 할 수 있는 공식적 권한(any formal authority)이 없음에도 불구하고 그가 Gestapo에 의하여 저질러지고 있던 강제노동을 막기 위한 조치를 하지 않았다는 이유로 유죄를 받은 것을 민간인 기업인(civilian industrial leaders)이 사실상의 통제권(de facto powers of control)을 기초로 지휘관책임에 의해 처벌받은 사례로 보았다. Čelebići 1심 재판부는 Röchling 사건의 1심 재판부는 피고인이 철강왕 Hermann Röchling의 사위라는 신분에 주목한 것에 비추어 사실상의 영향력(de facto influence)이나 비공식적인 영향력(informal influence)과 같은 충분한 권위(sufficient authority)도 지휘관책임의 근거가 될 수 있다고 본 것이다.[113]

결국 Čelebići 1심 재판부에 의하면 상급자책임(superior responsibility)이 적용되기 위하여는 상급자가 부하들의 범죄를 방지하고 처벌할 수 있는 실질적 능력을 의미하는 실효적 통제(effective control)을 가지고 있어야 한다. 그리고 민간인 상급자(문민실권자)의 경우에는 그들이 군의 지휘관과 비슷한 정도로 그 부하들에 대하여 통제를 행사(exercise)하는 경우에만 상급자책임이 적용된다.[114] ICTR은 Kayishema(카이셰마) 사건[115], Musema(무세마) 사건[116]에서 군인이 아닌 민간인

---

113) *Ibid.*: Röchling 가족은 독일과 프랑스의 접경지대인 Saar 지역의 가장 중요한 제강공장을 소유하고 있었는데 프랑스는 Röchling 재판을 통하여 전범의 처벌, Saar 지역의 탈나치화를 추구하였다. B. Long, No Easy Occupation: French Control of the German Saar, 1944-1957, Boydell & Brewer, 2015, p. 44.

114) Prosecutor v. Delalić et al., (Case No. IT-96-21) Trial Chamber Judgement, 16 November 1998, para. 378.

115) 집단살해죄의 발생 당시에 Kayishema는 Kibuye Préfecture(키부예 도)의 Préfet (지사)였다. Kayishema는 자치경찰(communal police), 무장경찰(gendarmes)에 대하여 실효적 통제(effective control)을 가지고 있었고, 군인, 수용소 소장 (prison wardens), 무장 민간인, 후투 민병대(Interahamwe)에 대하여 현실적

통제(actual control)를 행사하였다. Prosecutor v. Kayishema & Ruzindana, (Case No. ICTR-95-1-T) Appeals Chamber Judgement, 1 June 2001, para. 299; Kayishema 도지사에 대하여 Nybondas는 무장경찰(gendarmes)와 민병대 등의 조직에 대하여 사실상의 통제력을 행사했기 때문에 로마규정 제28조의 분류에 따르면 사실상의 군 지휘관에 해당한다고 한다. M. L. Nybondas, Command Responsibility, 2010, p. 85.

116) Musema는 키부예(Kibuye) 도에 있는 기소부 차 공장(Gisovu tea factory)의 공장장이었다. 이 지역의 가난 때문에 Musema는 그가 고용한 사람들뿐만 아니라 그 지역의 공동체(communal authorities)에 대하여도 영향력을 행사할 수 있었다. Musema는 기소부 차 공장의 피용자들에 대하여 그들의 업무에 관하여 그들이 차 공장에 있는 동안뿐만 아니라 공장 밖에서 그들의 업무를 하고 있을 때도 법적인 권한(de jure authority)을 행사하였다. 차 공장에서 특히 피용자들을 임명하고 해고할 수 있는 그의 권력(power)을 통하여 피용자들에 대하여 법적, 재정적 통제(legal and financial control)을 행사하였다. Musema는 이러한 권력에 의해 범죄를 저지르는 피용자에 대하여 차 공장에서 해고하거나 해고하겠다고 위협하는 등의 합리적인 조치를 취할 수 있는 지위에 있었다. Musema는 차 공장의 차량, 제복(uniforms), 기타 공장의 재산을 범죄에 사용하는 경우에 이러한 권력에 의해 그러한 사용을 방지하거나 처벌하려고 시도하는 합리적인 조치를 취할 수 있는 지위에 있었다. 따라서 Musema는 차 공장의 피용자와 자원에 대하여 법적 그리고 사실적 통제를 행사한 것이다. Prosecutor v. Musema, (Case No. ICTR-96-13-A) Trial Chamber Judgement, 27 January 2000, paras. 873, 880; Nybondas는 민간인 범죄자들에 대하여 사실상의 통제를 행사한 Musema 사건이 현재까지 로마규정 제28조의 "기타의 상급자(other superiors)" (민간인 상급자)에 해당할 수도 있는 유일한 사례라고 지적한다. 그러나 Nybondas는 Musema가 엄격한 의미에서 민간인 상급자(문민실권자)에 포함되는지에 대하여 의문을 제기한다. 상급자가 민간인 상급자가 되기 위하여는 부하들이 민간인이어야 한다. 이러한 민간인 부하들이 자신들의 개인적 지위에서 국제범죄를 저질렀다면 처음부터 지휘관책임이나 상급자책임의 문제는 발생하지 않는다. 결국 민간인 부하들이 민간인 상급자와 상급자-부하 관계를 맺고 있는 그러한 직업적 지위(in their professional duties)에서 국제범죄를 저지른 경우에만 상급자책임이 문제될 것이다. 그런데, 민간인 상급자가 지휘관책임을 지는 경우는 실질적으로는 민간인 상급자와 그 부하들의 관계가 군 지휘관의 그것과 유사한 경우이다. 다시 말하면, 민간인 상급자는 실질적으로 그가 사실상의 군지휘관의 성격

상급자(문민실권자)에 대하여 지휘관책임을 인정하였다.

ICTY 판례에서 법적 상급자(de jure superior)가 아닌 사실상의 상급자(de facto superior)는 부하에 대하여 "실효적 권위"(effective authority)를 가지는 자이며[117], 이들도 부하들의 범죄를 방지하거나 처벌할 수 있는 실질적 능력을 가지고 있어야 한다는 의미에서 부하에 대한 "실효적 통제"(effective control)를 가진다.[118]

(2) 주관적 요건(Knew or Had Reason to Know)

1심 재판부는 ICTY 규정 제7조 제3항을 관습국제법에 따라 해석하면 다음과 같은 두 가지 경우에 상급자책임이 발생한다고 하였다. (1) 상급자가 그의 부하들이 규정 제2조부터 제5조의 범죄를 저지르고 있거나 저지를 것이라는 것을 실제로 알고 있었다. (2) 위와 같은 범죄들이 그의 부하들에 의하여 저질러졌거나 또는 저질러 질 것인지를 확인하기 위하여 추가적이 조차가 필요하다는 것을 알려줌으로써 적어도 위와 같은 범죄들의 위험성을 상급자에게 고지하여 주는 그러한 성질의 정보를 가지고 있었다.[119]

을 갖는 경우에만 지휘관책임의 적용을 받는다는 것이다. M. L. Nybondas, Command Responsibility, 2010, pp. 85-86; A. Zahar, Command Responsibility of Civilian Superiors for Genocide, LJIL 14(3), 2001, p. 591.

117) Prosecutor v. Aleksovski, (Case No. IT-95-14-1) Trial Chamber Judgement, 25 June 1999, para. 173.

118) Prosecutor v. Delalić et al., (Case No. IT-96-21) Trial Chamber Judgement, 16 November 1998, para. 378; Čelebići 1심 재판부는 ICTY 지휘관책임 규정에 대하여 상급자(superior)라는 용어는 사실상의 통제권에 근거한 권위(authority)를 가진 직위를 포함할 정도로 충분히 넓은 개념이라고 하였다. 이에 따르면 권위는 사실상의 상급자와 관련이 있다. Prosecutor v. Delalić et al., (Case No. IT-96-21) Trial Chamber Judgement, 16 November 1998, para. 371; Prosecutor v. Delalić et al., (Case No. IT-96-21) Appeals Chamber Judgement, 20 February 2001. para. 193.

119) Prosecutor v. Delalić et al. (Case No. IT-96-21) Trial Chamber Judgement, 16

① 실제의 인식(Actual Knowledge)

재판부는 지휘관의 범죄에 대한 인식은 추정되지 않는다고 하였다. 그러한 인식을 입증하는 직접증거가 없고 지휘관이 인식을 부인하는 경우에, 다음과 같은 요소들을 고려하여 실제의 인식이 있었는지를 판단하여야 한다고 하였다: 위법행위의 숫자, 위법행위의 종류, 위법행위의 범위, 위법행위가 발생한 기간, 관련 부대의 숫자와 종류, 병참(logistics), 행위의 지리적 위치(geographical location), 행위의 광범위한 발생, 작전의 전술적 속도(the tactical tempo of operations), 유사한 위법행위의 수법(the modus operandi), 관련 장교와 참모, 당시 지휘관이 있던 장소.[120]

② 인식의 실패(Constructive Knowledge)

1심재판부는 상급자가 그의 부하의 행위에 대하여 일부러 알려고 하지 않은 경우는 문제가 되지 않는다고 보았다. 부하들이 범행을 하고 있거나 하고 있을 것이라고 결론을 짓게 만드는 정보를 받고도 이를 단순히 무시한 경우에 상급자책임이 성립한다는 점은 의문의 여지가 없다. 따라서 상급자가 그의 부하들을 적절히 감독하여야 할 의무를 이행하지 않았기 때문에 그러한 정보를 갖지 못한 경우에 어떻게 할 것이지가 문제된다.[121]

1심재판부는 도쿄재판에서 상급자가 알지 못하게 된 것에 대하여 귀책사유가 있는 경우에는 알지 못하였다는 항변을 할 수 없다고 한 판단한 사례, Hostage 사건에서 점령지 사령관이 보고가 부족하거나

November 1998, para. 383; 판결문의 기재에 의하면 실제의 인식은 부하가 범죄를 "저지르고 있거나 저지를 것"을 대상으로 하면서, 인식의 실패는 "저질러졌거나 저지를 것"을 대상으로 하고 있다. 1심 재판부는 이러한 차이를 두는 이유를 설명하고 있지 않다.

120) *Ibid.*, para. 386.

121) *Ibid.*, para. 387.

부적절한 경우에 추가적인 보고를 요구할 의무가 있다고 한 사례와 같이 제2차 대전 이후의 판례들은 상급자에게 그의 부하들의 활동에 대한 정보를 계속 유지하여야 할 의무를 인정하고 있다는 것을 인정하였다. 그러나, Čelebići 1심 재판부는 재판의 대상이 되는 범죄사실이 발생한 당시의 관습국제법은 위에서 본 2차 대전 관련 판결들과 다르기 때문에 ICTY는 기소된 범죄혐의 사실들이 발생한 때에 존재하는 관습법을 적용하여야만 한다고 하였다.[122] 재판부는 1977년 제1추가의정서 제86조 제2항의 조약 문안 작성과정에서 "should have known"기준이 포기되고 현재의 문안이 되었다고 주장하면서 제1추가의정서 제86조 제2항의 문언의 통상적 의미에 따른 해석에 의하면 그의 부하들이 저지른 범죄에 대한 고지를 주는 그러한 특정한 정보가 그에게 실제로 있었을 때만 상급자책임이 발생한다고 판시한다.[123] 이러한 정보는 그 자체로 범죄의 존재를 결론짓게 하는 충분한 것일 필요는 없다. 이 정보에 의해 상급자가 조사를 더 해야 하게 만드는 정보, 달리 말하면 범죄가 그의 부하들에 의하여 저질러지고 있거나 저질러졌는지를 확인하기 위한 추가적인 조사의 필요성을 보여주는 것이면 충분하다. 이러한 기준이 공소장에 기재된 범죄혐의 사실이 발생했을 당시의 관습법을 반영하며 ICTY 규정 제7조 제3항의 주관적 요건의 해석 기준이 된다.[124]

Čelebići 항소심 재판부는 지휘관책임의 주관적 요건과 관련하여 상급자가 부하들의 범죄를 알려주는 정보에 접근할 수 있었을 때에만 "had reason to know" 요건이 충족된다는 1심 재판부의 판단을 승인한다고 하면서 이것이 관습국제법과 일치한다고 보았다.[125] 항소심

---

122) *Ibid.*, para. 390.
123) *Ibid.*, paras. 391-393.
124) *Ibid.*, para. 393.
125) Prosecutor v. Delalić et al., (Case No. IT-96-21) Appeals Chamber Judgement, 20

재판부는 "had reason to know"가 제1추가의정서 제86조 제2항의 "had information enabling them to conclude"처럼 명확한 표현은 아니라고 보았다. 한편, 항소심 재판부는 ICTY 규정과 유사한 ILC의 1996년 Draft Code of Crimes against the Peace and Security of Mankind(ILC Draft Code)[126]에 주목하였다.[127] ILC의 보고서는 인식의 실패(constructive knowledge)를 지휘관이 그의 부하가 범죄를 저지르고 있거나 저지를 것을 그 당시의 정황에서 지휘관이 알 수 있게 해주는 충분한 관련 정보(sufficient relevant information)를 가지고 있는 상황이라고 보고 있다는 점에서 실질적으로 제1추가의정서 제86조 제2항과 동일한 의미로 이해하였다.[128] 항소심 재판부는 ILC 보고서가 ICTY 규정의 상급자책임의 "had reason to know"가 제1추가의정서 제86조 제2항의 "had

---

February 2001, para. 241.

126) 1947년에 설립된 국제연합 산하 국제법위원회(International Law Commission, ILC)는 인류의 평화와 안전에 관한 형법전 초안(Draft Code of offences against the peace and security of mankind)을 수회에 걸쳐 작성하는데 1996의 초안 제6조는 상급자의 책임(Responsibility of Superior)라는 제목하에 "The fact that a crime against the peace and security of mankind was committed by a subordinate does not relieve his superiors of criminal responsibility, if they knew or had reason to know, in the circumstances at the time, that the subordinate was committing or was going to commit such a crime and if they did not take all necessary measures within their power to prevent or repress the crime."이라고 규정하고 있다. Report of the International Law Commission on the work of its forty-eighth session, 6 May - 26 July 1996, UNGA, Official Records, 51st Session, Supplement No. 10 (A/51/10), p. 25. http://legal.un.org/ilc/documentation/english/reports/a_51_10.pdf 2016. 4. 18. 최종접속.

127) Prosecutor v. Delalić et al., (Case No. IT-96-21) Appeals Chamber Judgement, 20 February 2001, para. 234.

128) Report of the International Law Commission on the work of its forty-eighth session, 6 May - 26 July 1996, UNGA, Official Records, 51st Session, Supplement No. 10 (A/51/10), p. 26. http://legal.un.org/ilc/documentation/english/reports/a_51_10 .pdf 2016. 4. 18. 최종접속.

information enabling them to conclude"와 같은 의미로 이해되어야 한다고 쓰고 있다는 점을 지적한다.[129] 항소심 재판부는 제1추가의정서 제86조 제2항, ILC 보고서와 이 보고서에 대한 주석서가 지휘관책임의 주관적 요건에 대하여 일치된 견해를 보이고 있다는 것은 지휘관책임의 주관적 요건에 관한 일치된 합의가 있는 증거라고 보았다. 나아가 "had reason to know"가 지휘관으로 하여금 그가 가지고 있는 일반적 성격의 정보(information of a general nature)에 기초하여 더 조사를 하여야 할 의무를 부과하는 것이라면, 제2차 대전 후에 일부 판례에 의하여 사용된 "should have known" 기준과 제1추가의정서 제86조 제2항의 기준은 실질적으로 차이가 없는 것이라고 하였다.[130] Čelebići 사건의 항소심 재판부는 부하들의 불법행위를 경고해주는 일정한 일반적 정보(some general information)을 상급자가 그의 수중에 가졌다는 것을 입증하는 것으로 상급자가 부하들의 범행을 "알 수 있는 사유가 있었다(he had reason to know)."라는 기준을 만족시킨다고 한다.[131]

(3) 필요하고도 합리적인 조치(Necessary and Reasonable Measures)의 불이행

그의 부하들의 범죄의 실행을 방지하기 위하여, 또는 범죄가 발생한 경우에는 그 실행자들을 처벌하기 위하여 상급자의 지위에 있는 모든 자들에게 필요하고 합리적인 조치를 취해야할 법적 의무가 발생한다. 1심 재판부는 이러한 의무가 이행되었는지는 개별적인 특정의 상황의 사실관계에 불가분적으로 연결되어 있기 때문에 추상

---

129) Prosecutor v. Delalić et al., (Case No. IT-96-21) Appeals Chamber Judgement, 20 February 2001, para. 234.

130) *Ibid.*, para. 235.

131) *Ibid.*, para. 238.

적(in abstracto)인 일반적 기준을 만들어 내려는 시도는 의미가 없다고 하였다.[132)

국제법은 상급자에게 불가능한 것을 이행하라는 의무를 부과할 수 없다. 따라서 상급자는 그의 권한의 범위내에 있는 조치를 취하지 않은데 대하여 형사책임을 진다. 문제는 어떤 행위가 그 상급자의 권한의 범위 내에 있다고 판단되느냐이다. 상급자의 개념에 비추어 상급자는 그에게 실질적으로 가능한 범위(within his material possibility) 내에 있는 조치들을 취하지 않았을 때 책임을 진다.[133) 상급자가 범죄를 방지하거나 억제하기 위한 조치를 취할 수 있는 실질권인 권한을 가지고 있는 경우에는 그러한 조치를 취할 수 있는 공식적인 법적 권한이 없는 경우에도 상급자책임의 배제되는 것은 아니다.[134)

(4) 인과관계 불요

1심 재판부는 형법에서 인과관계의 원칙이 중요하기는 하지만, 상급자책임에 기초한 형사책임(criminal liability)에 있어서 conditio sine qua non이 전통적으로 적용되어 왔던 것은 아니라고 하였다. 이에 따라 1심 재판부는 상급자책임의 성립에 있어서 인과관계의 입증이 현재의 판례법(case law)이나 조약법의 원칙, 또는 이 주제에 관한 풍부한 문헌에서 "별도의" 요건으로 제시되지 않았다고 보았다.[135) 1심 재판부는 여기서 인과관계가 요구되지 않는다고 한 것이 부하들의 범죄를 방지하지 않은 상급자의 책임에 있어서 인과관계를 요구하

---

132) Prosecutor v. Delalić et al. (Case No. IT-96-21) Trial Chamber Judgement, 16 November 1998, paras. 394.
133) *Ibid.*, para. 395.
134) *Ibid.*
135) *Ibid.*, para. 398.

는 형법의 원칙이 개념상 적용되지 않는다고 말하는 것은 아니라고 부연 설명을 한다. 인과관계의 요구는 부하들에 의해서 저질러진 범죄의 존재라는 요건과 상급자가 그의 권한의 범위 내에서 그 범죄를 방지하기 위한 조치를 취하지 않았다는 요건에 의해 해결된다는 것이다. 상급자가 그의 작위 의무를 이행하였다면 부하들의 범죄행위가 발생하지 않았을 것이라는 점에서 상급자는 범죄와 인과적으로 연결되어 있다고 볼 수 있다.[136]

반면에 상급자의 부하들이 저지른 과거의 범죄를 상급자가 처벌하지 않았다는 것과 부하들의 범죄의 미래의 실행 사이의 인과관계가 있을 수 있다는 점은 인정되지만, 부하에 의하여 이미 저질러진 범행과 그 범죄의 실행자를 상급자가 처벌하지 않은 것 사이에는 인과관계가 존재할 수 없다.[137]

4. 다른 책임과의 관계

ICTY와 ICTR의 초기의 판결들은 검사가 피고인에 대하여 같은 범죄사실에 대하여 지휘관책임 이외의 다른 개인적 형사 책임[ICTY 규정 제7조(1), ICTR 규정 제6조(1)]과 지휘관책임[ICTY 규정 제7조(3), ICTR 규정 제6조(1)]으로 모두 기소한 경우에 피고인의 범죄에 대한 직접 책임을 인정하고 이와 함께 피고인에 대하여 지휘관책임까지 인정하였다. 이에 대하여는 '어떻게 자신이 공격의 지도자이면서 동시에 그러한 공격을 방지할 수 있는 조치를 취할 수 있다는 말인가, 그 자신이 범죄를 실행했으면서 어떻게 나중에 범죄를 실행한 자들을 처벌할 수 있다는 말인가?'라는 비판이 제기되었다.[138]

---

136) *Ibid.*, para. 399.
137) *Ibid.*, para. 400.
138) A. Zahar, "Command Responsibility of Civilian Superiors for Genocide", LJIL 14(3),

최근의 ICTY, ICTR 판례들은 지휘관책임과 다른 직접 책임이 경합하는 경우에 양자를 모두 인정하지 않고 직접책임만 적용하는 방향으로 바뀌었다. 이경향은 지휘관책임의 성립요건인 상급자의 지위(실효적 통제)를 입증하는 것이 어려워진 것과 결합하여 ICTY, ICTR의 검사들이 지휘관책임보다는 공동범죄집단으로 선호하게 만드는 경향을 재촉하게 되었다. Čelebići 수용소 사건의 판결에서 알 수 있듯이 실효적 통제권한을 입증하는 것은 때때로 매우 어려운 일이었다.

2001, p. 598; W. A. Schabas, An Introduction, 2011, pp. 234-235; Prosecutor v. Kvočka et al., (IT-98-30/1-A), Appeals Chamber Judgement, 28 February 2005, para. 104.

제4장 국제조약의 지휘관책임
- ICC 로마규정[*]

---

* ICC 로마규정(Rome Statute of the International Criminal Court)은 국제형사재판소 설립을 위하여 1998년 7월 17일 이탈리아 로마에서 열린 외교회의에서 체결된 조약의 정식명칭이다. 이 조약은 국제형사재판소(ICC)의 설립과 운영에 필요한 내용뿐만 아니라 재판에 필요한 실체법 규범까지 망라하고 있으며 이러한 의미에서 단순한 규정(Statute)이라기보다는 완비된 체계를 갖춘 법전(Code)에 가깝다. ICC 로마규정은 ICC 규정(ICC Statute) 또는 로마규정(Rome Statute)이라고도 불리는데 이하에서는 혼용한다.

제1절 지휘관책임의 성안과정과 특징

1. 로마회의

항구적 국제형사재판기구의 설립에 관한 인류의 노력은 냉전의 종식과 1990년대 ICTY, ICTR의 활동으로 새로운 계기를 맞았다. 국제연합 총회에 의하여 설립된 국제형사재판소 설립에 관한 준비위원회(Preparatory Committee on the Establishment of an International Criminal Court)의 1회 모임(Session)은 1996년 3월 25일부터 4월 12일까지 열렸으며, 여기서는 미국과 프랑스가 지휘관책임을 담당하였다.[1] 준비위원회의 2회 모임인 1996년 8월 실무그룹(working group)에서 미국이 지휘관책임 규정 초안을 마련하였다.[2] 준비위원회의 3회 모임인 1997년 2월에 실무그룹이 1997년 준비위원회 초안을 마련하였는데, 그 내용은 1996년 초안과 대부분 같았지만 각국 대표들의 대부분이 군지휘관뿐만 아니라 민간인 상급자(문민실권자)를 포함하여 어떤 상급자(any superior)에게도 지휘관책임이 적용되어야 한다는 의견을 표명하였다는 점을 각주에 부기하고 있다.[3] 위와 같은 내용의 지휘관책임

---

1) C. K. Hall, "The Third and Fourth Sessions of the UN Preparatory Committee on the Establishment of an International Criminal Court", *The American Journal of International Law, Vol. 92, No. 1*, American Society of International Law, (Jan., 1998) pp. 129.

2) C. K. Hall, "The First Two Sessions of the UN Preparatory Committee on the Establishment of an International Criminal Court", The American Journal of International Law 91(1), American Society of International Law, (Jan., 1997) p. 185; 1996년 준비위원회 초안은 M. C. Bassiouni, The Legislative History of the International Criminal Court. Volume 2, Transnational Publishers, 2005. p. 214 참조.

3) C. K. Hall, "The Third and Fourth Sessions of the UN Preparatory Committee on the Establishment of an International Criminal Court", AJIL 91(1), pp. 129-130; 1997년 준비위원회 초안은 M. C. Bassiouni, The Legislative History, 2005. pp. 213-214 참조.

(제25조)을 포함하는 국제형사재판소 규정 초안이 1998년 4월 14일 완성되었고, 1998년 6월 15일부터 7월 15일 사이에 로마에서 열린 "국제형사재판소 설립에 관한 국제연합 전권외교회의"(이하 "로마회의")에 제출되었다.[4] 이 초안의 지휘관책임은 많은 부분에 있어서 확정된 내용을 가지 못하였고 추후에 결정될 내용에 대한 대강의 개요에 불과하였다.[5] 기본적인 내용은 지휘관 또는 상급자가 그의 부하들에

---

4) 준비위원회의 의장단은 1998년 1월 19-30일까지 네덜란드의 Zutphen에서 모여 국제형사재판소 설립을 위한 규정 초안의 내용을 협의하였는데(Zutphen 회의), 여기서 지휘관책임의 내용은 변경되지 않았다. 1996년 준비위원회 초안, 1997년 준비위원회 초안, 1997년 준비위원회의 Zutphen 회의 초안 (Zutphen 초안), 1998년 준비위원회의 지휘관책임 초안의 내용은 M. C. Bassiouni, The Legislative History, 2005. pp. 212-214 참조.

5) **1998 Preparatory Committee**
   Article 25

   Responsibility of [commanders] [superiors] for acts of
   [forces under their command] [subordinates]

   [In addition to other forms of responsibility for crimes under this Statute, a [commander] [superior] is criminally responsible] [A [commander] [superior] is not relieved of responsibility] for crimes under this Statute committed by [forces] [subordinates] under his or her command [or authority] and effective control as a result of the [commander's] [superior's] failure to exercise properly this control where:
   (a) The [commander] [superior] either knew, or [owing to the widespread commission of the offences] [owing to the circumstances at the time] should have known, that the [forces] [subordinates] were committing or intending to commit such crimes; and
   (b) The [commander] [superior] failed to take all necessary and reasonable measures within his or her power to prevent or repress their commission [or punish the perpetrators thereof].
   괄호로 되어 있는 부분은 소위 "이견조항"으로 합의가 이루어지지 않아 추후에 결정될 내용을 의미한다. 위 초안은 국제연합 홈페이지에서 찾을 수 있다. A/CONF.183/2 United Nations Diplomatic Conference of Plenipotentiaries on the Establishment of an International Criminal Court, Report of the Preparatory Committee on the Establishment of an International Criminal Court, p. 32.

대한 적절한 통제를 행사하지 못한 결과로 이 규정에 의한 범죄가
발생한 경우에 (a) 지휘관이나 상급자의 인식 또는 과실과 같은 주관
적 요건이 만족되고, (b) 지휘관이나 상급자가 범죄의 방지 등의 의
무를 이행하지 않았다면 책임을 면하지 못한다는 것이었다.

미국은 1998년 6월 16일 제25조의 지휘관책임에 대한 초안제안서
(draft proposal)를 로마회의 제출하였다.[6) 로마회의에서 미국 대표는
군지휘관은 징계나 형벌을 할 수 있고, 치명적인 무력을 사용할 수
있기 때문에 관료제(bureaucracy)에 의존하는 민간인 상급자(문민실권
자)와 다르다는 점이 반영되어야 한다고 주장하였다. 이에 대하여
대부분의 국가들이 찬성을 한 것은 물론, 일부 국가들은 미국의 입
장보다 더 나아갔다. 요르단(Jordan)은 민간인 상급자인 국가 원수가
자신이 알지도 못하고 직접 관여도 하지 않은 경우에 책임을 지는
문제점이 있다고 지적하였고, 중국은 지휘관책임이 민간인 상급자에
게 적용되는 것에 반대하였다.[7) 이런 논의를 통하여 미국의 초안제
안서에 기초한 지휘관책임이 ICC 로마규정 제28조에 규정되었다.[8)

---

http://legal.un.org/diplomaticconferences/icc-1998/docs/english/vol3/a_conf_183_2.pdf
   2015. 12. 7. 최종접속.
6) 그 내용은 현재의 로마규정 제28조와 대부분 같다. M. C. Bassiouni, The
   Legislative History, 2005. pp. 77, 500-501 참조.
7) *Ibid.*, pp. 77-78.
8) W. A. Schabas, The International Criminal Court, 2010, pp. 456-457; 김영석, 전쟁
   범죄에 있어서 군사지휘관 및 기타상급자의 책임에 관한 고찰, 인도법논
   총 제25호, 대한적십자사 인도법연구소, 2005, 199면; 로마규정의 협의 과정
   에서 지휘관책임이 다른 책임의 형식(other forms of responsibility)에 추가되
   는 형사책임의 일종인지(a form of criminal responsibility), 부하의 행위에 대하
   여 자신의 책임은 면책되지 않는다는 효과를 발생시키는 원칙을 표현하는
   것인지가 다투어졌고 결국 전자로 결정되어 로마규정에 반영되었다고 한
   다. 또한 실효적 권위와 통제(effective authority and control)은 민간의 경우에
   는 군의 상급자와 하급자의 관계에서 필요한 요건과 다르다는 것을 표현
   하는 것을 의도하였다고 한다. M. H. Arsanjani, "The Rome Statute of the

ICC 로마규정의 지휘관책임의 성안과정의 초기에는 민간인 상급자(문민실권자)에게도 동일한 지휘관책임이 적용된다는 것에 대하여 특별한 논란이 없었다.[9] 그런데, 막상 로마회의에서는 자국의 민간인 지도자들에 대하여 지휘관책임이 적용될 것을 많은 국가들이 두려워하였다. 결국 미국의 제안에 따라 군지휘관과 민간인 상급자(문민실권자)를 구분하고, 군지휘관에 대하여는 알았거나 알 수 있었어야 하는 주관적 요건을, 민간인 지휘관에 대하여는 알았거나 명백한 정보를 의식적으로 무시하였어야 하는 주관적 요건을 요구하고, 또한 민간인 상급자는 자신의 실효적인 책임과 통제의 범위 내의 활동과 관련된 경우에만 지휘관책임이 성립하도록 규정되었다.

2. ICC 로마규정 지휘관책임의 특징

ICC 로마규정 제28조 지휘관 및 기타 상급자의 책임

재판소의 관할범죄에 대하여 이 규정에 따른 형사책임의 다른 근거에 추가하여,

(a) 다음과 같은 경우, 군지휘관 또는 사실상 군지휘관으로서 행동하는 자는 자신의 실효적인 지휘와 통제하에 있거나 또는 경우에 따라서는 실효적인 권위와 통제하에 있는 군대가 범한 재판소 관할범죄에 대하여 그 군대를 적절하게 통제하지 못한 결과로서의 형사책임을

International Criminal Court", AJIL 93(1), 1999, p. 37.

9) 1996년 준비위원회 초안에서 지휘관책임이 군지휘관에게 한정되는지, 민간인 상급자(any superior)에게도 적용되는지가 크게 문제되었다고 하지만, 그 뒤 1997년 준비위원회부터 Zutphen 회의의 초안, 1998년 준비위원회 초안까지 지휘관책임이 모든 상급자에게 적용된다는 점에 대하여 각국의 대부분의 대표들이 찬성하였다. M. C. Bassiouni, The Legislative History, 2005. pp. 212-214.

진다.

(i) 군지휘관 또는 사실상 군지휘관으로서 행동하는 자가 군대가 그 러한 범죄를 범하고 있거나 또는 범하려 한다는 사실을 알았거나 또는 당시 정황상 알았어야 하고,

(ii) 군지휘관 또는 사실상 군지휘관으로서 역할을 하는 자가 그들의 범행을 방지하거나 억제하기 위하여 또는 그 사항을 수사 및 기소의 목적으로 권한있는 당국에 회부하기 위하여 자신의 권한 내의 모든 필요하고 합리적인 조치를 취하지 아니한 경우

(b) (a)항에 기술되지 않은 상급자와 하급자의 관계와 관련하여 다음의 경우 상급자는 자신의 실효적인 권위와 통제하에 있는 하급자가 범한 재판소 관할범죄에 대하여 하급자를 적절하게 통제하지 못한 결과로서의 형사책임을 진다.

(i) 하급자가 그러한 범죄를 범하고 있거나 또는 범하려 한다는 사실을 상급자가 알았거나 또는 이를 명백히 보여주는 정보를 의식적으로 무시하였고,

(ii) 범죄가 상급자의 실효적인 책임과 통제 범위 내의 활동과 관련된 것이었으며,

(iii) 상급자가 하급자의 범행을 방지하거나 억제하기 위하여 또는 그 문제를 수사 및 기소의 목적으로 권한있는 당국에 회부하기 위하여 자신의 권한 내의 모든 필요하고 합리적인 조치를 취하지 아니한 경우[10]

---

10) Article 28(Responsibility of commanders and other superiors)

In addition to other grounds of criminal responsibility under this Statute for crimes within the jurisdiction of the Court:

1. A military commander or person effectively acting as a military commander shall be criminally responsible for crimes within the jurisdiction of the Court committed

ICC 로마규정 제28조는 모든 당사국들이 받아들일 수 있는 규정을 만들기 위해서 교섭 과정에서 타협과 조정을 할 수밖에 없었다. 성립요건의 어떤 요소는 관습법을 잘 반영하고 있으나 다른 요소들은 관습국제법으로부터 독립하여 더 진보적인 태도를 취하였고 때로는 관습국제법에 반하거나 더 퇴보를 하였다는 지적도 있다. 이러한 점에서 ICC 로마규정은 새로운 지휘관책임 기준을 제공하고 있다고 말해진다.[11]

---

by forces under his or her effective command and control, or effective authority and control as the case may be, as a result of his or her failure to exercise control properly over such forces, where:

(a) That military commander or person either knew or, owing to the circumstances at the time, should have known that the forces were committing or about to commit such crimes; and

(b) That military commander or person failed to take all necessary and reasonable measures within his or her power to prevent or repress their commission or to submit the matter to the competent authorities for investigation and prosecution.

2. With respect to superior and subordinate relationships not described in paragraph 1, a superior shall be criminally responsible for crimes within the jurisdiction of the Court committed by subordinates under his or her effective authority and control, as a result of his or her failure to exercise control properly over such subordinates, where:

(a) The superior either knew, or consciously disregarded information which clearly indicated, that the subordinates were committing or about to commit such crimes;

(b) The crimes concerned activities that were within the effective responsibility and control of the superior; and

(c) The superior failed to take all necessary and reasonable measures within his or her power to prevent or repress their commission or to submit the matter to the competent authorities for investigation and prosecution.

11) Mettraux는 로마규정의 지휘관책임법의 특징은 군지휘관(military superiors), 군유사지휘관(military-like superiors)과 비군지휘관(non-military superiors)의 분리에 있다고 보면서 비군지휘관의 경우에는 대부분에 있어서 관습국제법과 일치하고 있지만, 군지휘관, 군유사지휘관에 대하여는 관습국제법보다

ICC 로마규정 제28조가 1977년 제1추가의정서, ICTY 규정과 다른 가장 큰 특징은 군지휘관과 민간인 상급자(문민실권자)에 대하여 다른 취급을 하고 있다는 점이다. ICTY는 군지휘관이나 민간인 상급자이든 가리지 않고 부하에 대하여 실효적 통제(effective control)를 가지고 있는지 여부를 기준으로 했다. 따라서 군지휘관과 민간인 상급자의 구별 실익은 크지 않았다. 그러나, ICC 로마규정은 군지휘관 또는 사실상의 군지휘관과 이러한 지휘관에 속하지 않는 상급자("기타 상급자")를 구별하고 있다. 군지휘관 또는 사실상의 군지휘관에 대하여 주관적 요건으로 should have known 기준을, "기타 상급자"에 대하여 consciously disregard 기준을 규정하고 기타의 상급자에 대하여는 발생한 범죄가 그 상급자의 효과적인 책임과 통제 내의 활동일 것을 요구하는 추가적인 요건을 별도로 두고 있다.

ICC 로마규정의 두 번째의 특징은 '병력이나 부하들에 대하여 적절한 통제를 하지 못한 결과로서(as a result of his or her failure to exercise control properly over such forces or subordinates)' 지휘관책임이 발생한다는 문언을 포함하고 있다는 점이다. 이 문언은 상급자의 하급자에 대한 통제의무를 전제로 하면서, 더불어 '그 결과로서(as a result)'라는 수식어를 포함하고 있다. 이 문언의 법적 효과에 대하여는 논란이 많이 있으며, 독립범죄설과 책임형식설에 따라 그 의미를 달리 파악하게 된다.

훨씬 완화된 요건을 채택한 것이라고 주장한다. G. Mettraux, The Law of command Responsibility, 2009, pp. 23, 26-27; 한편, 이와 정반대의 견해도 있다. 로마규정의   군지휘관(military   commanders)과   비군지휘관(non- military superiors)의 이분법의 특징에 대하여 Vetter는 군지휘관에 대한 책임은 본질적으로 현재의 관습국제법의 기준을 채택하였고, 민간인 상급자(문민실권자)에 대한 기준은 관습국제법의 기준보다 일정 정도 완화되어 있다고 주장한다. G. R. Vetter, "Command responsibility of non-military superiors in the International Criminal Court (ICC)", Yale Journal of International Law 25(1), 2000, p. 95.

세 번째의 특징은 제1추가의정서, ICTY의 규정보다 지휘관책임의 요건을 상세하게 규정함으로써 범죄의 성립요건을 명확히 하였다. 이러한 차이는 ICTY가 특정한 사안과 피고인들을 대상으로 마련된 처분 규범에 따라 재판한 것과 달리 ICC 로마규정은 누구에게도 적용될 수 있는 일반 규범이라는 차이에서 기인한다. ICC가 자국민을 재판할 수 있는 가능성이 있는 재판소라는 사실을 깨달은 각국 대표들은 지휘관책임에 의하여 자국의 지도자(특히 문민실권자)가 기소될 가능성을 염두에 두고 ICTY 규정보다 엄격한 책임주의와 명확성의 원칙을 따르는 지휘관책임 규정을 마련하였다.

제2절 ICC 로마규정 제28조

ICC 로마규정은 1998년 채택되었으나 ICC는 로마규정 발효일인 2002년 7월 1일 이후에 발생한 사건에 대하여 관할권(재판권)을 갖는다(로마규정 제11조). 현재 ICC에 계속된 사건 중에서 1심에서 유무죄까지 판단된 사건은 3개이며 그 중에서 지휘관책임으로 기소된 사건은 Bemba(벰바) 사건이 유일하다.[12]

콩고민주공화국 출신의 Jean-Pierre Bemba Gombo(장삐에르 벰바 곰보, 이하 "Bemba")는 1998년 콩고민주공화국 북부의 Kisangani 지역에서 콩고자유운동(Movement de Liebration du Congo, Movement for the Liberation of Congo, MLC)을 창설하고 그 의장 겸 최고지휘관이 되었다. 콩고민주공화국 내전에 관여하고 있던 Bemba(벰바)는 중앙아프리카공화국 정부군과 MLC 간의 연합군을 결성하여 중앙아프리카 공화국 내전에 개입하였다. Bemba가 이끄는 MLC는 2002년 10월부터 2003년 3월까지 중앙아프리카공화국의 수도인 Bangui시 등 지역에서 민간인 살해, 강간, 고문, 약탈 등의 범행을 하였다.[13]

2009년 6월 15일 Bemba 사건의 전심 제2재판부(Pre-Trial Chamber II, 이하 "전심재판부")는 전쟁범죄(살인, 강간, 약탈)과 인도에 반하는 죄(살인, 강간)에 대하여 ICC 로마규정 제28조(a)의 사실상 군지휘관

---

12) 2016년 5월 16일 현재 ICC의 항소심에 계속중인 사건은 없다. 1심에서 유무죄까지 선고된 사건은 모두 3개로 콩고민주공화국에서 발생한 카탕가(Katanga) 사건과 루방가(Lubanga) 사건이 있고, 중앙아프리카공화국에서 발생한 벰바(Bemba) 사건이 있다. 카탕가는 12년의 구금형이 선고되었고 루방가는 14년의 구금형이 선고되어 양 사건 모두 현재 피해자에 대한 배상재판이 진행중이다. Bemba 사건은 1심 유죄 판결이 있은 후 현재 형 결정 재판중이다. https://www.icc-cpi.int/Pages/ReparationCompensation.aspx 2016. 5. 16. 최종접속; https://www.icc-cpi.int/car/Bemba-et-al 2016. 5. 16. 최종접속.

13) 백기봉, 국제형사재판소의 형사절차제도상의 한계에 관한 검토, 서울국제법연구 제16권 제1호, 2009, 34면.

으로서 행동한 것에 대한 형사책임이 있다는 것을 믿을 만한 상당한
근거를 확립할 만한 충분한 증거가 있다고 재판전공소사실확인
(confirmation of the charges of the trial) 결정(이하 "전심재판부의 결정")
을 하였다.[14] Bemba 사건의 1심 제3재판부(Trial Chamber III, 이하 "1심
재판부")는 2010년 11월 22일 재판을 시작하여 2016년 3월 21일 피고인
이 사실상의 군지휘관으로서 부하들이 저지른 전쟁범죄와 인도에

---

14) Prosecutor v. Jean-Pierre Bemba Gombo, (Case No. ICC-01/05-01/08) Pre-Trial
Chamber II Decision Pursuant to Article 61(7)(a) and (b) of the Rome Statute on the
Charges of Prosecutor Against Jean-Pierre Bemba Gombo, 15 June 2009, pp. 184-185;
"재판전공소사실확인"은 ICC의 전심재판부가 검사가 재판에 회부하려는
공소사실을 기재한 문서(document containing the charges)에 대하여 혐의사실
의 소명 여부에 대하여 판단하고 당해 피의자를 재판에 회부할 것인지 여
부를 결정함으로써 검사에 의한 공소권의 남용을 막는 제도이다. 우리나
라 형사소송법에는 이에 상응하는 절차가 없으나 독일에는 이와 유사한
중간절차(Zwischenverfahren)가 있다(독일 형사소송법 201-204조 참조). ICTY
도 검사가 제출한 공소장에 대하여 재판관이 사전심사를 하는 공소장허가
제도를 두고 있다(ICTY 절차 및 증거규칙 제47조(b)). 이윤제, 국제형사재판
소의 재판전공소사실확인 제도, 아주법학, 제6권 제2호, 2012. 12., 442-454면;
디텔름 클레스브스키(김성돈 역), 독일형사소송법, 성균관대학교 출판부,
2012, 189면; Klaus Volk(김환수 외 2인 역), 독일형사소송법, 박영사, 2009, 211
면; ICC의 "전심재판부"는 1심재판부에 의한 공판이 개시되기 전까지의 형
사절차를 사법적으로 관장하는 재판부로서, 관할권(재판권)이나 재판적격
성에 대한 결정뿐만 아니라 검사의 요청에 따른 체포영장의 발부 등 수사
에 필요한 명령과 영장 발부를 결정한다. 이외에도 피의자의 요청이나 재
판부 스스로의 필요에 의한 증거보전조치, 피해자 및 증인의 보호, 국가안
보에 관련된 정보의 보호, 당사국의 협력 확보 등 다양한 쟁점 사항에 관
한 권한을 행사한다. 전심재판부의 역할은 수사단계에서 검사의 권한 행
사에 대한 적절한 통제와 제도적 뒷받침의 성격을 아울러 가지며 피의자,
피해자 등 기타 이해당사자의 권익을 적절하게 보호함으로써 공판 이전
단계에서 공정하고 능률적인 절차 진행이 가능하도록 보장하는 기능을 수
행하며, 최종적으로 공소사실확인절차에서 그 기능을 마친다. 이윤제, 국
제형사재판소의 재판전공소사실확인 제도, 아주법학, 제6권 제2호, 2012.
12., 441면.

반하는 죄에 대하여 유죄가 된다고 하였다.[15] 1심재판부는 Steiner 판사(주심판사), Aluoch 판사, Ozaki 판사로 구성되었는데, Steiner 판사와 Ozaki 판사는 1심 재판부의 판결에 자신들의 의견을 추가(이하 "별개의견")하였다.

1. 상급자-하급자의 관계

1) 상급자의 분류

ICC 로마규정은 상급자를 군지휘관, 사실상의 군지휘관, 기타 상급자로 구분하고 있다. 로마규정 제28조는 제1추가의정서나 ICTY 규정과 달리 지휘관책임을 (a)에서 군지휘관 또는 사실상의 군지휘관[16], (b)에서 이에 속하지 않는 상급자(기타 상급자)[17]로 구분하여 성립요건을 달리 규정하고 있다. 미국의 Albright는 ICTY의 설립에 관한 안전보장이사회 회의에서 ICTY가 상급자책임을 민간인과 군인 모두에게 적용해야 한다고 주장했었다.[18] 그러나, ICTY와 달리 ICC는 미국인에 대한 재판할 가능성이 있었기 때문에, 미국은 로마규정에서 민간인 상급자의 소추에 필요한 증거의 수준을 더 높게 하기를 원했고, 실제로 ICC 로마규정의 지휘관책임은 이러한 미국의 입장을

---

15) Prosecutor v. Jean-Pierre Bemba Gombo, (Case No. ICC-01/05-01/08) Trial Chamber III Judgement, 21 March 2016, para. 752.

16) 로마규정 제28조(a)에서 군대의 지휘관으로 효율적으로 행동하는 자(a person effectively acting as a military commander)는 사실상의(de facto) 군지휘관을 말한다. E. V. Sliedregt, Individual Criminal Responsibility. 2012, p. 198.

17) 제2항의 상급자는 민간인 상급자(문민실권자)를 말한다. W. A. Schabas, The International Criminal Court, 2010, p. 458.

18) Provisional Verbatim Record of the Three Thousand Two Hundred and Seventeenth Meeting, UN Doc. S/PV.3217 (25 May 1993), p. 16; Prosecutor v. Delalić et al., (Case No. IT-96-21) Trial Chamber Judgement, 16 November 1998, para. 356.

반영하였다.[19] 로마규정 제28조(b)의 취지는 민간인 상급자(문민실권자)의 경우에는 제28조(a)가 아니라 성립요건이 더 엄격한 제28조(b)가 적용되게 하려고 했던 것이다. 이러한 점에서 제28조(b)의 적용을 받는 "기타 상급자"를 "민간인 상급자"(문민실권자)로 부르는 것이 타당할 것이다.

위와 같은 ICC 로마규정 지휘관책임의 원래의 입법취지에 따르면 군인인 상급자는 그가 공식적인 임명을 받은 경우에는 법적인 군지휘관으로서, 이러한 공식적인 임명이 없지만 실효적 통제를 행사하는 경우에는 사실상의 군지휘관으로서 제28조(a)의 적용을 받고, 민간인인 상급자(문민실권자)는 그가 실효적 통제를 가진 경우에 제28조(b)의 적용을 받게 된다.

(1) ICC 로마규정 상급자의 분류의 문제점

군인인 경우에는 군지휘관(miliatary commander)이거나 사실상 지휘관으로 행동하는 자(person effectively acting as a military commander, 이하 "사실상의 군지휘관")에 속한다면 어느 경우에나 제28조(a)의 동일한 기준을 적용받는다. 따라서 군지휘관과 사실상의 군지휘관의 구별의 실익은 크지 않다. 군인의 경우에는 이들이 실효적 통제를 행사하는 자인지가 문제될 뿐이다. 문제는 로마규정의 제28조의 원래 취지와는 반대로 실효적 통제를 가진 자가 민간인 신분을 가지는 경우에 군지휘관, 사실상의 군지휘관, 기타의 상급자의 모두에 해당할 수 있다는 점이다. 이들은 ①전형적인 민간인 신분을 가지고 법적으로 군의 지휘관인 상급자, ② 전형적인 민간인 신분을 가지고 사실상 군의 지휘관인 상급자, ③ 민간인 신분이며 민간인으로서 직무만 행사하는 상급자로 분류될 수 있다.[20]

---

19) M. L. Nybondas, Command Responsibility, 2010, p. 184.
20) *Ibid.*, p. 75

첫 번째 문제점은 미국의 대통령처럼 무장병력과 관련된 법적 지위를 가진 민간인과 관련해서 나타난다. 제28조(b)에서 군지휘관이나 사실상의 군지휘관과 구별되는 기타 상급자에 관한 규정을 별도로 둔 이유는 국가수반이 너무 쉽게 지휘관책임에 의해 처벌되는 것을 두려워해서이다.[21] 법적으로 군의 지휘관인 모든 민간인이 군의 직무를 수행하는데 있어서 실질적으로 같은 권한을 가지고 있다고 할 수는 없지만 미국이나 일부 국가의 대통령은 그들의 민간인 신분에도 불구하고 법적으로나 사실상으로 군의 최고 지휘관이다.[22] 이들은 로마규정의 정의(definition)에 따르면 제28조(b)가 적용될 수 없다.

두 번째 문제점은 민간인의 경우에 사실상의 군지휘관이 되는 자와 기타의 상급자가 되는 자를 어떻게 구분하느냐는 것이다. 민간인에 대하여 로마규정 제28조를 적용하기 위하여는 먼저 그가 사실상의 군지휘관인지 민간인 상급자(문민실권자)를 구별하여야한다. Fenrick은 군 지휘관으로 효과적으로 행동하는 지휘관의 범주는 광범위하며 무장한 경찰병력의 지휘관인 경찰관, 무장병력에 편입되지 않은 준군사조직을 책임지는 자, 무장병력·무장경찰병력·준군사조직에 대하여 사실상의 통제를 가진 자를 포함할 수 있다고 하였다.[23] Fenrick이 제시한 목록 자체는 민간인 상급자(기타 상급자)와 민간인인 사실상의 지휘관을 분류함에 있어서 실질적인 도움을 주지 못한다. 이것은 사실상의 지휘관이 되거나 기타 상급자가 될 수 있는 민간인의 목록을 제시한 것에 불과하며 이러한 목록은 제한적이거나 배타적이지 않다. 따라서 민간인 상급자와 관련하여 로마규정 제28조를 적용하기 위하여는 사실상의 군지휘관과 민간인 상급자(문민실권자)

---

21) *Ibid.*
22) W. J. Fenrick, "Article 28 Responsibility of Commanders and Other Superiors", in: O. Triffterer(ed.), Commentary, 1999, p. 517.
23) *Ibid.*, pp. 517-518.

를 구별하여야 하는 힘든 문제를 남겼다.[24]

(2) ICC 재판부의 입장

제28조(a)의 적용에 있어서 군지휘관이 법적인 군지휘관인지 사실상의 군지휘관인지에 따라 차이가 생기지 않는다.[25] 전심재판부는 지휘관이면서 군 지휘관의 기능을 수행하도록 공식적으로 또는 법적으로 임명받은 자를 군 지휘관(military commander), 즉 법적 지휘관

---

24) 정치 지도자, 경제 지도자, 고위직 공무원들은 대부분 민간업무(civil affairs)와 관련되어 있고 적어도 군 지휘관들과는 쉽게 구별된다. 민간 군 계약자들(privagte military contractors)과 관련하여 보면 상황이 다르다. 민간 군 계약자와 관련된 문제는 두 가지이다. 첫째, 민간 군사 기업(PMCs, private military company)이 전투에 있어서 민간인인지 군 행위자인지에 관하여 아직도 논쟁이 계속되고 있다. 둘째, 로마규정 제28조의 적용에 있어서 범죄실행자의 상급자가 법적인 또는 사실상의 군 지휘관으로 행동했는지 또는 순수한 민간인(상급자)으로서 행동했는지에 대한 의문이다. M. L. Nybondas, Command Responsibility, 2010, p. 78; 로마규정은 "군" 지휘관 또는 사실상의 "군"지휘관, "기타의 상급자"를 구분하는 기준을 제시하지 않고 있다. 이로 인하여 법정에서 사실관계를 결정하는데 오랜 시일이 걸리게 할 것이며, 법적 불안정(legal uncertainties)을 초래하고, 실질적으로 비슷한 성질의 역할을 담당한 자들 사이에 불평등한 법적용을 야기하게 될 것이다. 혼합된 성격을 가지고 있는 상급자들, 예를 들어 군사적이면서 민간조직으로서의 성격을 모두 가지고 있는 자는 어떤 범주에 해당하는지에 대한 기준도 제시하지 않고 있다. 로마규정은 증거법상의 추론, 즉 군대 조직에서 추론이 가능하지만 다른 조직에서는 불가능한 추론을 군 상급자와 다른 종류의 상급자 사이에 책임이 발생하는 조건의 차이로 전환시킨 것이다. G. Mettraux, The Law of command Responsibility, 2009, p. 196; 군 지휘관과 민간인 상급자(문민실권자)에 대하여 다른 요건을 요구한 로마규정의 정당성에 대한 논쟁은 M. L. Nybondas, Command Responsibility, 2010, pp. 183-205 참조.

25) Prosecutor v. Jean-Pierre Bemba Gombo, (Case No. ICC-01/05-01/08-424) Pre-Trial Chamber II Decision Pursuant to Article 61(7)(a) and (b) of the Rome Statute on the Charges of Prosecutor Against Jean-Pierre Bemba Gombo, 15 June 2009, paras. 407-408.

(de jure commanders)라고 불렀다. 이 개념은 계급이나 지위(rank or level)와 상관없이, 무장한 병력에서 지휘할 책임을 가지고 있는 모든 자를 포함한다. 군지휘관은 지휘계통에서 가장 높은 지위에 있는 자일수도 있고 그의 지휘하의 군인이 별로 없는 자(a mere leader)일 수도 있다. 이 조항 내에서 군지휘관의 개념은 상급자가 오로지 군의 기능만을 수행하지 않는 상황도 포함한다. 국가의 원수가 무장병력의 사령관인 경우에(법적 지휘관), 그가 오로지 군에 관한 업무만을 하지는 않는다는 점에서 그는 일종의 준 사실상의 지휘관(a sort of quasi de facto commander)이기도 하다.[26)]

사실상 군지휘관으로 행동하는 자(a person effectively acting as a military commander)에 대하여, 전심재판부는 이 개념은 별도의 그리고 보다 광범위한 범주이며, 법에 의해 군지휘관의 역할을 수행하도록 선택된 것은 아니지만 지휘계통을 통하여 사람들의 집단에 대하여 실효적 통제를 행사함으로 사실상 군지휘관의 역할을 하는 자를 말한다고 한다.[27)] 전심재판부는 이를 군유사지휘관(military-like commander)라고 부르면서 일반적으로 무장한 경찰 부대와 같은 정부의 병력 또는 군사 계급이나 지휘계통의 구조를 따르는 무장저항운동과 민병대를 포함하는 반란집단(rebel groups), 준군사 조직과 같은 비정규부대(비정부 병력)에 대하여 권위와 통제를 가지는 상급자를 포함한다고 한다.[28)] Bemba 사건의 1심재판부는 전심재판부의 견해를 대부분 수용하고 있다. 전심재판부와 1심재판부는 제28조(b)가 적용되는 기타 상급자(민간인 상급자)의 개념에 관하여는 언급하고 있지 않다.[29)]

---

26) *Ibid.*, para. 408.
27) *Ibid.*, para. 409.
28) *Ibid.*, para. 410.
29) Prosecutor v. Jean-Pierre Bemba Gombo, (Case No. ICC-01/05-01/08) Trial Chamber III Judgement, 21 March 2016, paras. 176-177.

2) 실효적 지휘와 통제, 실효적 권위와 통제, 실효적 책임과 통제

제28조는 군지휘관과 사실상의 군지휘관은 그의 실효적 지휘와 통제(effective command and control)나 그의 실효적 권위와 통제(effective authority and control)하에 있는 부대에 의하여 범죄가 발생할 것을 요구하고 있다[제28조(a) 모두 문구(chapeau element)[30] 참조]. 민간인 상급자(문민실권자)에 대하여는 그의 실효적 권위와 통제(effective authority and control)하에 있는 부하들에 의하여 범죄가 발생하고 나아가 범죄가 상급자의 실효적인 책임과 통제(effective responsibility and control) 범위 내의 활동과 관련되어 있을 것을 추가적인 요건으로 요구하고 있다[제28조(b) 모두 문구(chapeau element), 제28조(b)(ii)]. 따라서, 관습국제법과 달리 ICC 로마규정 제28조의 적용을 위하여는 실효적 지휘와 통제(effective command and control), 실효적 권위와 통제(effective authority and control), 책임과 통제(effective responsibility and control)를 구별하여야 하는 새로운 과제가 부여되었다.

(1) 실효적 지휘와 통제, 실효적 권위와 통제

Schabas는 군지휘관의 경우에는 그의 실효적 지휘와 통제하에 있는 부대에 의하여 범죄가 발생할 것을 요구하고 사실상의 군지휘관과 민간인 상급자(문민실권자)에 대하여는 그의 실효적 권위와 통제(effective authority and control)하에 있는 부대(사실상의 군지휘관)나 부하들(민간인 상급자)에 의하여 범죄가 발생할 것을 요구한다고 한다.[31] 이러한 해석은 ICC 로마규정 제28조(a)의 모두 문구(chapeau element)에서 군지휘관과 사실상의 군지휘관을 규정한 문언의 순서에

---

30) 冒頭 규정은 각 항에 공통되는 요건을 문두에 배치한 것으로 chapeau element(샤뽀, 모자)를 번역한 것이다.

31) W. A. Schabas, The International Criminal Court, 2010, p. 460.

따라 실효적 지휘와 통제, 실효적 권위와 통제가 결합한다고 보는
것이다.

　Sliedregt는 지휘(command)는 법적 지휘관(de jure commander)과, 권위
(authority)는 사실상의 지휘관(de facto commander)과 관련이 있지만 실
효적 지휘와 통제, 실효적 권위와 통제라는 두 개념 사이에 실질적
인 차이가 없다고 주장한다. 어느 경우나 '실효적 통제(effective
control)'의 존재가 지휘관책임의 적용의 핵심이 되기 때문이다.[32]

　Bemba 사건의 전심재판부는 '실효적 지휘와 통제'와 '실효적 권위
와 통제'는 사실상 차이가 없고 중요한 점은 실효적 통제를 가지고
있느냐에 있다고 보았다. '실효적 지휘와 통제'와 '실효적 권위와 통
제'는 군지휘관이나 사실상의 군지휘관 사이에서 서로 교환하여 적
용이 되는 용어로 보았다. 이러한 점에서 통제 외의 추가적인 단어
인 지휘, 권위는 통제라는 단어에 어떤 특별한 추가적인 의미를 더

---

32) E. V. Sliedregt, The Criminal responsibility of Individuals, 2003, pp. 183-184; 이러한
　　견해는 Čelebići 의 1심 재판부의 판결과 관련되어 있다. 동 재판부는 ICTY
　　지휘관책임 규정에 대하여 상급자(superior)라는 용어는 사실상의 통제권에
　　근거한 권위(authority)를 가진 직위를 포함할 정도로 충분히 넓은 개념이라
　　고 하였던 것이다. Prosecutor v. Delalić et al., (Case No. IT-96-21) Trial Chamber
　　Judgement, 16 November 1998, para 371; 한편, Fenrick은 자기에게 직접 배속되
　　지 않은 부대에 대하여 지휘관이 통제를 행사하는 것을 실효적 권위와 통
　　제로 보았다. 즉, 법적 지휘관은 간접적인 종속관계에 있는 부하들에 대하
　　여(de jure commanders who stand in a relationship of indirect subordination to their
　　subordinates) 지휘(command) 대신에 권위(authority)를 행사한다는 것이다.
　　"어떤 상황에서는 지휘관은 직접적인 지휘계통에 있지 않은 병력에 대하
　　여 통제를 행사할 수 있다. 그의 작전상의 책임 외에도 지휘관은 점령지의
　　지휘관으로서 권위(authority)를 가지며 그 점령지 내의 모든 부대에 대하여
　　명령을 할 수 있다. 그러한 병력은 점령지의 공적 질서나 안전과 관련하여
　　지휘관의 실효적 권위(effective authority) 안에 있는 것이다." W. J. Fenrick,
　　"Article 28 Responsibility of Commanders and Other Superiors", in: O. Trifftterer(ed.),
　　Commentary, 1999, p. 518; Fenrick의 견해는 군대와 관련된 제한된 설명으로
　　여기서는 그의 설명을 소개하는데 그치기로 한다.

하지 않는다. '실효적'과 '통제'가 양자의 공통분모인 점, 제28조의 성
안 과정에서 일부 대표가 effective authority and control를 추가하는 것
은 불필요하고 혼란만 줄 수 있다고 지적하였다는 점을 근거로 들고
있다.[33] 결국 Bemba 사건의 전심재판부는 ICC 로마규정이 채택하고
있는 표현의 차이에도 불구하고 실질적으로는 ICTY의 실효적 통제
기준을 따르고 있는 것이다. 그런데 위와 같은 주장을 하면서도 다
시 전심재판부는 지휘와 통제의 개념에는 차이가 있다고 하면서 효
율적인 권위는 군 또는 군유사의 지휘관이 그의 부대나 부하들에게
'통제'를 행사하는 방법, 양식, 또는 성질을 가리킨다고 하고 있다.[34]

결국 Bemba 사건의 전심재판부에 의하면 "지휘"와 "권위"는 다르
고, "권위"가 사실상의 군지휘관에만 관련된 것은 아니며, "실효적 지
휘"와 "실효적 권위"는 같다는 것이다. 이러한 결론에서 보듯이 ICC
로마규정 제28조는 실효적 통제라는 요건 외에 실효적 지휘와 실효
적 권위라는 추가적 요건들을 규정함으로써 혼란에 빠졌다. 로마규
정 제28조가 기타의 상급자(민간인 상급자)에 대하여는 "실효적 지휘
와 통제"가 아니라 "실효적 권위와 통제"를 요구하기 때문에 로마규
정의 적용을 위해서는 "실효적 지휘"와 "실효적 권위"를 구별하여야

---

33) Prosecutor v. Jean-Pierre Bemba Gombo, (Case No. ICC-01/05-01/08-424) Pre-Trial
   Chamber II Decision Pursuant to Article 61(7)(a) and (b) of the Rome Statute on the
   Charges of Prosecutor Against Jean-Pierre Bemba Gombo, 15 June 2009, para. 412.
34) 전심재판부는 실질적으로 실효적 통제가 기준이 된다고 하면서도 그 다음
   문단에서 command와 authority의 차이점에 대하여 설명하고 있다. '실효적
   지휘는 실효적 권위를 반영한다. 지휘(command)는 권위(authority), 특히 무
   장 병력에 권위로 정의되며, 권위(authority)는 명령을 하거나 복종을 강제
   하는 권력이나 권리를 말한다. 그러나, 실효적인 지휘와 실효적인 권위 사
   이에 있는 접속사 'or'를 사용하였다는 점은 양자의 의미에 차이가 있다는
   것을 의미한다. 따라서 양쪽의 표현에서 통제(control)의 정도가 같을 지라도,
   효율적인 권위는 군 또는 군유사의 지휘관이 그의 부대나 부하들에게 '통제'
   를 행사하는 방법, 양식, 또는 성질을 가리키는 것이다.' Ibid., para. 413.

한다. Schabas의 견해는 이러한 차이를 반영하고 있으나 그 또한 지휘와 권위의 차이점을 설명하지는 못하고 있다.[35] 결국 실질적 차이점을 설명할 수 없었던 Bemba 사건의 전심재판부와 Sliedregt는 실효적 지휘와 실효적 권위가 사실상 같은 것이라는 결론에 도달하고 있다. 이러한 혼란은 각국의 로마규정 이행입법에 반영되고 있다.

(2) 실효적 책임과 통제

제28조(a)의 군지휘관 또는 사실상의 군지휘관과 달리 제28조(b)(ii)는 민간인 상급자(문민실권자)에 관하여 그의 책임의 성립요건으로서 범죄가 기타 상급자의 실효적 책임과 통제(effective responsibility and control) 범위 내의 활동과 관련되어 있을 것을 추가적인 요건으로 요구하고 있다. 이미 제28조(a)와 제28조(b)의 모두 문구(chapeau element)에서 상급자는 부하에 대하여 실효적 권위와 통제를 가지고 있어야 한다고 규정하였기 때문에 이와 별도로 요구된 상급자의 실효적 책임과 통제(effective responsibility and control)라는 추가적인 요건을 어떻게 해석해야 하는지에 대하여 문제가 제기된다. 민간인 상급자(문민실권자)에 대한 이러한 추가적 요건의 존재는 이를 요구하지 않고 있는 제28조(a)의 군지휘관과 사실상의 군지휘관은 그의 부하들이 저지른 범행이 그의 실효적인 책임과 통제(effective responsibility and control)의 범위 외에 있는 경우에도 책임을 진다는 것처럼 생각하게 만든다.[36]

Vetter는 이 문제를 해결하기 위하여 '관련되어야 한다(the crimes "concerned" activities)'는 문언이 인과관계가 아니라 상급자-부하의 관계에 대한 것이라고 해석한다. 그러나, Vetter는 이러한 관련성 요건에 대하여 적극적 의미를 두지는 않는다. 민간인의 통제와 군의 통

---

35) W. A. Schabas, The International Criminal Court, 2010, pp. 459-461.
36) *Ibid.*, p. 460.

제의 차이점을 진술하고 있는 불필요한 확인적 문구에 불과하다는 것이다.[37]

Arnold는 지휘관책임론(the doctrine of command responsibility)은 상급 자의 보증인지위(guarantor position)에 근거를 둔 것이며, 이러한 보증 인의 책임은 그의 능력의 범위 내로 한정된다고 주장한다. 따라서 실효적 책임과 통제의 요건은 민간인 상급자(문민실권자)가 부하들 의 업무 시간 외의 행위, 부하들의 업무와 관련이 없는 행위에 대하 여 책임을 지지 않는다는 것을 뜻한다. Arnold에 의하면 이러한 범위 를 벗어나는 경우에도 민간인 상급자(문민실권자)가 책임을 지는 것 은 집단처벌(a collective punishment)을 의미하게 된다.[38]

---

37) Vetter는 28(b)(ii)의 의미는 불명확하고 앞으로 법원의 해석에 의해서 그 뜻 이 밝혀져야 한다고 주장한다. G. R. Vetter, "Command responsibility of non-military superiors in the International Criminal Court (ICC)", Yale J. Int'l L 25(1), 2000, pp. 119-120.

38) R. Arnold, "Article 28 Responsibility of Commanders and Other Superiors", in: O. Triffterer, Commentary on the Rome Statute, 2008, p. 841; Fenrick은 보증인 지위 를 근거로 하고 있지는 않지만 Arnold와 유사한 결론에 이르고 있다. 즉 상 급자의 실효적인 책임과 통제(effective responsibility and control) 범위 내의 활 동과 관련되어 있을 것이라는 요건은 기타 상급자는 부하의 모든 행위에 대하여 책임을 지는 것은 아니다. 군지휘관과 사실상의 군지휘관의 지휘 를 받는 부대는 내부 징계 시스템에 복종하고 하루 24시간 동안 의무를 지 고 있을 수 있다. 그러나, 민간인 상급자(문민실권자)의 부하는 위와 유사 한 징계 시스템으로부터 벗어나 있고, 직장에 있을 때나 직무와 관련된 행 위를 하는 경우에만 상급자의 실효적 책임과 통제의 범위 내에 있다. 이러 한 경우가 아니라면 직장의 상사는 이들에 대하여 보통의 경우에는 통제 권을 갖지 않는다. W. J. Fenrick, "Article 28 Responsibility of Commanders and Other Superiors", n: O. Triffterer(ed.), Commentary on the Rome Statute, 1999, p. 522; Sliedregt도 로마규정 28(b)(ii)는 상급자에 대한 공포(fear)를 상급자책임 의 발생근거가 되는 상급자-부하 관계에서 배제하는 역할을 한다고 하면 서 28(b)(ii)에 있는 책임(responsibility)에 의해서 28(b)(ii)의 '통제(control)'가 민 간인 상급자(문민실권자)의 절대적인 최소한의 요건 또는 기본요건을 구 성하는 것으로 해석될 수 있다고 한다. E. V. Sliedregt, Individual Criminal

부하의 범죄가 민간인 상급자(문민실권자)의 실효적인 책임과 통제 범위내의 활동과 관련된 것이라는 요건이 군지휘관이나 사실상의 군지휘보다 민간인 상급자의 책임의 성립 요건을 엄격히 하려는 의도로 도입된 것은 명백하다. 그러나 이 요건 자체는 이러한 의도를 보여주는 것 외에 특별한 법적 효과를 부여하기는 어렵다. 실효적 책임과 통제 요건이 없다고 하여 군지휘관이나 사실상의 군지휘관에 대하여는 이러한 관련성 요건이 적용되지 않는다고 할 수 없다. 실효적 통제를 가지고 있어야 하는 민간인 상급자의 지위라는 요건(이것은 군지휘관, 사실상의 군지휘관에 대하여도 마찬가지로 적용되는 요건이다)에 이미 이러한 관련성이 포함되어 있다고 해석되기 때문이다.

2. 주관적 요건

제28조(a)에 의하면 군지휘관 또는 사실상의 군지휘관은 군대가 재판소의 관할범죄를 범하고 있거나 또는 범하려 한다는 사실을 알았거나 또는 당시 정황상 알았어야 한다. 전심재판부는 ICC 로마규정의 문언에도 불구하고 군지휘관이 그의 부대가 재판소의 관할범죄를 구성하는 행위를 하려고 하거나, 하고 있거나, 하였다는 것을 알았거나 알았어야 한다고 해석한다.[39] 즉 ICC 로마규정의 문언은 부하가 범죄를 종료한 상황에 대하여는 언급이 없는데도 전심재판부는 이러한 부분을 포함시켜 해석하고 있다. 전심재판부가 민간인 상급자에 관한 제28조(b)에 대하여는 언급을 하고 있지 않지만 로마규

Responsibility, 2012, pp. 184-185.

39) Prosecutor v. Jean-Pierre Bemba Gombo, (Case No. ICC-01/05-01/08-424) Pre-Trial Chamber II Decision Pursuant to Article 61(7)(a) and (b) of the Rome Statute on the Charges of Prosecutor Against Jean-Pierre Bemba Gombo, 15 June 2009, para. 428.

정 제28조가 이러한 점에서 군지휘관과 민간인 상급자에 차이를 두고 있지 않으므로 전심재판부가 동일한 결론을 내릴 것이라고 보아야 할 것이다.

민간인 상급자(문민실권자)에 대한 ICC 로마규정 제28조(b)는 하급자가 그러한 범죄를 범하고 있거나 또는 범하려 한다는 사실을 상급자가 '알았거나' 또는 '이를 명백히 보여주는 정보를 의식적으로 무시하였어야 할 것'을 요구하고 있다. '알았거나'는 제28조(a)와 공통되지만 '이를 명백히 보여주는 정보를 의식적으로 무시하였다'는 요건은 제28조(a)의 should have known 보다 더 입증이 어려운 기준이다. 로마규정 제28조(b)의 'consciously disregarded information'과 미국 모범형법전의 recklessly(무모하게)의 표현을 비교하면 'consciously disregarding information'이 모범형법전의 무모함 기준이라는 것을 알 수 있다.[40] 무모함(recklessness) 기준은 ICTY 규정 제7조(3)의 'had reason to know'를 적용한 Čelebići 기준, 즉 관습국제법의 기준과 같다는 평가를 받고 있다.[41] ICC 로마규정 제30조가 국제범죄의 주관적 요건으로 규정

---

40) The Model Penal Code Art 2.02(2)(c) Recklessly. A person acts recklessly with respect to a material element of an offense when he consciously disregards a substantial and unjustifiable risk that the material element exists or will result from his conduct. The risk must be of such a nature and degree that, considering the nature and purpose of the actor's conduct and the circumstances known to him, its disregard involves a gross deviation from the standard of conduct that a law-abiding person would observe in the actor's situation; W. A. Schabas, The International Criminal Court, 2010, p. 463; Cassese는 Recklessness(dolus eventualis)를 주관적 요건으로 하는 경우로 상급자책임을 들면서 상급자책임은 상급자가 자신의 하급자가 국제범죄를 실행하려고 하거나 실행하고 있다는 사실을 명확하게 알려주는 정보를 의식적으로 무시하였을 경우 그 하급자의 범죄에 대하여 책임을 진다고 쓰고 있다. A. Cassese, International Criminal Law, 2008, pp. 66-67.

41) W. A. Schabas, The International Criminal Court, 2010, p. 463; G. Mettraux, The Law of command Responsibility, 2009, p. 195.

하고 있는 고의와 인식(intent and knowledge)은 과실이나 무모함보다 엄격한 요건이며, 다른 규정이 없는 경우에 적용되는 일반규정이다 (ICC 로마규정 제30조 참조). 따라서 로마규정 제28조의 주관적 요건 인 "should have known"과 "recklessness"는 제30조의 일반규정에 대한 예 외가 된다. 그러나, Schabas는 ICC 로마규정 제28조의 recklessness 기준 이 실제로는 ICC 로마규정 제30조에 근접하다고 주장한다.[42]

전심재판부에 의하면 알았거나(knew)는 실제의 인식을 요구하고, 알았어야 했다(should have known)는 과실의 일종이다. should have known 기준은 상급자가 그의 부하들의 위법한 행위를 인식하지 못 한 것에 과실이 있었던 경우를 말한다고 하였다.[43] 이것은 ICTY의 had reason to know 기준을 벗어나는 것이다. ICTY의 판결들은 ICTY 규 정의 'had reason to know'가 형사상의 과실로는 충족되지 못하며, 지 휘관이 범죄발생을 경고하는 정보를 무시한 경우라고 하였었다. 전 심재판부는 should have known 기준은 범죄 발생 시점에서 범죄에 관 한 정보가 있었는지에 상관없이 상급자가 그의 부대의 활동에 대해 알기 위한 필요한 조치를 취하고 이를 알아보아야 할 의무를 상급자 에게 보다 많이 부과하는 기준이라고 하였다. 전심재판부는 민간인 상급자(문민실권자)보다 군지휘관 또는 군유사 지휘관에 대하여 더 엄격한 태도(stringent approach)를 취하는 것이 상급자의 종류의 차이 에 의해 정당화된다고 보았다.[44]

---

42) W. A. Schabas, *ibid.*, p. 463.

43) Prosecutor v. Jean-Pierre Bemba Gombo, (Case No. ICC-01/05-01/08-424) Pre-Trial Chamber II Decision Pursuant to Article 61(7)(a) and (b) of the Rome Statute on the Charges of Prosecutor Against Jean-Pierre Bemba Gombo, 15 June 2009, paras. 430-432.

44) *Ibid.*, para. 433.

3. 상급자의 의무 불이행

1) 방지, 억제, 보고 의무

(1) ICC 로마규정의 해석

Bemba 사건의 전심재판부는 ICC 로마규정의 지휘관의 의무는 시간적 순서에 따라 세 가지가 나타난다고 한다. 상급자들은 ICC 로마규정 제28조(a)(ii)나 제28조(b)(iii)에 규정된 세 가지 의무를 이행하지 않았어야 한다. 이러한 의무는 범행을 방지(예방)할 의무(duty to prevent commissions), 범행을 억제할 의무(duty to repress commissions), 사안을 수사 및 기소의 목적으로 권한 있는 당국에 보고할 의무(to submit the matter to competent authorities for investigation and prosecutions)이다. 전심재판부는 이 세 가지 의무는 범죄의 실행에 있어서 범행 전, 범행 중, 범행 후라는 세 가지의 다른 단계에서 각각 발생한다고 한다. 이러한 세 가지 의무의 위반은 지휘관책임을 각각 별도로 성립시킨다. 따라서 지휘관이 방지 의무를 이행하지 않은 경우에 그가 억제 의무나 보고 의무를 이행하였다고 하여 방지 의무 위반에 대한 책임이 소멸되는 것은 아니다.[45]

방지(예방) 의무는 부하들이 범죄를 저지르고 있는 중이거나 저지르려고 할 때 발생한다. 이 의무는 범죄의 실행 전에 발생하여 범죄의 완성 전까지 존속한다.[46] 억제 의무는 범죄 실행의 두 가지 다른 단계에서 나타나는 두 가지 다른 의무를 포함한다. 첫째는 진행

---

45) *Ibid.*, para. 436.
46) *Ibid.*, para. 437; 전심재판부는 범죄방지의무에 따른 조치의 내용으로 (i) 국제인도법의 교육, (ii) 군사행동이 국제법에 부합하게 실시되었는지에 대한 보고의 확보, (iii) 전쟁법을 준수하도록 하는 명령, (iv) 상급자의 지휘를 받는 부대가 잔혹행위를 하는 것을 방지하기 위한 징계 조치의 실시 등을 들고 있다. *Ibid.*, para. 438.

되고 있는 범죄가 완성이 되는 것을 중단(stop)시켜야 할 의무이다. 둘째는 그 범죄의 실행이 있은 후에 그 범죄의 실행자들을 처벌하여야 할 의무이다.[47] 상급자가 범죄의 실행을 제재하기 위하여 필요한 조치를 취할 것을 요구하는 처벌 의무는 다음과 같은 두 가지 방법에 의해 충족될 수 있다. 첫째는 상급자 자신이 부하들을 처벌하기 위해 필요한 합리적인 조치를 취하는 것이다. 둘째는 그 자신이 그러한 능력이 없는 경우에는 그 사안을 권한 있는 당국에 보고하는 것이다. 따라서 ICC 로마규정 제28조가 규정하고 있는 상급자의 세 번째 의무인 사안을 권한 있는 당국에 보고할 의무(the duty to submit the matter to the competent authorities)는 억제 의무의 일부로서의 처벌 의무의 대안이 된다.[48] 1심재판부는 전심재판부의 판단에 동의하고 있다.[49]

　제1추가의정서 제86조(2)의 지휘관책임이 상급자의 의무를 prevent와 repress로 구분하였던 점, ICTY 규정 제7조(3)이 prevent와 punish로 구분하였던 점에 비추어 repress는 punish에 상응하는 것으로 통용되어 왔다. 이러한 점에서 prevent는 주로 장래의 범죄와 punish(repress)는 주로 과거의 범죄와 관련되어 있다고 볼 수 있다. 한편, 범죄가 진행되고 있다면 상급자의 의무는 범행의 완성을 막는다는 의미에서 prevent의 의무가 있고, 이미 진행된 부분을 처벌한다는 의미에서 punish(repress)의 의무가 있다. 그러나, repress는 단순한 punish 이상의 의미를 가지고 있다. 즉, 이것은 범죄를 처벌하는 것은 물론이고, 진

---

47) *Ibid.*, para. 439.

48) *Ibid.*, para. 440; 결국 사안을 권한 있는 당국에 보고할 의무(the duty to submit the matter to the competent authorities)는 상급자가 처벌을 위한 필요하고 합리적인 조치를 취할 수 있는 지위에 있지 아니한 경우에만 나타나는 예비적 의무이다. E. V. Sliedregt, Individual Criminal Responsibility, 2012, p. 198.

49) Prosecutor v. Jean-Pierre Bemba Gombo, (Case No. ICC-01/05-01/08) Trial Chamber III Judgement, 21 March 2016, paras. 197-209.

행되고 있는 범죄를 중단(stop)시키는 것을 포함하여 그러한 종류의 범죄가 다시 발생하지 않도록 예방하는 것을 포함하는 매우 광범위한 내용을 포함할 수 있다.[50] 또한 부하의 범죄가 발생한 경우에 상급자는 이를 처벌하거나 보고하는 것 외에도 유사한 범죄가 다시 발생하지 못하도록 하여야 하는 의무를 지고 있다는 점에서 prevent와 repress의 의무가 발생한다. 범죄가 이미 발생한 상황에서 상급자가 범죄를 처벌하거나 그 자신이 처벌할 권한이 없는 경우에는 이를 관할 당국에 보고해야 하는 의무는 이러한 범죄가 다시 발생하지 않도록 해야 하는 상급자의 방지 의무, 억제 의무에 포함된다고도 볼 수 있다. 즉, Bemba 사건의 전심재판부가 방지, 억제, 보고 의무는 범죄의 실행에 있어서 범행 전, 범행 중, 범행 후라는 세 가지의 다른 단계에서 발생한다고 한다고 한 것은 정확한 설명이라고 보기 어렵다. 전심재판부의 이러한 설명은 이미 발생한 범죄에 대하여 상급자가 처벌의무나 보고의무를 이행하지 않은 경우에는 성립하는 지휘관책임이 범죄방지의무나 범죄제지의무와는 다른 성격을 가지는 것으로 오해하게 할 수 있다. 지휘관책임의 범죄 방지, 제지, 처벌의무는 궁

---

50) Sliedregt는 repress가 제1추가의정서 제86조, 제87조로부터 기원하기 때문에 이것은 예방에 매우 가까운 의미를 가지고 있으면서도 과거의 범죄에 관한 대응 의무의 기초로 볼 수도 있다고 지적한다. E. V. Sliedregt, *Individual Criminal Responsibility in International Law*, Oxford University Press, 2012, p. 198; Ambos는 상급자에게 시기에 따라 두 가지 의무가 발생하며 이러한 태도는 임시재판소들의 판례에 의해 관습국제법으로 확립되었다고 한다. 범죄가 발생하기 전에 그 범죄를 방지할 의무(duty to prevent), 범죄의 발생 후에는 그것을 처벌할 의무(duty to punish)가 있다고 한다. 만약 범죄가 이미 범해진 경우에는 상급자는 억제적인 수단(repressive measures)에 의해서만 대응할 수 있다. 이런 경우는 수사를 명령하거나 범죄자를 처벌하거나 사안을 권한 있는 당국에 보고하는 것이다. K. Ambos, Treatise on International Criminal Law. Volume 1: Foundation and General Part, Oxford University Press, 2013, p. 217.

극적으로 부하들의 범죄를 방지를 목적으로 하는 상급자의 부하에 대한 범죄통제의무로서 동질적인 것이다.

　실제 재판에서 부작위를 이유로 지휘관책임이 성립한다고 하기 위하여는 상급자가 범죄 방지, 억제, 보고와 같은 의무를 이행하기 위하여 필요한 조치가 무엇이었는지를 확정하는 것이다. 전심재판부가 주장하는 부하범죄의 진행단계 별로 발생하는 상급자의 의무가 이러한 판단에 도움이 되겠지만, 실제 사건에서 전심재판부가 주장하는 방법만으로 상급자에게 요구되는 의무를 확정하는 것이 쉽지 않을 때도 있다. 1977년 제1추가의정서 제86조(2), ICTY 제7조(3), ICC 로마규정 제28조가 부하의 범죄의 실행의 단계와 상급자의 의무를 각각 대응시켜 규정하지 않았다. 이것은 어떻게 보면 그러한 대응관계가 명확하지 않고, 복잡한 내용을 가지고 있어서 Bemba 사건의 1심 재판부의 설명과 같은 방식으로 규정하지 못한 것이라고 볼 수 있다. 필자는 부하의 범죄의 실행 단계별로 특정의 상이한 작위의무가 발생한다는 전심재판부의 견해에 동의하지 않으며, 실제 상황에서 상급자에게 방지, 억제, 처벌, 보고 의무가 각각 어떻게 발생하고 있는지를 각 의무별로 개별적으로 판단하여야 한다고 본다. 필자의 견해에 따르면 부하의 범죄가 발생한 것을 알면서 처벌하거나 수사기관에 알리지 않은 것은 범죄처벌(보고)의무를 위반한 동시에 범죄방지의무와 범죄억제의무도 위반한 것이다(私見).

(2) ICC 로마규정의 문제점

　ICC 로마규정의 문제점은 주관적 요건의 대상이 '범죄가 완성된 경우'를 포함하고 있지 않다는 점이다. 로마규정은 '범죄를 범하고 있거나 또는 범하려 한다는 사실을 알았거나 또는 당시 정황상 알았어야 하는 경우'[제28조(a)(i)] 또는 '범죄를 범하고 있거나 또는 범하려 한다는 사실을 상급자가 알았거나 또는 이를 명백히 보여주는 정

보를 의식적으로 무시한 경우'[제28조(b)(i)]에 대하여 규정하고 있지
'그러한 범죄를 범하고 있거나 또는 범하려 하고 있거나, 범했다는
사실을 알았거나 또는 당시 정황상 알았어야 하는 경우'나 '범죄를
범하고 있거나 또는 범하려 하고 있거나 범했다는 사실을 상급자가
알았거나 또는 이를 명백히 보여주는 정보를 의식적으로 무시한 경
우'라고 규정하고 있지 않다. 가령, 군지휘관인 피고인이 그의 부하
들이 범죄를 저지르려고 한 것, 저지르는 중이었다는 것을 몰랐으나
그러한 범죄가 완성된 후에 그 사실을 알았다고 가정하자. 그런데
피고인은 그의 부하들이 범죄를 저지르려고 한 것과 저지르는 중이
었던 것을 몰랐던 점에는 아무런 과실이 없었을 수도 있다. 이런 경
우는 문언상으로는 로마규정 제28조(a)가 적용되지 않는다. 왜냐하면
로마규정 제28조(a)는 군대가 그러한 범죄를 범하고 있거나 또는 범
하려 한다는 사실을 군지휘관이 알았거나 또는 당시 정황상 알았어
야 하는 상황에 대하여만 규정하고 있을 뿐 부하가 이미 범죄를 범
한 상황에 대하여는 규정하고 있지 않기 때문이다. 그럼에도 불구하
고 실제로 위와 같은 상황이 발생한 경우에 ICC가 피고인을 무죄라
고 할 가능성은 없어 보인다. 제28조의 규정의 전체적인 취지는 위와
같은 경우에도 피고인을 처벌하는 것이며 "범했다는 사실"이 누락된
것은 단지 입법상의 과오로 보인다(私見, 1977년 제1추가의정서에 관
한 제3장 제3절 참조).

　　필자는 제28조(a)(i)은 "군지휘관 또는 사실상 군지휘관으로서 행
동하는 자가 군대가 그러한 범죄를 범하고 있거나 또는 범하려 한다
거나 범하였다는 사실을 알았거나 또는 당시 정황상 알았어야 하고",
제28조(b)(i)는 "하급자가 그러한 범죄를 범하고 있거나 또는 범하려
한다거나 범하였다는 사실을 상급자가 알았거나 또는 이를 명백히
보여주는 정보를 의식적으로 무시하였고"라고 개정해야 한다고 생
각한다.

2) 부하를 적절히 통제할 의무

ICC 로마규정의 문언은 그 성안 당시에 예기치 않았던 많은 쟁점을 산출하고 있다. 관습국제법은 지휘관의 범죄 방지, 처벌의무를 위반하면 상급자가 부하를 통제할 의무를 위반한 것으로 보았다. 그러나, 로마규정은 상급자의 방지, 억제, 보고 의무 위반과 별도로 모두 문구(chapeau element)에서 상급자는 그들의 군대나 부하를 적절하게 통제하지 못한 결과로서 형사책임을 진다고 규정하고 있다. 로마규정의 이 문구는 하급자를 적절하게 통제를 하여야 하는 상급자의 의무위반이 지휘관책임의 핵심이라는 것을 보여준다.[51] 이 의무와 우리가 앞에서 본 범죄 방지, 억제, 보고 의무와의 관계는 어떻게 되는 것인가?

(1) 이분설

Triffterer는 이 문구를 근거로 ICC 로마규정의 지휘관책임의 성립요건을 관습국제법상의 지휘관책임과 다르게 해석한다. 그는 "적절히 통제할 의무의 불이행"(failure to exercise control properly)은 상급자가 범죄를 방지하여야 할 법적 의무를 전제로 하고 있다고 한다. 이러한 통제의무의 위반에 대하여는 로마규정 제28조가 주관적 요건에 관하여 특별한 규정을 두지 않고 있기 때문에 일반규정인 로마규정 제30조[52]가 적용된다.[53] 따라서 상급자는 그의 부하들에 대한 그의

---

51) G. Werle/F. Jessberger, Principles, 2014, para. 610
52) 제30조 주관적 요소
 1. **달리 규정되지 않는 한**, 사람은 고의와 인식을 가지고 범죄의 객관적 요소를 범한 경우에만 재판소 관할범죄에 대하여 형사책임을 지며 처벌을 받는다.
 2. 이 조의 목적상 다음의 경우 고의를 가진 것이다.
 가. 행위와 관련하여, 사람이 그 행위에 관여하려고 의도한 경우

감독 및 통제 능력을 포함하여 객관적 구성요건에 해당하는 모든 사실을 알고 있어야 한다. 상급자는 그의 통제 의무의 사실적 기초들을 알고 있으면서도 수동적으로 머물고 있는 방식에 의해서 그의 의무를 고의로 불이행하여야 한다. 이렇게 통제를 해야 할 의무와 범죄를 방지하여야 할 일반적 의무는 그의 부하들이 범죄를 저지르는 단계에서 이를 방지하여야 할 구체적 의무로 대체될 때까지 존재한다.[54] '적절한 통제를 하지 못한 결과'라는 문언은 이러한 부작위가 어떤 식으로든 부하들의 범죄행위의 가능성을 제공하였다는 의미이다. 상급자의 '첫 번째 의무위반'(통제의무위반)과 '두 번째 의무위반'(범죄를 방지, 억제, 보고하기 위하여 그의 권한 내에 있는 필요하고 합리적인 조치를 취하지 않은 것, 즉 구체적인 조치의무위반)의 관계에 대하여 Triffterer는 다음과 같이 설명한다. 첫 번째 의무위반 때문에 부하의 범죄가 발생하고, 두 번째 의무는 상급자가 첫 번째 의무위반을 한 것을 만회할 수 있는 두 번째 기회이다.[55] 두 번째 기

나. 결과와 관련하여, 사람이 그 결과를 야기하려고 의도하였거나 또는 사건의 통상적인 경과에 따라 그러한 결과가 발생할 것을 알고 있는 경우

3. 이 조의 목적상 "인식"이라 함은 어떠한 상황이 존재한다는 것 또는 사건의 통상적인 경과에 따라 어떠한 결과가 발생할 것이라는 것을 알고 있음을 말한다. "인식하다" 및 "인식하고서"는 이에 따라 해석된다.

53) O. Triffterer, ""Command Responsibility" - crimen sui generis or participation as "otherwise provided" in Article 28 Rome Statute?", in: J. Arnold(Hrsg.), Menschengerechtes Strafrecht - Festschrift für Albin Eser, 2005, S. 910.

54) Ibid.; Triffterer는 이렇게 2단계의 작위 의무를 인정하고 첫 번째의 작위의무의 불이행은 제30조에 의해서, 그리고 두 번째의 작위의무의 불이행은 제28조의 주관적 요건에 의해서 충족된다고 한다. 그럼에도 불구하고 그가 지휘관책임을 독립된 범죄가 아니라 범죄 참가의 한 형태(a specific mode of participation)라는 입장을 취하는 것은 매우 흥미롭다. Ibid., S. 921.

55) Ibid., S. 917; C. Meloni, Command Responsibility, 2010, p. 166은 로마규정 제28조는 [일반적 사전적인] 통제의무위반이 그 자체로는 지휘관책임을 성립시키지 않도록 규정하고 있다고 한다.

회(두 번째 의무)에는 ICTY의 지휘관책임 기준이 그대로 적용된다. 즉, 상급자가 첫 번째 의무를 위반한 후에 부하가 범죄를 저지르려고 하고 있거나, 저지르는 중이거나, 또는 이미 저지른 경우에 상급자가 이를 알았거나, 무모하게 이러한 정보를 무시했거나, 알았었어야 했어야 했던 상황에서 상급자가 부하의 범죄를 방지, 억제, 보고할 의무를 이행하지 않으면 상급자가 부하의 범죄에 대하여 지휘관책임을 진다.[56] 이 견해에 의하게 되면 두 가지 의무위반, 즉 첫 번째의 통제의무(범죄의 일반적인 예방의무)와 두 번째의 구체적인 조치의무위반이 각각 독립적인 의무위반이 된다. 각 의무위반에 대한 모든 주관적 요건과 인과관계의 문제는 각각 독립적으로 판단되어야 한다.[57]

---

56) O. Triffterer, "Causality, a Separate Element of the Doctrine of Superior Responsibility as Expressed in Article 28 Rome Statute", LJIL 15(1), 2002, p. 200.

57) 2단계 의무의 위반은 하나의 연속된 부작위 일 수 있다. O. Triffterer, ""Command Responsibility" - crimen sui generis or participation as "otherwise provided" in Article 28 Rome Statute?", in: J. Arnold(Hrsg.), Menschengerechtes Strafrecht - Festschrift für Albin Eser, 2005, S. 919-921 ff; 보고의무의 위반의 경우에는 상급자가 필요한 조치를 취하지 않은 부작위와 발생한 범죄 사이에 인과관계는 존재하지 않는다. 그러나 이 경우에도 상급자가 첫 번째의 의무를 위반한 것과 발생한 범죄 사이의 인과관계는 존재하여야 한다. O. Triffterer, "Causality, a Separate Element of the Doctrine of Superior Responsibility as Expressed in Article 28 Rome Statute", LJIL 15(1), 2002, p. 202; Meloni도 로마규정이 상급자의 의무가 2단계 구조(two-tier duty)되어 있다고 하면서 부하를 적절히 통제할 의무는 상급자의 주된 의무이며 국제범죄의 발생을 방지하기 위하여 이러한 의무가 조기에 발생한다고 보는 것이 타당하다고 주장한다. 그런데 Meloni가 설명하는 통제의무의 구체적 내용을 살펴보면 실질적으로 범죄방지의무에 관한 것이다. C. Meloni, Command Responsibility, 2010, pp. 164-165, 174; Bemba 사건의 1심재판에서 별개의견을 제시한 Ozaki 판사는 부하를 적절히 통제할 의무는 구체적인 조치를 취하여야 할 의무와 밀접하지만 독립된 의무라고 하면서 이러한 통제의무는 질서를 유지할 의무, 감독과 규율 체제를 유지할 의무 등을 포함하는 광범위한 의무이며 상

(2) 절충설

Werle는 ICC 로마규정이 적절히 통제를 하지 못한 결과로 부하가 범죄를 저지를 것을 요구한 규정은 통제와 감독의무의 위반을 상급자책임의 핵심 요건으로 만든 것이라고 평가한다. 이러한 요건은 관습국제법상 존재하지 않았으며 이러한 요건의 추가가 가지는 의미는 아직 명확하지 않다고 한다.[58] Werle는 지휘관책임을 규정한 제28조의 요건들이 제30조에서 말하는 "범죄의 객관적 요건"인지 불명확하기 때문에 통제의무위반에 대한 주관적 요건도 명확하지 않다고 한다.[59]

그는 통제의무의 위반과 방지, 제지, 보고 의무위반 사이의 관계를 두 가지로 구분하여 판단하고 있다. 범죄 방지의무를 위반한 경우에는 당연히 통제의무를 위반한 것이며 별도로 통제의무를 위반하였다는 점을 입증할 필요가 없다고 한다.[60] 한편, 보고 의무위반의 경우에는 부하의 범죄가 상급자의 통제의무위반에 의해서 발생했다고 볼 수는 없기 때문에 로마규정의 문언에 충실한 해석은 그 범죄가 발생하기 전에 상급자 적정한 통제를 하여야 하는 의무를 위반했을 것이 요구된다고 한다.[61] 이러한 주장에 따르면 부하에 대한 상급자의 지위를 피고인이 그 부하의 범죄가 발생한 후에 가지게 되었

급자에게 항시 존재한다고 한다. Prosecutor v. Jean-Pierre Bemba Gombo, (Case No. ICC-01/05-01/08) Trial Chamber III Judgement, 21 March 2016, Separate Opinion of Judge Kuniko Ozaki, para. 15.

58) G. Werle, Principles of International Criminal Law, 2009, para. 528.

59) *Ibid.*, paras. 532-533.

60) *Ibid.*, para 529.

61) *Ibid.*, para. 531; Werle는 보고의무위반만을 예로 들고 있으나 억제(repress)의 무위반의 경우에도 이미 발생한 범죄를 처벌하여야 하는 경우에는 역시 같은 결론에 다르게 되어야 할 것이다. Prosecutor v. Jean-Pierre Bemba Gombo, (Case No. ICC-01/05-01/08) Trial Chamber III Judgement, 21 March 2016, Separate Opinion of Judge Kuniko Ozaki, para. 17 참조.

다면 그는 상급자책임을 지지 않게 된다. Werle에 의하면 통제의무와 범죄 방지, 제지 의무는 결합하여 하나의 의무가 되지만, 통제의무와 범죄 보고 의무는 별도로 존재하게 된다.

(3) ICC 재판부의 입장

ICC는 모두 문구(chapeau element)의 "적절히 통제하지 못한"이라는 표현과 구체적인 방지, 억제, 보고 의무의 관계에 대하여 명확한 입장을 아직 내놓고 있지 않다.

Bemba 사건의 전심재판부는 군지휘관 또는 사실상 군지휘관으로서 행동하는 자는 자신의 실효적인 지휘와 통제하에 있거나 또는 경우에 따라서는 실효적인 권위와 통제하에 있는 군대가 범한 재판소 관할범죄에 대하여 "그 군대를 적절하게 통제하지 못한 결과로서의" 형사책임을 진다는 규정에서 "적절하게 통제하지 못한"이라는 부분은 상급자가 그 범죄가 발생하기 전에 그 부대에 대하여 이미 통제를 가지고 있었다는 것을 의미한다고 한다.[62] 실효적 통제라는 것은 방지, 억제, 보고를 할 수 있는 실질적 능력을 의미하고 따라서 적절한 통제를 하지 않았다는 것은 그러한 의무들을 이행하지 않았다는 것을 의미한다.[63] 전심재판부에 의하면 "as a result of"라는 문구는 상급자의 직무위반(dereliction of duty)과 부하의 범죄와의 사이에 인과관계가 요구된다는 것을 의미한다.[64] 1심재판부는 "as a result of"라는 문구는 적절히 통제하지 않은 부작위와 부하의 범죄와의 사이에 인과관계가 요구된다는 것을 의미한다는 전심재판부의 입장에 동의한다.[65]

---

62) Prosecutor v. Jean-Pierre Bemba Gombo, (Case No. ICC-01/05-01/08-424) Pre-Trial Chamber II Decision Pursuant to Article 61(7)(a) and (b) of the Rome Statute on the Charges of Prosecutor Against Jean-Pierre Bemba Gombo, 15 June 2009, para. 419.
63) *Ibid.*, para. 422.
64) *Ibid.*, para. 423.

(4) 단일설(私見)

지휘관책임의 요건으로서 부하를 적절히 통제할 의무와 범죄의 방지, 억제, 보고의무를 구분하여야 할 관습국제법상의 근거가 없으며, ICC 로마규정도 이러한 구분을 전제로 한 것이라고 해석되지 않는다. 로마규정의 모두 문구(chapeau element)에서 부하들을 적절히 통제한 결과로서 형사책임을 진다고 표현한 것은 뒤에서 구체적으로 제시하는 범죄 방지, 범죄 처벌, 범죄 보고 의무를 모두 문구에서 통합적으로 지칭한 것이다. 부하를 적절히 통제할 의무는 상급자가 지고 있는 범죄 방지, 억제, 보고 의무와 무관할 수 없다. 통제의무의 발생을 구체적인 방지, 억제, 보고 의무보다 시기적으로 일찍 설정하는 이론 구성의 장점은 실제로 범죄가 발생한 시점에서 상급자가 그 범죄를 방지할 수 있는 능력이 없다고 하더라도 상급자가 그 이전에 통제의무를 이행하지 않아서 그러한 상황이 초래되었다면 지휘관책임을 인정할 수 있다는 것을 명쾌히 보여준다는 점이다.[66] 그러나, 이러한 결론은 상급자의 의무가 시기적으로 2단계에 걸쳐서 독립적으로 나타난다고 보지 않아도 수긍된다. 상급자의 선행하는 부작위에 의해 부하의 범죄를 방지하거나 처벌할 수 없게 된 상황이 초래되었다면 상급자는 이러한 불가능을 항변으로 주장할 수 없다.[67]

---

65) Prosecutor v. Jean-Pierre Bemba Gombo, (Case No. ICC-01/05-01/08) Trial Chamber III Judgement, 21 March 2016, para. 211.

66) C. Meloni, Command Responsibility, 2010, p. 166, 172.

67) 야마시타 사건에서 미국 군사위원회는 야마시타가 부하들을 통제하기 어려운 상황을 인정하였지만, 그전에 일본의 지휘관들이 부하들의 임무 수행에 대하여 어떠한 점검이나 조사도 한 사실은 없다는 점을 근거로 야마시타에 대하여 유죄를 선고하였다. The United Nations War Crimes Commission, *Law Reports of Trials of War Criminals Volume IV*, 1948, p. 34-35; 미국의 뉘른베르크 후속 재판의 하나인 Hostage 사건에서 재판부는 "피고인 List는 보고가 들어오는 때 본부에 없었기 때문에 무고한 거주민들이 불법적으로 살해된 많은 사례들에 대하여 전혀 알지 못했고 그러한 행동들이 있었는지도 몰

Triffterer가 주장하는 부하를 적절히 통제하여야 할 상급자의 의무
의 내용은 실질적으로 범죄방지의무에 관한 것이다. Triffterer는 적절
한 통제를 하지 않은 경우에 나중에 다시 상급자에게 부하들의 범죄
에 대하여 방지, 억제, 보고하여야 할 의무가 발생한다고 한다. 그렇
다면 Triffterer가 주장하는 처음의 범죄통제무와 나중에 범죄 발생 직
전에 가서 발생하는 범죄방지의무는 동일한 의무를 시기적으로 구
분한 것에 불과하다. 동일한 내용을 가지는 작위의무를 시기적으로
두 개로 구분하는 것은 각 의무와 부하의 범죄와의 인과관계, 그리
고 각 의무에 대한 주관적 요건에 대하여 혼란을 준다.

Triffterer에 의하면 로마규정은 결국 두 개의 부작위, 즉 적절한 통
제의무를 이행하지 않은 부작위, 범죄방지의무를 이행하지 않은 부
작위가 존재하는데 발생한 범죄는 첫 번째 부작위와의 인과관계만
으로 족하다는 것인가? Triffterer와 Meloni는 인과관계의 문제는 2단계
의무위반(부작위)와 부하의 범죄와의 사이에 각각 독립적으로 판단
하여야 한다고 설명하면서도, 범죄방지의무위반의 경우에는 두 번째
의 부작위는 첫 번째 부작위에 따른 인과관계를 강화하는 효과

랐다고 변명한다. … 그는 그의 권한의 범위내에 발생하는 모든 사건들에
대하여 적절한 보고서를 요구할 수 있다. 그 보고서가 불완전하거나 또는
다른 이유로 부적절하다면 그는 모든 관련 사실을 알 수 있게 하는 추가
보고서를 그에게 요구할 의무가 있다. 그가 만약 완전한 정보를 요구하고
획득하지 못한다면, 그는 직무유기(the dereliction of duty)의 책임을 진다. 그
는 그 자신의 직무유기를 항변으로 제출할 수 없다. 본부에 부재하였다는
것은 그가 만들거나 묵인한 정책에 따라 저질러진 행위들에 대한 책임을
면제시켜 줄 수도 면제시켜 주지도 않는다."라고 판시하였다. United States
Government Printing Office, Trials of War Criminals before the Nuernberg Military
Tribunals. Volume XI, 1950. p. 1271; 누적적 유책이론(cumulative culpability
theory)에 따르면 성립요건의 일부의 결핍이 행위자의 귀책사유로 초래된
경우에 처벌하는 것은 책임주의에 반하지 않는다. D. Robinson, "How
Command Responsibility Got So Complicated", Melbourne Journal of International
Law 13(1), 2012, p. 10.

(strengthening effect)를 가지며, 범죄억제의무나 범죄보고의무의 경우
에는 첫 번째 부작위에 의한 인과관계만 요구된다고 하고 있다.[68]
그러나, 이러한 주장은 관습국제법을 대표하는 ICTY의 판례가 인과
관계를 요구하지 않는다는 입장과 배치되는 것은 물론이고, 부작위
의 개념에 비추어 혼란을 준다. 실질적으로 같은 내용을 가지는 부
작위를 두 개의 시기로 구분하여 앞 부분의 부작위에만 인과관계가
요구되고 뒷 부분의 부작위는 앞 부분의 부작위에 의한 인과관계를
강화하는 부차적인 의미만 부여하는 근거가 무엇인가? 인과관계를
요구하는 입장이라면 오히려 전체적으로 하나의 부작위로 파악하여
그 전체의 부작위에 대하여 발생된 범죄와 인과관계가 필요하다고
보는 것이 타당하다. Triffterer의 견해를 적용하기 위해서는 사실상 분
리가 어려운 부작위를 인위적으로 분리시켜 인과관계를 검토해야
하는 불필요한 부담을 초래한다.

또한, Triffterer의 견해 다음과 같은 상황을 해결하지 못하는 약점
을 가지고 있다. 군지휘관이 평소에 부하들에 대한 통제의무와 범죄
예방의무를 적절하게 수행하였는데 이러한 상급자의 적절한 의무
이행에도 불구하고 부하들이 범죄를 저지르게 된 경우가 있다고 하
자. 그런데 이 사례에서 지휘관이 부하들이 범죄를 저지르고 있다는
것을 알게 되었지만 이를 그대로 방치하여 범죄가 결국 발생한 경우
에 Triffterer의 주장에 따르면 이 지휘관을 처벌할 수 없게 될 것이다.
왜냐하면 이 지휘관은 평소에는 일반적 통제 의무를 성실히 수행했
으므로 첫 번째 의무의 위반을 찾을 수 없기 때문이다.[69] 로마규정
의 문언이 이러한 불합리한 결과를 의도하였다고 볼 수 없다.[70]

---

68) C. Meloni, Command Responsibility, 2010, p. 174; O. Triffterer, "Casuality", IJIL
    15(1), 2002, pp. 203-204.

69) C. Meloni, Command Responsibility, 2010, p. 175.

70) A. Kiss, "Command Responsibility under Article 28 of the Rome Statute", in: Cartsten

Werle의 견해도 보고의무위반은 통제의무위반과 분리된다고 보는 점에서 부당하다. Werle는 보고의무위반을 통제의무위반이라고 볼 수 있다고 인정하면서도, 로마규정의 'as a result'라는 문언은 통제의무위반의 결과로 부하의 범죄가 발생할 것을 요구하는데, 보고의무위반의 결과로 부하가 범죄를 저질렀다고 볼 수는 없기 때문에 결국 보고의무와 관련하여서는 통제의무와 보고의무가 분리된다고 보고 있다.[71] Werle도 인정하듯이 'as a result'의 해석은 현재 열려 있다. 이 문구를 상급자의 통제의무위반의 결과로 부하의 범죄가 발생하였다는 요건으로 해석할 수 있지만, 부하의 범죄가 발생한 경우에 상급자는 그의 통제의무위반의 결과로서 형사책임을 진다는 표현으로 해석할 수 있다(私見).

Trifflerer의 제안은 통제의무위반에 대한 고의를 요구함으로써 지휘관책임을 상급자의 고의를 중심으로 구성하고, 상급자의 통제의무위반과 부하의 범죄의 발생 사이에 인과관계를 요구하는 것이다. 이에 의하면 지휘관책임이 책임주의 위반이라는 논란을 막을 수 있다.

Stahn(ed.), The Law and Practice of the International Criminal Court, Oxford University Press, 2015, p. 623은 통제를 행사하여야 할 일반적인 의무와 이와 별도로 범죄 방지, 억제, 보고를 위하여 구체적인 조치를 취할 의무가 존재하는 것을 인정하지만 이 두 가지 의무의 독립성을 크게 강조하지 않는다. 즉, 이 두 가지 의무는 상호 관련적이며 로마규정 제28조에 있어서 이 두 가지 의무는 연속체(continuum)라는 것이다. 그럼에도 불구하고 이 견해는 필자가 제시한 사례와 유사한 사례를 들면서 필자와는 정반대의 결론에 이르고 있다. 즉 구체적인 억제의무와 관련하여 일반적 의무와 특정의 의무 사이의 구별은 매우 중요하다고 한다. 만약 상급자가 통제를 적절히 해야 할 일반적 의무를 충분히 이행하였다면, 그가 나중에 그 사안을 억제하거나 보고할 의무를 이행하지 않았다고 하더라도 그는 형사책임이 없다고 주장한다. Kiss가 제시한 사안에서 필자와 같은 결론을 같이 하는 견해로는 Ibid.; G. Werle, Principles of International Criminal Law, 2009, para. 530(p. 196).

71) G. Werle/F. Jessberger, Principles, 2014, paras. 611-613.

ICTY의 Čelebići 기준은 상급자가 부하의 범죄에 대하여 알았어야 했음에도 불구하고 이를 몰랐던 경우에도 지휘관책임이 성립한다는 점에서 그 정도가 어떻든 간에 일종의 과실책임이며 이것은 국제범죄의 중대성과 부합하지 않는 측면이 있다. 또한 상급자의 부작위와 부하의 범죄 사이의 인과관계를 요구하지 않은 것도 많은 비판을 받고 있다. 그러나, 이것은 지휘관책임을 상급자가 부하의 범죄에 대하여 책임을 지는 일종의 공범으로 보는 책임형식설에 대하여 가능한 비판이다. 지휘관책임을 부하의 범죄에 참여하거나 가담한 책임이 아니라 상급자의 통제의무위반(부작위) 그 자체에 대하여 국제형법이 인정한 책임으로 보는 독립범죄설에 대하여는 이러한 비판이 타당하지 않다(제5장 지휘관책임의 법적 성질 참조).

4. 인과관계

ICTY의 Čelebići 판결은 지휘관책임의 성립요건으로 상급자의 부작위와 부하의 범죄의 발생 사이의 인과관계를 별도로 요구하지 않았다. 한편, 일부 학자들은 ICC 로마규정 제28조의 'as a result'가 인과관계를 지휘관책임의 성립요건으로 포함시킨 것이라고 주장하지만[72], Werle는 로마규정의 'as a result'가 인과관계 불요설을 택한 임시재판소들의 판례를 변경하는 것인지 여부는 아직 명확하지 않다고 한다.[73]

---

72) W. A. Schabas, The International Criminal Court, 2010, p. 461.

73) G. Werle, Principles of International Criminal Law, 2009, paras. 532-533; Meloni는 로마규정의 모두 문구(chapeau element)는 인과관계를 요구하는 것이 명백하지만 문제는 통제의무위반과 범죄방지, 억제, 보고의무위반이라는 두 개의 의무위반이 있기 때문에 어떤 의무와 부하의 범죄 사이에 인과관계를 요구하는 것인지 등 아직도 불명확한 점이 많다고 한다. C. Meloni, Command Responsibility, 2010, pp. 173-176.

ICC Bemba 사건의 전심재판부는 인과관계를 요구하고 있다. Bemba 사건의 전심재판부는 로마규정 제28조(a)는 Bemba의 군대가 저지른 범행이 Bemba가 그들에 대한 적절한 통제를 하지 않은 것으로부터 기인할 것을 요구한다 고 하였다.[74] 전심재판부는 로마규정이 사용하고 있는 표현인 '실효적 통제(effective control)'와 '통제를 적절하게 행사(exercise control properly)'의 관계를 강조한다. 즉 상급자가 그의 부대에 실효적 통제를 가졌었다는 것을 증명하지도 않고 그가 적절히 통제하지 않았다고 말할 수 없으며, 실효적인 통제가 범죄를 방지, 억제, 또는 보고할 수 있는 실질적인 능력이라면, 적절한 통제를 행사하지 않았다는 것은 그러한 의무를 이행하지 않았다는 것을 의미한다. 로마규정 제28조(a)의 모두 문구(chapeau element)는 기본범죄(underlying crimes)와 상급자의 '적절하게 통제를 행사하지 못한 실패'(failure to exercise control properly) 사이의 관련성을 요구한다. '결과로서'(as a result of)가 그러한 관계를 반영하고 있다. 따라서 전심재판부에 의하면 제28조(a)의 모두 문구(chapeau element)는 상급자의 직무위배(dereliction of duty)와 기본범죄(underlying crimes) 사이의 인과관계(causality)를 요구한다.[75]

한편, 전심재판부는 이러한 인과관계의 요건을 미래의 범죄의 발생을 방지할 의무와 관련된 것으로 한정한다. 범죄의 억제의무와 사안을 관할당국에 회부할 의무는 범죄의 발생 중이나 후에 생기기 때문에 이러한 두 가지 의무의 불이행이 범죄의 발생을 소급적으로 야기하였다는 것은 비논리적이기 때문이다. 전심재판부는 로마규정 제28조(a)가 인과관계에 대하여 상세한 내용을 담고 있지는 않기 때

---

74) Prosecutor v. Jean-Pierre Bemba Gombo, (Case No. ICC-01/05-01/08-424) Pre-Trial Chamber II Decision Pursuant to Article 61(7)(a) and (b) of the Rome Statute on the Charges of Prosecutor Against Jean-Pierre Bemba Gombo, 15 June 2009, para. 420.
75) Ibid., paras. 422-423.

문에 "but for test"를 적용한다고 한다. 이 기준에 의하면 상급자가 범죄를 방지하기 위하여 합리적이고 필요한 조치를 취할 그의 의무의 불이행이 없었더라면, 그러한 범죄가 그의 부하들에 의해서 발생하지 않았다고 말할 수 있어야 한다. 그러나, 부작위의 효과는 실증적으로 확실하게 결정될 수 없다. 지휘관이 그의 범죄 발생 방지 의무를 이행하였을 때 무슨 일이 발생하였을 것이라고 정확하게 예측하는 것은 사실상 불가능하다. 따라서 상급자의 부작위와 그의 부하의 범행 사이에 직접적인 인과적 연결을 확립할 필요는 없다. 지휘관책임의 성립에 있어서 지휘관의 부작위가 지휘관이 형사책임을 져야 하는 기본범죄의 발생의 위험을 증가시켰다는 것을 입증하는 것이 필요할 뿐이다. 즉 검사는 지휘관이 범죄를 방지하여야 할 의무를 불이행한 것이 그의 부하들이 그러한 범죄를 저지를 위험을 증가시켰다는 것을 입증해야 한다.[76]

이에 대하여 1심재판부는 전심재판부의 결정에 대부분 동의한다.[77] 1심재판부의 Ozaki 판사는 별개의견에서 전심재판부가 상급자의 부작위가 이미 발생한 범죄에 대하여 인과적으로 연결될 수는 없다고 한 것에 동의하면서도, 상급자가 부하를 적절히 통제하여야 할 의무의 불이행은 범죄를 억제하거나 보고할 의무와도 관련이 있다고 지적한다. Ozaki 판사는 부하를 적절히 통제하여야 할 의무는 범죄가 발생하기 전에만 발생하는 것이 아니라는 것이다.[78] Ozaki 판사는 인과관계에 대하여 but for test를 사용하는 1심재판부의 의견에 동의한다고 하면서도, "as a result of"라는 요건은 더 나아가 책임주의

---

76) *Ibid.*, paras. 425-426.

77) Prosecutor v. Jean-Pierre Bemba Gombo, (Case No. ICC-01/05-01/08) Trial Chamber III Judgement, 21 March 2016, paras. 211-213.

78) Prosecutor v. Jean-Pierre Bemba Gombo, (Case No. ICC-01/05-01/08) Trial Chamber III Judgement, 21 March 2016, Separate Opinion of Judge Kuniko Ozaki, para. 17.

(principle of culpability)의 관점에서 피고인의 책임이 예견가능한 결과
에 한정된다는 것을 의미한다고 한다.[79]

Steiner 판사는 별개의견에서 자신은 전심재판부의 결론에 찬성한
다고 하면서 Ozaki 판사가 언급한 예견가능성은 주관적 요건, 특히
과실과 관련되는 것이라고 지적한다.[80] 한편, 위험의 증가와 관련하
여 "위험의 정도(degree of risk)"에 관한 자신의 견해를 제시한다. 위험
발생의 개연성(a probability)만으로는 부족하고 상급자가 그의 의무를
이행하였더라면 부하들의 범죄가 방지되었거나 그것이 범해진 방법으
로 부하들에 의해 저질러지지는 않았을 높은 개연성(a high probability)
이 요구된다고 주장한다.[81]

---

79) *Ibid.*, para. 23.
80) Prosecutor v. Jean-Pierre Bemba Gombo, (Case No. ICC-01/05-01/08) Trial Chamber
    III Judgement, 21 March 2016, Separate Opinion of Judge Sylvia Steiner, paras. 22-23.
81) *Ibid.*, para. 24.

제5장 지휘관책임의 법적 성질

제1절 지휘관책임의 이중성

ICC 로마규정이 1998년에 채택된 이후인 2003년경부터 ICTY에서 지휘관책임의 법적 성격에 대한 논의가 서서히 시작되었다. 따라서 지휘관책임의 법적 성격에 관한 대립은 ICTY의 규정과 ICC 로마규정의 차이로 인한 것은 아니다. 이 논쟁의 근원적 계기는 상급자가 범죄방지의무를 이행하지 않은 경우에 성립하는 지휘관책임이 실질적으로 공범과 부작위범의 중간에 위치하고 있다는 점이다.[1] 이러한 지휘관책임의 이중성은 공범이나 부작위범의 어느 한쪽의 이론만으로 지휘관책임과 관련된 모든 법적 쟁점과 문제점을 완전히 해명할 수 없게 만든다. 지휘관책임의 법적 성질(nature)에 대하여는 크게 보아 부하들이 저지른 범죄에 부작위로 가담한 것이라는 책임형식(a mode of liability, a liability for a crime)설과 부하들의 범죄를 방지하거나 처벌하지 못한 직무위반을 처벌하는 독자적인 범죄라는 독립범죄(separate offence, a crimen sui generis)설이 대립하고 있다.[2]

이 논의의 어려운 점은 첫째, 논의의 대상이 대상이 되는 지휘관책임의 내용이 확정된 것이 아니라는 점이다. 2차 대전 직후의 판례들과 ICTY의 판례는 같다고 보기 어렵다. ICC 로마규정의 지휘관책임과 ICTY의 Čelebići 기준은 다르며, ICC 로마규정의 지휘관책임에 관한 요건에 대하여도 아직 확립된 견해가 없는 상태이다. 즉 국제형법의 지휘관책임의 법적 성질에 대한 논쟁은 고정된 대상과 확립된

---

1) G. Werle, Principles of International Criminal Law, 2005, para. 371.
2) G. Werle/F. Jessberger, Principles, 2014, paras. 583, 585; C. Meloni, Command Responsibility, 2010, pp. 191-192; M. L. Nybondas, Command Responsibility, 2010, p. 136; E. V. Sliedregt, "Command Responsibility at the ICTY–Three Generation of Case-law and still Ambiguityin International Law", in: B. Swart/A. Zahar/G. Sluiter(ed.), The Legacy of the International Criminal Tribunal for the Former Yugoslavia, Oxford University Press, 2011, p. 388.

요건을 가진 책임에 관하여 진행되고 있는 것이 아니라 진행중인 동태적 현상에 대하여 행해지고 있다. 둘째, 위와 같은 이유로 책임형식설이나 독립범죄설의 선택과 지휘관책임의 각 쟁점(지휘관의 지위, 부하의 범위, 부하의 범죄의 성격, 상급자의 부작위와 부하의 범죄발생과의 인과관계 등)에 대한 결론이 반드시 논리적으로 일치한다고 보기 어렵다는 것이다. 이것은 지휘관책임이 오랜 시간에 걸쳐 판례와 조약에 의해 형성되었다는 사실을 반영한다.[3] 셋째, 국제형법의 체계와 책임형식(modes of liability)이 국내 형법과 다름에도 불구하고 학자들이 자국의 형법 이론에 기초한 언어를 사용하여 논의하고 있다는 점이다. 예를 들어, Ambos를 비롯하여 독법계의 학자들은 지휘관책임을 진정부작위범과 부진정부작위범 이론을 유추하여 설명하고 있다. 국제형법의 책임형식설이나 독립범죄설은 국내형법의 부진정부작위범이나 진정부작위범과 유사한 면이 있다. 그러나, 지휘관책임이 영미법의 전통을 배경으로 성립한 점에서 알 수 있듯이 국제형법의 책임형식설과 독립범죄설의 내용이 독일 형법의 진정부작위범, 부진정부작위범과 반드시 일치하는 것이 아니다. 한편, 영미법계 학자들과 대륙법계 학자들이 논쟁을 할 때 그들이 비록 같은 용어를 사용한다고 하더라도 그 용어들은 자국의 형법 이론에 기초한 것이기 때문에 그 내용이 정확하게 일치하는 것은 아니다.

따라서 책임형식설과 독립범죄설로 분류한 이하에서의 논쟁은 각각의 견해가 자신들이 지휘관책임의 본질과 핵심이라고 생각하는 속성을 근거로 한 것이라는 점을 유의할 필요가 있다.

---

3) 실제 판례들과 학설들은 책임형식설을 취한다고 하면서도 독립범죄설적인 요소를 받아들이고 있거나, 독립범죄설을 취한다고 하면서도 책임형식설적인 요소를 받아들이고 있다. K. Ambos, "Superior Responsibility", in: A. Cassese/P. Gaeta/J. RWD Johns(ed.), The Rome Statute of the International Criminal Court: A Commentary, Oxford University Press, 2002, p. 852 fn. 184 참조.

제2절 국제형법의 체계

지휘관책임의 법적 성질을 논의하기에 앞서 국제형법의 범죄론, 공범론, 책임형식(modes of liability)에 대하여 살펴 볼 필요가 있다. 범죄론에 있어서 영미법은 범죄(offense)와 항변(defense)의 2단계 범죄체계를 가지고 있는데, 위법성이나 책임조각의 문제는 범죄(offense)의 영역이 아니라 항변(defense)의 영역에 있다.[4) 국제형법은 이 점에서 영미법의 체계를 따르고 있다.

1. 공범론

국제형법의 공범론에 대하여는 논란이 있다.[5) 뉘른베르크와 도쿄

---

4) G. P. Fletcher, The Grammar of Criminal Law. Volume one: Foundations, Oxford University Press, 2007, pp. 43-46.

5) 정범과 공범의 구별은 논리적 순서에 따라 다음과 같이 세 가지 관점에서 검토될 수 있다. 첫째, 개념적 구별(doctrinal differentiation)은 정범과 공범의 구별을 포함하여 범죄의 참여자들을 구분하는 법 이론상의 기준을 가지고 있는가이다. 둘째, 책임 귀속의 구별(differentiation in the attribution of responsibility)은 유죄 판결이나 그 유책성에 관한 판단에서 범죄의 관련자들을 구분한다. 셋째, 양형의 구별(differentiation in the consequences of repsonsibility)은 형벌에 있어서 범죄의 참여자들에 대한 구별이다. 프랑스, 오스트리아나 영미법에서처럼 양형 단계에서 정범과 공범을 구별한다면 법적 책임 귀속의 단계에서 굳이 정범과 공범을 구별할 필요가 있는지에 대한 의문이 제기될 수 있다. 그러나, 책임 귀속의 단계에서 유책성의 원칙(principle of culpability)과 유책의 정도에 부합하는 유형의 분류(fair labelling)를 반영하는 정범과 공범의 구별이 필요하며, 양형에서 공범자의 유책성(culpability)에 부합하는 평가가 반드시 보장되지 않을 수 있다는 점을 들어 비판하는 견해가 있다. Miles Jackson, *Complicity in International Law*, Oxford University Press, 2015, p. 22, 25; 국제형법에서 정범(principal)과 실행자(perpetrator)는 많은 경우에 혼용되고 있다. 실행자(perpetrator)는 범죄의 객관적 요건에 해당하는 행위를 하였다는 의미를 강조한다. 정범((principal)은

국제군사재판소, 연합국 통제위원회법 제10호는 영미법의 단일정범
체계(unitary system)를 따랐다는 것에 다툼이 없다.[6] 한편, ICTY에 대하
여는 그 규정 제7조(1)이 범죄에 대하여 책임을 지는 유형을 구분하
고, 판사가 피고인의 범죄에 대한 참여의 형식(a mode of participation)
을 판단하는 점에 비추어 정범공범 구별체계(differentiated system)를
취하고 있다는 견해가 있다.[7] ICTY의 판례는 각 유형별로 책임 발생

　　실행자와 같은 의미로 사용하는 경우도 있지만, 범죄에 있어서 가장 주된
　　책임자이거나 가장 중요한 역할을 하였다는 규범적 평가를 포함한 의미로
　　사용되기도 한다. Accessory(협의의 공범)는 다른 사람이 저지른 범죄에 대
　　하여 파생적 형사책임을 지는 모든 자를 말하며 교사범(instigator)이나 방조
　　범(aiders-and-abettors)이 이에 속한다. Accomplice(광의의 공범자)는 다수가
　　관여한 범죄에 참가한 모든 자(any partner), 즉 공동실행자(또는 공동정범,
　　co-perpetrator)와 협의의 공범(accessory)을 말한다. Complicity는 협의로는
　　Accessory에 관한 이론, 광의로는 공동정범(Accomplice)를 포함하는 이론을
　　의미하거나(공범론), 학자에 따라서는 Accessory나 Accomplice라는 범죄자(공
　　범) 자체를 지칭하기도 한다. complicity는 영미법과 대륙법 모두에서 공범
　　론의 의미로 사용되고 있다. 한편, 영미법에서는 accessory liability 또는
　　accomplice liability를 공범론과 같은 의미로 사용하여 이를 complicity와 혼용
　　하기도 한다. accessory liability는 협의의 공범이라는 의미, accomplice liability
　　는 광의의 공범을 포함하는 의미로 사용될 때가 많지만 accessory나
　　accomplice의 의미 차이를 두지 않는 경우도 있다. J. Keiler, "Towards a
　　European Concept of participation in Crime", in: A. Klip(ed.), Substantive Criminal
　　Law of the European Union, Maklu, 2011, p. 184; G. P. Fletcher, Rethinking Criminal
　　Law, Oxford University Press, 2000, pp. 637, 645; A. Cassese/G. Acquaviva/M.
　　Fan/A. Whitng, International Criminal Law: Cases & Commentary, Oxford University
　　Press, 2011, pp. 323-324.
6) A. Cassese/G. Acquaviva/M. Fan/A. Whitng, *ibid.*, p. 324; 김성규, 국제형사법에
　　있어서의 정범의 개념, 외법논집 제38권 제2호, 2014. 5., 40면.
7) 이러한 설명은 반드시 타당하다고 보이지는 않는다. ICTY 규정은 책임형식
　　을 열거하고 있지만 그러한 책임형식이 갖는 의미는 별로 없다. 실제로 국
　　제형사재판기구의 판결의 주문에서 피고인이 책임을 지는 죄명을 제시하
　　기는 하지만 피고인의 책임형식에 대하여는 거의 언급하고 있지 않다.
　　Stewart에 의하면 판결문의 95퍼센트 이상이 주문에서 책임형식에 대하여

의 요건을 확립해 갔으며 판결의 이유에서 책임형식(modes of liability)
에 관한 판단을 하고 있다.[8] ICC 규정은 더 나아가 책임형식을 유형
별로 구분하고 각각의 요건을 제시함으로써 책임형식별로 제시된
요건을 충족한 경우에만 그 책임이 성립한다는 것을 명백히 하고 있
다[로마규정 제25조(3), 제28조 참조].[9]

이에 대하여 아직 국제형법상 단일정범체계의 도입에 대한 가능
성이 완전히 막힌 것이 아니라는 반론이 있다. 이 견해는 국제범죄
에 있어서 정범과 공범에 관한 책임형식의 체계가 아직 확립되지 않
았다고 한다. ICC의 입장은 관습국제법과는 별개의 체제이며, 강대국
들 중에 로마규정에 가입하지 않은 나라들이 있는 점, 로마규정에
가입하였다고 하여 국내 형법에 로마규정의 책임형식을 반드시 도
입해야 할 필요는 없는 점을 근거로 제시하고 있다.[10] ICTY나 ICC 규
정은 범죄와 그에 대한 형사책임을 지는 자들의 참여 형식 또는 책
임형식에 관한 규정을 두고 있을 뿐이며 정범과 공범을 구분하지 않

언급을 하지 않았다고 한다. J. G. Stewart, "The End of 'Modes of Liability' for
International Crimes", Leiden Journal of International Law 25(1), 2012, p. 166.

8) ICTY의 검찰 실무는 공소장에 책임형식(modes of responsibility)을 구분하여
기재하도록 하고 있다. ICTY 규정 7조에 규정된 계획, 선동, 명령, 실행, 방
조, 지휘관책임 중에서 검사가 어떤 형식을 택하여 기소하고 있는지 알 수
있도록 구체적으로 알 수 있도록 특정하여 기재하여야 한다. ICTY, ICTY
Manual on Developed Practices, UNICRI Publisher, 2009, p. 37.

9) 김성규는 ICTY 규정 제7조(1)이 계획, 명령, 교사 및 방조를 범죄의 실행과
구별되는 상이한 범죄관여형태로 파악하고 있으며, ICTY가 확립한 JCE 이
론에 대하여는 정범과 공범을 구별하는 이원적 체계를 전제로 하고 있다
고 한다. 한편, 로마규정 제25조(3)이 정범과 공범의 구별을 염두에 두고
있다고 볼 수 있지만, 그것이 기능을 발휘하는 것은 유죄인정의 단계가 아
니라 양형의 단계라는 점에서 범죄관여형태에 관해서 이원적 체계를 취하
는 것은 아니라고 한다. 김성규, 국제형사법에 있어서의 정범의 개념, 외법
논집 제38권 제2호, 2014. 5., 40-43면.

10) J. G. Stewart, "The End of 'Modes of Liability' for International Crimes", LJIL 25(1),
2012, pp. 213-215.

고 있다고 말할 수도 있다. 정범과 공범의 체계에 관하여 주요국가
들의 국내법이 일치하고 않은 상황에서 ICTY나 ICC의 규정이 일부
국가의 형법체계만을 국제형법에 반영하였다고 보기는 어려울 것이
다.[11]

현재의 국제형법이 단일정범 체계인지 정범공범 구별체계인지는
명확하지 않다. 명확한 것은 국제형사재판기구들의 실무는 그 근거
가 되는 규정들에 의해서 그것이 명시적으로 요구되고 있지 않음에
도 불구하고, 기소와 판결에서 책임형식(a mode of liability)을 구별하
는 방향으로 가고 있다는 점이다. 이러한 측면에서 정범과 공범의
구별이 행해지고 있기는 하지만, 그럼에도 불구하고 정범과 공범의
구별이나 책임형식의 구별에 따르는 필연적인 법적 효과는 여전히
존재하지 않으며 이 점에서 단일정범체계의 성격을 유지하고 있다
고 볼 수 있다.[12]

개별 국가들은 각자의 전통에 따라 다른 법체계와 이론을 가지고
있으며 다수인이 범죄에 관련되는 현상에 대한 법적인 규율은 다양
한 방식으로 이루어질 수 있다. 심지어는 정범공범 구별체계에서 인
정되는 정범과 공범을 포함한 책임의 모든 형식(modes of liability)을
독립된 범죄로 구성하는 것도 가능하다.[13] 개별 국가의 전체 법체계

---

11) Keiler는 정범공범 구별체계는 역할분담이 증가하고 조직화, 체제화가 높은
　　정도로 이루어진 범죄에 적당하지 못하다고 본다. 이러한 특징을 가진 범
　　죄에 대하여는 모든 참가자를 정범으로 취급하고 이들에 대하여 동일한
　　법정형으로 처벌할 수 있도록 한 뒤에 판사가 나중에 일정한 양형 기준에
　　근거하여 범죄의 참가자들에 대하여 그들의 개별적인 상황에 따라 형을
　　선고하여야 한다고 주장한다. J. Keiler, "Towards a European Concept of
　　Participation in Crime", in: A. Klip(ed.), Substantive Criminal Law, 2011, p. 192.
12) A. Cassese/P. Gaeta/L. Baig/M. Fan/C. Gosnell/A. Whiting, Cassese's International
　　Criminal Law, 2013, p. 162.
13) Prosecutor v. Akayesu, (Case No. ICTR-96-4-T) Trial Chamber Judgement, 2
　　September 2000, paras. 526-527; 공범은 형법에 있어서 다수인이 범죄에 참여

와 문화, 역사를 떠나서 단순히 공범론이라는 형법의 일부분만을 별
도로 고립하여 정범공범을 구별하는 체계와 단일정범 체계의 우월
성을 논증할 수 없다. 이러한 결론은 국제형법에 있어서의 지휘관책
임을 공범으로 규율하고자 하는 접근법(책임형식설)에 대하여 회의
를 가지게 한다. 왜냐하면, 지휘관책임의 법적 성질에 대한 책임형
식설(공범설)의 근저에는 모든 범죄의 참여 형식은 정범과 공범으로
구분되며, 부하가 저지른 범죄에 대하여 상급자를 정범으로 처벌하
는 것이 부당하기 때문에 결국 지휘관책임은 공범에 속한다는 소거
식 접근법에 있기 때문이다.

2. 책임형식

ICTY 규정 제7조와 ICC 로마규정 제25조는 국제범죄에 대하여 개
인이 형사 책임을 지는 근거, 방식, 유형, 또는 원칙을 규정하고 있는
데 국제형법에서는 이를 책임형식(modes of liability)이라고 부른다.[14]
책임형식에 관한 일반적인 설명은 다음과 같다. 국제형법에서 금지,
처벌의 대상이 되는 개별적 국제범죄의 성립요건을 범죄의 정의
(definition)라고 하며 이러한 범죄를 저지르거나, 이러한 범죄에 참여
또는 가담하여 형사책임을 지는 방식을 책임형식이라고 한다.[15] 책

(participation)하는 형태, 불완전범죄(an inchoate crime), 독자적 범죄(a separate
crime)로 구성이 가능하다. J. G. Stewart, "Complicity", in: D. Dubber/T. Hörnie,
The Oxford Handbook of Criminal Law, Oxford University Press, 2014, 538.

14) ICTY 규정은 제7조(1)에서 실행을 포함하여 명령, 선동, 방조 등 범죄에 참
여하는 일반적인 형식들을 규정하고 7조(3)에서 지휘관책임에 관하여 규정
하고 있다. 로마규정은 제25조(3)에서 ICTY 규정(1)에 상응하는 내용을 규
정하고, 지휘관책임에 관하여는 제28조에서 별도로 규정하고 있다.

15) ICC 재판부는 책임형식(a mode of liability)이라는 용어를 사용하고 있고
(Prosecutor v. Jean-Pierre Bemba Gombo, (Case No. ICC-01/05-01/08) Trial Chamber
III Judgement, 21 March 2016, para 171), 대부분의 교과서도 a mode of liability

또는 modes of liability라는 용어를 사용하고 있으나, 이것을 "책임의 일반
원칙"(general principles of liability)이라고 부르는 경우도 있다(R. Cryer/H.
Friman/D. Robinson/E. Wilmshurst, An Introduction, 2014, p. 353). ICTY에서 출판
된 실무 매뉴얼은 modes of responsibility이라는 용어를 사용하고 있다(ICTY,
ICTY Manual on Developed Practices, UNICRI Publisher, 2009, p. 37). responsibility
는 법적, 도덕적 책임과 의무를 모두 포함하는 것임에 반하여 liability는 법
적 책임을 의미하는데 그 차이가 있으나 국제형법에서 responsibility는 형사
책임을 말하기 때문에 실질적으로 구별의 의미가 없다는 점에 비추어 현
재의 국제형법은 modes of liability라는 개념을 확립된 용어로 받아들이고
있는 것으로 보인다. modes of liability라는 개념은 현재 판례와 학설에 의해
광범위하게 사용되고 있지만 그 기원은 명확히 밝혀지지 않고 있다. modes
of liability에 대하여 Stewart는 피고인의 위법성과 책임 판단이 있은 후에만
법적 책임(liability)을 지는 것이므로 그 전단계에서 liability를 논할 수 없다
고 하면서 modes of liability 보다는 귀속형식(modes of attribution)이 더 좋은
용어라고 주장한다. 또한 독일 형법의 참가(Beteiligung)나 프랑스 형법의 범
죄적 참가(La participation criminelle), 영미 형법의 범죄참가자(parties to crime)
라는 용어를 고려하면 참가형식(a mode of participation)이라는 용어도 타당
하다고 한다. J. G. Stewart, "The End of 'Modes of Liability' for International
Crimes", IJIL 25(1), 2012, p. 166; ; 한편, modes of liability(a mode of liability)의
번역은 여러 가지가 나타나고 있다. 김성규, 국제형사법에 있어서의 정범
의 개념, 외법논집 제38권 제2호, 2014. 5., 40-42면은 modes of liability에 대한
번역이라고 명시적으로 밝히지 않고 있지만 실행, 계획, 명령, 교사, 방조
를 "범죄관여형태"라고 부르고 있다. 박미경, 국제형사법상 개인의 형사책
임 원칙에 관한 연구, 한양대학교 박사학위 논문, 2014, 54, 88, 137면은 forms
of liability/modes of liability를 "책임유형"이라고 부르면서 실행, 공동범죄집
단(JCE), 계획, 방조, 명령을 지칭하기 위하여 사용하고 있다. 일본에서는
modes of liability를 "귀책형태", "관여형식", "책임형태", "책임형식" 등으로
번역하고 있다. オステン フィリップ, "正犯概念再考: ルバンガ事件判決と
國際刑法における共同正犯論の展開を素材に", 法學研究 第87卷 第5號, 2014.
5., 3면은 modes of liability를 "귀책형태"(歸責形態)로, modes of participation은
관여형식(關與形式)으로 번역하고 있다. 橫濱和弥 "國際刑法における「上官
責任」とその國內法化の態樣に關する一考察 : ドイツ「國際刑法典」を素材と
して" 法學政治學論究 第97號, 2013. 6., 306면은 "관여형식"(關與形式)으로
번역하였다. 한편, 朴美慶, "韓國におけるICCの犯行支配理論の意義", 政策
創造研究 第9號, 2015. 3., 207면은 modes of criminal liability를 형사 "책임형태"

임형식에는 범죄의 정의에 해당하는 행위를 실행하는 것(perpetration)[16]

(刑事責任の形態)로 번역하고 있다. 한편, 竹村仁美, "國際刑事法における JCE(Joint Criminal Enterprise)の概念(2·完)"「一橋法學」, 第6卷 第3號, 2007, 11. 968면은 modes of criminal liability를 형사"책임형식"(刑事責任の形式)이라고 번역하여 필자와 같은 태도를 취하고 있다. 한편 중국에서는 modes of liability를 책임모식(責任模式)으로 번역하여 사용하고 있다. 중국에서 최근 출간된 국제형법(國際刑法) 교과서(朱文奇, 現代國際刑法, 商務印書館, 2015), ICRC 중국어 홈페이지(http://www.icrc.org/zh/document/china- moot-court-tips-xiao-yu 2016. 6. 30. 최종접속), 국제연합 안전보장이사회 결의 (S/2010/159 para. 208)의 중국어 본에서 이러한 용례가 발견되며 다른 번역은 발견하지 못하였다. 중국어의 모식(模式)은 형식(形式)과 동의어로 사용되기도 하며, (표준) 양식, 패턴을 말한다. 생각건대, 정범단일체계에 가까운 영미법에서는 정범, 공범의 구별에 큰 의의를 두지 않기 때문에 형사책임(liability)을 진다는 법적 효과를 강조하여 modes of liability라는 용어를 사용하고, 정범과 공범의 구별 체계에 익숙한 대륙법에서는 이러한 책임(liability)의 귀속이 정범이나 공범의 형태로 나타나는 것에 주안점을 두어 가담, 참여, 관여(Beteiligung 또는 participation)와 같은 용어를 선호하는 경향이 있는 것으로 추측된다. modes of liability를 가담, 관여와 같은 용어로 번역하는 경우에는 modes of liability가 단독범에 의한 범죄의 실행을 포함하지 않는 것처럼 들릴 수 있다. 즉, modes of liability가 다수인이 범죄에 관여된 경우만을 전제로 하고 있는 것은 아니라는 점에서 타당하지 않다. mode 자체는 다양한 의미로 사용되기 때문에 형태, 형식, 유형, 방식의 어떤 표현으로도 번역이 가능하다. 따라서 책임형식, 책임형태, 귀책형태의 의미 차이는 크지 않은 것으로 보이는데, 장래에 한중일 3국이 공동의 용어를 사용할 것을 염두에 두면 책임형식이 무난해 보인다.

16) Black's Law Dictionary에 의하면 perpetration은 범죄를 범하는(committing a crime) 행위로, commission은 범죄행위를 하거나 실행하는 것(doing or perpetration of a criminal act)으로 정의하고 있다. 이에 의하면 범행(commission)과 실행 (perpetration)은 동의어이다. *Black' s Law Dictionary 5th ed.*, West Publishing Co, 1979, p. 246, 1027; ICTY나 ICC 규정 자체는 perpetrate(실행하다)라는 용어를 사용하고 있지 않으며 commit(범하다)를 사용하고 있다. ICTY와 ICC 규정에서 commit는 두 가지 의미로 사용되고 있다. 즉, 다른 책임 형식의 유형과 병렬적인 의미인 perpetrate(범죄 성립요건의 실행, 즉 정범의 행위라는 협의로 사용, ICTY 규정 7조(1), ICC 규정 25(3)(a)조)와 어떤 책임 형식인지와 상관없이 국제범죄를 범하였다는 뜻으로 사용되는 경우(즉 정범, 방조, 명

을 포함하여, 명령(ordering), 방조(aiding and abetting), 지휘관책임 등이
있다.[17] 따라서 국제형법에서 책임형식은 범죄에 참여하는 모든 방
식을 말한다.[18] 실행(perpetration)은 1차적 책임형식으로 이에 대하여
명령, 방조, 지휘관책임이 성립할 수 있으나, 2차적 책임형식인 명령
에 대하여는 다시 다른 2차적 책임형식이 성립될 수 없다. 예를 들어
ICTY에서 발전시킨 공동범죄집단(Joint Criminal Enterprise)은 1차적 책
임형식이기 때문에 이에 대하여 2차적 책임형식인 방조가 성립할 수
있으나, 이와 달리 2차적 책임형식인 방조에 대하여는 다시 2차적 책
임형식인 방조가 성립될 수 없다.[19] 임시재판소들의 실무는 이러한

령, 선동 등을 모두 포함하는 광의로 사용, ICTY 규정 1조, ICC 규정 25(2)조)
이다. 반면에 범죄의 주체라는 의미로서의 commissioner라는 용어는 많이
사용되지 않으며 perpetrator가 주로 사용된다. ICTY 규정 제7조(3)은 지휘관
책임에 있어서 범죄를 저지른 부하를 perpetrator로 지칭하기 때문에 부하의
범죄의 내용에 따라 perpetrator는 정범이 될 수도 있고 기타의 다른 책임형
식일 수도 있다. ICC 규정은 perpetrator를 전문 5번째 단락과 53(2)(c)조에서
모든 책임형식을 포함하는 광의의 의미로 사용하고 있다; 우리나라에서도
'범하다(commit)'라는 표현은 구성요건적 행위의 실행이라는 의미로 정범
의 범죄를 설명하는 서술어로, '실행하다(perpetrator)'라는 표현은 죄에 관여
하여 유죄의 판단을 받게 될 일체 행위의 수행을 의미하고 정범 뿐만 아니
라 공범까지 모두 포함하는 일체의 범죄를 설명하는 서술어로 사용된다.
이승호, 공범규정의 개정에 대한 토론, 형법 총칙 개정 공청회, 법무부,
2010, 63-64면.

17) A. Cassese/P. Gaeta/L. Baig/M. Fan/C. Gosnell/A. Whiting, Cassese's International
Criminal Law, 2013, p. 162.

18) J. G. Stewart, "The End of 'Modes of Liability' for International Crimes", LJIL 25(1),
2012, p. 166.

19) R. Cryer/H. Friman/D. Robinson/E. Wilmshurst, An Introduction, 2014, p. 360; 그러
나, 공동범죄집단은 범죄 그 자체가 아니므로 공동범죄집단에 대한 방조
(aiding and abetting a JCE)라는 표현은 부적절하고, 방조범이 정범을 방조하
였다(aider and abettor aids the principal perpetrator in committing the crime)라고
표현하여야 한다. A. Cassese/P. Gaeta/L. Baig/M. Fan/C. Gosnell/A. Whiting,
Cassese's International Criminal Law, 2013, p. 163.

견해를 반영하고 있다. 피고인의 유죄를 판단함에 있어서 범죄의 존재가 먼저 증명되어야 하고 그 뒤에 그 범죄에 대하여 피고인이 관련되는 방식(책임형식)을 증명하여야 한다. 이것을 범죄/책임 모델(crime/responsibility model)이라고 부르기도 한다. 스스로 범죄를 실행한 정범의 경우에는 범죄와 책임형식의 구별은 의미가 없고 정범이 아닌 자에 대하여는 그가 어떻게, 그리고 왜 정범의 범죄에 대하여 책임을 지는지를 밝혀야 한다.[20]

위와 같은 설명에 따르면 modes of liability는 국제범죄로 정의된 범죄와 관련되어 처벌을 받는 모든 자들에 대한 형사책임을 포함하는 표현으로 사용될 수 있다(광의의 책임형식). 한편, 범죄를 실행한 정범에 대하여는 modes of liability를 논하는 것이 의미가 없다는 점에서 modes of liability는 정범이 아닌 책임형식, 즉 2차적 책임형식을 말한다(협의의 책임형식). 따라서 광의의 책임형식은 1차적 책임형식과 2차적 책임형식을 합한 개념이며, 협의의 책임형식은 2차적 책임형식만을 말한다. 이러한 구분은 modes of liability에 대한 일반적인 설명과 판례의 modes of liability 개념의 논리적 귀결임에도 불구하고 필자처럼 책임형식을 광의와 협의로 구분하여 설명하는 견해는 발견하지 못하였다. 지휘관책임의 법적 성질에 관하여 광의의 책임형식과 협의의 책임형식을 구분하지 않는 경우에는 지휘관책임을 책임형식의 일종이라고 보는 책임형식설의 주장을 이해하기 어려운 점에 비추어 이러한 구분은 실익이 있다고 생각된다.[21]

---

20) A. Zahar/G. Sluiter, International Criminal Law, 2008, pp. 220-221.
21) 지휘관책임에 관한 책임형식설은 협의의 책임형식을 말하는 것으로 결국 지휘관책임이 범죄가 아니라는 것을 뜻한다. 이하에서는 책임형식을 지휘관책임의 법적 성질에 관한 학설의 대립과 관련하여 사용할 때는 책임형식을 협의로 사용하지만, 일반적인 의미로는 1차적 책임형식과 2차적 책임형식을 포함하는 광의의 책임형식의 의미로 사용한다. 한편, 국내법상의 부진정부작위범은 학설에 따라 정범 또는 공범이 되기 때문에 국제형법의

제3절 지휘관책임의 법적 성질에 대한 견해의 대립

　지휘관책임의 법적 성질에 관하여 이를 부하에 대한 통제의무불이행이라는 상급자의 부작위를 독자적 범죄로 구성한 것으로 보는 접근법(독립범죄설)과 부하의 범행에 상급자가.부작위로 참가(참여)한 것으로 보는 접근법(책임형식설)이 있으며 이 외에 다양한 절충설들이 주장되고 있다.[22] 국내의 지휘관책임 이행입법에서는 부하의 범죄에 대한 참가 또는 참여라고 볼 수 있는 경우에는 책임형식으로 보고 그렇지 않은 경우에는 독자적인 범죄로 보는 접근법(분리설)이 주로 나타난다(우리나라, 독일, 네덜란드). 분리설은 상급자가 어떤 의무를 위반하였지는에 따라 부하에 대한 범죄에 참여한 것으로 볼 수 있는 경우에는 책임형식이지만, 범죄가 이미 완성되어 부하의 범죄에 참여하였다고 볼 수 없는 처벌의무위반의 경우는 독자적인 범죄로 보는 접근법(의무별 분리설)과 상급자에게 부하의 범죄에 대한

　책임형식이라는 관점에서 보면 1차적 책임형식(정범)일 수도 있고 2차적 책임형식(방조범)일 수도 있다.

22) Werle는 특수한 책임형식의 일종이라는 설(a special mode of liability), 독자적인 보충적 책임형식이라는 설(a subsidiary mode of liability *sui generis*), 특정한 부작위범이라는 설(a specific crime of omission), 범죄방지의무의 부작위인 경우와 범죄처벌과 보고의무의 부작위인 경우에 따라 성질이 달라진다고 보는 설이 대립하고 있다고 설명하고 있다. Werle가 사용하는 특수한 (special), 독자적(*sui generis*)이라는 용어는 지휘관책임이 다른 책임 형식과 다른 특수한 면이 있다는 것을 가리키고 있는 것으로 보이며, 현재 어떤 견해도 이 점에 대하여는 다툼이 없다. 따라서 지휘관책임의 법적 성질에 관한 논쟁에 있어서 이러한 지적은 특별한 의미가 없다. Werle가 주장하는 보충적(subsidiary) 책임에서 '보충적'이라는 표현도 결국은 그것이 책임형식(또는 참가형식)의 일종이라는 것을 의미하는데 불과하다. G. Werle/F. Jessberger, Principles, 2014, paras. 583, 585.

인식이 있었던 경우에는 책임형식으로, 부하의 범죄를 과실로 알지 못했던 경우에는 독자적 범죄로 보는 접근법(인식·과실 분리설)으로 나누어질 수 있다.[23] 각국은 국제형법이 성립하기 오래 전에 이미 국내 형법 체계를 확립하였다. 지휘관책임이 국내 형법 체계와 충돌하는 경우에 각국은 자국의 형법 이론에 따라 지휘관책임을 이해하고 반영할 수밖에 없기 때문에 국내적 국제형법에서 지휘관책임의 법적 성질은 매우 중요한 문제이다.[24]

지휘관책임의 법적 성질에 따라 상급자가 부하에 대하여 실효적 통제를 가지고 있어야 하는 시기, 상급자의 부작위와 부하의 범죄와의 인과관계의 요부 등과 같은 지휘관책임의 성립요건이 달라질 수 있다.[25] 그러나, 지휘관책임의 법적 성질에 관한 논의가 있기 전에 지휘관책임이 광범위하게 확산되는 바람에 현실의 판례에서 지휘관책임의 법적 성질에 대한 결론과 이러한 쟁점들에 대한 판단이 논리적으로 일치하는 것은 아니다.

1. 책임형식설

책임형식설(a mode of liability)은 상급자가 부하의 범죄에 대하여 지는 형사책임은 상급자가 부하의 범죄에 대하여 가담하거나 참여

---

23) G. Werle/F. Jessberger, Principles, 2014, paras. 583-285; C. Meloni, Command Responsibility, 2010, pp. 194-195; E. V. Sliedregt, Individual Criminal Responsibility, 2012, pp. 205.

24) C. Meloni, *Ibid.*, p. 194.

25) ICTY의 Orić 사건에서 검사는 피고인에게 2년의 구금형이라는 극히 경미한 형을 선고한 것은 1심 판결이 지휘관책임을 책임형식으로 보지 않고 상급자의 의무위반으로 본 오류에 기인한 것이라고 주장하였다. 이것은 지휘관책임을 책임형식으로 보느냐, 독립범죄로 보느냐에 따라 양형에도 차이가 있을 수 있다는 점을 보여준다는 견해가 있다. *Ibid.*, p. 194면 참조.

한 것으로 본다.[26] 이 견해는 국제형사재판기구들이 지휘관책임이
성립하는 경우에 상급자에 대하여 부하의 범죄와 같은 죄명으로 유
죄판결을 하여 왔다는 점을 근거로 한다.[27] 지휘관책임의 성립에 있
어서 상급자와 부하들이 저지른 범죄와의 관련성을 강조하기 때문
에 상급자의 부작위와 부하의 범죄와의 사이에 인과관계를 요구하
는 경향을 갖는다. 이 견해는 정범과 공범의 구별, 즉 1차적 책임형
식과 2차적 책임형식의 구별을 전제로 하고 있다. 책임형식에 관한
일반적인 논의에서 본 것처럼 부하의 범죄에 대하여 상급자가 정범
이 될 수는 없기 때문에 명령, 선동, 교사, 방조(aiding and abetting,
A&A) 등과 같은 2차적 책임형식(공범)의 일종이 된다. 이러한 면에서

---

26) 지휘관책임은 참여의 형식(mode of participation)이지 독립된 범죄가 아니다.
O. Triffterer, "Command Responsibility" − crimen sui generis or participation as
"otherwise provided" in Article 28 Rome Statute?", in: J. Arnold(Hrsg.),
Menschengerechtes Strafrecht - Festschrift für Albin Eser, 2005, pp. 903, 907, 921;
Werle는 로마규정 제28조가 '로마규정의 다른 형사책임의 근거에 추가하여
(in addition to other grounds)'라는 모두 문구(chapeau element)를 사용하고 있
으므로 보충적인 책임형식이라고 부른다. G. Werle/F. Jessberger, Principles,
2014, para. 585; B. J. Moloto, "Command Responsibility in International Criminal
Tribunals", Berkeley Journal of International Law Publicist vol. 3, 2009, p. 13, 21;
Robinson은 지휘관책임은 공범책임(a mode of accessory liability)이라고 주장
한다. D. Robinson, "How Command Responsibility Got So Complicated: A
Culpability Contribution, its Obfuscation, and a Simple Solution", Melbourne Journal
of International Law 13(2), 2012, p. 8.

27) 우리나라처럼 살인교사, 살인방조와 같은 죄명은 없으며 모든 책임형식은
발생한 국제범죄에 대하여 유무죄 판결을 받는다. 따라서 정범인지 방조
인지, 지휘관책임인지는 죄명에는 표시되지 않는다. ICTY는 판결의 이유에
서만 책임형식에 대하여 판단하고 주문에서는 죄명과 유무죄만을 설시하
였는데, 최근의 ICC의 Bemba 사건은 판결의 주문에서도 죄명과 함께 지휘
관책임이 성립하였다는 점을 표시하여 주고 있다. Prosecutor v. Delalić et al.,
(Case No. IT-96-21) Trial Chamber Judgement, 16 November 1998. para. 1285;
Prosecutor v. Jean-Pierre Bemba Gombo, (Case No. ICC-01/05-01/08) Trial Chamber
III Judgement, 21 March 2016, para. 752.

이 견해는 상급자의 부작위에 의한 공범설이라고 보는 것이 오히려 더 정확할 것이다.[28][29]

따라서 책임형식설은 부작위에 의한 방조(aiding and abetting)와 지휘관책임이 어떻게 다른지를 설명해야 하는 어려운 숙제를 가지게

---

28) Ambos는 책임형식설을 지지하는 입장을 지휘관책임을 공범으로 보는 견해(those who consider superior responsibility a form of complicity)라고 부르고 있다. K. Ambos, "Superior Responsibility", in: A. Cassese/P. Gaeta/J. RWD Johns, The Rome Statute 2002, p. 852.

29) 국내 형법에서는 타인의 범죄를 방지할 의무를 지는 보증인의 형사책임에 관한 부진정부작위범의 법적 성질에 관하여 정범으로 보는 견해(독일과 우리나라의 소수설)에 의하면 지휘관책임은 정범으로 구성할 수도 있다. 그러나, 이러한 부진정부작위범으로서의 정범은 국제형법의 지휘관책임의 법적 성질에 관한 논의에서는 독립범죄설과 책임형식설의 성격을 모두 갖는다. 즉, 부진정부작위범으로서의 정범은 상급자가 정범이라는 점에서는 독립범죄설과 비슷하지만, 부하의 범죄는 부차적인 현상이 아니고, 불법의 핵심이며 이에 대한 인과관계가 필요하다는 점에서 책임형식설에 가깝다. 부진정부작위범으로서의 정범은 부하의 범죄와 동일한 범죄에 대하여 정범이 된다. 이러한 의미에서 부진정부작위범의 정범은 범죄를 실행한 자의 범죄에 종속한다고 볼 수 있다. 독립범죄설은 상급자가 부하의 범죄와 동일한 범죄에 대하여 처벌을 받는 것이 아니라고 보는 점에서 부진정부작위범으로서의 정범은 독립범죄설과 다르다. 부진정부작위범을 정범으로 구성하는 경우에 이 정범은 범죄를 실행한 자와 같은 범죄에 대한 동시범이 될 뿐이다. 국제형법과 국내 형법은 다른 책임 체계를 발전시켰기 때문에 동일 선상에서 법적 성질을 논하기 어렵다. 따라서 지휘관책임의 법적 성질은 국제적 국제형법과 국내 이행입법에서 별도로 논할 수밖에 없다; Olásolo는 부진정부작위범을 정범으로 보는데 로마규정 제28조 모두 문구(chapeau element)의 'as a result'는 부진정부작위범에 가까운 표현으로 보고 있다. 그럼에도 불구하고 Olásolo는 범죄방지의무를 위반한 유형의 지휘관책임은 정범이 아니고 공범이라고 하는데 그 이유는 상급자의 주관적 요건이 하급자의 범죄의 주관적 요건과 일치하지 않아도 지휘관책임이 성립하기 때문이라고 한다. H. Olásolo, The Criminal Responsibility of Senior Political and Military Leaders as Principals to International Crimes, Hart Publishing, 2010, p. 108.

된다.[30] 책임형식설의 또 다른 약점은 상급자가 부하의 고의 범죄에 대하여 인식하지 못하였지만 상급자에게 과실이 있었던 경우에 지휘관책임이 성립한다는 것과[31] 부하의 범죄가 이미 완성된 경우에 지휘관책임이 성립한다는 것을 공범 이론으로 일관되게 설명하기 어렵다는 점이다.[32]

2. 독립범죄설

지휘관책임은 부하에 대한 통제의무를 위반한 상급자의 부작위를 처벌한다.[33] 지휘관책임의 핵심은 상급자가 부하를 적절히 통제

---

30) K. Ambos, "Superior Responsibility", in: A. Cassese/P. Gaeta/J. RWD Johns, The Rome Statute 2002, p. 852.

31) 책임형식설의 문제점은 부하의 고의 범죄에 대하여 과실로 참여한 상급자를 처벌하기 어렵다는 것에 있다. *Ibid.*, pp. 852-853; 같은 상황에 대하여 Meloni는 상급자가 부하의 범죄에 대하여 알지 못한 경우에 부하의 범죄를 저지른 것처럼 상급자를 처벌하는 것이 독립범죄설의 문제점이라고 지적한다. C. Meloni, Command Responsibility, 2010, p. 194.

32) 필자는 책임형식설(a mode of liability)이라는 명칭보다는 공범설(complicity)을 선호한다. 그 이유는 책임형식설이 국제형법에서 정범공범을 구별하고 있다는 것을 전제로 하여, a mode of liability를 공범(modes of liability중에서 정범이 아닌 것)이라는 의미로 사용하고 있기 때문이다. 국제형법이 정범공범구별체계인지 단일정범체계인지, 또는 어떤 체계를 취해야 하는지에 대하여는 장래에 많은 논쟁과 고민이 필요함에도 불구하고 한쪽의 결론을 전제로 해야만 하는 명칭을 창조하는 것에 대하여 반대한다. modes of liability라는 개념 자체가 국제형법에서 최근 새로 창조된 것이기 때문에 이용어의 의미는 아직 불명확하다. 따라서 현재 상태에서는 범죄의 실행, 교사, 명령, 선동, 방조(A&A), 지휘관책임에 대하여 모두 modes of liability로 부르는 것이 modes of liability라는 용어의 중립성을 유지할 수 있다.

33) K. Ambos, "Superior Responsibility", in: A. Cassese/P. Gaeta/J. RWD Johns, The Rome Statute 2002, p. 850; G. Mettraux, The Law of command Responsibility, 2009, pp. 38, 81; Werle는 Mettraux가 책임형식설을 택하고 있다고 주장하는데 자세히 읽어보면 독립범죄설에 가깝다. G. Werle/F. Jessberger, Principles, 2014,

할 직무의 위반(dereliction of duty)이며 부하의 범죄는 상급자 처벌의 전제조건으로 부차적인 의미를 갖는다. 독립범죄설은 지휘관책임의 다양한 유형 전체를 상급자의 통제의무위반이라는 통일적 개념에 기초하여 구성한다. 상급자의 통제의무는 부하의 범죄의 방지, 억제, 처벌 의무로 구성된다. 자신이 직접 처벌할 권한을 가지지 못한 경우에는 적절한 권한을 가진 기관에 이를 알려서 처벌하게 하여야 하는 보고의무를 부담한다. 상급자는 이러한 의무를 이행하기 위하여 필요한 합리적 조치를 하지 않았기 때문에 처벌된다.[34]

지휘관책임이 인정되는 경우에 판례가 부하의 범죄에 대하여 상급자를 유죄로 판결하고 있다는 것을 근거로, 독립범죄설은 부하의 범죄에 대하여 상급자를 정범처럼 처벌하는 문제를 가지고 있다는 지적이 있다.[35] ICTY와 ICC의 판례는 현재 책임형식설이기 때문에 이것은 독립범죄설의 문제점이 아니라 책임형식설의 문제라고 보아야 할 것이다.[36]

---

p. 223 footnote 332; S. Trechsel, "Command Responsibility as a Separate Offense", Berkeley Journal of International Law Publicist vol. 3, 2009, pp. 34-35.

34) 로마규정 제28조는 독립범죄(Separate crime of omission)이며 진정부작위범 (echtes Unterlassungsdelikt)이다. 상급자는 부하에 대한 적절한 감독과 통제를 부작위한 것에 대하여 처벌을 받으며 적어도 부하가 저지른 범죄에 대하여 직접 처벌을 받은 것이 아니다. 부하의 범죄는 부하에게 직접 귀속되며 상급자는 부하의 범죄를 막지 못한 것에 대하여 책임을 진다. K. Ambos, "Superior Responsibility", in: A. Cassese/P. Gaeta/J. RWD Johns, The Rome Statute 2002, pp. 850-851; 부작위와 작위와의 상응성이 필요한지 여부에 따라 진정 부작위범과 부진정부작위범이 구별된다. K. Ambos, Internationales Strafrecht, 4. Aufl., C.H.Beck, 2014, S. 203; 진정부작위범은 범죄의 정의를 가지고 있으며, 부진정부작위범은 총칙의 부작위에 대한 정의와 범죄의 결과의 결합에 의해 구성된다. 부진정부작위범은 결과범이며 부작위범이 아니라 작위 범으로 처벌된다. K. Ambos, Treatise. Vol. I, 2013, pp. 186-188.

35) C. Meloni, Command Responsibility, 2010, p. 194.

36) ICC 이전의 임시재판소들(temporary tribunals)은 영미법을 주된 배경으로 하고 있었기 때문에 정범과 공범을 구분에 큰 관심이 없었고 정범과 공범을

독립범죄설의 약점은 지휘관책임에 있어서 부하의 범죄의 법적 성격이다. 독립범죄설은 지휘관책임의 성립요건에서 부하의 범죄의 법적 성격과 상급자와 부하의 범죄와의 인과관계에 대한 명확한 설명을 제시하고 못하고 있다. ICRC의 1977년 제1추가의정서에 대한 ICRC의 주석서, ICTY의 Čelebići 판결 등 관습국제법의 주류는 부하의 범죄를 지휘관책임의 전제조건이라고 하면서도 이것을 지휘관책임의 성립요건으로 명확히 설명하지 못했다. Ambos는 ICC 로마규정 제28조가 독립범죄라고 주장하면서 부하의 범죄는 범죄의 요건도 아니지만 순수한 객관적 처벌조건도 아니라고 한다. Ambos는 ICC 로마규정 제28조에서 부하의 범죄는 상급자의 감독의무의 불이행을 나타내는 참조점(point of reference)이기 때문에 상급자의 부작위와 부하의 범죄 사이에 인과관계가 요구된다고 주장한다.[37]

3. 절충설

책임형식설과 독립범죄설의 약점은 결국 다양한 형태의 절충설들의 등장을 가져왔다. Meloni는 지휘관책임은 독립된 부작위범도 아니고 부하의 범죄에 대한 참여도 아니며 각각의 유형에 따라 다른 특징을 가지고 있는 책임형식이라고 한다. 이 견해는 ICC 로마규정 제28조의 지휘관책임은 객관적, 주관적 요건이 각각 상이한 다양한 책임들로 구성된다고 한다.[38]

Sliedregt는 지휘관책임을 평행적 책임(parallel liability)라고 칭한다.

구분하지 않고 모두 정범의 죄명으로 유죄판결을 하였다. 따라서, 이러한 실무의 전통은 독립범죄설과는 무관하며 오히려 책임형식설에 가까운 것이다.

37) K. Ambos, "Superior Responsibility", in: A. Cassese/P. Gaeta/J. RWD Johns, The Rome Statute 2002, p. 850-851.

38) C. Meloni, Command Responsibility, i2010, p. 195.

공범이론과 책임형식설은 상급자가 부하의 범죄에 대하여 알고 있으면서 이를 방지하지 않은 경우를 설명할 수 있지만 그 외의 경우 (상급자가 부하의 범죄를 알지 못했던 경우와 부하의 범죄가 이미 발생한 경우)는 독립범죄로 설명할 수밖에 없기 때문에 지휘관책임은 독립범죄의 성격과 범죄에 대한 참여(criminal participation) 양쪽의 성격을 모두 갖는다고 하면서 지휘관의 책임과 부하의 책임은 평행하게 존재한다고 한다. 여기서 '평행적(parallel)'이라는 말은 "책임형식"인 경우에는 부하의 범죄의 파생으로서의 지휘관책임이 부하의 범죄와 동시에 존재한다는 취지이고, "독립범죄"인 경우에는 지휘관책임이 부하의 범죄는 별개로 범죄로서 성립하지만, 지휘관책임에 대한 양형 단계에서 부하의 범죄를 고려한다는 것을 의미한다고 한다.[39]

한편 Olásolo에 의하면 ICTY의 판례에서는 상급자의 부작위와 하급자의 범죄 사이에 인과관계를 요구하지 않았기 때문에 상급자의 형사책임은 부하의 범죄로부터 발생하는 것이 아니라 작위의무의 불이행으로부터 발생하고, 부하의 범죄는 상급자의 처벌을 위한 전제조건에 불과하였다(독립범죄설). 그런데 ICC의 로마규정은 방지의무위반에 대하여는 인과관계를 요구하기 때문에 상급자는 부하의 범죄에 대하여 책임을 지는 것이고(책임형식설), 처벌의무위반에 대

---

39) E. V. Sliedregt, Individual Criminal Responsibility, 2012, pp. 206-208; E. V. Sliedregt, "Command Responsibility at the ICTY—Three Generation of Case-law and still Ambiguityin International Law", in: Bert Swart/Alexander Zahar/Göran Sluiter(ed.), The Legacy of the International Criminal Tribunal for the Former Yugoslavia, Oxford University Press, 2011, pp. 396-398; 한편, Sliedregt는 다른 책에서는 상급자의 책임은 적절한 감독을 하지 않은 것에 대한 형사책임이며 부하의 범죄는 지휘관책임을 지게 하는 계기에 불과하다([Superior] responsibility is merely 'triggered' by subordinates' crimes.)고 주장하여 독립범죄설을 명확히 선택하기도 하였다(강조는 원저자). E. V. Sliedregt, The Criminal responsibility of Individuals, 2003, p. 219

하여는 인과관계를 요구하지 않으므로 독립된 부작위범이라고 한다 (독립범죄설).[40] Olásolo의 견해는 인과관계를 기준으로 책임형식인 경우와 독립범죄인 경우를 나누고 있는 것이다.[41]

4. ICTY

1) 부하의 범죄에 대하여 책임을 진다?

ICTY에서는 지휘관책임을 근거로 피고인을 기소하는 경우에 부하가 저지른 범죄를 죄명으로 하여 기소하고 있으며 판결의 주문에서도 피고인이 부하가 저지른 범죄에 대하여 유죄가 된다고 판시하고 있다. 1977년 제1추가의정서 제86조(2), ICTY 규정 제7조(3)이 지휘관책임의 구체적 내용을 명시하지 않은 채 상급자가 그의 책임을 면할 수 없다고 한 것과 달리 ICC 로마규정 제28조는 상급자가 부하가 저지른 범죄에 대하여 책임을 진다고 규정하고 있다.[42] 일반적으로 지휘관책임을 설명하는 경우에 상급자는 부하가 저지른 범죄에 대하

---

40) H. Olásolo, The Criminal Responsibility, 2010, pp. 107-108.
41) 뒤에서 보듯이 네덜란드의 이행입법은 상급자가 부하의 범죄에 대하여 고의가 있는 경우는 책임형식설로, 과실이 있는 경우는 독립범죄설에 따라 구성하고 있다. 독일과 우리나라는 상급자가 부하의 범죄에 대하여 고의가 있거나 인식이 있는 경우는 책임형식설로, 과실인 경우와 부하의 범죄에 대한 처벌의무를 이행하지 않은 경우는 독립범죄설에 따라 구성하고 있다.
42) 로마규정 제28조는 군지휘관에 대하여는 그 병력이 저지른 범죄에 대하여 ("responsible for crimes ⋯ committed by forces under his or her effective command and control, or effective authority and control"), 민간인 상급자(문민실권자)에 대하여는 그의 부하가 저지른 범죄에 대하여("responsible for crimes ⋯ committed by subordinates under his or her effective authority and control") 책임을 진다고 규정하고 있다.

여 책임을 진다(responsible for the crimes committed by subordinates)는 표현이 사용되어 왔다. 이에 대하여 상급자가 부하의 범죄에 대한 인식이 없는 경우에도 부하가 저지른 범죄에 대하여 유죄판결을 받는 것이 책임주의에 반한다는 비판은 별론으로 하고, 실무의 관행과 ICC 로마규정의 문언 자체는 독립범죄설보다는 책임형식설에 가깝다.[43] 그런데 Halilović(할릴로비취) 사건의 1심재판부는 지휘관책임은 부하가 저지른 범죄에 대하여 지는 책임이 아니며, 부하의 범죄 때문에 지휘관이 그 자신의 부작위에 대하여 지는 책임이라고 판시하였다. 즉 "responsible for"(~에 대한 책임)는 실질적으로 "responsible in respect of" 또는 "responsible with regard to"(~에 관련된 책임)로 해석된다는 것이다.[44]

---

43) 상급자에 대하여 성립하는 별도의 독립된 범죄는 로마규정의 제28조 어디에도 나타나지 않으며 결국 상급자의 범죄는 부하가 저지른 범죄와의 관련 속에서, 그리고 보다 더 정확하게는 부하가 저지른 범죄에 대하여 유죄판결을 받고 있는 것으로 보인다.

44) Prosecutor v. Halilović, (Case No. IT-01-48-T) Trial Chamber Judgement, 16 November 2005, para. 54; 부하가 저지른 범죄를 상급자가 그 스스로 저지른 것처럼 여길 수는 없으며 그는 단지 부하가 저지른 범죄와 관련된(with regard to) 그의 의무의 위반에 대하여 단지 처벌받는 것뿐이다. Prosecutor v. Orić, (Case No. IT-03-68) Trial Chamber Judgement, 30 June 2006, para. 293; 부하가 저지른 범죄와 관련된(in respect of) 지휘관책임이 발생할 수 있다. Prosecutor v. Hadžihasanović & Alagic & Kubura, (Case No. IT-01-47-AR72) Appeals Chamber Decision on Interlocutory Appeal Challenging Jurisdiction in Relation to Command Responsibility, 16 July 2003, para. 18; 상급자인 피고인은 그의 부하의 범죄에 대하여 기소된 것이 아니라 통제를 행사하여야 하는 상급자로서의 의무를 이행하지 않았다는 것에 대하여 기소된 것이다. Prosecutor v. Krnojelac, (Case No. IT-97-25-A) Appeals Chamber Judgement, 17 September 2003, para. 171; E. V. Sliedregt, "Command Responsibility at the ICTY", in: Bert Swart/Alexander Zahar/Göran Sluiter(ed.), The Legacy, 2011, p. 388.

2) 지휘관책임의 법적 성격과 후임 지휘관의 책임

(1) Hadžihasanović(하지하사노비취) 사건

ICTY의 Hadžihasanović(하지하사노비취) 사건을 통하여 독립범죄설과 책임형식설의 대립이 구체적으로 나타나기 시작하였다.[45] Hadžihasanović와 함께 재판을 받는 공동피고인 Amir Kubura(아미르 쿠부라)는 1992년 1월에 전쟁범죄를 저지른 자들에 대하여 그 뒤의 날짜인 1992년 4월 1일에 지휘관이 되었으나 전쟁범죄를 저지른 자들을 처벌하지 않았다.[46] 피고인은 범죄를 저지른 자들에 대하여 상급자가 된 것이 그 범죄 발생 이후인 경우에도 지휘관책임이 발생한다는 1심재판부의 결정에 불복하여 중간항소를 제기하였다.[47] 중간항소에 대하여 항소심 재판부가 1심재판부의 결정을 파기하는 항소심 다수의견과 이를 지지하는 반대의견으로 나뉘어 논쟁을 하는 과정에서 책임형식설과 독립범죄설이 등장하였다.[48]

---

45) Hadžihasanović 사건에서는 발생한 전쟁범죄에 대하여 피고인 Kubura에게 적용된 책임형식은 ICTY 7조 3항뿐이었다. Halilović 사건에서도 지휘관책임의 법적 성질에 대한 논의가 있었지만 Halilović 사건에서는 피고인의 범죄에 대한 부작위와 참여가 모두 문제되고 근거가 되는 적용법조로서 7조 제1항과 7조 3항이 원용되었기 때문에 모두 문제가 되었다. 따라서 지휘관책임의 법적 성질에 관한 책임형식설과 독립범죄설의 본격적인 논쟁과 분석은 Hadžihasanović 사건에서 시작된 것이다. Prosecutor v. Hadžihasanović & Kubura, (Case No. IT-01-47) Trial Chamber Judgement, 15 March 2006, para. 68.

46) Prosecutor v. Hadžihasanović & Alagic & Kubura, (Case No. IT-01-47-AR72) Appeals Chamber Decision on Interlocutory Appeal Challenging Jurisdiction in Relation to Command Responsibility, 16 July 2003, paras. 38-39; C. Greenwood, "Command Responsibility and the Hadžihasanović Decision", Journal of International Criminal Justice 2(2), 2004, p. 600; E. V. Sliedregt, Individual Criminal Responsibility, 2012, p. 187.

47) Prosecutor v. Enver Hadžihasanović & Mehmed Alagić & Amir Kubura, (Case No. IT-01-47-T) Appeal Chamber Decision, 16 July 2003, Decision on Interlocutory Appeal Challenging Jurisdiction in Relation to Command Responsibility, para. 5.

① 항소심 다수의견 - 책임형식설

항소심의 다수의견은 부하들이 범죄를 저지른 후에 발생하는 지휘관의 처벌의무는 지휘관의 범죄 방지 의무와 결합되어 있어야 한다고 보았다. 부하들의 전쟁범죄에 대한 처벌의무를 이행하지 않은 지휘관은 그 부하들이 전쟁범죄를 저지를 당시에 그 부하들과 지휘관계가 존재하여야만 지휘관책임이 성립한다는 것이다. 항소심의 다수의견은 관습국제법을 근거로 하였다.[49] 다수의견은 1977년 제1

---

48) 항소심 재판부는 Judge Theodor Meron, Judge Fausto Pocar, Judge Mohamed Shahabuddeen, Judge David Hunt, Judge Mehmet Güney의 5명이 참여하여 Theodor Meron, Judge, Fausto Pocar, Judge Mehmet Güney 등 3명이 다수의견에 가담하고, Judge Mohamed Shahabuddeen, Judge David Hunt 등 2명이 반대의견을 썼다; 중간항소에 대한 항소심의 다수의견이 지휘관책임의 법적 성질을 주된 쟁점으로 제기한 것은 아니다. 다수의견 자체는 자신들의 입장이 지휘관책임에 대하여 책임형식이나 공범의 일종이라는 주장을 하지도 않았다. 반대의견을 제시한 Shahabuddeen 판사와 Hunt 판사의 견해도 자신들의 견해가 독립범죄설이라고 명시적으로 주장한 것도 아니다. 다만, 논리적 전개에 비추어 다수의견의 결론은 책임형식설과, Shahabuddeen 판사와 Hunt 판사의 반대의견은 독립범죄설과 관련된다는 것을 알 수 있다. Kubura의 공소사실은 범죄예방의무의 불이행이 아니라, 범죄처벌의무의 불이행에 관한 것이었기 때문에 실질적으로는 책임형식설을 주장하기 어려운 영역이었다. 상급자가 된 자가 이미 발생한 범죄에 가담하거나 참여한다는 것은 논리적으로 불가능하다. 따라서 Hadžihasanović 사건은 독립범죄설의 입장을 드러나는 계기가 되었다고 할 수는 있지만 책임형식설이 독립범죄설을 공격하기에 유리한 사건은 아니었다. 이런 점에서 Hadžihasanović 사건 중간상소 사건 항소심의 다수의견은 책임형식설을 근거로 하여 전개된 것이 아니고 독립범죄설과 반대되는 결론을 택하였다는 점에서 책임형식설의 측면이 발견될 뿐이다. 그러나, 책임형식설은 상급자와 부하의 관련범죄 사이의 관련성을 강조하기 때문에 부하가 범죄를 저지르는 시점에서 상급자와 부하의 관계, 즉 지휘관계가 존재하여야 한다는 결론을 택하는 것이 논리적 귀결이라고 볼 수 있다. 이 점에서 필자는 Hadžihasanović 사건 중간상소 사건 항소심의 다수의견을 책임형식설, 그리고 이와 반대편에 선 Shahabuddeen 판사와 Hunt 판사의 견해를 독립범죄설이라고 평가한다.
49) 전쟁범죄를 저지른 자들의 지휘관이 되기 전에 그 자들이 저지른 범죄에

추가의정서 제86조(2)의 문언, 1996년 ILC의 인류의 평화와 안전에 관한 형법전 초안 제6조, ICC 로마규정 제28조(a)의 규정이 상급자가 그의 부대가 범죄를 저지르는 중이거나 또는 저지르려고 하고 있다는 것("were committing or about to commit")을 알거나 알았어야 했다고 되어 있는 점에 주목하였다. 이들 규정의 문언이 "부하들이 범죄를 이미 저지른 경우"를 포함하고 있지 않은 점에 비추어 상급자가 부하들에 대하여 지휘권을 갖기 전에 그 부하들이 저지른 범죄에 대하여는 지휘관책임이 배제된다고 주장한다.[50] 다수의견은 반대의견들이 확립된 관습법을 벗어나 문언을 광범위하게 해석하려고 하고 있다면서 그가 지휘관이 되기 전에 부하들에 의해 저질러진 범죄를 지휘관이 된 이후에 처벌하도록 의무를 부과하는 것은 지휘관책임의 표현인 "지휘" 책임("command" responsibility)에 포함된 "지휘"의 명백한 의미에 반한다고 지적한다.[51]

대하여 지휘관이 지휘관책임을 진 관행이나 이에 대한 법적 확신이 존재하지 않는다. Prosecutor v. Enver Hadžihasanović & Mehmed Alagić & Amir Kubura, (Case No. IT-01-47-T) Appeal Chamber, 16 July 2003, Decision on Interlocutory Appeal Challenging Jurisdiction in Relation to Command Responsibility, paras. 44-45; 항소심이 부하가 전쟁범죄를 저지른 뒤에 지휘관이 이것을 알게 되어나 이것을 알 말한 이유가 있었던 경우에 지휘관책임이 발생하는 것을 부정하는 것은 아니다. Prosecutor v. Enver Hadžihasanović & Mehmed Alagić & Amir Kubura, (Case No. IT-01-47-T) Appeal Chamber, 16 July 2003, Decision on Interlocutory Appeal Challenging Jurisdiction in Relation to Command Responsibility, para. 18.

50) Ibid., para. 46-49; 이러한 항소심의 주장은 타당하지 않다. 필자가 앞에서 주장하였듯이 1977년 제1추가의정서 제86조 제2항과 로마규정 제28조의 규정은 입법의 오류에 불과하다. ICTY 규정 7조 3항은 이와 달리 부하들이 범죄를 저지르려고 하고 있거나 또는 이미 저질렀다는 것(was about to commit such acts or had done so)을 알았거나 알았을 만한 이유가 있는 경우라고 규정하고 있다. ICTY의 항소심이 ICTY의 규정에 근거하지 않고, ICTY의 규정과 다른 규정들을 찾아서 주장의 근거로 한 것도 특이하다.

51) Prosecutor v. Enver Hadžihasanović & Mehmed Alagić & Amir Kubura, (Case No.

② 항소심 반대의견 - 독립범죄설

Shahabuddeen(샤하부딘) 판사는 1심 재판부의 결정을 지지하면서 지휘관책임은 상급자가 감독자의 지위에서 필요한 교정적 행위를 하지 못한 책임이며 그의 부하가 저지른 범죄에 참가하는 것이 아니라고 주장하였다.[52] Hunt 판사도 지휘관책임은 하급자의 행위에 대한 직접적 책임이 아니며 하급자가 저지르려고 하고 있거나 저지른 범죄를 방지하거나 처벌하지 못한 자신의 행위(부작위)에 대한 책임이라고 보았다.[53][54]

IT-01-47-T) Appeal Chamber, 16 July 2003, Decision on Interlocutory Appeal Challenging Jurisdiction in Relation to Command Responsibility, para. 56.

52) "나는 이 규정이 지휘관이 그의 부하가 범죄를 저지르려고 하고 있거나 또는 이미 그렇게 하였다는 것을 알거나 또는 알 만한 이유가 있은 후에 감독자의 자격으로 필요한 교정적 조치를 취하지 않은 것에 대하여 유죄로 처벌하는 것이라고 해석하는 것을 선호한다. 이 규정을 합리적으로 읽는다면, 지휘관이 그의 부하가 저지른 범죄의 참여자(a party to the particular crime committed by his subordinate)로 만들려는 규정으로 볼 수 없다." Prosecutor v. Enver Hadžihasanović & Mehmed Alagić & Amir Kubura, (Case No. IT-01-47-T) Appeal Chamber, 16 July 2003, Decision on Interlocutory Appeal Challenging Jurisdiction in Relation to Command Responsibility, Partial Dissenting Opinion of Judge Shahabuddeen, para. 32.

53) Prosecutor v. Enver Hadžihasanović & Mehmed Alagić & Amir Kubura, (Case No. IT-01-47-T) Appeal Chamber, 16 July 2003, Decision on Interlocutory Appeal Challenging Jurisdiction in Relation to Command Responsibility, Separate and Partially Dissenting Opinion of Judge David Hunt, para. 9.

54) 1심 재판부는 변론이 종결되자 지휘관책임의 법적 성질(Nature of Command responsibility)이라는 쟁점을 제기하고 Halilović 1심 재판부의 판결을 인용하면서 상급자는 작위의무를 이행하지 않은 책임이라고 판시한다. ICTY, Hadžihasanović & Kubura (IT-01-47), Trial Judgement, 15 Mar 2006, para. 66-75; Hadžihasanović 사건의 항소심 판결은 지휘관책임에 의해 처벌되는 경우에 관한 양형 기준을 제시한 Čelebići 수용소 사건 항소심 판결을 인용하면서 지휘관책임에 관한 양형에서는 (1) 부하들이 저지른 관련 범죄의 중대성, (2) 부하들의 관련 범죄를 방지하거나 처벌하지 않은 피고인 자신의 행위의 중대성이 반드시 고려되어야 한다고 하였다. ICTY, Prosecutor v. Delalić

③ 소결

ICTY 규정 제7조(3)의 문언은 두 가지 상황을 예상하고 있다. 첫째
는 부하가 범죄를 범하고 있거나 범하려고 하고 있다는 것을 상급자
가 알고 있거나 알 만한 이유가 있는 경우이다. 이런 경우에는 상급
자와 부하의 관계는 부하의 관련 범죄 행위시에 존재하여야 하는 것
이 분명하다. 둘째는 부하가 이미 범죄를 저지른 것을 상급자가 알
고 있거나 알 만한 이유가 있는 경우이다. 두 번째의 경우에 현재의
상급자가 부하의 범죄행위 당시에도 그 부하의 상급자였었어야 할
것을 요구할 만한 이유가 없다. 중간항소 다수의견은 1977년 제1추가
의정서 제86조(2)의 부하가 "범죄를 저지르는 중이거나 범죄를 저지
르려고 하고 있는" 것을 알았거나 알게 하는 정보를 가지고 있는 경
우라는 문언은 이미 "범죄를 저지른 경우"를 배제하는 것이라고 해
석한 것이다. 그러나, 1977년 제1추가의정서 부분에서 설명한 바와
같이 ICRC의 주석서는 제86조(2)의 문언에도 불구하고 부하가 "범죄
를 저지른" 경우를 포함하여 해석하고 있다(제3장 제3절 II. 3. 참조).

범죄처벌의무의 위반은 국제범죄의 발생에 대한 책임에 있어서
범죄방지의무위반과 마찬가지로 평가된다. 항소심 다수의견은 범죄
처벌의무를 범죄방지의무에 종속하는 수준의 의무로 변질시켰다.[55]

---

et al. (Case No. IT-96-21) Appeals Chamber Judgment, 20 February 2001, para. 732;
Sliedregt는 제1심 재판부가 상급자책임의 법적 성질에 대하여 독립범죄설
을 선언한 것에 대하여 항소심 재판부가 명시적으로 이를 파기하지는 않
았지만, 위와 같이 지휘관책임의 양형에 있어서 상급자 자신의 행위뿐만
아니라 부하들의 범죄의 중대성까지 고려하도록 한 것은 책임형식설을 지
지한 것이라고 보고 있는 것이라고 주장한다. 상소심 재판부가 부하의 범
죄와 상급자 자신의 행위를 지휘관책임에 근거한 피고인의 양형에 누적적
으로 적용할 것을 요구함으로써 지휘관책임이 상급자의 범죄 예방 또는
처벌의무 불이행 이상의 내용을 가지며 부하들의 관련 범죄를 포함한다고
보았다는 것이다. E. V. Sliedregt, "Command Responsibility at the ICTY", in: Bert
Swart/Alexander Zahar/Göran Sluiter(ed.), The Legacy, 2011, p. 389.

국제범죄의 현실과 관련하여서도 다수의견의 결론에 동의하기 어렵다. 자신의 부하들이 전임 지휘관의 지휘를 받는 시기에 전쟁범죄를 했다는 것을 후임지휘관이 발견하고도 이에 대한 조치를 취하지 않는다면 그 부하들은 전쟁법을 준수할 필요가 없다고 생각할 것이다. 전쟁상황에서 지휘관의 교체는 빈번하게 이루어진다는 것까지 고려하면 다수의견의 결론은 전쟁법의 규범적 효력을 무력화시킬 수 있다.[56] 이러한 문제점을 보상하거나 정당화시킬 특별한 근거도 없다.

(2) Orić(오리취) 사건

Hadžihasanović 사건의 중간항소에 대한 항소심 판결의 다수의견은 지지보다는 광범위한 비판을 받았다.[57] Hadžihasanović 사건이 있은

---

55) 방지 또는 처벌 의무(prevent or punish)는 상급자에게 선택권을 주는 것이 아니다. 상급자가 부하들이 범죄를 저지르려고 하는 것을 알았거나 알 만한 이유가 있었음에도 불구하고 그들의 범죄를 방지하지 못한 경우에 상급자가 이후에 부하들을 처벌한다고 하더라도 그의 방지의무 불이행에 대한 책임은 남는다. Prosecutor v. Blaškić, (Case No. IT-95-14-T) Trial Chamber Judgement, 3 March 2000, para. 336; 처벌의무는 범죄가 이미 발생한 후에 나타날 것이다. 범죄의 발생 이후에 지휘권을 갖은 자들도 마찬가지로 처벌의무를 지게 된다. Prosecutor v. Kordić & Čerkez, (Case No. IT-95-14-2) Trial Chamber Judgement, 26 February 2001, para. 446.

56) C. Greenwood, "Command Responsibility and the Hadžihasanović Decision", Journal of International Criminal Justice 2(2), 2004, p. 603; Shahabuddeen 판사는 새로운 지휘관이 지휘관이 되기 직전, 예를 들어 그 하루 전에 발생한 전쟁범죄를 규율할 의무를 부과하지 않는다면 전쟁범죄를 처벌하여야 할 권한이 언제나 행사될 수 있어야 한다는 책임 지휘(responsible command)의 구상을 근거로 한 지휘관책임과 부합하지 않는다고 주장한다. Prosecutor v. Enver Hadžihasanović & Mehmed Alagić & Amir Kubura, (Case No. IT-01-47-T) Appeal Chamber, 16 July 2003, Decision on Interlocutory Appeal Challenging Jurisdiction in Relation to Command Responsibility, Partial Dissenting Opinion of Judge Shahabuddeen, paras. 14, 24.

57) D. Robinson, "How Command Responsibility Got So Complicated", Melbourne Journal of International Law 13(1), 2012, p. 21; Prosecutor v. Orić, (Case No.

후 Orić 사건에서 후임 지휘관의 지휘관책임이 다시 쟁점이 되었다.

1심 재판부는 지휘관의 범죄 방지 의무와 범죄 처벌 의무의 결합이 본질적 경우가 아닌 예를 두 가지 제시하면서 Hadžihasanović 사건의 항소심 다수의견을 비판한다. 첫째, 상급자가 부하의 범죄를 저지르는 것을 알지 못하여 범죄 방지 의무를 이행하지 못했지만 상급자에게 잘못이 있다고 할 수 없는 경우이다. 이러한 경우에도 상급자는 부하의 범죄를 발견한다면 그에게 범죄처벌의무가 발생하고 이것은 지휘관책임의 기초가 된다. 두 번째는 첫 번째 사례의 논리적 연장으로 부하들이 이미 범죄를 저지른 후에 그들에 대하여 상급자가 된 자는 그러한 범죄를 발견하였을 때 당연히 그 범죄에 대한 처벌 의무를 지게 되고 그러한 범죄 처벌 의무의 위반은 지휘관책임의 기초가 된다. 그러나 Orić 사건의 1심 재판부는 항소심 재판부가 이미 다른 견해를 취하였기 때문에 자신들의 입장에도 불구하고 항소심 재판부의 결론에 따라 재판을 할 수밖에 없다고 판시하였다.[58]

이에 대하여 검사가 항소하자 Orić 사건의 항소심 재판부는 Hadžihasanović 사건 항소심의 다수의견을 지지하는 견해와 반대하는 견해가 2:2로 갈렸다. 이런 상황에서 Hadžihasanović 사건에서 독립범죄설을 지지했던 Shahabuddeen 판사가 오랜 기간 판례로 적용되어 온 Hadžihasanović 사건 항소심 재판부의 다수의견의 결정을 판사 1명의 차이로 번복하는 것은 옳지 못하며 더 확실한 다수의견이 형성될 때를 기다려야 한다고 주장하면서, Hadžihasanović 사건 항소심의 다수의견을 판례로 유지한다고 결정하였다.[59] 현재 ICTY에서는 후임 상

IT-03-68-A) Appeals Chamber Judgement, 3 July 2008, Declaration of Judge Shahabuddeen, para. 12.

58) Prosecutor v. Orić, (Case No. IT-03-68) Trial Chamber Judgement, 30 June 2006, para. 335.

59) 항소심 재판부는 Judge Wolfgang Schomburg, Judge Mohamed Shahabuddeen, Judge Liu Daqun, Judge Andrésia Vaz, Judge Theodor Meron으로 구성되었는데,

급자는 자신이 상급자가 되기 전에 부하들이 저지른 범죄에 대하여
도 이를 처벌할 의무를 진다는 견해가 제1심과 항소심 모두에서 실
질적 다수의견이었음에도 불구하고 ICTY의 공식적 판례는 이와 반대
(Hadžihasanović 사건 항소심의 다수의견)인 상태이다.[60]

5. ICC Bemba(벰바) 사건

Bemba 사건의 1심재판부는 전심재판부의 견해에 찬성한다고 하
면서[61] 책임형식설에 가담하고 있다.[62] 별개의견의 Ozaki 판사는 ICC

Judge Andrésia Vaz, Judge Theodor Meron은 Hadžihasanović 사건 항소심의 다수
의견을, Judge Wolfgang Schomburg, Judge Liu Daqun은 반대의견을 지지한 가
운데 Judge Mohamed Shahabuddeen이 자신의 개인적 입장과 반대이지만
Hadžihasanović 사건 항소심의 다수의견을 판례로 유지하겠다고 결정하였
다. Prosecutor v. Orić, (Case No. IT-03-68-A) Appeals Chamber Judgement, 3 July
2008, Declaration of Judge Shahabuddeen, paras. 2-15.

60) *Ibid.*, para. 167.

61) 1심재판부는 전심재판부가 책임형식설을 취하고 있다고 한다. Prosecutor v.
Jean-Pierre Bemba Gombo, (Case No. ICC-01/05-01/08) Trial Chamber III Judgement,
21 March 2016, para 171; 그러나 전심재판부의 입장이 명확한 것은 아니다.
전심재판부는 로마규정의 지휘관책임이 책임형식(a mode of liability)라고만
하고 있기 때문이다. 책임형식이라는 용어는 광의로 사용하는 경우에 범
죄에 대하여 책임을 지는 모든 형식을 말하기 때문에 전심재판부가 단지
지휘관책임을 a mode of liability이라고 불렀다는 이유로 공범의 일종으로
보는 책임형식설을 택했다고 보기는 어렵다. Prosecutor v. Jean-Pierre Bemba
Gombo, (Case No. ICC-01/05-01/08-424) Pre-Trial Chamber II Decision Pursuant to
Article 61(7)(a) and (b) of the Rome Statute on the Charges of Prosecutor Against
Jean-Pierre Bemba Gombo, 15 June 2009, para 341; 1심 재판부는 제2 전심재판
부 전에 Bemba 사건의 전심을 담당하였던 제3 전심재판부도 책임형식설을
택했다고 보고 있다. Prosecutor v. Jean-Pierre Bemba Gombo, (Case No.
ICC-01/05-01/08) Trial Chamber III Judgement, 21 March 2016, p. 81. 각주 384; 그
러나, 제3 전심재판부도 a mode of liability라는 표현을 쓰고 있는 것에 불과
하다. Prosecutor v. Jean-Pierre Bemba Gombo, (Case No. ICC-01/05-01/08-388)

로마규정 제28조는 부작위범이라는 독립범죄(a separate crime of omission)가 아닌, 책임형식(a mode of liability)을 규정한 것이라고 한다. Ozaki 판사는 국내 법원에 대한 ICC의 재판권의 보충성을 언급하고, ICC는 직무위반 그 자체(a dereliction of duty as such)가 아닌 국제공동체의 관심사가 되는 가장 심각한 범죄를 다루어야 한다고 주장하면서 독립범죄설을 비판한다.[63] Steiner 판사도 별개의견에서 책임형식설을 지지하고 있다. 지휘관책임(command responsibility)은 그 초기에 참가(participation), 공범(complicity) 또는 방조(aiding and abetting)의 형식으로 생각되었다고 하면서, 모든 공범에 있어서 행위와 불법한 결과 사이에 인과관계가 요구되며, ICC 로마규정 제28조의 "as a result of"는 이것을 나타낸다고 하였다.[64]

Pre-Trial Chamber III Decision Adjourning the Hearing pursuant to Article 61(7)(c)(ii) of the Rome Statute, 3 March 2009, para 46.

62) Prosecutor v. Jean-Pierre Bemba Gombo, (Case No. ICC-01/05-01/08) Trial Chamber III Judgement, 21 March 2016, para 171.

63) *Ibid.*, Separate Opinion of Judge Kuniko Ozaki, para 5.

64) *Ibid.*, Separate Opinion of Judge Sylvia Steiner, para 7.

제4절 분석과 비판 - 독립범죄설의 지지

독립범죄설은 지휘관책임을 국제형법에 의해 창설된 독립된 범죄로 보는 입장이다. 지휘관책임의 국제법적 측면과 독자성을 강조하며 상급자의 부작위 자체가 처벌의 대상이라고 본다. 한편, 책임형식설은 형법의 공범 이론에 입각하여 집단살해죄나 전쟁범죄와 같은 부하의 실행행위를 중심으로 지휘관책임을 구성하고자 한다. 지휘관책임이 인과관계, 책임원칙과 같은 형법의 기본원리를 벗어나서는 안 된다는 것을 강조한다. 현재 다수설은 책임형식설이라고 한다.[65] 책임형식설과 독립범죄설의 어느 견해도 지휘관책임에 관한 관습국제법과 ICC 로마규정에 완전히 부합하는 설명을 하기는 어렵다. 필자는 독립범죄설에 찬성한다.

1. 지휘관책임의 단일성·통일성 유지

필자가 독립범죄설에 가담하는 이유는 책임형식설의 장점에도 불구하고 그것이 지휘관책임의 통일성을 깨뜨리고 종국적으로는 국제형법의 지휘관책임을 국가별로 다원화시킬 것이라는 점에 있다.

야마시타를 재판한 미국 군사위원회나 동 위원회의 판결을 승인한 미국 연방재판소가 새로운 범죄를 창설하려고 하는 의도는 없었

---

65) Shahabuddeen 판사는 부하에 대한 적절한 통제를 행사하여야 할 자신의 의무를 위반한 것에 대한 형사책임이라는 견해와 그의 부하가 저지른 범죄에 대하여 참가한 것에 대한 형사책임이라는 견해에 대하여 후자가 다수의견이라고 보고 있다. Prosecutor v. Orić, (Case No. IT-03-68-A) Appeals Chamber Judgement, 3 July 2008, Declaration of Judge Shahabuddeen, para. 18; Eser 도 공범설(complicity by omission)이라는 표현을 쓰면서 이것이 다수설이라고 보고 있다. A. Eser, "Individual Criminal Responsibility", in: A. Cassese/P. Gaeta/J. RWD Johns, The Rome Statute 2002, Tp. 820.

을 것이다. 국제형사재판의 발전은 지휘관, 민간인 상급자(문민 실권자)들이 현장에서 직접 범죄를 저지르지 않더라도 범죄 방지 의무나 처벌 의무를 불이행함으로서 국제범죄를 야기, 확산시켰다는 것을 증명하였다. 이러한 재판의 누적은 결국 지휘관, 상급자의 지위, 역할의 중요성에 주목하게 하였고, 이러한 지위에 있는 자들에 대하여 지휘관책임이라는 특별한 책임이론이 형성되었다. 책임형식설은 이렇게 성립한 지휘관책임을 국내 형법 이론의 관점에서 설명하고자 한 것이다.

책임형식설, 즉 공범론의 필연적 귀결은 지휘관책임의 분리와 해체이다. 책임형식설을 택한 Hadžihasanović 사건의 항소심 판결의 다수의견은 지휘관책임을 부하의 범죄에 대한 가담이 가능했던 유형과 범죄에 대한 가담이 불가능했던 유형으로 분리하여 후자에 대하여는 지휘관책임의 성립 자체를 부정하였다. 지휘관책임의 내용이 공범론에 의해서 수정된 것이다. 이러한 경향은 국제형법의 이행입법에서 더욱 더 뚜렷이 나타난다. 도그마틱이 가장 발달한 독일은 공범론이 적용될 수 있는 부분은 제4조의 총칙에서 규정하고, 공범론으로 해결이 어려운 영역은 제13조의 감독의무위반죄, 공범론으로 구성하는 것이 불가능한 영역은 제14조의 고지의무위반죄로 구성하고 있다.

책임형식설은 지휘관책임을 분해하게 되는 결과를 초래할 뿐만 아니라 각 국가 별로 상이한 내용의 지휘관책임을 갖게 한다. 각국의 국내 형법은 각자의 고유한 공범론을 가지고 있다. 이러한 각국의 체계는 쉽사리 융화될 수 있는 내용이 아니며, 사실은 서로에 대한 이해도 충분하지 않은 상태이다. 이러한 상황에서 책임형식설을 택하는 것은 지휘관책임을 각국의 국내 형법의 공범론에 따라 변형시키는 결과를 가져온다. 지휘관책임이 국제법으로 존재하는 국제형법(das internationale Völkerstrafrecht)과 각국의 국내 형법에 편입된 국제형법에서 달라질 뿐만 아니라, 국내적 국제형법(das nationale Völkerstrafrecht)끼리도 서로 충돌하게 되는 결과를 피할 수 없다.

국제형법이 인류의 보편적 가치와 인권을 심각하게 침해하는 반인륜적범죄에 대한 규범이라는 것은 적어도 국제범죄가 무엇이고 누가 어떻게 처벌받아야 하는가에 관한 판단에 있어서 국제공동체의 의견 일치를 필요로 한다. 책임형식설은 이러한 목표를 처음부터 포기하는 것이다. 독립범죄설은 공범이론에 따른 구성이 아니기 때문에 국제범죄의 집단범죄성과 이를 반영하는 지휘관책임의 실효적 통제 기준을 인정한다면 어떤 나라에서도 자국의 정범공범에 체계와 상관없이 받아들일 수 있는 이론이다.

2. 특별고의를 요건으로 하는 부하의 범죄

집단살해죄는 집단살해를 구성하는 개별 구체적 행위와 관련된 고의를 넘어서 일정한 집단을 파괴한다는 특별고의(specific intent)를 범죄성립요건으로 요구하고 있다.[66] 이에 반하여 지휘관책임의 주관적 요건은 상급자의 부하의 관련범죄에 대한 인식이나 인식의 실패이다. 특별고의를 주관적 요건으로 하고 있는 부하의 범죄에 대하여 상급자가 그러한 특별고의가 없음에도 불구하고 부하의 범죄에 대한 인식 또는 인식의 실패를 이유로 지휘관책임을 질 수 있는가가 문제된다.[67]

책임형식설을 따르는 경우에 지휘관책임은 본질적으로 공범의

---

66) 특별고의는 영미법상의 용어로서 우리 형법에서는 "목적", "초과주관적 구성요건"으로 번역될 수 있다.

67) B. V. Schaack/R. C. Slye, International Criminal Law, 2015, p. 830; M. L. Nybondas, Command Responsibility, 2010, p. 166; G. Mettraux, The Law of command Responsibility, 2009, p. 211.

일종이다. 따라서, 책임형식설을 따른다면 상급자가 부하의 특별고의를 공유할 필요까지는 없다고 하더라도 적어도 부하의 특별고의를 알고 있어야 한다.[68] 그러나, ICTY의 판례는 부하가 가지고 있는 관련 범죄에 대한 주관적 요건과 지휘관책임의 성립에 필요한 상급자의 주관적 요건이 다르다는 것을 근거로 지휘관책임에 관한 ICTY 규정 제7조(3)의 요건만 충족되면 집단살해죄에 대한 지휘관책임이 성립한다고 보고 있다. 즉, 집단살해죄에 대한 지휘관책임의 주관적 요건은 상급자가 '(1) 그의 부하들이 집단살해죄를 저지르려고 하거나 또는 이미 집단살해죄를 저질렀다는 것, 그리고 (2) 그의 부하들이 집단살해죄의 성립에 필요한 특별고의(specific intent)를 가지고 있다는 것'을 알았거나 알 만한 이유가 있었으면 충족된다.[69]

---

68) ICTR은 집단살해죄의 방조범(A&A)에 대하여 정범의 특별고의를 아는 것으로 족하다고 판결하였다. Prosecutor v. Krstić, (Case No. IT-98-33-A) Appeals Chamber Judgement, 19 April 2004, para. 140; Prosecutor v. Rukundo, (Case No. ICTR-2001-70-A) Appeals Chamber Judgement, 20 October 2010, para. 53; 우리나라의 판례는 목적범의 정범도 목적에 대한 인식만 있으면 된다고 보고 있다. 대법원 2014.03.13. 선고 2013도12507 판결; 대법원 2015.01.22. 선고 2014도10978 전원합의체 판결; 대법원 2006.08.25. 선고 2006도3631 판결; 대법원 2005.09.30. 선고 2005도2712 판결. 그렇다면 목적범의 공범은 정범의 목적을 아는 것으로 족하다고 보아야 할 것이다; 독일에서는 공동정범간에 있어서 상호귀속은 구성요건의 객관적 요소에 관하여만 이루어지기 때문에 구성요건에서 요구되는 주관적 요소가 모든 가담자(공동정범)에게 충족되어야 한다. 반면 교사범과 방조범에 있어서는 주관적 구성요건요소가 정범에게 있고, 공범은 이것을 알기만 하면 충분하다. H. Jescheck, /T. Weigend, Lehrbuch des Strafrechts. Allgemeiner Teil, Berlin·Duncker und Humblot, 4. Aufl., 1996. S. 321.

69) Prosecutor v. Stakić, (Case No. IT-97-24-T) Trial Chamber Decision on Rule 98 bis Motion for Judgement of Acquittal, 31 October 2002, para. 92; Prosecutor v. Brđanin, (Case No. IT-99-36-T) Trial Chamber Judgement, 1 September 2004, paras. 719-721; Schabas는 부하의 특별고의에 대한 인식의 실패를 기초로 한 지휘관책임의 성립을 인정하고 있다. W. A. Schabas, The International Criminal Court2010, p. 134.

상급자가 부하의 범죄의 목적에 대하여 과실로 알지 못한 경우에
도 지휘관책임이 성립한다고 하는 ICTY의 판례는 지휘관책임이 상급
자의 범죄에 참여 또는 가담하는 것이 아니라 상급자 자신의 의무위
반에 대한 책임이라는 것을 보여 준다.[70]

3. 책임주의

1) 인과관계

책임형식설은 ICTY의 Čelebići 판결이 상급자의 부작위와 부하의
범죄에 대한 인과관계를 요구하지 않은 것은 책임주의를 위반한 것
이라고 주장하면서 이것을 독립범죄설의 문제점으로 보고 있다.[71]
그러나, 독립범죄설은 지휘관책임이 부하의 범죄에 대하여 상급자를
처벌하는 것이 아니라 상급자가 자신의 고유 의무를 위반한 것에 대
하여 처벌한다고 본다. ICC 로마규정 이전의 1977년 제1추가의정서,
ICTY, ICTR 규정은 모두 지휘관책임의 법적 성격이 무엇인지에 관하

---

70) Schabas는 특별고의를 요구하고 있는 집단살해죄에 대하여 과실범을 처벌
하는 것은 논리적으로 불가능하다며, 따라서 과실에 근거한 지휘관책임은
독립범죄로 볼 수밖에 없다고 한다. 그에 의하면 로마규정을 적용하는 경
우에 과실에 근거한 지휘관책임을 지는 피고인에 대하여 집단범죄로 처벌
하여서는 안 되고, 집단범죄를 범한 부하에 대한 감독의무를 과실로 위반
하였다고 처벌하여야 한다고 주장한다. W. A. Schabas, "Canadian Implementing
Legislation for the Rome Statute", Yearbook of International Humanitarian Law Vol.
3, T.M.C. Asser Press, 2002, p. 342; Bülte는 이러한 이유로 독일 국제형법전
제4조를 독일 형법 제13조의 일반적인 부진정부작위범으로 이해하는 것은
국제형법의 태도와 배치된다고 한다. J. Bülte, Vorgesetztenverantwortlichkeit,
2015, S. 650.
71) D. Robinson, "How Command Responsibility Got So Complicated", Melbourne
Journal of International Law 13(1), 2012, pp. 12-23.

여 언급이 없었다. 그러나, ICC 로마규정 제28조는 상급자가 부하에 대한 적절한 통제를 행사하지 않은 부작위의 결과로서 형사책임을 진다고 규정함으로써 지휘관책임의 핵심이 상급자의 통제의무위반 (부작위)에 있다는 것을 명시하고 있다.[72] 따라서 상급자의 부작위와 부하의 범죄 사이에 인과관계를 요구할 필요가 없으며 부하의 범죄는 지휘관책임의 전제조건이 될 뿐이다. 따라서 독립범죄설이 더 책임주의에 부합하는 이론인 것이다.[73]

한편, 책임형식설은 부하가 이미 범죄를 저지른 경우에 상급자가 처벌의무를 불이행한 경우와 부하의 범죄에 대하여 상급자가 과실로 알지 못한 경우에 성립하는 지휘관책임을 책임주의와 조화시키지 못한다. 이러한 경우에 책임형식설은 지휘관책임을 부정하거나 아니면, 독립범죄로서의 지휘관책임이 성립한다고 설명할 수밖에 없다. 나아가, 공범론(complicity)은 타인의 행위의 결과를 그 행위자 외의 자에게 귀속시키는 이론이다. 귀속이론은 범죄의 성립요건의 일부를 타인의 행위로부터 빌려오는 것이며 논리적으로는 책임주의와 완벽한 조화를 이루기 어렵다. 반면에 독립범죄설은 상급자가 자신의 부작위에 대한 책임을 지는 것이므로 공범론과 같은 귀속이론에 의존하지 않는다.

---

72) 이러한 이유로 Ambos는 로마규정이 부작위범이라는 독립범죄를 규정하였다고 한다. K. Ambos, "Superior Responsibility", in: A. Cassese/P. Gaeta/J. RWD Johns, The Rome Statute 2002, p. 851.

73) 지휘관책임의 요건인 상급자의 하급자에 대한 실효적 통제의 요건은 매우 엄격한 요건으로서 이를 충족하는 것이 쉬운 것이 아니다. W. A. Schabas, The UN International Criminal Tribunals: The former Yugoslavia, Rwanda and Sierra Leone, Cambridge University Press, 2006, p. 324; 리비취 판결은 인과관계의 요구는 부하들에 의해서 저질러진 범죄의 존재라는 요건과 상급자가 그의 권한의 범위 내에서 그 범죄를 방지하기 위한 조치를 취하지 않았다는 요건에 의해 해결된다고 보고 있다. Prosecutor v. Delalić et al. (Case No. IT-96-21) Trial Chamber Judgement, 16 November 1998, para. 399.

2) 지휘관책임의 죄명

독립범죄설의 약점의 하나는 지휘관책임이 상급자 자신의 부작위에 대한 책임이라고 하면서 부하의 범죄에 대한 죄명으로 처벌받는다는 점에 있다(Fair Labelling). 예를 들어 상급자가 부하의 집단살해죄를 과실로 방지하지 못한 경우에 상급자를 부하가 저지른 집단살해죄에 대하여 유죄로 처벌하는 것은 책임주의에 반한다. 독립범죄설의 입장에서는 이러한 문제점은 국제형사재판의 실무를 변경하여야 한다는 결론에 이르게 한다. 이러한 이유로 캐나다에서는 지휘관책임을 도입하면서 이를 "책임위반죄"로 규정하였다. 우리나라의 국제범죄처벌법 제15조도 직무태만죄를 죄명으로 함으로써 이러한 입장을 일부 반영하고 있다.

4. 부하의 범죄의 법적 성격

부하의 범죄의 발생은 지휘관책임의 성립요건임에도 불구하고, 국제형법에서 그 동안 특별한 주목을 받지 못하였다. 책임형식설을 택하는 경우에 지휘관책임은 결과범이며 부하의 범죄의 발생은 결과불법의 핵심이 된다. 따라서 상급자의 부작위와 부하의 범죄 사이의 인과관계는 필요적이며 상급자의 부하의 범죄에 대한 고의, 인식, 또는 인식의 실패는 지휘관책임의 주관적 요건이 된다.[74]

반면에 독립범죄설에서는 상급자의 부작위가 불법의 핵심이며, 상급자의 부작위와 부하의 범죄의 발생 사이에 인과관계가 반드시 필요한 것은 아니다. 따라서 부하의 범죄의 지휘관책임 내에서의 법적 성격이 문제되는데 이것은 지휘관책임이라는 국제범죄의 국제적

---

74) 방조범에 관한 인과관계 불요설 등에 관하여는 신동운, 형법총론 제9판, 법문사, 2015, 657-659면 참조.

요소(international element)라고 본다. 즉, 모든 국제범죄는 국제적 요소
와 기본범죄라는 두 가지 요소로 이루어지며, 지휘관책임도 상급자
의 부작위(기본범죄)와 부하의 국제범죄(국제적 요소)로 구성된다.
부하의 범죄에 대한 상급자의 인식 또는 인식의 실패는 부하의 범죄
(국제범죄)라는 국제적 요소에 대한 인식 또는 인식의 실패로서 지
휘관책임의 주관적 요건이 된다. 다른 국제범죄도 기본 범죄 외에
국제적 요소 즉, 무력충돌의 존재(전쟁범죄)나 민간인 주민에 대한
광범위하거나 체계적인 공격의 존재(인도에 반하는 죄)에 대한 인식
을 요구하고 있다. 따라서 지휘관책임에 대하여 이러한 국제적 요소
에 대한 인식 또는 인식의 실패를 요구하는 것은 국제범죄의 공통적
특성을 이루게 된다(제2장 제2절 II. 1. 참조).

지휘관책임이 국내 형법에 도입되는 경우에 부하의 범죄의 발생
이라는 요건은 일종의 객관적 처벌조건으로 구성된다(제6장 제3절과
제7장의 독일과 우리나라의 로마규정 이행입법 참조).

제6장 국내적 국제형법
- ICC 로마규정 이행

제1절 ICC 로마규정의 이행과 보충성의 원칙

1. 국제형법의 집행 시스템

국제형법이 개별적인 국가를 통하지 않고 국제형사재판기구에 의해 적용되는 것을 국제형법의 직접 집행 시스템이라고 한다. 이에 반하여 국내 법원이 국제형법을 적용하는 것을 국제형법의 간접 집행 시스템이라고 한다. 간접 집행 시스템에서는 국내 법원은 많은 경우에 보편적 관할권(세계주의)에 근거하여 재판권을 행사한다. 뉘른베르크와 도쿄의 재판 이후 계속된 냉전기간 동안 국제형법의 기초는 개별 국가가 적용하는 국제형법이었다. 그 이유는 명백하다. 그것은 국제형사재판기구가 자국의 국민을 재판하는 것을 허용함으로써 자국의 주권이 제한되는 것을 개별 국가들이 두려워하였기 때문이다.[1] 1949년 4개의 제네바 협약, 1977년 2개의 추가의정서의 위반을 처벌하는 국제형사재판 기구들이 만들어지지 않는 동안 이러한 조약들의 위반에 대한 형사처벌은 간접 집행 시스템에 의존하였다.

2. ICC 로마규정의 보충성 원칙

ICC 로마규정은 이러한 개별 국가들의 두려움을 반영하여 ICC가 당사국에 대하여 보충적인 재판권만을 행사하는 소위 보충성 원칙 (Principle of Complementarity)을 택하였다. 로마규정은 전문 6번째 단락에서 "국제범죄에 책임이 있는 자들에 대하여 형사관할권을 행사함이 모든 국가의 의무"라고 선언하면서도[2] 다시 전문 10번째 단락에

---

1) C. J. M. Safferling, "Germany's Adoption of an International Criminal Code", Annual of German & European Law Vol 1, Berghahn Books, 2004, p. 367.
2) "국제범죄에 책임이 있는 자들에 대하여 형사재판권을 행사함이 모든 국

서 "이 규정에 따라 설립되는 국제형사재판소는 국가의 형사관할권을 보충하는 것"이라고 강조하고, 다시 제1조에서 국제형사재판소는 "이 규정에 정한 바와 같이 국제적 관심사인 가장 중대한 범죄를 범한 자에 대하여 관할권을 행사하는 권한을 가지며, 국가의 형사관할권을 보충한다."라고 하여 국내 법원의 재판권이 국제형사재판소의 재판권에 우선한다고 명시하고 있다. ICC 로마규정의 보충성 원칙은 외부의 간섭없이 자신들의 국민에 대한 형사재판권을 행사할 수 있는 국가 주권을 인정하면서도 국제범죄를 저지른 자를 처벌하기를 거부하는 국가들에 대하여 ICC가 개입할 수 있는 권한을 보전함으로써 ICC의 재판권과 국내 법원의 재판권 사이에 균형을 도모하고자 하였다.[3] 로마규정의 당사국이 자국이 재판권을 가지는 자가 저지른 국제범죄를 그 책임에 부합하게 처벌한 경우에 보충성의 원칙은 만족되며, ICC는 재판권을 행사할 수 없다. 따라서 이러한 경우에 ICC가 재판권을 행사하는 것은 보충성 원칙의 위반이다.[4] 그러나, 당사

가의 의무"라는 전문의 선언은 관습국제법상 모든 국가가 국제범죄를 소추할 의무를 진다는 전제를 깔고 있다. 조상제, 국제조약의 국내이행 형사특별법: 독일 국제형법전의 입법과정과 내용, 형사정책연구원, 2008, 53면.

3) M. M. El Zeidy, The Principle of Complementarity in International Criminal Law, Martinus Nijhoff Publishers, 2008, pp. 157-158.

4) 보충성 원칙은 국내 법원이 우선적으로 재판권행사를 할 수 있고, 국내 법원에서 국제범죄를 수사하거나 기소할 의사나 능력이 없는 경우에 ICC가 재판권을 행사할 수 있다는 의미이다. 보충성 원칙의 위반 또는 위배라는 표현은 두 가지로 사용될 수 있다. 첫째는 국내 법원이 수사 또는 기소의 의사나 능력이 없어서 ICC가 재판권을 행사할 수 있다는 취지로 사용된다. 이러한 용례로 보충성 원칙의 위반을 사용한 경우는 H. Duffy/J. Huston, "Implementation of the ICC Statute", in: C. Kreβ/F. Lattanzi(ed.), The Rome Statute and Domestic Legal Orders. Volume I, Nomos Verlagsgesellschaft, 2000, p. 32가 있다. 이러한 용례는 국내 법원의 국제범죄 처벌의무를 강조하는 것이며 국내 법원의 국제범죄 처벌의무위반을 가리킨다. 그러나, 보충성 원칙은 국내 법원에 재판권 행사의 우선권을 주고, ICC는 어떤 국내 법원도 이러한

국이 재판권을 행사할 의사나 능력이 없는 경우에 로마규정의 당사
국은 보충성 원칙을 준수하지 못한 것이고 이때 ICC는 (보충적) 재판
권을 행사할 수 있다.

ICC는 재판적격성과 일사부재리의 원칙을 규정한 제17조~제20조
를 통하여 보충성 원칙을 구체화하고 있다.[5][6] 로마규정의 당사국은

우선적 재판권을 행사하지 않은 경우에 보충적으로 재판권을 행사할 수
있다는 의미이므로 ICC가 이런 상황에서 재판권을 행사하는 것은 보충성
원칙의 취지에 따른 법적 효과에 불과하다. 따라서, 이러한 상황을 보충권
원칙의 위반이라고 부르는 것은 적절하지 않다. 둘째는 국내 법원이 국제
범죄를 수사하거나 기소할 의사나 능력이 있음에도 불구하고(국내 법원에
의한 보충성원칙의 만족 또는 충족), ICC가 로마규정을 위반하여 재판권
행사를 하는 경우이다. 후자의 의미로 사용하는 경우에 보충성 원칙의 위
반은 ICC의 재판권 행사의 위법을 가리킨다. 본 논문에서는 후자의 용례를
사용한다. 따라서, 국내 법원이 보충성 원칙에 따라 국제범죄에 대한 우선
적 재판권을 잃는 경우는 당사국이 보충성원칙을 만족 또는 충족시키지
못했다거나 준수하지 못했다고 표현할 수 있다.

5) 제17조 재판적격성의 문제

  1. 전문 제10항과 제1조를 고려하여 재판소는 다음의 경우 사건의 재판적
     격성이 없다고 결정한다.

  가. 사건이 그 사건에 대하여 관할권을 가지는 국가에 의하여 수사되고 있
      거나 또는 기소된 경우. 단, 그 국가가 진정으로 수사 또는 기소를 할
      의사가 없거나 능력이 없는 경우에는 그러하지 아니하다.

  나. 사건이 그 사건에 대하여 관할권을 가지는 국가에 의하여 수사되었고,
      그 국가가 당해인을 기소하지 아니하기로 결정한 경우. 단, 그 결정이
      진정으로 기소하려는 의사 또는 능력의 부재에 따른 결과인 경우에는
      그러하지 아니하다.

  다. 당해인이 제소의 대상인 행위에 대하여 이미 재판을 받았고, 제20조제3
      항에 따라 재판소의 재판이 허용되지 않는 경우

  라. 사건이 재판소의 추가적 조치를 정당화하기에 충분한 중대성이 없는
      경우

6) 사건의 중대성에 관한 로마규정 제17조(1)(d)는 국내 형사 재판소에 대한
   ICC의 보충적 재판권과는 직접적인 관계가 없다. 왜냐하면, 이 경우에는
   국내 형사 재판소가 재판권을 행사하지 않더라도 ICC가 재판권을 행사하
   지 않기 때문이다.

국제범죄를 처벌할 주된 책임(primary responsibility)을 지고, ICC는 당사국이 재판권을 행사할 의사나 능력이 없는 경우에만 재판권을 행사한다.[7] 국내 법원이 국제범죄에 대한 재판권을 행사하지 않는 경우에 ICC가 재판권을 행사하며, 국내 법원에서 형사절차가 진행되거나 진행된 경우에도 ICC가 재판권(재판관할권)을 행사할 수 있는 경우가 있다: 첫째, 사건이 그 사건에 대하여 재판관할권을 가지는 국가에 의하여 수사되고 있거나 또는 기소되었으나 그 국가가 진정으로 수사 또는 기소를 할 의사가 없거나 능력이 없는 경우[제17조 (1)(a)], 둘째, 사건에 대하여 재판관할권을 가지는 국가에 의하여 수사되었고, 그 국가가 당해인을 기소하지 아니하기로 결정하였으나 그 결정이 진정으로 기소하려는 의사 또는 능력의 부재에 따른 결과인 경우(제17조(1)(b)), 셋째, 당해인이 제소의 대상인 행위에 대하여 이미 재판을 받았으나 그 재판이 ICC 관할범죄에 대한 형사책임으로부터 당해인을 보호할 목적이었거나 그 밖에 국제법에 의하여 인정된 적법절차의 규범에 따라 독립적이거나 공정하게 수행되지 않았으며 상황에 비추어 당해인을 처벌하려는 의도와 부합하지 않는 방식으로 수행된 경우[제17조(1)(c), 제20조(3)].

진정한 형사소추의 의사가 없는 경우(의사부재)는 ICC에서 받게 될 재판으로부터 피고인을 보호하고자 국가가 절차를 형식적으로만 진행하는 소위 가장된 절차를 말한다[로마규정 제17조(2) 참조]. 이 경우 진정한 형사소추의 의사라는 주관적 요건의 판단은 쉬운 일이 아니며 피고인에 대하여 '충분한 처벌'이 이루어졌는지를 고려하여야 한다. 각 국가들은 양형의 결정에 관하여 일정한 재량을 가지고 있다는 점에 비추어 이것이 명확한 기준이라고 보기는 어렵다.[8] 당

---

7) The International Centre for Criminal Law Reform and Criminal Justice Policy, Manual for the Ratification and Implementation of the Rome Statute, 3rd ed., 2008 March, p. 11.

사국이 로마규정의 국제범죄를 국내법의 일반범죄로 기소하는 것이
보충성 원칙을 충족시키는지가 문제될 수 있다. 집단살해죄, 인도에
반하는 죄를 규정하지 않은 국가가 피고인에 대하여 살인죄, 강간죄
로 처벌하였지만 그 형벌 자체는 적정할 수 있다. 이와 관련하여 집
단살해죄로 국제형사재판기구에서 재판을 받고 있는 피고인을 집단
살해죄를 규정하지 않은 국가로 이송하여 재판받게 할 수 없다고 한
사례가 있다.[9] 한편, 진정한 형사소추의 능력이 없는 경우(능력부재)

---

8) 국제범죄에 대한 국내법의 법정형이 그 사안이 중대하지 않은 점에 비추
어 명백히 부적절한(deutlich unagemessen) 처벌이 아닌 경우에는 불충분한
처벌로 볼 수 없다는 견해가 있다. H. Satzger, Internationales und Europäisches
Strafrecht, 2009, S. 242.

9) 피고인에 대한 공소사실은 집단살해죄, 집단살해공모죄, 집단살해공범죄
이며 이것은 살인죄와 범죄성립요건과 그 죄질(gravity)이 상당히 다르다.
노르웨이는 피고인에 대하여 그 국내법에 따라 살인죄로 기소할 것이라고
하고 있다. 집단살해죄는 국가적, 민족적, 인종적, 종교적 집단의 전부 또
는 일부를 그 자체로서 파괴할 목적을 요구하는 점에서 특별하다. 노르웨
이의 형법의 살인죄는 이러한 특별고의를 요구하고 있지 않다. 따라서 공
소사실확인 결정을 받은 피고인의 범죄혐의에 대하여 노르웨이는 사건관
할(subject matter jurisdiction)을 가지고 있지 않다. 결과적으로 노르웨이의 형
법은 피고인의 범죄사실에 대하여 충분한 법적 평가(full legal qualification)를
할 수 없으므로 피고인의 사건을 노르웨이로 이송하여 달라는 신청을 기
각한다. Prosecutor v. Bagaragaza, (Case No. ICTR-2005-86-R11bis) Trial Chamber
Decision on the Prosecution Motion for Referral to the Kingdom of Norway, 19 May
2006, para. 16; 이 결정에 대한 중간항소의 항소심 재판부는 1심재판부의 결
정을 지지하면서 집단살해죄는 "국제인도법의 심각한 위반(serious violations
of international humanitarian law"으로 살인죄와 같은 "일반 범죄(ordinary
crime)"와 다르다는 점을 강조하였다. Prosecutor v. Bagaragaza, (Case No.
ICTR-05-86-AR11bis) Appeals Chamber Decision on Rule 11 bis Appeal, 30 August
2006, paras. 16-18; 한편 Heller는 국제범죄의 피고인을 국내법상의 일반 범죄
로 기소하는 것이 허용되고, ICC에 의하여 재판을 받는 경우와 비교하여
양형이 적정하다면 보충성의 원칙을 만족시킨다고 주장한다. K. J. Heller,
"A Sentence-Based Theory of Complementarity", Harvard International Law Journal
53(1), 2012, pp. 85-133 참조.

는 사법제도의 붕괴나 작동불능으로 피의자의 신병(身柄)을 확보할 수 없거나, 증언, 증거를 수집할 수 없는 등 사법절차를 진행할 수 없는 경우를 말한다[로마규정 제17조(3) 참조].

3. ICC 로마규정의 이행입법

로마규정은 당사국이 로마규정의 내용대로 이행입법을 할 것을 요구하고 있지 않다. 심지어 당사국이 로마규정에 따른 아무런 이행입법을 하지 않았다는 것만으로 로마규정위반이 되는 것도 아니다. 보충성의 원칙의 실질적 의미는 당사국이 국제형사재판소 관할 범죄를 저지른 자국민을 로마규정의 취지에 부합하게 처벌하지 않으면 ICC가 재판권을 행사할 수 있다는 위험이다. 로마규정의 당사국들은 국제범죄의 방지를 위한 국제사회의 의지에 동참하고 동시에 자국민이 ICC에서 재판을 받는 결과를 막기 위하여 로마규정의 이행입법을 제정하고 있다.[10] 당사국이 국제범죄에 관한 로마규정의 내용을 그대로 이행하지 않더라도 관습국제법에 의하거나 자국의 국내 형법에 의하여 국제범죄를 처벌하는 경우에 그것이 보충성의 원칙을 충족시키는 한 ICC는 재판권을 행사할 수 없다.[11]

---

10) 각국의 로마규정의 이행입법의 목적으로 가장 강조된 것은 자국민이 ICC 에서 재판받는 상황을 피하는 것이었다. Bundesratsvorlage vom 18. Januar 2002, in: R. Lüder/T. Vormbaum(Hrsg.), Materialien zum Völkerstrafgesetzbuch: Dokumentation des Gesetzgebungsverfahrens, Beitrage zur Strafrechtswissenschaft Bd. 6, LIT Verlag, 2002, S. 23; R. Hage, "Implementing the Rome Statute: Canada's Experience", in: R. S. Lee(ed.), States' Responses To Issues Arising From The ICE Statute, Transnational Publishers, 2005, p. 47; E. Wilmshurst, "Implementation of the ICC Statute in the United Kindom", in: R. S. Lee(ed.), States' Responses To Issues Arising From The ICE Statute, 2005, pp. 148-149; G. Triggs, "Implementation of the Rome Statute for the International Criminal Court: A Quiet Revolution in Australian Law", Sydney Law Review 25(4), 2003, pp. 507-508.

1) 관습국제법과 ICC 로마규정

ICTY의 판례가 대표하고 있는 관습국제법과 ICC의 규정인 로마규정은 많은 부분에서 다른 내용을 가지고 있다. 관습국제법과 로마규정의 차이는 첫째, ICTY와 ICC의 죄형법정주의에 대한 태도의 차이에서 기인한다. ICTY는 영미법계 죄형법정주의에 기초하여 관습국제법에 바탕을 두고 판례에 의하여 국제형법을 형성하였으나, ICC는 로마규정이라는 조약에서 형법의 일반원칙과 범죄의 구성요건을 상세히 규정하고 있다. ICTY에 비하여 ICC는 영미법계 죄형법정주의에서 탈피하여 범죄의 성립요건을 각 당사국들이 요구하는 엄격한 기준에 따라 미리 명확하게 규정하고 있다. 둘째로 ICTY를 비롯한 기존의 임시재판소들은 안전한 재판소였고, ICC는 불안한 재판소이다.[12]

---

11) 로마규정은 국제조약으로서 그 조약의 당사국에 대하여 이를 이행할 의무를 부과한다. 그러나, 로마조약의 당사국들이 조약의 이행의무로서 이행입법을 제정하면서 반드시 로마규정의 내용을 그대로 따르지 않았으며, ICTY의 판례를 포함하는 관습국제법의 내용을 고려하고 있다. 일부 국가들은 오래 전부터 국제형법의 내용의 일부를 이미 국내 형법 체계에 편입시켰던 경우에도 로마규정을 계기로 국제형법의 이행입법을 만들거나 국내 형법에 로마규정의 내용을 새로 반영하는 작업을 하였다. 따라서 간접 집행 시스템의 대부분의 경우가 로마규정의 이행법률의 성격을 띠고 있다.

12) 국제형법의 집행이 편의적(selective)라는 비판이 있다. 이러한 편의성 또는 이중기준은 안전한 법의 적용 체제(a safe law enforcement mechanism)에서 나타날 수 있다. 이러한 체제는 자신들의 국민들에 대하여는 재판권을 행사할 가능성이 별로 없는 경우를 말한다. 국가들은 그들에 대하여 재판소가 재판권을 행사할 가능성이 있는 경우에는 거기서 적용될 법에 대하여 매우 다른 접근 방식을 취한다. 미국이 야마시타 사건에 적용한 지휘관책임에 기준과 베트남 전쟁에서 양민을 학살한 사건(Medina Case)에서 적용한 기준이 다르다. 메디나 사건에서 재판장 설명(jury instruction)은 상급자가 부하의 범죄에 대하여 실제의 인식이 있어야 한다는 것이었다. Cryer는 안전한 재판소(safe Tribunals)와 위험한 재판소(Unsafe Tribunals)를 구분하고 있다. Cryer는 로마규정은 특정한 사건의 발생이 된 후에 만든 것이 아닌 최

승전국이나 재판관들의 입장에서 ICTY를 비롯한 임시재판소들은 자국민을 처벌할 가능성이 없었던 안전한 재판소였던 반면에 ICC 로마규정은 어떤 나라의 국민, 특히 자국의 지도자도 재판을 받을 수 있는 불안한 재판소이다. ICC 로마규정의 상세한 규정들은 책임주의와 명확성의 요청에 부합하는 면도 있으나 정치적 협상의 결과 관습국제법보다 퇴보한 내용을 담기도 하였다.

이러한 이유로 ICTY와 ICC의 지휘관책임의 성립요건은 많은 차이를 갖게 되었다. 지휘관책임과 관련하여 ICTY의 실질적 다수의 견해를 형성한 독립범죄설의 입장이나 또는 ICTY의 판례로 확립된 상급자의 부작위와 부하의 범죄 사이의 인과관계 불요설은 ICC의 Bemba 사건 전심재판부, 제1심 재판부의 로마규정의 해석과 상충하고 있다. 관습국제법이 실효적 통제라는 요건만 만족시키면 주관적 요건에 있어서 군인과 민간인을 구별하지 않았던 것과 달리 ICC 로마규정은 민간인 상급자(문민실권자)에 대하여 군지휘관보다 엄격한 주관적 요건을 요구하고 있다.

2) 국제형법과 국내 형법

ICC 로마규정은 지휘관책임의 법적 성질에 대한 논의가 시작되기

초의 재판소 규정이며, 적어도 이론적으로는 모든 로마회의의 참가국의 국민들이 ICC의 피고인이 될 가능성이 있다고 한다. R. Cryer, 'The Boundaries of Liability in International Criminal Law' or 'Selectivity by Stealth', Journal of Conflict and Security Law 6, pp. 3-10; ICC의 재판권 행사 시스템은 매우 복잡하다. 로마규정이 조약이라는 점에서 당사국만이 로마규정에 의해 설립된 ICC의 재판권행사의 대상이 될 것처럼 보이지만, 실제로는 자국이 로마규정의 당사국이 아니더라도 당사국에서 범죄가 발생한 경우(로마규정 12(2)(a))나 안전보장이사회의 회부(로마규정 13(b))에 의하여 자국민이 처벌될 가능성이 열려 있다.

전에 채택되었다. 로마규정의 지휘관책임은 하나의 조문에서 다양한 유형의 지휘관책임을 통합하여 구성하고 있는 점, 상급자의 부작위(통제의무위반)를 지휘관책임의 핵심으로 보고 있는 점에서 독립범죄설적 성격을 가지고 있다. 그러나, 로마규정 제28조가 지휘관책임을 "형사책임의 다른 근거에 추가"된 것으로 규정하고 있는 점, 상급자가 부하의 범죄에 대하여 형사책임을 지도록 하고 있는 점에서 책임형식설적 성격도 가지고 있다. 나아가 상급자의 통제의무와 구체적인 작위의무(방지, 억제, 보고의무) 사이의 관계를 명확히 하지 않았고, "하급자를 적절하게 통제하지 못한 결과로서" 형사책임을 진다는 문언을 포함함으로써 지휘관책임의 법적 성질과 성립요건에 관하여 혼란을 야기하였다.

국제형법의 성립 이전에 오랜 기간 발달하여 온 각국의 형법 체계는 국제형법 체계와 쉽게 조화, 융화되기 어려운 면이 있다. 로마규정이 독립범죄설에 입각하여 지휘관책임을 규정하였다면 각국은 그 이행입법에서 지휘관책임에 자국의 공범론 체계를 반영할 할 필요가 크지 않았을 것이다. 그러나, 로마규정 자체가 지휘관책임에 관한 관습국제법의 기준을 따르지 않고 지휘관책임의 법적 성질과 성립요건에서 혼란을 보여주자 각국은 국내 형법의 공범론에 따라 지휘관책임을 재구성하는 계기를 갖게 되었다.

3) 소결

로마규정 제29조[시효의 부적용]를 비롯한 국제형법은 국제범죄에 대하여 시효의 적용을 인정하지 않는다.[13] 국제범죄를 부정하지 않

---

13) 프랑스 대법원(Cour de Cassation)은 뉘른베르크 헌장의 인도에 반하는 죄는 그 성질상(by nature) 공소시효가 적용되지 않는다고 1983년 판결하였다. J. Lelieur-Fischer, "Prosecuting the Crimes against Humanity Committed during the

는 한 국내 형법의 일반 범죄에 적용되는 시효를 국제범죄에 적용하는 것은 타당하지 않다. 한편, 지휘관책임의 근거가 되는 상급자의 작위의무는 국내법에 근거하지 않고 국제법에 근거한다.[14] 국제형법의 이러한 특성은 각국이 자국의 형법체계 내에 국제형법을 편입시킬 때 그 내용이 가급적 국제형법과 부합할 것을 요구한다.[15] 로마규정 제17조의 재판적격성(보충성의 원칙)도 국제형사법의 직접 이행 시스템과 간접 이행 시스템이 조화를 이루는 것을 전제로 한 것이다. 그렇지 않다면 이 두 시스템은 피고인들을 우연에 의하여 다르게 취급하는 것인데, 이러한 다른 취급의 정당성을 인정하기 어렵다. 이하에서는 ICC 로마규정의 이행입법을 계기로 촉발된 각국의 지휘관책임의 다원화 현상을 살펴본다.

참고로 다음 절에서 다룰 각국의 이행입법의 내용을 먼저 도표로 살펴보면 다음과 같다.[16]

Algerian War: an Impossible Endeavour?", Journal of International Criminal Justice 2, 2004, p. 233

14) 지휘관책임의 근거가 되는 작위의무를 국내법에 근거하게 되는 경우에 국제형법의 내용이 장소에 따라 달라지는 받아들일 수 없는 결과에 이를 것이다. A. Cassese/P. Gaeta/L. Baig/M. Fan/C. Gosnell/A. Whiting, Cassese's International Criminal Law, 2013, p. 181; 지휘관계, 즉 부하와 상급자의 관계는 국내법을 고려하여 국제형법에 의하여 결정된다. 한편, 지휘관책임이 적용되는 상급자가 취해야할 의무의 내용, 그의 권한을 어떻게 행사하여야 하는지는 국제형법이 결정한다. ICTY, Hadžihasanović & Kubura (IT-01-47), Trial Judgement, 15 Mar 2006, para. 137.

15) 독일 국제형법전은 국제형사법을 독일 국내 형법 체계에 도입하기 위하여 만들어진 것이다. 이것은 엄격한 의미에서 국내 형법의 일부가 아니다. C. J. M. Safferling, "Germany's Adoption of an International Criminal Code", Annual of German & European Law Vol 1, Berghahn Books, 2004, p. 380; 프랑스의 대법원 (Cour de cassation)은 Klaus Barbie 사건에서 Crimes Against Humanity는 그 성질에 비추어 프랑스 국내법의 영역에 속하지 않으며, 국제형법 질서에 속한다고 1983년 판시하였다. W. N. Ferdinadusse, Direct Application, 2006, p. 63.

16) 대체적으로 정범공범을 엄격히 구분하는 대륙법계 국가는 책임형식과 독

국가	유형의 분류		법정형	비고
영국	ICC 로마규정과 동일		없음	로마규정과 완전 동일
호주	ICC 로마규정과 동일		없음	군지휘관의 주관적 요건에 대하여 ICTY 기준을 따름
캐나다	ICC 로마규정과 유사하지만, 작위의무를 시간적 순서에 따라 열거한 병렬적 구성		임의적 종신 구금형	- "책임위반죄"라는 독립범죄로 구성 통제의무위반과 이로 인한 부하의 범죄발생(인과관계) 요건을 명시
네덜란드	제9조 (1)(a)	고의로 범죄를 허용	부하의 범죄에 정한 형	제9조(2)의 법적 성질에 대한 독립범죄설 있음
	제9조 (1)(b)	고의의 범죄방지의무, 처벌의무 부작위	부하의 범죄에 정한 형	
	제9조 (2)	과실의 범죄방지의무, 처벌의무 부작위	부하의 범죄에 정한 형의 상한의 3분의 2 이하	
독일	제4조 고의의 범죄방지의무 부작위		부하의 범죄에 정한 형	제13조에 대하여 진정부작위범설과 부진정부작위범설 대립
	제13조 감독의무위반	고의의 감독의무위반	5년 이하	
		과실의 감독의무위반	3년 이하	
	제14조 고의 보고의무부작위		5년 이하	
한국	제5조 알면서 범죄방지의무 부작위		부하의 범죄에 정한 형	제5조는 양벌규정 형식 사용("그 집단살해죄등을 범한 사람을 처벌하는 외에")
	제15조 직무태만	제1항 고의 직무태만	7년 이하	
		제2항 과실 직무태만	5년 이하	
		제3항 고의 범죄고지 직무태만	5년 이하	

립범죄로 구분하여 구성하였고, 정범과 공범의 단일체계에 가까운 영미법계 국가는 로마규정을 (거의) 그대로 따르거나 독립범죄로 구성하였다.

제2절 각국의 이행입법 개관

영국은 ICC 로마규정 이전에 이미 많은 국제범죄를 국내법화하였으나 ICC로마규정의 보충성 원칙을 확실하게 충족시키기 위하여 기존에 국내법에 마련된 규정들을 수정, 보완하는 대신에 로마규정의 내용을 거의 그대로 따르는 이행입법을 새로 제정하였다.[17] 상급자책임에 있어서는 로마규정 제28조를 그대로 답습하였다.[18]

호주의 이행입법의 지휘관책임은 ICC 로마규정 제28조를 거의 그대로 따르고 있다.[19][20] ICC 로마규정과의 중요한 차이점은 두 가지가 있다. 첫째는 ICC에 대한 사법방해죄가 부하의 범죄에 포함된다. 이것은 로마규정과 다르며, 다른 입법례에서도 찾아 보기 어렵다. 둘째는 군 지휘관과 사실상의 군지휘관에 관한 로마규정 제28조(a)의 주관적 요건인 "과실"(should have known) 기준을 "무모함"(recklessness) 기준으로 변경하여 로마규정보다 ICTY의 판례의 기준에 가깝게 바꾸었다.[21]

---

17) E. Wilmshurst, "Implementation of the ICC Statute in the United Kindom", in: R. S. Lee(ed.), States' Responses To Issues Arising From The ICE Statute, 2005, pp. 148-149.

18) 상급자책임 이외에도 로마규정 제30조의 범죄의 정신적 요건도 로마규정에 따랐다. *Ibid.*, pp. 150-151; International Criminal Court Act 2001, S. 65 Responsibility of commanders and other superiors.

19) 호주는 2002년 국제형사재판소(후속개정)법을 제정하여 형법에 268장(Division 268)을 신설하여 124조에 걸쳐 로마규정상의 범죄를 상세하게 규정하였다. 한상훈, 호주의 ICC 이행입법 연구, 국제형사재판소 로마규정 이행입법 외국 입법례 연구, 법무부, 2008, 92면.

20) crimes를 offences로 바꾸었고, 부하의 범죄에 대하여 작위 또는 부작위라는 표현을 씀으로서 국제범죄를 부작위로 범할 수 있다는 점을 명백히 하였다.

21) 구체적인 내용은 호주 형법(Criminal Code Act 1995) 268.115 Responsibility of commanders and other superiors 참조.
   https://www.legislation.gov.au/Details/C2015C00368/Html/Volume_2 2016. 5. 29. 최

일본은 ICC 로마규정에 가입하고 국제 형사 재판소에 대한 협력 등에 관한 법률(國際刑事裁判所に対する協力等に関する法律)을 제정하기는 하였으나. 로마규정의 국제범죄를 일본에서 직접 처벌하는 이행입법을 제정하지 않고 있다.[22] 일본 국내법에는 로마규정 제28조의 상급자책임에 상응하는 조항이 없다. 일본에서는 로마규정의 상급자책임의 국내이행과 관련하여 공범과 같은 이미 존재하는 법적 개념을 활용하자는 주장과, 상급자책임이라는 새로운 법적 개념을 도입하여 처벌하자는 입장이 나뉘고 있다.[23] 지휘관책임에 대한 일본의 거부는 도쿄 재판과 일부 관련이 있다고 한다. 많은 일본인이 도쿄 재판을 승자의 정의(victor's justice)였다고 보고 있으며 일부 일본인은 지휘관책임이 도쿄 재판에서 승자의 정의를 부과하는데 상당한 기여를 하였다고 믿고 있다고 한다.[24]

이하에서는 지휘관책임의 내용을 수정하여 이행입법을 한 캐나다, 네덜란드, 독일의 내용을 고찰한다. 다만, 독일은 그 내용이 많고 복잡하므로 별도의 절에서 살펴본다.

종접속.

22) N. Saiki, "Japan's View on the International Criminal Court, Implementing the Rome Statute: Canada's Experience", in: R. S. Lee(ed.), States' Responses To Issues Arising From The ICE Statute, 2005, p. 259.

23) *Ibid.*, p. 269.

24) 또한 일본은 국제범죄에 대하여 시효를 적용하기 때문에 ICC 로마규정의 보충성 원칙과 관련하여 많은 문제가 생긴다는 것을 인식하고 있다. J. Meierhenrich/K. Ko, "How Do States Join the International Criminal Court? The Implementation of the Rome Statute in Japan", Journal of International Criminal Justice. 7(2), 2009, pp. 249-250.

1. 캐나다

캐나다 2000년 인도에 반하는 죄와 전쟁범죄법
(Crimes Against Humanity and War Crimes Act)

(캐나다 내에서 발생한)

제5조 군지휘관의 책임위반죄(Breach of responsibility by military commander)

(1) 군지휘관은 다음의 경우에 범죄를 저지른 것이다.

(a) 군지휘관이

(i) 그의 실효적 지휘와 통제 또는 실효적 권위와 통제에 있는 자에 대하여 적절한 통제를 행사하지 않았고 그 결과 그 자가 제4조의 범죄를 저질렀다. 또는,

(ii) 본 조가 효력을 발생한 뒤에 그의 실효적 지휘와 통제 또는 실효적 권위와 통제에 있는 자에 대하여 적절히 통제를 하지 않았고 그 결과 그 자가 6조의 범죄를 저질렀다.

(b) 군지휘관은 그 자가 그러한 범죄를 범하려고 하고 있거나 범하고 있다는 것을 알았거나 형사적 과실로 알지 못하였다.

(c) 군지휘관은 그 이후

(i) 제4조 또는 제6조의 범죄의 실행이나 진행을 방지하거나 억제하기 위하여 그의 권한 내에 있는 모든 필요하고 합리적인 조치를 가능한 한 신속히 취하지 않았다. 또는,

(ii) 수사와 기소할 관할 당국에 그 사안을 보고하기 위하여 그의 권한 내에 있는 모든 필요하고 합리적인 조치를 가능한 한 신속히 취하지 않았다.

상급자의 책임위반죄(Breach of responsibility by a superior)

(2) 상급자는 다음의 경우에 범죄를 저지른 것이다.

(a) 상급자가

(i) 그의 실효적 권위와 통제에 있는 자에 대하여 적절한 통제를 행사 하지 않았고 그 결과 그 자가 제4조의 범죄를 저질렀다. 또는,

(ii) 본 조가 효력을 발생한 뒤에 그의 실효적 권위와 통제에 있는 자에 대하여 적절한 통제를 행사하지 않았고 그 결과 그 자가 제6조의 범 죄를 저질렀다.

(b) 상급자는 그 자가 그러한 범죄를 범하려고 하고 있거나 범하고 있 다는 것을 알았거나 그 자에 의하여 그러한 범죄가 범해지려고 하 고 있거나 범해지고 있다는 것을 명백히 알려주는 정보를 의식적으 로 무시하였다.

(c) 그 범죄는 상급자가 실효적 권위와 통제를 가지고 있는 활동과 관 련되어 있다.

(d) 상급자는 그 이후

(i) 제4조 또는 제6조의 범죄의 실행이나 진행을 방지하거나 억제하기 위하여 그의 권한 내에 있는 모든 필요하고 합리적인 조치를 가능 한 한 신속히 취하지 않았다. 또는,

(ii) 수사와 기소를 할 관할 당국에 그 사안을 보고하기 위하여 그의 권 한 내에 있는 모든 필요하고 합리적인 조치를 가능한 한 신속히 취 하지 않았다.

공모, 미수 등

(2.1) 본 조(1)또는 (2)의 범죄의 공모범(conspiracy) 또는 미수범, 본 조(1) 또는 (2)의 범죄와 관련된 사후종범(an accessory after the fact), 조언범 (counsel)은 독립된 범죄로 처벌된다(is guilty of an indictable offence).

처벌

(3) 본 조 (1), (2) 또는 (2.1)의 범죄를 저지른 자는 종신구금형에 처할 수 있다.

정의(definition)

(4) 본 조에 있는 정의는 본조에 적용된다.

군지휘관(military commander)은 사실상 군지휘관으로 행동하는 자와 군지휘관에 필적되는 권위와 통제의 정도를 가지고 경찰을 지휘하는 자를 포함한다.

상급자는 군지휘관이 아니지만 그러한 권위를 가진 자(a person in authority)를 뜻한다.

(캐나다 밖에서 발생한)

제7조 군지휘관의 책임위반죄(Breach of responsibility by military commander)

(1) 군지휘관은 다음의 경우에 범죄를 저지른 것이다.

(a) 군지휘관이, 캐나다 밖에서

(i) 그의 실효적 지휘와 통제 또는 실효적 권위와 통제에 있는 자에 대하여 적절한 통제를 행사하지 않았고 그 결과 그 자가 제4조의 범죄를 저질렀다. 또는,

(ii) 본 조가 효력을 발생한 뒤에 그의 실효적 지휘와 통제 또는 실효적 권위와 통제에 있는 자에 대하여 적절히 통제를 하지 않았고 그 결과 그 자가 제6조의 범죄를 저질렀다.

(b) 군지휘관은 그 자가 그러한 범죄를 범하려고 하고 있거나 범하고 있다는 것을 알았거나 형사적 과실로 알지 못하였다.

(c) 군지휘관은 그 이후

(i) 제4조 또는 제6조의 범죄의 실행이나 진행을 방지하거나 억제하기 위하여 그의 권한 내에 있는 모든 필요하고 합리적인 조치를 가능한 한 신속히 취하지 않았다. 또는,

(ii) 수사와 기소할 관할 당국에 그 사안을 보고하기 위하여 그의 권한 내에 있는 모든 필요하고 합리적인 조치를 가능한 한 신속히 취하지 않았다.

상급자의 책임위반죄(Breach of responsibility by a superior)

(2) 상급자는 다음의 경우에 범죄를 저지른 것이다.

(a) 상급자가, 캐나다 밖에서

(i) 그의 실효적 권위와 통제에 있는 자에 대하여 적절한 통제를 행사하지 않았고 그 결과 그 자가 제4조의 범죄를 저질렀다. 또는,

(ii) 본 조가 효력을 발생한 뒤에 그의 실효적 권위와 통제에 있는 자에 대하여 적절한 통제를 행사하지 않았고 그 결과 그 자가 제6조의 범죄를 저질렀다.

(b) 상급자는 그 자가 그러한 범죄를 범하려고 하고 있거나 범하고 있다는 것을 알았거나 그 자에 의하여 그러한 범죄가 범해지려고 하고 있거나 범해지고 있다는 것을 명백히 알려주는 정보를 의식적으로 무시하였다.

(c) 그 범죄는 상급자가 실효적 권위와 통제를 가지고 있는 활동과 관련되어 있다.

(d) 상급자는 그 이후

(i) 제4조 또는 제6조의 범죄의 실행이나 진행을 방지하거나 억제하기 위하여 그의 권한 내에 있는 모든 필요하고 합리적인 조치를 가능한 한 신속히 취하지 않았다. 또는,

(ii) 수사와 기소를 할 관할 당국에 그 사안을 보고하기 위하여 그의 권한 내에 있는 모든 필요하고 합리적인 조치를 가능한 한 신속히 취

하지 않았다.

공모, 미수 등

(2.1) 본 조(1)또는 (2)의 범죄의 공모범(conspiracy) 또는 미수범, 본 조(1) 또는 (2)의 범죄와 관련된 사후종범(an accessory after the fact), 조언범 (counsel)은 독립된 범죄로 처벌된다(is guilty of an indictable offence).

관할

(3) 본 조 (1), (2) 또는 (2. 1)의 범죄를 저지른 혐의를 받는 자는 그 범 죄에 대하여 제8조에 따라 기소될 수 있다. .

처벌

(4) 본 조 (1), (2) 또는 (2. 1)의 범죄를 저지른 자는 종신구금형에 처할 수 있다.

관할

효력 발생 전의 적용

(5) 본 본의 효력 발생 전에 본 조의 범죄를 구성하는 작위나 부작위가 발생한 경우에, 그 작위나 부작위가 발생한 시간과 장소에서 그 작 위나 부작위가 관습국제법이나 조약국제법을 위반하였거나 또는 국제공동체(the community of nations)에 의해 인정되는 법의 일반원칙 (the general principles of law)에 따라 범죄가 되는 경우에 한하여, 그 범죄실행의 시간과 장소의 법(the law)에 위반되는지 여부와 상관없 이, 본 조의 (1)(a)(ii)와 (2)(a)(ii)가 적용된다.

정의(definition)

(6) 본 조에 있는 정의는 본조에 적용된다.

군지휘관(military commander)은 사실상 군지휘관으로 행동하는 자와 군지휘관에 필적되는 권위와 통제의 정도를 가지고 경찰을 지휘하는 자를 포함한다.

상급자는 군지휘관이 아니지만 그러한 권위를 가진 자(a person in authority)를 뜻한다.

1) 개관

캐나다의 인도에 반하는 죄와 전쟁범죄법(이하 "국제범죄법")은 캐나다 내의 범죄에 대하여 제4조(1)에서 집단살해, 인도에 반하는 죄, 전쟁범죄, 제5조(1)에서 군지휘관의 책임위반죄(Breach of responsibility by military commander), 제5조(2)에서 상급자의 책임위반죄(Breach of responsibility by a superior)를 규정하고 있다. 캐나다 밖에서 발생한 동일한 범죄에 대하여 국제범죄법 제6조와 제7조에서 다시 반복하여 규정하고 있다.[25] 다만, 캐나다 국내에서 발생한 책임위반죄(제5조)와 달리 캐나다 밖에서 발생한 책임위반죄(제7조)에 관하여는 관습국제법, 조약국제법, 국제공동체에 의해 인정되는 법의 일반원칙에 따라 국제범죄법 제정 이전의 범죄에 대하여도 처벌할 수 있기 때문에 이를 적용하기 위한 특칙들을 별도로 두고 있다[제7조(3),(5)].

---

25) 제4조에는 캐나다 내에서 발생한 집단살해죄, 인도에 반하는 죄, 전쟁범죄가, 제6조에는 캐나다 밖에서 발생한 집단살해죄, 인도에 반하는 죄, 전쟁범죄가 규정되어 있다. 제6조(1)에서 캐나다 밖에서 발생한 집단살해, 인도에 반하는 죄, 전쟁범죄, 제5조(1)에서 군지휘관의 책임위반죄(Breach of responsibility by military commander), 제5조(2)에서 상급자의 책임위반죄(Breach of responsibility by a superior)를 규정하고, 제7조(1)에서 캐나다 밖에서 발생한 군지휘관의 책임위반죄(Breach of responsibility by military commander), 제7조(2)에서 캐나다 밖에서 상급자의 책임위반죄(Breach of responsibility by a superior)를 규정하고 있다. 캐나다 밖의 책임위반죄에 대하여는 2차대전 전의 범행이라도 처벌할 수 있다(제7조(1)(a)(ii), 제7조(2)(a)(ii), 제7조(5)).

2) 책임위반죄

캐나다의 이행입법은 '책임위반죄'(breach of responsibility)라는 새로운 범죄를 창설하였다. 상급자가 캐나다의 국내외에서 자신들의 지휘를 받는 자들에 대한 통제의무를 위반하고, 이들에 의하여 범해진 국제범죄들에 대하여 알고 있었거나 형사 과실로 알지 못하여 범죄방지, 억제의무를 이행하지 않으면 처벌된다(제5조, 제7조). 지휘관책임은 "기소가능한 범죄(an indictable offence)"이며 군지휘관의 책임위반죄[Breach of responsibility by military commander, 제5조(1), 7조(1)], 상급자의 책임위반죄[Breach of responsibility by a superior, 제5조(2), 제7조(2)]로 구분된다. 따라서 지휘관이나 상급자는 집단살해, 인도에 반하는 죄, 전쟁범죄로 기소되는 것이 아니라, 책임위반죄로 기소된다.[26]

캐나다가 지휘관책임을 집단살해죄, 인도에 반하는 죄, 전쟁범죄에 대한 참가의 형식(a form of committing one of the three core crimes)이 아니라 독립된 범죄(a distinct offence)로 규율한 이유는 헌법의 원칙과의 충돌이었다. 캐나다 헌법의 취지에 비추어 살인죄에 대한 유죄는 사망을 의도하였거나 그가 사망을 초래할 가능성이 높다는 것을 알고 있는 신체적 해악을 야기할 것을 의도한 경우에만 가능하다. 피고인의 책임이 과실에 불과한 경우에 피고인에게 살인과 같은 심각한 범죄에 대하여 유죄 판결(stigmatise a person with a conviction for a serious crime)을 하는 것은 정의의 근본 원칙(principles of fundamental justice)에 반한다.[27] 로마규정의 지휘관책임처럼 부하가 저지른 집단

---

26) 캐나다의 책임위반죄는 상급자의 법적인 작위 의무를 명확히 창조하고 그러한 의무의 불이행을 범죄로 하는 것을 명확히 하고 있다. F. Lafontaine, Prosecuting Genocide, Crimes Against Humanity and War Crimes in Canadian Courts, Carswell, 2012, p. 198.

27) R. v. Martineau, [1990] 2 S.C.R. 633 at 645; W. A. Schabas, "Canadian Implementing Legislation for the Rome Statute", Yearbook of International Humanitarian Law Vol.

살해, 인도에 반하는 죄, 전쟁범죄에 대하여 상급자의 과실을 기초로 책임을 지게 하는 것은 캐나다의 헌법(Charter)에 위반한다고 판단한 입법부는 책임위반죄라는 덜 심각한 독립된 범죄를 창조함으로써 지휘관책임의 완화된 주관적 요건이 헌법과 충돌하는 것을 피하고자 하였다. 그러나, 캐나다의 책임위반죄는 종신 구금형에 처해질 수 있다는 점에 비추어 이러한 입법부의 의도가 성공적으로 보이지는 않는다는 지적이 있다.[28)]

캐나다의 이행입법은 지휘관책임에 관하여는 임의적 종신 구금형을 규정하고[제5조(3), 제7조(4)], 동 법에 규정된 집단살해죄, 인도에 반하는 죄, 전쟁범죄에 대하여는 고의적 살인이 기본범죄인 경우에 필요적 종신 구금형을, 기타의 경우에는 임의적 종신 구금형을 규정하고 있다[제4조(2), 제6조(2)][29). 로마규정 제77조가 국제범죄에

3, 2000, T.M.C. Asser Press, 2002, p. 342.

28) F. Lafontaine, Prosecuting Genocide, 2012, pp. 195-197.

29) 캐나다의 국제범죄법 제15조(1)은 집단살해죄, 인도에 반하는 죄, 전쟁범죄에 의하여 종신 구금형을 선고하는 경우에 계획되고 의도적인 살인을 기본범죄로 하는 경우에는 25년 이후에 가석방(parole)이 가능하다고 규정하고, 범죄자의 성격, 범죄의 성질, 범죄 실행의 정황 등을 고려하여, 10년 이후에 가석방이 가능한 경우와 가석방의 일반적 요건에 따라 가석방이 가능한 경우를 구분하여 규정하고 있다. 한편, 책임위반죄에 대하여 종신 구금형을 선고하는 경우에는 가석방의 일반적 요건에 따라 가석방이 될 수 있다고 규정하고 있다[제15조(1.1)]. 한편, 캐나다에서는 법에서 그것이 최저형이라고 규정하고 있지 않는 한 그 보다 경한 형을 선고할 수 있는 재량을 가지고 있다(no punishment is a minimum punishment unless it is declared to be a minimum punishment)[캐나다 형법 718.3(2)]. 따라서 임의적 종신 구금형인 책임위반죄의 경우에 종신 구금형을 선고하지 않고 범죄의 중대성과 범인의 책임에 비례하는 형을 선고할 수 있다(캐나다 형법 718.1). 유기 금고형은 물론 벌금을 선고할 수도 있으며 형의 선고를 유예(probation)할 수도 있고 형을 선고하지 않을 수도 있다. 다만, 종신 구금형을 선고할 수 있는 범죄의 피고인에 대하여는 피고인이 유죄를 인정하면(pleads guilty), 공중의 이익에 반하지 않는 경우에 피고인의 이익을 위하여 피고인에게 유

관하여 원칙적으로 30년을 초과하지 않는 구금형에 처하도록 하면
서, 범죄가 극히 중대하고 피고인의 개별적 정황에 의해 정당화되는
경우에 종신 구금형을 선고할 수 있다고 규정한 것에 비하여 매우
중한 형벌을 규정하고 있다는 것을 알 수 있다.[30] 특히 캐나다의 지
휘관책임(책임위반죄)은 형사 과실을 기초로도 성립되는데 이에 대
하여도 종신 구금형을 선고할 수 있다고 규정한 것은 캐나다의 입법
자가 국제범죄의 발생에 대하여 상급자의 책임이 크다고 판단한 것
이다. 이러한 캐나다의 중형 규정은 독립책임설의 채택과 더불어 캐
나다 국제범죄법의 특징이 된다.

책임위반죄에 대하여 공모범(conspiracy), 미수범, 사후종범(an
accessory after the fact), 조언범(counsel)[31]이 성립될 수 있는데 이들은
공범이 아니라 독립된 범죄로 처벌된다(is guilty of an indictable offence).

죄판결(convict)을 하지 않고 피고인을 조건 없이 또는 일정한 조건 하에 방
면(discharge)할 수 있다는 규정이 적용되지 않는 제한이 적용된다[캐나다
형법 730(1)]. 캐나다의 경우에 형의 선고는 전통적으로 법원의 재량에 속
하였고, 법원은 빈번히 최고형을 선고하였다. 캐나다에서는 법원이 중형
을 선고하는 것을 제한하기 위한 노력이 행해지고 있다. J. Hermida, Criminal
Law in Canada, 2nd ed., Wolters Kluwer, 2015, p. 66-74.

30) 캐나다의 Lafontaine은 로마규정의 기초자들이 양형에 있어서 각국에게 일
정한 재량의 여지를 주고자 로마규정 77조과 같은 규정을 마련하였다고
주장한다. ICC는 국제범죄에 가장 책임이 큰 자들을 주로 기소하고, 캐나
다와 같은 개별 국가들은 ICC에서 기소하고 남은 하급의 범죄자들을 주로
기소하게 될 것으로 보이는데, 이렇게 되면 범죄의 발생에 기여가 적은 하
급자들이 더 가혹한 형벌을 받는 모순을 초래하게 될 것이라고 비판한다.
F. Lafontaine, "Canada's Crimes Against Humanity and War Crimes Act on Trial",
Journal of International Criminal Justice 8, 2010, p. 286; 캐나다의 Crimes Against
Humanity and War Crimes Act에 있어서의 가석방에 관련된 설명은 W. A.
Schabas, "Canadian Implementing Legislation for the Rome Statute", in: Yearbook of
International Humanitarian Law Vol. 3(2000), T.M.C. Asser Press, 2002, p. 345 참조.

31) 조언(counsel)은 보통 범죄의 발생 이전에 충고나 격려를 하는 공범을 말한
다. Black's Law Dictionary 5th ed., West Publishing Co, 1979, p. 314 참조.

하고 있다고 의심할 만한 합리적 근거를 가지고 있으면서 그에게
요구되는 필요한 조치를 유책한 과실에 의해서 취하지 않은 경우,
그는 제2조에 규정된 정범의 법정형 상한의 3분의 2 이하에 처한다.
3. 제2항이 적용되는 경우에 정범의 법정형이 종신 구금형이면 상급자
의 형기는 15년 이하의 구금형에 처한다.

1) 개관

네덜란드는 ICC 로마규정에 1998년 7월 18일 서명하고, 2001년 8월
18일 이를 비준하였다. 로마규정의 발효에 따라 네덜란드는 다음과
같은 세 가지의 이행입법을 추진하였다. 첫째, 네덜란드는 로마규정
의 당사국으로서 그리고 ICC가 위치한 국가로서 ICC에 다양한 형태
의 법적 그리고 기타의 협력을 제공하기 위하여 국제형사재판소이
행법(International Criminal Court Implementation Act)을 제정하여 2002년 7
월 1일부터 효력이 발생하였다. 둘째, 로마규정에 부합하게 네덜란
드 국내법에 있는 제 규정들을 개정하는 개정법(The Amendment Act)
을 제정하여 2002년 8월 8일 효력이 발생하였다. 이 법은 ICC에서 위
증을 한 것도 위증죄에 포함시키는 내용을 담고 있다. 셋째, 로마규
정에 포함된 범죄들이 네덜란드에서도 범죄가 되도록 하는 국제범
죄법(International Crimes Act)은 2003년 6월 19일 국회에서 통과되어
2003년 10월 1일 효력을 발생하였다.[38] 이 법은 로마규정에 있는 국

---

38) 제2장에는 집단살해(제3조), 인도에 반하는 죄(제4조), 전쟁범죄(제5-7조),
고문(제8조)이 규정되어 있다; 영어 번역본은 ICC 홈페이지 네덜란드 이행
입법 데이터베이스에서 찾은 것이다. 270 Act of 19 June 2003 containing rules
concerning serious violations of international humanitarian law (International Crimes
Act) https://www.legal-tools.org /en/browse /national-implementing-legislation-database/
2016. 4. 5. 최종접속. 네덜란드어 원문은 https://zoek.officielebekendmakingen.nl/
stb-2003-270.html 에서 찾을 수 있다. 2016. 4. 5. 최종접속.

제범죄 외에도 전쟁범죄와 인도에 반하는 죄로부터 독립된 범죄로 서의 고문(제8조)까지 포함하고 있다. 한편 테러리즘, 노예무역, 비행 기의 납치(hijacking of aeroplanes)는 이 법에 포함되지 않았는데 그것 은 이러한 범죄들은 일반 형법의 적용에 의해 처벌될 수 있다고 보 았기 때문이다. 그러나, 네덜란드 정부는 국제형법의 일반원칙 중에 서 시효의 적용배제와 지휘관책임이 위와 같이 국제범죄법에 규정 되지 않은 범죄들에는 적용되지 않는다는 의견을 표명하였다.[39] 지 휘관책임은 네덜란드 국제범죄법 제9조에 규정되어 있으며 이는 동 법에 규정된 국제범죄들의 가벌성의 인적범위를 확장하는 역할을 한다.[40]

2) 지휘관책임 − 형사책임의 확장

네덜란드의 국제범죄법의 지휘관책임 규정은 '형사책임의 확장' 이라는 제목을 가진 제3장에 규정되어 있다. 제3장은 지휘관책임에 관한 제9조로만 이루어져 있으며, 국제범죄를 규정한 제2장(crimes)과 형법과 형사소송법의 일반원칙을 규정한 제4장(general provisions of criminal law and procedure) 사이에 위치한다.[41] 이것은 ICTY 규정과 로 마규정이 지휘관책임을 형법의 일반원칙 중의 하나인 개인의 형사 책임에서 규정하고 있는 것과는 다른 태도이다. 비록 네덜란드가 지 휘관책임을 형법의 일반원칙의 밖에 위치시켰지만 형사책임의 확장 이라는 제목을 붙인 것은 그 법적 성격을 독립범죄설 보다는 책임형

---

39) G. Sluiter, "Implementation of the ICC Statute in the Dutch Legal Order", Journal of International Criminal Justice 2, 2004, p. 174.
40) *Ibid.*, p. 176.
41) 제1장은 일반규정으로 제1조는 정의(definition)에 관한 것이고, 제2조는 인 적 관할에 관한 규정이다.

식설에 가까운 것으로 이해한 것으로 보인다.

　네덜란드의 국제범죄법에서 지휘관책임의 주체는 상급자이다. 이들은 군 지휘관 또는 사실상의 군지휘관, 민간인 상급자(문민실권자)를 말한다. 군지휘관과 사실상의 군지휘관은 부하들에 대하여 실효적 지휘 또는 권위를 가지고 있거나 실효적 통제를 행사하는 자이며,[42] 민간인 상급자(문민실권자)는 민간인 자격으로 부하들에 대하여 실효적 권위나 실효적 통제를 행사하는 자이다. 네덜란드의 국제범죄법에서 민간인은 군과 달리 실효적 지휘나 권위를 가지고 있는 정도로는 부족하고 이를 행사하는 자이어야 한다. 이에 반하여 군지휘관과 사실상의 군지휘관은 실효적 지휘 또는 권위를 가지고 있는 경우와 실효적 지휘를 행사하는 자가 모두 포함된다. 따라서 네덜란드의 국제범죄법은 상급자라는 통일적 용어 속에서 모든 유형의 상급자, 즉 군지휘관, 사실상의 군지휘관, 민간인 상급자(문민실권자)를 포함시키고 있지만, 실제로는 민간인 상급자에 대하여는 실효적 권위나 실효적 통제를 행사하는 경우에만 지휘관책임의 주체로 인정하는 것이다. 군지휘관과 민간인 상급자를 지휘관책임의 주관적 성립요건에서 차별을 두지 않으면서 지휘관책임의 주체가 되는 요건에서 차별을 하고 있다. 이것은 ICTY의 판례나 로마규정은 실효적 통제를 가지고 있다는 점, 즉 실효적 통제를 할 수 있는 권한의 보유

---

42) 제1조(b)(i)의 규정은 부하들에 대하여 실효적 지휘 또는 권위를 가지는 자는 군지휘관, 부하들에 대하여 실효적 통제를 행사하는 자는 사실상의 군지휘관으로 보고 있다고 해석할 수도 있고, 실효적 지휘 또는 권위를 가지는 자와 부하들에 대하여 실효적 통제를 행사하는 자는 군지휘관이거나 사실상의 군지휘관이라고 해석할 수도 있어 보인다. 전자로 해석하는 것이 자연스러울 것으로 보이는데 이 경우는 군지휘관은 실효적 지휘 또는 권위를 가지고 있지만, 부하들에 대하여 실효적 통제를 행사하지 않아도 지휘관책임의 주체가 된다는 결론이 된다. 이것은 실효적 통제를 핵심으로 상급자의 지위를 판단하여 온 관습국제법이나 로마규정 제28조와 배치되는 문제가 있다.

자라는 측면을 강조하여 상급자와 부하의 관계를 판단하고 있음에 반하여 네덜란드의 국제범죄법은 이러한 권한을 실제로 행사하고 있는지라는 측면을 부각시키고 있다. 따라서 이러한 면에서 민간인 상급자(문민실권자)는 군지휘관이나 사실상의 군지휘관보다 지휘관 책임의 주체가 되는 요건이 더 까다롭다.[43]

네덜란드의 국제범죄법은 상급자가 부하의 범죄에 대하여 고의가 있었던 경우와 과실이 있었던 경우로 구분하고 있다.[44] 제9조(1)은 상급자가 부하가 집단살해, 인도에 반하는 죄, 전쟁범죄, 고문(이하 "범죄")을 실행하는 것을 허용하거나 이를 알면서 필요한 조치를 취하지 않은 경우이다. 제9조(2)는 상급자가 부하의 범죄에 대하여 과실로 알지 못하고 필요한 조치를 취하지 않은 경우이다.[45] 고의가 있는 경우에는 부하가 저지른 범죄에 정한 형으로 처벌하고, 과실의 경우에는 부하가 저지른 범죄의 법정형 상한의 3분의 2 이하로 형을 감경한다.

네덜란드는 부하의 범죄의 발생 시기에 따른 상급자의 의무에 대하여는 언급하고 있지 않다. 따라서 부하의 범죄에 대하여 고의나 과실이 있는지를 기준으로 지휘관책임을 구분하고 있지만, 범죄를 방지할 의무, 억제할 의무, 또는 처벌(보고)할 의무의 구별에 따라 지

---

43) 이 점은 로마규정 제28조가 군지휘관(사실상의 군지휘관)과 기타의 (민간인) 상급자를 구별하고 기타 상급자에 대한 지휘관책임 성립요건을 더 엄격하게 요구하고 있는 것을 반영한 것이다.

44) 네덜란드의 지휘관책임 중 제9조(2)의 유책한 과실(culpably neglects to take measures)은 중대한 과실(serious negligence)을 뜻한다고 한다. H. Verweij/M. Groenleer, "The Netherlands' Legislative Measures to Implement the ICC Statute", in: R. S. Lee(ed.), States' Responses To Issues Arising From The ICE Statute, 2005, p. 96.

45) 제9조(2)는 주어를 상급자로 한정하고 있지 않다. 그러나, 9(2)에서 부하(a subordinate)라는 용어를 쓰고 있고 제1조에서 상급자의 정의할 때 부하라는 용어를 사용한 점에 비추어 여기의 "누구라도"는 상급자를 말하는 것으로 해석된다.

휘관책임을 구분하고 있지 않다. 따라서 범죄를 방지할 의무위반, 억제할 의무의 위반과 범죄를 처벌할 의무의 위반은 같은 형벌로 처벌된다.

3) 특징

네덜란드 국제범죄법의 지휘관책임의 특징은 그 간결성에 있다. 로마규정이 군지휘관과 기타 상급자를 구분하여 주관적 요건을 달리하는 등 상세한 요건을 규정한 것에 반하여 네덜란드는 군지휘관과 기타 상급자를 구분하지 않고 통일적인 상급자의 개념을 쓰면서 이러한 상급자의 지휘관책임을 고의와 과실에 의하여만 구분하고 있다. 로마규정이 민간인 상급자(문민실권자)의 지휘관책임 성립을 그 주관적 요건에서 어렵게 하고 있음에 반하여 네덜란드는 정의 규정(제1조)에서 민간인 상급자(문민실권자)가 지휘관책임의 주체가되는 요건을 군지휘관보다 어렵게 규정함으로 이를 반영하고 있다.

Sliedregt는 네덜란드의 이행입법의 제9조(2)은 과실에 의한 직무위반이며, 독립된 범죄로 규정되었다고 주장한다.[46] 제9조(1)과 제9조(2)의 차이는 고의이냐 과실이냐의 차이에 있다. Sliedregt는 상급자가고의를 가지고 있었던 경우에는 부하의 범죄에 가담하는 것으로 보지만, 과실에 의한 가담을 인정할 수 없기 때문에 독립범죄라고 보는 것이다. 이러한 설명에 기초하면 네덜란드 국제범죄법의 제3장의 "형사책임의 확장"은 제9조(1)에서 고의의 부작위에 의해 부하의 범죄에 가담한 상급자에게 부하의 범죄의 가벌성이 확장(정범의 형으로 처벌)된다는 것을 의미한다.

---

46) E. V. Sliedregt, *Individual Criminal Responsibility*, 2012, p. 203; H. Verweij/M. Groenleer, "The Netherlands' Legislative Measures to Implement the ICC Statute", in: R. S. Lee(ed.), States' Responses To Issues Arising From The ICE Statute, 2005, p. 96.

제3절 독일 국제형법전

제13조 [감독의무위반]

(1) 자신의 명령권 또는 사실상의 감독 하에 있는 하급자를 적절하게 감독하는 것을 고의 또는 과실로 부작위한 군지휘관은 하급자가 이 법에 정한 범죄를 범하였고 군지휘관이 하급자의 범죄가 임박한 것을 인식할 수 있었으며 하급자의 범죄행위를 방지(verhindern) 할 수 있었던 경우에는 감독의무위반으로 처벌한다.

(2) 자신의 지시권 또는 사실상의 감독 하에 있는 하급자를 적절하게 감독하는 것을 고의 또는 과실로 부작위한 민간인 상급자는 하급자가 이 법에 정한 범죄를 범하였고 민간인 상급자가 하급자의 범죄가 임박한 것을 바로 인식할 수 있었으며 하급자의 범죄행위를 방지할 수 있었던 경우에는 감독의무위반으로 처벌한다.

(3) 제4조 제2항은 준용된다.

(4) 감독의무를 고의로 위반한 경우에는 5년 이하의 자유형에 처하고 과실로 위반한 경우에는 3년 이하의 자유형에 처한다.

제14조 [범죄보고불이행]

(1) 하급자가 범한 이 법에 규정된 범죄를 지체없이 그 범죄의 수사 또는 소추를 관할하는 기관에 고지하지 아니한 군지휘관 또는 민간인 상급자는 5년 이하의 자유형에 처한다.

(2) 제4조 제2항은 준용된다.[47]

---

47) 독일 국제형법전의 번역에 관하여는 조상제, 국제조약의 국내이행 형사특별법: 독일 국제형법전의 입법과정과 내용, 형사정책연구원, 2008, 147-160면을 일부 수정하였다.

1. 개관

국제형법전의 입법자들은 ICC 로마규정이 2002년 당시 일반적으로 인정된 국제형법의 내용과 부합하지 못한다고 보았다. 독일 국제형법전의 지휘관책임은 로마규정뿐만 아니라 독일 헌법, 형법의 일반원칙, 관습국제법을 모두 고려하였다.[48]

독일 국제형법전은 국제범죄에 대하여 로마규정의 원칙이 적용될 것이 필요하다고 인정되는 내용을 국제형법전 제1조, 제3조, 제4조, 제5조에 규정하고 독일의 일반 형법에 우선하여 적용시키고 있다.[49] 따라서, 독일 형법의 제1조, 제2조, 제3조의 규정과 형법의 일반적 원칙들(예를 들면 고의 또는 과실의 요건)이 국제형법전에 적용된다.[50] 국제형법전 제5조는 국제형법전에 규정된 범죄중 중죄의 소추와 그 범죄로 인하여 선고된 형벌은 시효로 소멸하지 아니한다고 규정하고 있다.[51] 국제형법전이 독자적인 범죄로 각칙에 규정하고 있는 감독의무위반(제13조), 범죄보고불이행(제14조)은 그 법정형의 단기가 1년 미만의 자유형인 경죄에 해당하기 때문에 시효가 적용된다.[52] 따라서 시효로 인하여 독일 법원이 제13조, 제14조의 범죄

---

48) J. Bülte, Vorgesetztenverantwortlichkeit, 2015, 644-645 f.
49) 제2조[일반법의 적용] 이 법에 규정된 범죄에 대해서는 이 법 제1조와 제3조 내지 제5조에서 달리 규정함이 없는 경우에는 일반 형법이 적용된다.
50) 국제형법전 2조는 동법 제1조, 제3조, 제4조, 제5조와 관련이 없는 형법의 일반 원칙은 로마규정과 달리 규율하고 있는 경우에도 그 차이가 크지 않다고 보아 독일 형법을 적용하도록 하고 있다. Bundesratsvorlage vom 18. Januar 2002, in: S. R. Lüder/T. Vormbaum(Hrsg.), Materialien zum Völkerstrafgesetzbuch 2002, 26-27 ff; E. d. Wet/H. Hestermeyer/R. Wolfrum, The Implementation of International Law in Germany and South Africa, Pretoria University Law Press, 2015, p. 390.
51) 제5조[시효] 이 법에 규정된 범죄 중 중죄의 소추와 그 범죄로 인하여 선고된 형벌의 집행은 시효로 소멸하지 않는다.
52) 독일 형법에서 자유형의 단기가 1년 이상인 범죄를 중죄(Verbrechen), 그 보다 경한 단기 자유형으로 처벌될 수 있는 범죄를 경죄(Vergehen)라고 한다;

를 처벌할 수 없는 경우에는 ICC가 재판권을 행사하는 상황이 발생할 수 있다. 이러한 결과는 ICC에 대하여 독일이 우선적인 재판권을 행사할 수 있도록 하고자 했던 국제형법전의 제정 목적과 부합하지 않는다.[53]

국제형법의 책임형식인 지휘관책임은 독일 국제형법전의 제정에 있어서 가장 논란이 많은 부분이었다. 특히, 헌법의 책임주의(Schuldprinzip)를 엄격하게 준수하고 있는 독일 형법과의 조화 여부가 문제되었다.[54]

독일 형법 제12조[중죄 및 경죄]① 중죄(Verbrechen)는 법정형의 하한이 1년 이상의 자유형으로 규정되어 있는 위법행위를 말한다. ② 경죄(Vergehen)는 법정형의 하한이 제1항보다 경한 자유형 또는 벌금형으로 규정되어 있는 위법행위를 말한다. ③ 총칙규정에 의한 형의 가중이나 감경 또는 특히 중한 사안이나 경한 사안에 관하여 규정되어 있는 형의 가중이나 감경은 중죄 및 경죄의 구별기준이 되지 아니한다.

53) 로마규정은 그 관할 범죄에 관하여 시효의 적용을 인정하고 있지 않다(로마규정 29조). 반면에 독일은 전통적으로 국제범죄의 시효에 대하여 매우 조심스러운 입장이었다. 독일은 1970년 전쟁범죄와 인도에 반한 죄에 대한 시효의 부적 협약, 1974년 인도에 반한 죄와 전쟁범죄에 대한 시효의 부적용에 관한 유럽 협약에 대하여 가입을 주저하고 있다. 독일의 법원들은 인도에 반한 죄에 전쟁범죄가 성립되는 경우라도 사법(private law)과 강제노동에 관한 사례가 관련되는 한 집요하게 시효를 적용해 왔다. 따라서 독일의 의회는 국제범죄에 대한 시효 자체를 폐기하는 입장을 취하지 않았으며 로마규정의 태도를 따르지 않았다. C. J. M. Safferling, "Germany's Adoption of an International Criminal Code", Annual of German & European Law Vol 1, 2004, pp. 375-376.

54) Ibid., p. 374; J. Bülte, Vorgesetztenverantwortlichkeit, 2015, S. 473; 국제형법전은 헌법적 법치국가의 요청, 특히 책임원칙을 고려하여 로마규정 제28조의 상급자책임을 상이한 불법내용을 가진 개별 규정으로 상세화하였다. 독일 입법자는 책임원칙을 지키기 위하여 '과실로 하급자가 국제범죄를 범하는 것을 방지하지 않은 상급자'를 하급자가 범한 범죄의 정범처럼 또는 정범으로 처벌하는 것을 포기하였다. 또한 독일 입법자는 범죄를 범한 하급자를 과실로 신고하지 않은 상급자를 처벌하는 것도 포기하였다. 과실로 신

지휘관책임을 독일 국내 형법의 보증인지위에 근거한 부진정부
작위범으로 이해한 독일은 국제형법의 지휘관책임을 유형별로 분리
하였다.[55] 이것은 국제형법의 지휘관책임의 법적 성질에 관하여 책
임형식설을 취한 결과이다. 피고인이 부하의 범행을 알면서도 이를
방지하지 않은 경우를 보증인의 보증인의무위반으로 구성하여 발생
한 범죄에 대하여 처벌하되 그 형을 정범의 형으로 하였다(제4조).[56]
독일 형법은 과실방조나 과실부작위범을 처벌하지 않기 때문에 보
증인이 과실로 부하의 범죄를 방지하지 못한 경우는 과실부진정부
작위범이나 과실부작위범으로 직접 구성하지 못하고 상급자의 감독
의무위반죄(제13조)로 규정하였다. 이미 부하가 범죄를 완성한 경우
에는 보증인지위를 인정할 수 없으므로 제14조에서 범죄보고의무불
이행으로 규정하였다.[57]

고하지 않은 상급자에 대한 처벌을 포기한 이유를 입법이유서는 밝히지
않고 있다. J. Bülte, *Ibid.*, S. 734.

55) 독일 국제형법전상 상급자책임은 세 가지로 나뉘어 규율되고 있다: 단일
정범적 고의 참가를 규율하는 제4조, 과실의 감독의무 위반을 통해 하급자
의 범죄에 참여하는 것을 규율하는 제13조 그리고 범죄를 범한 하급자를
소추하지 않는 행위를 규율하는 제14조. 앞의 두 개는 범죄참가에 관한 규
율이다. 적어도 넓은 의미에서는 그러하다. J. Bülte, *ibid.*

56) *Ibid.*, S. 647.

57) 제13조는 부하들의 범죄를 막지 않은 경우이고 제14조는 발생한 범죄를 관
할 기관에 알리지 않은 경우인데 이 두 규정에 명확하게 상응하는 로마규
정은 존재하지 않는다. 이 두 규정은 지휘관의 과실에 의한 부작위를 처벌
하는 문제에 대한 독일식 해결책이다. 독일은 로마규정 제28조가
respondeat superior(부하의 범죄에 대한 상급자의 무과실 대위책임)에 기초
하여 상급자에게 형사책임을 부과한 것으로 보았다. 독일 형법은 범죄 방
지 의무를 과실로 불이행한 경우 즉, 과실에 의한 부작위범을 처벌하지 않
기 때문에 제13조와 제14조의 특별 규정을 마련하였다. C. J. M. Safferling,
"Germany's Adoption of an International Criminal Code", Annual of German &
European Law Vol 1, 2004, p. 376; 그러나 제14조는 고의범이다. 따라서
Safferling의 위의 설명은 이해하기 어렵다. 과실로 부하의 범죄를 막지 못한

독일 국제형법전 제4조, 제13조, 제14조는 군지휘관과 민간인 상급자(문민실권자) 모두에 대하여 적용된다. 다만, ICC 로마규정의 취지를 반영하여 제13조(감독의무위반)는 지휘관에게는 범죄 실행 이전에 하급자의 범죄사실을 인식할 수 있었어야 할 것을 요건으로 하고, 민간인 상급자(문민실권자)는 범죄 실행 이전에 하급자의 범죄사실을 바로 인식할 수 있었을 것을 요건으로 하여 민간인 상급자(문민실권자)의 범죄성립요건의 충족이 더 어렵게 되어 있다.

2. 제4조 [군지휘관 및 기타 상급자의 책임]

독일 형법은 ICC 로마규정 제28조와 같은 유형의 일반적 규정을 가지고 있지 않지만, 독일 형법에 의하여도 상급자가 자신의 명령을 받는 부하들이 범죄를 저지르는 것을 의도적으로 허용한 경우에는 독일 형법 제13조[58]나 제357조[59]에 의해 상급자를 처벌할 수 있다.[60]

경우에 제4조가 적용되지 않지만, 나중에 상급자가 부하의 범죄를 알고도 이를 보고하지 않은 경우에 제14조가 적용될 수 있다는 의미에서 제14조가 과실에 의한 부작위범을 처벌하지 않는데 대한 특별 규정이 된다는 의미로 보인다. BT-Drs. 14/8524, S. 19 참조.

58) 제13조 [부작위범] ① 형법의 구성요건에 해당하는 결과의 발생을 방지하지 아니한 자는 법적으로 결과가 발생하지 않도록 보증해야할 법적의무가 있고 그 부작위가 작위에 의한 법적 구성요건의 실현과 동일한 것인 경우에 한하여 이 법에 의해 처벌될 수 있다. ② 부작위범의 형은 제49조에 의해 감경될 수 있다.

59) 독일 형법 제357조 부하에 대한 범죄 유인
① 부하직원에게 공무원 범죄를 유발시키거나 유발시키려고 기도하거나 또는 부하직원의 그러한 위법행위를 발생하게 허용한 상관은 해당 위법행위에 정한 형으로 처벌한다.
② 제1항의 규정은 다른 공무원이 범한 위법행위가 그의 감독 및 관리 업무에 속하는 경우에, 다른 공무원의 직무행위에 대한 감독이나 관리를 담당하는 공무원에 대하여도 적용된다.

60) 국제형법전 제4조에 관한 입법자료는 입법자가 명백하고 의도적으로 형법

도그마틱적으로는 상급자의 부작위를 단순한 방조로 볼 수 있었지
만 국제형법전 제4조는 형법 제357조와 마찬가지로 상급자를 부하의
범죄와 동일한 형으로 처벌하고 있다. 상급자의 특별한 책임을 고려
하여 국제형법전 제4조 제1항 2문은 독일 형법 제13조 제2항, 즉 부
진정부작위범에 대한 형의 감경 규정을 적용하지 않고 있다.[61]

　제4조 제2항은 제4조 제1항이 법적 군지휘관뿐만 아니라 사실상의
군지휘관, 그리고 민간인 상급자(문민실권자)에 대하여도 적용된다고
규정하고 있다. 지휘관책임의 주체가 되기 위하여는 상급자가 부하들
의 행위를 방지할 수 있는 사실상 지휘와 통제(tatsächliche Befehlsgewalt
und Kontolle)를 가지고 있어야 한다.[62]

　제4조는 부진정부작위범이다.[63] Weigend는 도그마틱적으로 제4조
는 가벌적 범죄가담(공범)과 가벌적 부작위(정범)의 중간에 위치한다
고 설명한다.[64] 형법 제357조의 문언을 모델로 한 국제형법전 제4조

제357조를 모델로 국제형법전 제4조를 제정한 것이라는 점을 알려준다. 제
4조 제1항은 국제형법전의 범죄행위를 부하가 저지르는 것을 방지하지 않
은 상급자를 "정범과 같이(wie ein Täter)" 처벌한다. 이 점에서 국제형법전
제4조는 상급 공직자에 대한 형법 357조와 그 성격이 동일하다. J. Bülte,
Vorgesetztenverantwortlichkeit, 2015, S. 646.

61) BT-Drs. 14/8524, S. 18-19; BR-DRS. 29/02, S. 40.

62) BT-Drs. 14/8524, S. 19.

63) MüKo-StGB/Weigend, § 4 VStGB Rn. 53; J. Bülte, Vorgesetztenverantwortlichkeit,
　2015, 670-671 f.; 국제형법전의 입법자들이 제4조가 형법 제13조의 부작위범
　(부진정부작위범)과 관련되었다고 생각한 것은 국제형법전 제4조 제1항 2
　번째 문장이 형법 제13조 제2항의 감경규정을 적용하지 않겠다고 명시적
　으로 규정하고 있는 것으로부터 알 수 있다.

64) MüKo-StGB/Weigend, § 4 VStGB Rn. 14; 제4조는 부진정부작위범의 특별규정이
　며, '상급자가 하급자 범죄에 가담하였다'는 이유로 상급자를 처벌하고 있으
　므로 책임귀속에 관한 규범이다. 고의로 부하의 범죄를 방지하지 않은 것은
　부작위에 의한 공범이나 정범이 더 이상 아니며, 이는 독일형법 제25조 이하
　의 정범과 공범에 대한 일반원칙의 외부에 위치하는 단일한 상급자범죄(eine
　einheitliche Vorgesetztenstrafbarkeit)를 구성한다. 제4조는 '정범에 상당한 범죄참

는 순수한 의미의 부작위 "정범"이라고 보기 어렵다. 그것이 순수한 의미의 정범이라면 상급자를 "정범의 형과 동일하게(wie ein Täter)" 처벌하는 것이 아니라 독일 형법 제25조[65]의 규정처럼 "정범으로(als Täter)" 처벌한다고 규정했을 것이다. 이러한 의미에서 국제형법전 제4조는 부작위에 의한 참가의 정범적 측면과 공범적 측면을 모두 담으려고 했다고도 볼 수 있다.[66]

Weigend는 제4조는 가벌성을 새롭게 근거지우는 규정은 아니며, 다만 책임과 형을 강화하고 있을 뿐이라고 평가한다[(nur) eine verantwortungs-schärfende Norm]. 독일 형법 제357조(부하에 대한 범죄 유인)처럼 명령권자 또는 상급자가 하급자에게 해당 범죄를 범하도록 적극적으로 명령한 경우에 해당되지 않더라도, 제4조에 포섭되는 명령권자 또는 상급자의 부작위는 (부진정)부작위범으로 처벌될 수 있고, 구체적 사안에 따라서는 하급자가 범한 범죄에 대하여 부작위의 공동정범 또는 부작위의 방조범으로 가담한 것으로 처벌될 수 있기 때문이다.[67]

국제형법전 제13조의 상급자의 책임은 그 자신의 위무를 위반함으로써 부하의 범죄행위를 발생가능하게 한 것에 대한 책임이다. 이

가형태'의 특별한 형식으로 형법 제13조의 일반적 부진정부작위범이 아니며 특별한 부진정부작위범이다. J. Bülte, Vorgesetztenverantwortlichkeit, 2015, 645, 647, 650-651 ff.

65) § 25 Täterschaft

　① Als Täter wird bestraft, wer die Straftat selbst oder durch einen anderen begeht.

　② Begehen mehrere die Straftat gemeinschaftlich, so wird jeder als Täter bestraft (Mittäter).

66) 형법 357조의 상급 공직자는 부하의 범죄에 대한 부작위정범이 되는 것이 아니라고 보는 견해가 일반적이다. 따라서 형법 357조의 문언(정범의 형과 동일하게 처벌한다)은 보증인지위에 기초한 부작위정범의 성격을 가지고 있는 국제형법전 제4조와 부합하지 않는다. J. Bülte, Vorgesetztenverantwortlichkeit, 2015, 648-649 ff.

67) MüKo-StGB/Weigend, § 4 VStGB Rn. 12, 14.

제13조는 고의 또는 과실의 감독의무위반을 요소로 한다. Weigend 는 고의의 감독의무위반은 상급자가 (1) 자신이 범행을 하는 부하의 상급자라는 것을 알고, (2) 부하에 대하여 감독을 할 의무가 있다는 것을 알고, (3) 범행을 하는 부하에 대한 자신의 감독과 통제의무를 적절하게 이행하지 않고 있다는 것을 알고, (4) 충분한 주의를 기울였다면 부하가 국제형법전의 범죄를 범할 것을 대략적으로 예견가능하였을 때 성립한다고 한다.[82] 한편, 상급자는 다음과 같은 경우에 과실의 감독의무위반을 범한 것이다. (1) 그가 범행을 하는 부하의 법상 또는 사실상의 지휘관이나 상급자라는 사실을 알고 있다(이 점에 대하여는 법 규정에 있는 과실이라는 문언은 적용되지 않는다).[83] (2) 그가 충분한 주의를 기울였다면 자신이 그의 부하에 대한 감독의

자의 감독의무 위반과 긴밀하게 관련성을 가지고 있다는 점에 비추어 Bülte는 제13조가 부진정부작위범이라는 Weigend의 결론에 찬성한다. J. Bülte, Vorgesetztenverantwortlichkeit, 2015, S. 708

82) MüKo-StGB/Weigend, § 13 VStGB Rn. 24; 네 번째 요건은 규정의 문언으로부터 명백히 도출된다. 따라서, 국제형법전 입법이유서의 공식적 입장과는 달리 제13조에 있어서 부하의 범행은 순수한 객관적 처벌조건(rein objektive Bedingung der Strafbarkeit)이라고 할 수는 없다. 상급자가 부하의 범행을 실제로 방지(verhindern)할 수 있었다는 것을 그 상급자가 인식할 수 있었어야만 하는지에 대하여 법문의 규정 자체는 명확하게 설명하고 있지 않다. 이러한 점에서 제13조 제1항의 "방지할 수 있었던 경우"라는 문언을 객관적으로 해석하면 범죄성립에 상급자의 과실이 필요한 것은 아니며, 방지가능성(Hinderungsmöglichkeit)만이 객관적으로 제시될 것이 요구된다. Ibid., Rn. 25.

83) Weigend는 고의의 경우이든 과실의 경우이든 상급자가 누구를 감독해야 하는지를 반드시 알아야 할 것을 요구하고 있다. 그러나, 제13조는 상급자가 누구를 감독해야 하는지를 반드시 알아야 한다고 하고 있지는 않다. 이를 근거로 상급자는 그가 감독의무를 지고 있는 상급자라는 사실을 알아야 할 뿐이고 구체적으로 누구에 대하여 그러한 감독의무를 가지고 있는지를 알아야 할 필요는 없다는 주장이 있다. 이에 의하면 자신의 하급자라는 것을 상급자가 과실로 알지 못하는 경우에 국제형법전 제13조의 책임을 지게 된다. J. Bülte, Vorgesetztenverantwortlichkeit, 2015, S. 717.

무를 이행하지 않고 있다는 것을 알 수 있다. 그리고, (3) 그가 충분한 주의를 기울였다면 부하가 국제형법전상의 범죄처럼 보이는 범죄를 저지를 것이라는 사실을 예견할 수 있다.[84] 고의의 경우와 마찬가지로 부하의 범행을 방지할 수 있었던 가능성은 객관적 처벌 조건(objektive Voraussetzung der Strafbarkeit)이다. 따라서 상급자가 방지가능성을 인식했을 것으로 요구하는 것은 아니다.[85]

국제형법전 제13조는 제4조에 대하여 보충적이다. 제4조의 객관적 구성요건이 모두 충족되었지만, 주관적 요건에서 부하의 범죄에 대한 고의가 없는 과실 사례에 제13조가 적용된다.[86] 국제형법전 제13조의 주관적 구성요건은 과실을 포함하는 낮은 수준으로 설정되었기 때문에 독립범죄로 만들 수밖에 없었다. 제4조의 경우처럼 하급자가 범한 불법을 상급자에게 귀속시키는 방식 대신에 상급자 자신의 행위에 대한 정범으로 처벌하는 방식을 택하였다. 이것은 보증인의 "과실에 의한 범죄참여"이며, 제13조는 과실의 동시범(fahrlässige Nebentäterschaft)으로 이해되고 있다.[87]

---

84) MüKo-StGB/Weigend, § 13 VStGB Rn. 28.

85) Ibid., Rn. 30.

86) J. Bülte, Vorgesetztenverantwortlichkeit, 2015, S. 710; 입법이유서는 감독자가 부하들의 임박한 범죄를 인식하지 못하고 따라서 독일 형법의 원칙에 따라 고의가 없기 때문에 부하의 관련 범죄에 대하여 정범으로 처벌할 수 없는 경우를 포함하기 위하여 제13조를 만들었다고 명시적으로 설명하고 있다. BT-Drs. 14/8524, S. 19; Weigend는 만약 상급자가 부하의 범행 또는 그 범행의 구체적 가능성을 실제로 예견했고, 그리고 회피가능성(Abwendungsmöglichkeit)을 인식했다면 제13조가 적용되지 않고 제4조에 따라 부하가 저지른 범죄의 정범처럼(wie ein Täter) 처벌된다고 한다. MüKo-StGB/Weigend, § 13 VStGB Rn. 27; Meloni는 상급자가 부하의 범죄에 대한 고의를 가진 경우에는 독일 국제형법전 제13조가 적용되지 않고 제4조가 적용된다고 한다. C. Meloni, Command Responsibility, i2010, p. 206.

87) 입법자들은 제4조에 적용한 지휘관책임의 단일정범원칙을 제13조의 과실범에도 유지하였다. 과실에 의한 참여라는 개념은 정확한 것은 아니다. 왜

감독자가 그의 의무이행으로 범죄의 발생을 막을 수 있었다는 의
미에서 그의 감독의무위반과 범죄 사이에 인과관계가 요구된다.[88]

4. 제14조 [범죄보고불이행]

독일의 입법자는 로마규정 제28조(a)(ii)가 부하에 의하여 저질러
진 범죄에 대하여 보고를 하지 않은 상급자가 정범의 책임을 지도록
규정하였다고 보았다. 로마규정의 이러한 책임은 불법에 비하여 너
무나 과중하기 때문에 독일의 형법 이론에서는 허용될 수 없었다.
제14조는 상급자로 하여금 그가 인식한 범죄를 알리도록 유도하려는
목적에서 규정된 것이다. 로마규정 제28조에 근거하는 이러한 보고
의무는 공무원법과 군인법의 비밀유지의무에 우선한다. 그러나, 상
급자는 직무 규정에 따라서 내부적으로 보고를 할 의무가 있을 수도
있다. 제14조는 즉시(sofortig)가 아니라 지체없이(unverzüglich) 보고를
할 의무를 규정하고 있다. 사실상의 장애나 군사상의 필요에 의해
결과적으로 범죄의 보고가 지연된 경우는 제14조가 성립하지 않는
다. 제14조는 상급자의 형사 책임을 상급자의 부작위가 책임을 져야
할 부하가 처벌받지 않을 추상적 위험을 창조하거나 증가시켰다는
사실에 기초를 두고 있다. 제14조의 불법의 내용은 독일 형법 제258
조(처벌방해) 또는 제258a조(공무원의 처벌방해)와 같은 사법방해죄
와 유사하고, 형사절차에서의 미협력에 관한 군형법 제40조보다는
중하다. 따라서 5년 이하의 구금형은 적정하다.[89] 제14조의 범죄는

냐하면 제13조 제1항(제13조 제2항을 포함하여)은 순수한 과실범이 아니기
때문이다. 타인의 고의범죄에 대하여 과실범으로 가담하는 것은 순수한
의미의 과실범이 아니다. J. Bülte, Vorgesetztenverantwortlichkeit, 2015, S. 710.

88) *Ibid.*, S. 713.
89) BT-Drs. 14/8524, S. 36.

부하의 관련 범죄로부터 독립된 부작위범이며, 과실로는 범할 수 없는 고의범이다.[90]

제14조의 문제점은 경미한 법정형과 과실의 범죄보고불이행의 불벌에 있다. 이것은 지휘관책임의 범죄보고불이행을 시민들의 자유를 제한하는 소위 불고지죄의 일종으로 보고 있는데 기인한다. 이에 대하여는 우리나라의 이행입법에서 논의한다.

5. 독일 국제형법전의 지휘관책임 비판

독일의 국제형법전의 지휘관책임에 대하여는 다음과 같은 비판이 가능하다. 첫째, ICC 로마규정의 보충성 원칙을 충족시키지 못하였다. 둘째, 제4조와 제13조의 적용영역이 중복된다. 셋째, 국제형법의 지휘관책임의 일원주의를 따르지 않았다. 넷째, 스스로 설정한 책임주의의 한계를 지키지 못했다.

1) ICC 로마규정의 보충성 원칙 충족 여부[91]

독일은[91]국제형법전 제정 목적의 하나인 ICC 로마규정의 보충성

---

90) C. Meloni, Command Responsibility, 2010, p. 207.
91) 독일의 국제형법전 제정 목적은 다음과 같이 알려져 있다. ① 현재 일반 형법이 다룰 수 있는 범위를 넘어서는 국제범죄의 특수한 불법을 포함시킨다. ② 하나의 독립한 법전을 통하여 일관된 기준에 의해 법을 적용할 수 있도록 함으로써 실질적 적용 가능성과 법적 명확성을 증진시킨다. ③ 독일이 로마규정의 보충성의 원칙을 준수하고, 언제든지 국제범죄를 처벌할 수 있는 법체계를 갖추고 있다는 것을 명백히 보여준다. ④ 국제범죄를 처벌하는 적절한 국내형법 체계를 창조함으로써 국제형법의 확산을 증진하고 이에 기여한다. ⑤ 군인들이나 국제형법을 준수해야 하는 자들에 대하여 국제범죄를 가르치는데 독립된 특별법이 더 용이하다. ⑥ 로마규정의 이행법률 제정에 어려움을 느끼고 있는 다른 나라에 로마규정의 국내

원칙을 만족시키지 못했다. 첫째, 독일은 과실의 보고의무불이행을 불벌로 하고 있다. 영국, 호주와 같은 영미법계 국가는 과실 범죄보고의무 불이행 유형에 대하여 로마규정과 동일하게 규정하고 있으므로 부하가 저지른 범죄에 대하여 유죄가 된다. 독일과 같은 대륙법계 국가인 네덜란드도 고의의 지휘관책임의 3분의 2에 해당하는 형을 법정형으로 규정하고 있다. 캐나다에서는 책임위반죄로서 종신 구금형에 처할 수 있도록 하고 있다.[92] 둘째, 독일 국제형법전 제13조, 제14조는 5년 이하의 자유형을 규정하고 있으며 시효가 적용된다. 로마규정은 지휘관책임에 시효를 적용하지 않고 있다. 독일의 위와 같은 태도는 독일의 지휘관책임의 법적 성질이나 처벌 근거에 대한 이해가 국제형법이나 다른 나라와 다르다는 것을 의미한다.

2) 제4조와 제13조의 중복

국제적 국제형법이나 일부 나라들의 이행입법처럼 단일한 기준

이행입법의 예를 제시한다. 조상제, 국제조약의 국내이행 형사특별법: 독일 국제형법전의 입법과정과 내용, 형사정책연구원, 2008, 66-67면; C. J. M. Safferling, "Germany's Adoption of an International Criminal Code", Annual of German & European Law Vol 1, 2004, p. 371; E. d. Wet/H. Hestermeyer/R. Wolfrum, The Implementation of International Law, 2015, p. 389; Bundesratsvorlage vom 18. Januar 2002, in: S. R. Lüder/T. Vormbaum(Hrsg.), Materialien zum Völkerstrafgesetzbuch, 2002, S. 23.

92) 캐나다의 지휘관책임(책임위반죄)은 부하가 범죄를 저지르고 있는 중인 것을 알지 못하고 이를 억제하거나 관할 당국에 보고하는 조치를 취하지 않은 경우를 종신 구금형에 처할 수 있다고 규정하고 있다. 이것이 부하가 범죄를 저지른 것을 알지 못하고 관할 당국에 보고하는 조치를 취하지 않은 경우를 포함할 수 있느냐에 관하여는 논란이 있을 수 있으나 부하가 범죄를 저지른 것을 알지 못한 경우는 부하가 범죄를 저지르고 있는 중인 것을 알지 못한 경우와 대부분의 경우에 일치한다고 보아야 할 것이므로 캐나다의 경우에 과실 범죄처벌(보고)의무위반을 처벌하고 있다고 본다.

(인식과 인식의 실패)에 따라 지휘관책임을 분류하면 각 유형간에 충돌이 쉽게 생기지 않는다.[93] 독일의 국제형법전은 이러한 단순한 구분을 택하지 않고 고의와 감독의무위반이라는 복합적 기준을 중심으로 제4조와 제13조를 분류하였다. 이러한 이유로 독일의 국제형법전 제4조와 제13조의 적용범위는 실질적으로 중복되며, 독일 국제형법전을 참고로 한 우리나라의 국제범죄처벌법도 이와 유사한 문제점을 가지고 있다.

　양 규정은 모두 국제형법전에 의하여 보호되는 법익의 침해를 야기한 것을 처벌하고 있기 때문에 체계적으로 밀접하다. 제4조의 규정 자체는 부하의 범죄행위에 대한 어떠한 관련성도 요구하고 있지 않으며 부하의 범죄에 대하여 상급자가 고의로 방지를 하지 않으면 성립하도록 규정되어 있다.[94] 제13조는 고의 또는 과실에 의한 상급자의 감독의무위반이 있고, 상급자가 부하의 범죄에 대한 예견가능성과 그 범죄를 방지할 수 있는 가능성이 있었던 경우를 대상으로 하고 있다. 여기서 예견가능성의 문언 자체는 상급자가 부하의 범죄를 실제로 예견하거나 인식한 경우를 배제하고 있지 않다. 또한 제13조의 상급자의 감독의무위반이라는 요건은 고의와 과실의 양자를 모두 모두 포함한다. 이렇게 보면 제13조의 규정은 로마규정 제28조가 대상으로 하고 있는 대부분 사례에 적용될 수 있도록 포괄적이며 그 적용대상이 광범위하다고 볼 수 있다. Bülte도 제4조와 제13조의 규정 영역 간에 중복이 있다고 보고 있다. 제4조와 제13조 모두 부하의 범죄라는 불법의 발생에 상급자가 기여한 것에 대한 가벌성이 문제되고 있다. 고의의 감독의무위반에 의해 부하의 범행을 가능케 한

---

93) 관습국제법, 로마규정, 캐나다의 이행입법은 인식과 인식의 실패를 기준으로 지휘관책임을 분류하고 있으며, 네덜란드는 고의와 과실을 기준으로 구분하고 있다.

94) J. Bülte, Vorgesetztenverantwortlichkeit, 2015, S. 709.

상급자에 대하여 제13조뿐만 아니라 제4조도 적용될 수 있다. 독일
의 입법자는 로마규정의 단일한 책임을 상급자의 행위의 개별적인
불법 유형에 따라 차별화시킴으로써 책임에 부합하는 적절한 형벌
을 부과하였으나, 그러한 복합적구성은 필연적으로 유형간 구별의
어려움을 야기했다.[95] 이러한 중복의 문제는 결국 제13조를 제4조에
대한 보충 규정이라고 해석하는 방법에 의해서 해결된다.[96]

3) 지휘관책임의 다원화

독일 국제범죄처벌법의 지휘관책임은 국제형법의 지휘관책임과
같지 않다. 국제형법의 지휘관책임의 유형은 다양하지만 이들은 모
두 지휘관책임에 따라 처벌된다는 점에서 단일하며 통일적이다. 독
립범죄설은 물론이고 책임형식설에 의해서도 결국 단일한 지휘관책

---

95) *Ibid*., 646-647 f.
96) 제13조는 "하급자가 범한 범죄에 상급자가 가담(Beteiligung)하는 경우'를 규
율대상으로 하지 않는다는 점에서는 제4조와 다르지만, 제4조와 제13조 둘
다 하급자의 범죄에 인과적으로 기여하는 행위(국제형법전에 의해 보호되
는 법익의 침해를 초래하는 행위)를 제재하고 있다는 점에서 양자는 그 체
계적·법적 성격에서 긴밀한 관련성을 가진다. 제4조는 명령권 또는 사실
상 통제권을 가지는 군 지휘자 또는 민간인 상급자(문민실권자)가 고의로
하급자가 범죄를 범하는 것을 방치한 경우를 처벌하고 있다. 이에 반해 제
13조는 상급자가 하급자를 부적절하게 감독함으로써 상급자에게 적어도 과
실이 비난될 수 있고, 하급자가 범죄를 범하려고 한다는 것을 군 지휘관의
경우 "인식할 수 있었고"(제1항), 민간인 상급자(문민실권자)의 경우에는 "바
로 인식할 수 있었고"(제2항), 하급자의 범행이 방지될 수 있었던 경우에 적
용되며, 제4조와의 관계에서 보충적(포괄적) 구성요건(Auffangstatbestand)이
다. 제13조의 보충적 성격은 제4조의 객관적 구성요건이 모두 충족되었지
만, 상급자가 하급자의 범죄에 대해 단지 과실로 행동한 경우라서 제4조의
주관적 구성요건이 충족되지 않은 모든 사례에 제13조가 적용된다는 점에
서 드러난다. *Ibid*., 709-710 f.

임이 성립한다. 1977년 제1추가의정서 제86조(2), ICTY 규정 제7조(3), ICC 로마규정 제28조도 이러한 점에서 차이가 없다. 독일의 국제형법전은 복합적이고 포괄적이지만 통일된 하나의 책임으로 구성된 국제형법의 지휘관책임을 독일 형법의 보증인설을 반영하여 분해하였다.

국제형법전 제4조는 부진정부작위범설에 따라 구성함으로써 상급자가 부하의 범죄의 발생에 대하여 고의를 가질 것을 요건으로 하고 있다. 고의를 가지고 있지 못한 자는 부진정부작위범으로 처벌할 수 없기 때문에 고의를 요구하고 있다. 국제형법의 지휘관책임은 부하의 범죄를 알면 성립되며 고의를 요구하고 있지 않다. 국제형법은 부진정부작위범과 지휘관책임을 구별하고 있다.[97]

4) 책임주의와의 조화

독일의 입법자는 과실로 부하의 범죄를 방지하지 못한 경우를 처벌할 수 없다고 보았기 때문에 제13조를 과실의 범죄방지의무위반만으로 구성하지 못하였다. 제13조가 감독의무위반을 추가적 요건으로

---

97) ICTR의 Ntagerura 사건의 1심 재판부는 상급자책임(superior responsibility)과 부진정부작위범(duty to ensure protection 또는 an omission to act)을 명확히 구별하고 있다. Prosecutor v. Ntagerura et al, (Case No. ICTR-99-46-T) Trial Chamber Judgement, 25 February 2004, paras. 627-660; 이러한 문제점은 특히 부하의 범죄가 집단살해죄와 같이 특별고의를 요구하는 경우에 드러난다. 독일 국제형법전 제4조가 부하의 범죄에 정한 형으로 처벌한다는 취지에 비추어 부하의 범죄의 성립에 필요한 정범으로서의 고의를 상급자가 가질 것을 요구하는 것이 타당하다. 따라서 상급자가 부하의 범죄에 필요한 고의(특별고의를 포함한다)를 가져야 한다. 국제형법전 제4조가 부진정부작위범인 공범(방조범)의 법정형만을 가중한 것으로 보더라도 상급자는 부하의 범죄의 성립에 필요한 특별고의에 대하여 인식하여야 한다. 그러나, ICTY의 판례는 상급자가 부하의 특별고의를 알지 못한 경우에도 부하의 집단살해죄에 대하여 지휘관책임을 진다고 하고 있다. 따라서 부진정부작위범은 지휘관책임과 다르다.

한 것만으로 책임주의와 조화되는 것은 아니다. 상급자는 부하에 대한 다양한 내용의 감독의무를 지고 있는데 고의 또는 과실에 의한 이러한 감독의무의 위반이 부하의 범죄에 대하여 상급자가 책임을 지는 근거가 된다는 구상은 결과책임을 인정하는 것이고 책임주의와 조화될 수 없다. 이것은 상급자의 감독의무의 내용을 부하의 범죄방지의무와 관련된 것으로 제한하여야 한다는 것을 말한다.[98] 제13조의 고의 또는 과실의 감독의무위반이라는 요건과 과실로 부하의 범죄를 방지하지 못하였다는 요건(예견가능성과 방지가능성)의 관계가 명확한 것은 아니지만, 위와 같은 점을 고려하면 부하의 범죄를 과실로 방지하지 못한 경우는 대부분 과실로 감독의무를 위반한 것이 된다. 즉, 과실의 감독의무위반과 과실의 범죄방지의무위반은 실질적으로 중복된다. 그렇다면, 결국 부하의 범죄를 과실로 방지하지 못한 경우가 제13조에 의해서 처벌이 되는 것이다. 이것은 독일이 과실의 범죄방지의무위반을 처벌하는 것이 책임주의에 반한다고 보았기 때문에 제13조를 감독의무위반죄로 구성한 애초의 의도와 배치된다.

---

98) 제13조의 감독의무위반은 규정자체로는 직접적인 범죄방지의무위반에 관한 것은 아니다. 그럼에도 불구하고 부하의 범죄방지와 "관련성이 있는 감독"("gehörigen Beaufsichtigung")의 부작위가 고려된다. J. Bülte, Vorgesetztenverantwortlichkeit, 2015, 711-712 f.

5) 소결

독일은 국제형법의 지휘관책임의 근거를 보증인설로 설명하고 있다.[99] 그러나, 지휘관책임의 법적 성질에 관한 독립범죄설과 책임형식설은 국내 형법의 진정부작위범과 부진정부작위범의 구분이나 내용과 반드시 일치하는 것은 아니다. 따라서, 독일이 부진정부작위범의 이론을 중심으로 구성한 지휘관책임은 국제형법의 지휘관책임과는 다른 내용인 것이다.

로마규정의 보충성의 원칙에 따르면 국내 형법에 의해 국제범죄가 처벌되지 않는 경우에 ICC가 재판권을 행사할 수 있다. ICC의 절차가 시작되면 개별 국가들의 보충성 원칙의 충족 여부는 ICC의 재판적격성 심사에서 로마규정을 기준으로 이루어진다. 따라서 ICC 로마규정에 가입한 당사국들은 자국의 국민이 ICC에서 재판을 받는 결과를 피하기 위하여 로마규정에 의해 처벌되는 행위를 자국에서 기소, 재판할 수 있도록 형법을 개정하거나 특별법을 제정한 것이다. 독일의 지휘관책임 관련 규정은 적어도 국제형법전 제13조, 제14조에 대하여 시효를 적용하고(국제형법전 제4조), 과실의 범죄보고불이행죄를 불벌로 함으로써 로마규정의 보충성 원칙을 충족시키지 않았다.

독일 국제형법전의 문제점은 결국 이를 참고로 한 우리나라의 국제형사재판소 관할범죄의 처벌 등에 관한 법률("국제범죄처벌법")에도 반영되었다. 이하에서는 우리나라의 이행입법에 고유한 내용과 문제점을 중심으로 살펴본다.

---

99) 조상제·천진호·류전철·이진국, 국제형법, 준커뮤니케이션즈, 2011, 135-136면; K. Ambos, Treatise. Volume 1, 2013, p. 207.

제7장 국제형사재판소 관할 범죄의 처벌 등에 관한 법률

제1절 제정 과정

1. 2004년 법률안

제5조 【지휘관 기타 상급자의 책임】

① 군대의 지휘관(사실상 지휘관의 권한을 행사하는 자를 포함한다)이 부하가 반인도적범죄등을 범하거나 범하려 함을 알거나 또는 정황상 알았어야 함에도 불구하고 이를 제지하거나 방지하기 위하여 또는 관할기관의 수사 및 기소를 위하여 권한 내의 필요한 조치를 취하지 아니한 때에는 그 반인도적범죄등을 행한 자를 벌하는 외에 그 지휘관을 각 조에 정한 형으로 처벌한다.

② 제1항의 경우 외의 상급자가 업무상 자기의 감독을 받는 자가 그 업무와 관련하여 반인도적범죄등을 범하거나 범하려 함을 알고도 이를 제지하거나 방지하기 위하여 또는 관할기관의 수사 및 기소를 위하여 권한 내의 필요한 조치를 취하지 아니한 때에는 그 반인도적범죄등을 행한 자를 벌하는 외에 그 상급자를 각 조에 정한 형으로 처벌한다.

우리나라는 2002년 7월 1일 발효된 「국제형사재판소에 관한 로마규정」을 2002년 11월 13일 비준하였고, 위 로마규정은 우리나라에 대하여 2003년 2월 1일 우리나라에 대하여 발효되었다. 우리나라의 로마규정 이행은 「국제형사재판소 관할범죄의 처벌 등에 관한 법률」("국제범죄처벌법")이라는 특별법의 제정을 통하여 이루어졌다. 정부는 「국제형사재판소에 관한 로마규정」의 국내적 이행을 위하여 법무부를 중심으로 로마규정의 국내적 이행을 위한 법률안 초안을 마련하고 대법원, 국방부, 외교부, 국정원, 경찰청, 국가인권위원회, 대한변협, 대한적십자사, 한국인권재단 등 여러 유관기관의 의견을 거쳐

2004년에 입법예고를 하였다.[1] 법무부는 이를 기초로 2004년 6월 「국제형사재판소관할범죄의처벌등에관한법률안」을 마련하여 공청회를 개최하였다.

동 법률안은 군지휘관(사실상의 군지휘관을 포함)과 기타 상급자(민간인 상급자)를 구분하고 있다. 기타 상급자는 법률안 제5조 제1항 이외의 상급자이다. 군지휘관에 대하여는 부하의 범죄에 대한 인식과 과실을 주관적 요건으로 하면서 그 범죄의 제지, 방지, 보고(관할기관의 수사 및 기소를 위하여 필요한 조치)에 필요한 조치를 취하지 않은 경우에 부하가 저지른 죄에 정한 형으로 처벌한다(법률안 제5조 제1항). 기타 상급자에 대하여는 업무상 자신의 감독을 받는 자가 업무와 관련하여 저지른 범죄에 대하여 책임을 지도록 하고 있는 점, 그리고 주관적 요건에서 기타 상급자가 업무상 자신의 감독을 받는 자의 범죄에 대하여 인식을 한 경우만 책임을 지도록 하고 있는 점에서 군지휘관과 차이를 두고 있다(법률안 제5조 제2항).[2]

---

1) 김헌진, 국제형사재판소규정과 그 이행입법에 대한 연구, 청주대학교 박사학위논문, 2005, 177면; 2004년 법무부의 법률안은 제1조【목적】에서 "이 법은 1998년 7월 17일 이태리에서 채택되어 2002년 7월 1일 발효된 국제형사재판소에관한로마규정에 규정된 국제형사재판소의 관할범죄를 처벌하여 인간의 존엄과 가치를 보호함과 아울러 대한민국과 국제형사재판소간의 협력의 범위와 절차를 정함을 목적으로 한다."고 규정하고 있다.

2) 국제범죄처벌법은 2004년 법률안과 달리 군지휘관과 민간인 상급자(문민실권자)에 대하여 지휘관책임의 성립요건이나 법정형에서 어떠한 차이도 두지 않고 있다. 이것은 로마규정, 캐나다, 영국, 호주의 이행입법과는 구별되고 ICTY의 판례, 네덜란드의 이행입법의 태도와 같다. 2004년 법률안이 군지휘관과 민간인 상급자(문민실권자)를 주관적 성립요건에서 차이를 두었음에도 불구하고 현행 국제범죄처벌법에서 이러한 구분을 두지 않은 이유에 대하여 설명하는 문헌은 발견하지 못하였다. 우리나라는 이미 1997년 대법원의 5·18 재판을 통하여 군사독재 정권의 성립과정에서 발생한 광주민중학살의 지도자급 범죄자들에 대한 법적 처리가 어느 정도 이루어졌고, 국제범죄처벌법 제정 당시 군통수권자인 노무현 대통령은 국제범죄의

2004년 6월에 개최된 공청회에서 위 법률안 제5조가 "기타 상급자"에 대하여 로마규정 제28조(b)와 달리 무모함(recklessness)을 포함하지 않았다는 점을 지적하면서 제5조 제2항의 마지막을 "자기의 감독을 받는 자가 반인도적범죄 등을 범하거나 범하려함을 명백히 보여주는 정보를 의식적으로 무시한 경우에도 같다"라는 문언을 추가하자는 의견이 있었다.[3] 법무부는 영미법에서 인정되는 무모함이라는 주관적 요건은 고의 또는 미필적 고의에 포섭될 수 있다고 보았다. 로마규정에서 기타 상급자에 관하여 규정하고 있는 '이를 명백히 보여주는 정보를 의식적으로 무시하였고'라는 요건을 우리나라의 이행입법에 도입하는 것은 우리나라의 형사법체계에 없는 새로운 형식의 주관적 요건을 창설하는 것이라는 이유로 받아들여지지 않았다.[4] 이

책임으로부터 자유로운 국가원수였다. 현재는 군통수권자인 국가원수는 군지휘관으로 분류되는 것에 의문이 없지만, 당시까지의 연구로는 대통령이 민간인 상급자가 아니라 군지휘관에 속한다는 것이 명확히 규명되지 않았었다. 따라서, 미국이나 중국, 기타 무력충돌과 인권침해가 문제되고 있는 나라들에서는 민간인 상급자와 군지휘관의 분류는 중요한 의미를 가지고 있었지만, 우리나라는 이러한 분류가 중요한 사안이 아니었던 것이다. 또한 권오곤 판사가 2001년 ICTY 재판관으로 선출되고, 송상현 교수가 2003년 ICC 재판관으로 선출되었으며, 반기문 외교통상부장관이 2007년 국제연합 사무총장에 취임하는 등 국제사회에서 우리나라의 지위가 상승하고, 국내 민주주의의 진전과 인권의 신장이 이루어지면서 인권을 침해하는 국제범죄를 처벌하는 국제형법에 대한 관심이 높아졌기 때문에 군지휘관과 민간인 상급자의 구분이라는 주제에 많은 시간을 할애하지 않고 국제범죄를 처벌하는 국제사회의 노력에 동참하는 우리나라의 의지를 국내외에 신속히 천명하고자 했던 것으로 추측된다

3) 법무부, 국제형사재판소관할범죄의처벌등에관한법률안 공청회 자료, 23면; 김헌진, 국제형사재판소규정과 그 이행입법에 대한 연구, 청주대학교 박사학위논문, 2005, 198면도 같은 의견이다.

4) 2004년 6월의 공청회 결과에 대한 법무부 검찰4과의 검토의견이다. 로마규정이 군지휘관과 민간인 상급자(문민실권자)를 구분하는 것에 대한 정당성에 대하여 많은 비판이 있는 점에 비추어 법무부의 결론은 부당하다고

러한 경위로 현행 국제범죄처벌법에도 로마규정이 채택하고 있는
무모함(recklessness) 기준은 반영되지 않았다.

2004년 법률안의 문제점은 관습국제법과 로마규정이 통일적으로
채택하고 있는 지휘관책임의 핵심요건인 실효적 통제가 반영되지
않았다는 것이다. 동 법률안의 제5조 제1항의 군대의 지휘관, 부하라
는 용어와 제5조 제2항의 상급자, 업무상 상급자의 감독을 받는 자라
는 용어는 지휘관과 부하, 상급자와 하급자간의 일정한 관계를 표현
한다. 그러나, 관습국제법과 ICC 로마규정은 지휘계통의 상하에 위치
하고 있다는 것만으로는 족하지 않고 상급자가 하급자에 대하여 실
효적 통제를 가지고 있는 경우에만 지휘관책임이 성립된다고 보고
있다.

2. 2007년 국제형사재판소 관할 범죄의 처벌 등에 관한 법률

제5조(지휘관과 그 밖의 상급자의 책임)

군대의 지휘관(지휘관의 권한을 사실상 행사하는 사람을 포함한다. 이
하 같다) 또는 단체·기관의 상급자(상급자의 권한을 사실상 행사하는
사람을 포함한다. 이하 같다)가 실효적인 지휘와 통제하에 있는 부하
또는 하급자가 집단살해죄등을 범하고 있거나 범하려는 것을 알고도
이를 방지하기 위하여 필요한 상당한 조치를 하지 아니하였을 때에는

보기 어렵다. 그러나, 국제범죄처벌법은 국제범죄에 대하여만 적용되고
일반 범죄에 대하여는 적용되지 않는다. 따라서, 법무부가 무모함 기준을
도입하면 국내 형법 체계에 새로운 형식의 주관적 요건을 창설된다고 우
려한 것은 과한 것이다. 또한 형법 8조의 취지와 국제범죄처벌법의 특수성
에 비추어 국제범죄에만 적용되는 주관적 기준을 도입하는 것이 금지된다
고 볼 수는 없다.

그 집단살해죄등을 범한 사람을 처벌하는 외에 그 지휘관 또는 상급자도 각 해당 조문에서 정한 형으로 처벌한다.

제15조(지휘관 등의 직무태만죄)

① 군대의 지휘관 또는 단체·기관의 상급자로서 직무를 게을리하거나 유기(遺棄)하여 실효적인 지휘와 통제하에 있는 부하가 집단살해죄등을 범하는 것을 방지하거나 제지하지 못한 사람은 7년 이하의 징역에 처한다.

② 과실로 제1항의 행위에 이른 사람은 5년 이하의 징역에 처한다.

③ 군대의 지휘관 또는 단체·기관의 상급자로서 집단살해죄등을 범한 실효적인 지휘와 통제하에 있는 부하 또는 하급자를 수사기관에 알리지 아니한 사람은 5년 이하의 징역에 처한다.

정부는 국제범죄처벌법안을 2006년 12월 29일 국회에 제출하였고, 법제사법위원회의 심사를 거쳐 2007년 11월 23일 국회 본회의에서 정부안 그대로 가결되어 2007년 12월 21일 공포되고 같은 날 시행되었다.[5][6] 2004년 6월 국제범죄처벌법안에 대한 공청회에서 논의된 지휘

---

5) 국제범죄처벌법에 대하여는 조약의 이행입법이고 정부부처간의 이해관계의 충돌의 우려도 없었기 때문에 원안이 변경되지 않았다. 소위원장 이상민 의원 발언 참조. 제269회국회 법제사법소위원회회의록(법안심사제1소위원회) 제3호, 8면; 다만, 법제사법위원회에 제출된 "국제형사재판소 관할 범죄의 처벌 등에 관한 법률안 심사보고서 27면에는 '로마규정 제28조 나호⑴은 "하급자가 그러한 범죄를 범하고 있거나 또는 범하려 한다는 사실을 상급자가 알았거나 또는 이를 명백히 보여주는 정보를 의식적으로 무시하였고"라고 하여 상급자가 알았을 때뿐만 아니라 "정보를 의식적으로 무시하였을 때"도 형사책임을 지도록 하고 있는데, 법안은 이러한 경우는 포함하고 있지 않기 때문에 이러한 차이점을 고려하여 로마규정의 내용을 충실히 반영하는 방안을 검토할 필요가 있어 보인다'는 지적이 있다. 그러나, 실제 동 법안의 제15조 제1항과 제2항은 상급자가 부하의 범죄에 대하여 정보를 의식적으로 무시하였을 때"보다 더 완화된 주관적 요건인 과실

관책임과 실제로 2007년 제정된 국제범죄처벌법의 지휘관책임은 동
일성이 거의 없음에도 불구하고 어떠한 이유로 이러한 변경이 이루
어졌는지에 대한 설명은 발견하지 못하였다. 2011년 4월 12일 자구수
정을 위한 국제범죄처벌법의 일부개정이 있었다.[7]

기준을 규정하고 있었다. 따라서 이 지적은 동 법안에 영향을 주지 못하고
원안대로 통과되었다.
http://likms.assembly.go.kr/bill/jsp/BillDetail.jsp?bill_id=PRC_M0E7Q0Q1I0M
2Y1H8D3G5Y4C3X7E9A9 국회의안정보시스템 2016. 4. 24. 최종접속.

6) 국제범죄처벌법의 제정 이유는 2002. 11. 13. 비준된 「국제형사재판소에 관
   한 로마규정」의 국내적 이행을 위한 입법으로서, 국제형사재판소에서 관
   할하는 집단살해죄, 인도에 반한 죄 및 전쟁범죄 등의 처벌규정을 마련하
   는 한편, 외국인이 국외에서 범한 범죄도 처벌하는 등 형사법상의 특칙을
   규정하고, 국제형사재판소와의 범죄인 인도 및 형사사법공조 등 협력의
   근거를 마련하려는 것이다. 국제범죄처벌법의 제정이유에 지휘관책임에
   대한 특별한 언급은 보이지 않는다. 법제처 국가법령정보센터의 국제범죄
   처벌법 제정이유 참조.
   http://www.law.go.kr/lsInfoP.do?lsiSeq=81877&lsId=&efYd=20071221&chrClsCd=010202
   &urlMode=lsEfInfoR&viewCls=lsRvsDocInfoR#0000 2016. 4. 24. 최종접속.

7) 법 문장을 원칙적으로 한글로 적고, 어려운 용어를 쉬운 용어로 바꾸며, 길
   고 복잡한 문장은 체계 등을 정비하여 간결하게 하는 등 국민이 법 문장을
   이해하기 쉽게 정비하였다고 한다. "자"를 "사람"으로, "하거나"를 "또는"으
   로 고쳤고, 제15조 3항의 "고지하지"는 "알리지"로 개정되었다.
   http://www.law.go.kr/lsInfoP.do?lsiSeq=112303&lsId=&viewCls=lsRvsDocInfoR&chrClsCd
   =010102#0000 법제처 국가법령정보센터 2016. 4. 24. 최종접속

제2절 「국제범죄처벌법」의 지휘관책임

1. 개관

우리나라의 국제범죄처벌법은 전쟁범죄에 관하여 로마규정의 국제적 무력충돌과 비국제적 무력충돌의 2분법 분류체계를 따르지 아니하고 독일의 국제형법전의 예에 따라 전쟁법위반의 실질적 내용을 기준으로 분류하고 있는 점, 지휘관책임에 관하여 독일 국제형법전과 같은 분류 방식을 택한 점 등에 비추어 독일 국제형법전을 주로 참고하여 제정된 것으로 보인다. 국제범죄처벌법의 지휘관책임의 관련 규정은 독일 국제형법전과 유사한 구조를 가지고 있으므로 이하에서는 독일 국제형법전과의 비교를 통하여 그 내용을 살펴본다.[8]

국제범죄처벌법은 독일의 국제형법전이 상급자가 부하의 범죄를 고의로 방지하지 않은 경우와 이에 대하여 알지 못했던 경우로 구분하여 전자를 총칙의 지휘관책임으로(제4조), 후자를 각칙의 감독의무위반 범죄로(제13조) 규정하고, 범죄가 발생한 경우에 상급자가 이를 수사기관에 보고하지 않은 사안은 보고의무불이행죄(제14조)로 각칙에 규정한 3분법 체계를 그대로 따르지 않았다. 국제범죄처벌법은 하급자가 부하의 범죄를 알고 있는 경우를 총칙의 제5조에서 규정하였지만, 독일 국제형법전의 감독의무위반죄(제13조)와 범죄고지

---

8) 앞에서 본 바와 같이 독일 국제범죄처벌법 제4조와 제13조의 관계에 대한 불명확성이 지적되었듯이, 우리 국제범죄처벌법 제5조와 제15조 제1항, 제2항과의 관계가 불명확하다는 비판이 제기되고 있다. 이 견해는 규정 자체로는 제15조 제1항과 제2항이 부하의 범죄에 대하여 알고 있었던 경우와 모르고 있었던 경우가 모두 적용된다고 보고 있다. 박중섭, 부하의 전쟁범죄에 대한 지휘관의 형사책임, 인도법논총 27호, 대한적십자사 인도법연구소, 2007, 100면.

의무불이행죄(제14조)를 국제범죄처벌법 제15조에서 직무태만이라는 하나의 개념하에 통일적으로 구성하였다.

우리의 국제범죄처벌법상의 지휘관책임은 독일의 국제형법전과 유사한 내용을 규정하면서도 독일에 비하여 매우 간략한 표현을 사용하여 법규정을 만들었다. 이로 인하여 법규정의 각 문언들에 대하여 여러 가지 해석이 가능하게 되었고, 결국 그 내용이 난해해졌다. 정부안 원안대로 의결된 2007년 국제범죄처벌법 법률안의 지휘관책임의 입법 취지를 설명하는 자료가 없는 상황에서 실무에서 지휘관책임을 실제로 적용하는 것이 쉽지 않을 것으로 보인다.[9]

국제범죄처벌법 제5조, 제15조의 내용을 구체적으로 분석하기 전에 제5조와 제15조에 공통된 쟁점을 먼저 살펴본다.

1) 적용범위(형사재판권)와 시효

국제범죄처벌법 제3조(적용범위)는 제1항부터 제4항까지는 "이 법으로 정한 죄를 범한" 경우를 규정하면서 제5항에서는 "집단살해죄 등을 범"한 경우에 적용하도록 규정하고 있다. 한편, 국제범죄처벌법 제6조(시효의 적용 배제)는 "집단살해죄등"에 대하여 공소시효와 형의 시효에 관한 규정을 적용하지 않는다고 규정하고 있다. 동법 제2

---

9) 전쟁법에 많은 관심을 가진 국방부에서 발간된 자료를 보면 국제범죄처벌법의 지휘관책임과 관련된 규정에 관하여 군지휘관이 "일정한 요건"을 갖춘 경우에 형사책임을 진다고 해설하고 있음에 그치고 있다. 국방부, 전쟁법해설서, 2010, 126-221면; 법무부에서 발간된 국제형사재판소 관할 범죄의 처벌 등에 관한 법률 해설서에서도 제5조와 제15조의 해석에 참고가 될 만한 내용이 거의 없다. 김영석, 국제형사재판소 관할 범죄의 처벌 등에 관한 법률 해설서, 법무부, 2008, 32-47, 89면; 한편, 우리의 이행입법이 참고로 한 독일 국제형법전의 지휘관책임에 대하여도 난해하다는 지적이 있다. J. Bülte, Vorgesetztenverantwortlichkeit, 2015, S. 646.

조 제1호에 의하면 "집단살해죄등"이란 국제범죄처벌법 제8조부터 제14조까지의 죄를 말한다.

첫째, 국제법죄처벌법 제5조가 동법 제3조와 제6조의 적용 대상이 되는지가 문제된다. 제5조(지휘관과 그 밖의 상급자의 책임)는 상급자를 그 부하나 하급자가 범한 죄의 조문에서 정한 형으로 처벌한다고 하고 있지 제5조 자체가 범죄를 규정한 것은 아니다. 제5조의 지휘관책임이 제3조의 "이 법으로 정한 죄"가 아니라면 제5조의 책임이 성립하더라도 국제범죄처벌법 제3조가 적용되지 않기 때문에 국제범죄처벌법을 적용할 수 없는 문제가 발생한다. 따라서 제5조의 지휘관책임에 의하여 상급자는 "이 법으로 정한 죄"를 범한 것으로 해석되며 제3조 제1항부터 제4항이 적용된다. 한편, 제3조 제5항과 제6조는 "집단살해죄등"에만 적용되며 "집단살해죄등"이란 제8조부터 제14조까지의 죄를 말하기 때문에 역시 문언 자체로는 제5조를 포함하고 있지 않다. 제5조에 따르면 상급자는 8조부터 제14조까지의 범죄에 정한 형으로 처벌된다는 점, 제3조 제5항과 제6조가 배제하고자 했던 것은 제15조 직무태만죄와 제16조 사법방해죄로 보이는 점에 비추어 제5조의 지휘관책임은 제3조 제5항과 제6조의 적용에 있어서 "집단살해죄등"에 포함된다고 해석된다.

둘째, 국제범죄처벌법 제3조 제5항이 제15조 직무태만죄를 그 적용대상에서 배제한 입법의 타당성이 문제된다. 독일의 국제형법전 1조(적용범위)는 이러한 구분을 두지 않고 독일 국제형법전에 규정된 모든 범죄에 대하여 적용되도록 규정하고 있다. 이와 달리 우리 국제범죄처벌법 제3조 제5항은 대한민국 영역 밖에서 직무태만죄를 범하고 대한민국영역 안에 있는 외국인에게 적용하지 않고 있다. 부하의 국제범죄를 알면서 방지하지 않은 경우와 달리 다른 나라의 지도자가 제15조의 직무태만죄를 범한 경우는 외교적 마찰을 일으키면서까지 우리나라 형사재판권의 대상으로 할 필요는 없다고 입법자가 생각했던 것으로 추측된다. 제15조의 직무태만죄에는 여러 가지 유형의 지휘관책임이 포함되어 있어서 제15조에 규정된 직무태만죄 전체를 일률적으로 제5조의 지휘관책임보다 불법과 책임이 경미하다고 보는 입장에는 동의할 수 없다. 물론, 제3조 제5항은 "외국인"에게만 해당되는 내용이므로 "내국인"에 대하여 우리나라 법원이 ICC에 우선하여 가지는 재판권을 상실하는 문제는 발생하지 않는다.

셋째, 현행 국제범죄처벌법은 지휘관책임과 관련된 제15조 직무태만죄에 대하여 시효가 적용되도록 하고 있다.[10] 국제형법은 지휘관책임을 지는 상급자에 대하여 시효의 적용을 배제하고 있다(로마규정 제29조 참조). 이것은 상급자가 반드시 중한 형벌을 받아야 한다는 의미는 아니다. 우리나라 국제범죄처벌법상의 일부 국제범죄는 형법에 의하여 시효가 적용되는 국내법상의 범죄들보다 그 법정형이 낮다. 예를 들어 국제범죄처벌법 제12조에 규정된 인도적 활동이나 식별포장 등에 관한 전쟁범죄는 3년 이상의 징역에 처하도록 하고 있다. 이 보다 법정형이 높은 형법의 범죄들에 대하여 시효를 적용하면서도 이 죄에 대하여는 국제범죄라는 이유로 시효를 적용하지 않고 있다. 결국 국제범죄처벌법 제15조의 직무태만죄에 대하여 시효를 적용하도록 한 이유가 그 법정형이 낮기 때문이라고 주장할 수는 없다.

우리의 태도는 독일의 국제형법전으로부터 영향을 받은 것으로 보인다. 그러나 독일이 국제형법전 제13조, 제14조에 대하여 시효를 적용하는 이유는 독일의 역사와 관련이 있다. 따라서 독일과 입장이 다른 우리나라에서 이런 태도를 따를 특별한 정책적 이유는 없다.

---

10) 제6조(시효의 적용 배제) 집단살해죄등에 대하여는 「형사소송법」 제249조부터 제253조까지 및 「군사법원법」 제291조부터 제295조까지의 규정에 따른 공소시효와 「형법」 제77조부터 제80조까지의 규정에 따른 형의 시효에 관한 규정을 적용하지 아니한다.

국제범죄처벌법 제6조에 따라 국제범죄처벌법 제15조의 직무태만죄에 대하여 시효가 적용되기 때문에 국제범죄에 대하여 책임을 져야할 상급자를 처벌하지 못하고, ICC가 우리나라의 형사재판권에 우선하여 재판권을 행사할 수 있는 상황이 발생할 수 있다.

2) 상급자의 정의

지휘관책임의 과실 유형에 있어서 로마규정, 독일 국제형법전 제13조 제1항과 제2항은 군지휘관보다 민간인 상급자(문민실권자)에 대한 성립요건을 어렵게 규정하고 있다. 이에 비하여 우리는 군지휘관과 단체·기관의 상급자("민간인 상급자")를 구별하고 있지만 지휘관책임과 관련된 규정에서 그 법적 효과에 차이를 두고 있지는 않다.[11] 우리나라의 국제범죄처벌법에 있어서 군지휘관은 사실상의 군지휘관(지휘관의 권한을 사실상 행사하는 사람)을 포함하고, 단체·기관의 상급자는 사실상의 상급자(상급자의 권한을 사실상 행사하는 사람)을 포함하므로 결국 우리 법에는 군지휘관, 사실상의 군지휘관, 단체·기관의 상급자, 단체·기관의 사실상 상급자라는 4가지 분류가 존재하지만, 이러한 구분의 실익은 규정 자체로는 존재하지 않는다(국제범죄처벌법 제5조, 제15조).[12] 논의의 편의를 위하여 이하에서 "상급자"라고 하는 경우에는 위 4가지 경우를 모두 포함하여, 군지휘관에 대응하는 부하, 민간인 상급자에 대응하는 하급자를 모두 "부하"로 지칭한다. 장래에 있어서는 지휘관책임이 적용대상에

---

11) 국제범죄처벌법은 지휘관책임 외에도 제4조에서 상급자의 명령에 따른 행위의 법적 효과를 규정하면서 "상급자"라는 용어를 사용하고 있다.
12) 민간인 상급자(문민실권자)를 법적인 상급자와 사실상의 상급자로 나누어 상급자의 유형을 4가지로 분류하는 입법례는 독일의 국제형법전에서 볼 수 있다(독일 국제형법전 제4조).

있어서 군에 대하여는 지휘관, 민간 조직에 대하여는 문민실권자라
는 용어를 쓰고 이들의 상위 개념으로 "지도자"라는 용어를 쓰는 것
을 제안한다.[13]

　한편, 국제범죄처벌법은 제5조에서 부하 또는 하급자라는 표현을
쓰고 있다. 부하는 군대의 지휘관의 부하이고, 하급자는 단체·기관
의 상급자의 하급자라는 표현으로 쓰인 것이다. 그렇다면, 제15조에
서도 이러한 용어례를 유지하여야 함에도 불구하고 제15조 제3항에
서는 부하 또는 하급자라고 쓰면서도, 제15조 제1항에서는 부하라고
만 규정하고 있다. 제15조 제1항에서 민간인 하급자를 제외하여야
할 아무런 이유가 없는 점에 비추어 입법의 실수로 보인다.

　ICTY와 ICC에서 지휘관책임의 성립요건인 상급자와 하급자의 관
계는 상급자가 하급자에 대하여 "실효적 통제"를 가지고 있는지 여
부이다.[14] 국제범죄처벌법 제5조와 제15조는 지휘관과 부하 또는 민

---

13) 지휘관책임에서 사용되는 민간인 상급자(civilian superior)의 취지를 전달하
　　는 우리말을 찾기는 것은 쉽지 않다. 상급자라는 용어는 자기보다 직위나
　　직책이 높은 경우를 의미하는 것에 불과하여 조직의 의사결정권자로서 부
　　하의 범죄에 관하여 책임을 져야 하는 신분이나 지위를 의미하는 용어로
　　는 부적절하다. 문민실권자, 문민통솔자와 같은 용어는 사실상의 의사결
　　정권자, 명령권자까지 포함하기 때문에 법적인 민간인 상급자나 사실상의
　　민간인 상급자와 같은 불필요한 용어를 만들 필요가 없다는 점에서 장점
　　이 있지만, 일상적으로 사용되는 용어가 아니라는 문제도 있다.

14) Prosecutor v. Aleksovski, (Case No. IT-95-14-1) Trial Chamber Judgement, 25 June
　　1999, para. 173; Prosecutor v. Delalić et al., (Case No. IT-96-21) Trial Chamber
　　Judgement, 16 November 1998, para. 378; Prosecutor v. Delalić et al., (Case No.
　　IT-96-21) Trial Chamber Judgement, 16 November 1998, para. 371; Prosecutor v.
　　Delalić et al., (Case No. IT-96-21) Appeals Chamber Judgement, 20 February 2001.
　　para. 193; Prosecutor v. Jean-Pierre Bemba Gombo, (Case No. ICC-01/05-01/08-424)
　　Pre-Trial Chamber II Decision Pursuant to Article 61(7)(a) and (b) of the Rome
　　Statute on the Charges of Prosecutor Against Jean-Pierre Bemba Gombo, 15 June
　　2009, paras. 412-415.

간인 상급자와 하급자의 관계의 존부를 실효적 "지휘"와 "통제"라는 기준에 의해서 결정한다. 현재의 학설, ICTY와 ICC 판례는 로마규정이 사용하고 있는 실효적 지휘나 실효적 권위의 의미와 그 상호 관계에 대하여 명확한 설명을 하지 못하고 있다. 이러한 상황에서 우리 국제범죄처벌법이 전통적인 실효적 "통제" 기준을 두고 실효적 "지휘"와 통제"를 지휘관책임의 기준으로 규정한 것은 타당하지 못하다.[15]

3) 작위의무 발생의 상황과 작위의무의 내용

독일의 국제형법전 제4조와 제13조의 구분은 주관적 요건에서 보면 부하의 범죄에 대한 고의와 예견가능성(과실)에 따른 것이다. 즉 부하가 범죄를 저지르려는 동일한 상황에 대하여 고의로 방지하지 않았으면 제4조, 알 수 있었는데도 방지하지 않았으면 제13조가 적용된다. 우리 국제범죄처벌법의 제5조와 제15조 제1항은 독일 국제형법전처럼 주관적 요건을 기준으로 분류된 것이 아니다. 국제범죄처벌법 제5조는 상급자가 부하의 범죄를 알고 있는 경우이지만, 독일 국제형법전 제13조에 대응하는 우리 국제범죄처벌법 제15조 제1항과 제2항은 부하의 범죄에 대하여 알고 있어야 하는지 여부에 대하여 언급을 하고 있지 않다.

제15조 제1항의 "제지"는 어떤 것을 못하게 한다는 의미이다. 제15조 제1항이 범죄가 발생하고 있는 중인 상황을 상정한 것이라면, 상급자는 발생하고 있는 범죄를 막고 이미 발생한 부분에 대하여는 스스로 처벌을 하거나 관할 당국에 알려서 처벌토록 해야 하는 의무가 발생한다.[16] 이에 해당하는 로마규정 제28조와 1977년 제1추가의정서

---

15) 독일 국제형법전 제4조 제2항(사실상의 명령권 또는 지휘권과 통제)의 영향을 받을 것으로 추측된다.

제86조(2)은 "repress"를 사용하고 있고 이에 대한 외교부의 공식 번역은 "억제"이다. "제지"나 "억제"라는 용어 자체가 개념이 명확히 확립된 법률용어라고 보기는 어려운 점에 비추어 이것을 큰 문제라고 보기는 어렵다. 그러나, 이 용어와 관련된 외교부의 공식 번역이 2번이나 나와 있고, 이러한 번역이 특별히 잘못된 것도 아니고 어떤 문제점이 지적된 적도 없는 않는 상황에서 다른 용어를 사용함으로써 혼란을 초래하는 것은 바람직하지 않다.[17]

다른 문제는 "억제"냐 "제지"냐라는 용어 선택의 차이가 아니다. 제5조에서 부하가 범죄를 "범하고 있거나 범하려는 것"을 "방지"하지 않은 경우를 규정하고 있다. 제15조 제1항과 제2항은 부하가 범죄를 "범하는 것"을 "방지"하거나 "제지"하지 못한 경우를 규정하고 있다. 제5조의 "범하고 있거나 범하려는 것"이 제15조 제1항과 제2항의 "범하는 것"과 같은 상황인지, 어떤 이유로 다른 문구를 사용하고 있는지, 제5조에는 "범하고 있거나 범하려는 것"이라는 두 가지 상황에서 "방지"라는 하나의 의무를 대응시키고, 제15조 제1항에서는 "범하는 것"이라는 하나의 상황에 대하여 "방지하거나 제지"라는 두 가지 조치를 대응시킨 이유를 알 수가 없다. 국제형법의 일반적 견해는 상급자의 작위의무를 부하의 범죄의 진행단계에 따라 예방, 억제, 처벌

---

16) 앞에서 본 바와 같이 필자는 부하의 범죄에 대한 상급자의 방지, 억제, 처벌, 보고의무를 부하의 범죄 상황의 진행단계 별로 구분하여 규정하는 것은 타당하지 않다고 보는 입장이다. 반면에 국제형법의 주류적 견해는 부하의 범죄에 대한 방지, 억제, 처벌(보고) 의무가 부하의 범죄의 진행단계에 따라 순차적으로 발생한다고 설명하고 있다. 이하에서는 국제형법의 주류적 견해에 따라 설명한다.

17) 외교부는 로마규정 제28조에서는 prevent를 "방지"라고 번역하고 1977년 제1추가의정서 제86조(2)에서는 prevent를 "예방"이라고 번역하고 있다. 지휘관책임에서 prevent는 "예방"이 더 적절한 번역으로 보이는데 이미 "방지"라는 용어가 많이 사용되고 있고 국제범죄처벌법도 "방지"라는 용어를 "제지"와 같이 사용함으로써 "방지"의 의미는 "예방"의 뜻으로 사용되고 있다.

(보고)로 분류하고 있다. 우리 말의 "방지"라는 개념은 미리 방지한다는 의미(예방)와 현재 발생하는 것을 제지하거나 중단시킨다는 의미를 모두 포함할 수 있다. 따라서 우리의 "방지"라는 용어는 "제지"라는 표현이 없어도 "예방"과 "제지"를 모두 포함할 수 있다. 결국 혼란은 제15조 제1항이 "방지하거나 제지"하지 못한 사람이라는 표현을 사용함으로써 방지와 제지를 구별하여 사용한 것에서 비롯된다. "제지"가 "방지"에 포함된다면 제15조 제1항과 같이 규정한 것은 모순이다. 따라서 제15조 제1항에 의하면 "방지"와 "제지"는 다른 것이며, "방지"는 "예방"만을 의미한다고 보아야 하는데 그렇게 되면 같은 법에 규정된 제5조의 "방지"가 "예방"만을 의미하고 "제지"는 포함하지 못하는 문제점이 발생한다.

이 문제를 해결하는 방법은 입법자의 실수를 인정하고 입법취지를 감안하여 제5조의 "방지"는 제15조 제1항의 "방지와 제지"와 같다고 해석하는 것이다. 제5조의 "방지"와 제15조 제1항의 "방지와 제지"는 실질적으로는 "예방과 제지"를 의미한다고 보는 것이다. 이러한 해석은 제5조에서 하급자가 집단살해죄등을 "범하고 있거나"라고 하는 상황을 구성요건에 포함시킨 점을 고려하면 충분히 인정된다.

4) 부하의 범죄의 발생의 이중적 성격

앞에서 언급한 바와 같이 국제범죄(미수범 포함)의 발생은 국제범죄처벌법 제3조에 의하여 국제범죄처벌법의 적용범위, 즉 재판권의 발생 요건이다. 한편, 지휘관책임은 부하의 범죄가 발생한 경우에 처벌을 받는 것이므로 개념 자체가 부하의 범죄를 필요로 한다. 국제범죄처벌법 제5조에서는 "그 집단살해죄등을 범한 사람을"이라는 문언, 제15조에서는 "실효적인 지휘와 통제하에 있는 부하가 집단살해죄등을 범하는 것을 방지하거나 제지하지 못한 사람"이라는 문언이 부하의 범죄의 발생과 관련된 표현으로 검토될 수 있다.

　제5조의 "그 집단살해죄등을 범한 사람을 처벌하는 외에 그 지휘 관 또는 상급자도 각 해당 조문에서 정한 형으로 처벌한다."는 문언에서 "그 집단살해죄등을 범한 사람을 처벌하는 외에"를 주의적인 규정으로 해석하여 특별한 요건이 아니라고 보거나, 제15조의 "실효적인 지휘와 통제하에 있는 부하가 집단살해죄등을 범하는 것을 방지하거나 제지하지 못한"이라는 표현이 상급자가 방지나 제지의무를 이행하지 않은 부작위만을 의미한다고 해석하는 경우에는 우리 국제범죄처벌법의 지휘관책임 관련규정은 부하의 범죄의 발생을 요건으로 하지 않게 된다. 이렇게 해석하면 부하의 국제범죄의 발생은 순수한 의미의 재판권의 요건으로 해석될 가능성도 있다. 즉 제5조와 제15조는 부하의 범죄의 발생이라는 요건을 요구하지 않고 부하의 범죄의 발생은 순수한 재판권의 요건이 되어 국제범죄처벌법 제3조의 적용문제로 귀결된다.

　국제형법상의 지휘관책임에서 부하의 국제범죄의 발생은 보편적 관할권(의 대상이 되는 요건이면서 지휘관책임의 성립요건이다. 지휘관책임 자체가 부하의 범죄의 발생을 전제로 발전한 원칙인데 이러한 요건을 순수한 재판관할권의 요건으로 보아 지휘관책임의 성립요건에서 배제하는 것은 타당하다고 할 수 없다. 따라서 우리나라 국제범죄처벌법에서도 부하의 국제범죄의 발생은 재판권의 요건이면서 동시에 지휘관책임의 성립요건의 하나라고 할 것이다. 지휘관책임의 성립요건으로서의 부하의 범죄의 법적 성질은 뒤의 제5조와 제15조의 분석에서 보듯이 객관적 처벌조건의 하나이다.

　국제범죄처벌법 제3조는 "이 법으로 정한 죄"(제1항부터 제4항)를 범한 자와 "집단살해죄등"(제5항)을 범한 자를 구별하여 규정하고 있다. 여기서 국제범죄처벌법 제3조의 적용대상이 되는 "이 법으로 정한 죄"와 "집단살해죄등"은 부하의 범죄가 아니라 국제범죄처벌법으

위반으로 처벌된다. 반면에 국제범죄처벌법 제15조 제1항과 제2항은 상급자가 고의 또는 과실로 직무를 게을리 하거나 유기하여 부하의 범죄를 방지하지 못하거나 제지하지 못한 경우에 처벌되며 독일 독일 국제형법전과 달리 부하의 범죄에 대한 예견가능성이나 방지가능성을 명문으로 요구하고 있지 않다. 또한 독일 국제형법전은 부하의 범죄의 발생이라는 요건을 명확히 하여 포함시키고 있는 점에 반하여 우리 국제범죄처벌법 제15조는 이러한 요건을 명시적으로는 표현하고 있지 않다. 따라서 우리 국제범죄처벌법 제15조 제1항과 제2항을 해석하기 위하여는 먼저 부하의 범죄의 발생이 제15조 제1항과 제2항의 요건인지를 판단하여야 한다.

제15조 제1항과 제2항은 간결한 표현을 사용하여 문언의 표현이 다양한 해석의 가능성을 가지고 있고, 제2항에서 "제1항의 행위"라고 지시한 것이 여러 가지로 해석될 수 있기 때문에 모든 가능한 해석을 한꺼번에 비교분석하는 것이 어렵다. 따라서 제15조 제1항의 "직무를 게을리하거나 유기하여"는 "고의" 행위를 의미하고, 제15조 제2항의 "제1항의 행위"는 "군대의 지휘관 또는 단체·기관의 상급자로서 직무를 게을리하거나 유기하여"를 가리킨다는 것을 전제로 하여 일단 해석한다. 논의의 편의를 위하여 이하에서는 제15조의 "직무를 게을리하는 경우"는 "직무해태"로 지칭하고 "직무를 유기하는 경우"는 "직무유기"로 지칭한다. 따라서 제15조의 "직무태만"은 제1항과 제2항의 "직무해태"와 "직무유기"를 포함한다.

2) 진정부작위범인지 부진정부작위범인지

국제범죄처벌법 제15조 제1항과 제2항이 참고로 한 독일 국제형법전 제13조에 대하여는 진정부작위범이라는 견해와 부진정부작위범이라는 견해가 대립되고 있다.[34] 직무태만죄의 규정을 만든 입법

자가 염두에 둔 것으로 보이는 우리 형법 제122조의 직무유기죄[35]에
대하여도 진정부작위범설과 부진정부작위범설이 대립하고 있다.[36]
형법의 직무유기죄에서 직무를 거부하거나 직무를 유기하는 것은
결국 작위의무를 이행하지 않는다는 것을 의미하므로 그 본질은 요
구되는 작위의무를 부작위한 것에 있다. 작위에 의해서 직무유기를
할 수 있다는 이유로 직무유기죄의 진정부작위범으로서의 법적 성
격이 변한다고 볼 수 없다. 부작위범의 구성요건인 작위의무위반은
부작위뿐만 아니라 작위에 의해서 가능하기 때문이다.[37] 국제범죄처
벌법 제15조 제1항과 제2항의 조문의 형식상 직무를 게을리하거나
유기함으로써 작위의무를 이행하지 않는 것, 즉 부작위를 핵심 요건
으로 규정하고 있으므로 진정부작위범이라고 본다.[38]

---

34) MüKo-StGB/Weigend, § 13 VStGB Rn. 25; J. Bülte, i2015, S. 708; BT-Drs. 14/8524,
   S. 36.
35) 형법 제122조(직무유기) 공무원이 정당한 이유 없이 그 직무수행을 거부하
   거나 그 직무를 유기한 때에는 1년 이하의 징역이나 금고 또는 3년 이하의
   자격정지에 처한다.
36) 판례는 형법 제122조 소정의 직무유기죄는 이른바 부진정부작위범으로서
   구체적으로 그 직무를 수행하여야 할 작위의무가 있는데도 불구하고 이러
   한 직무를 버린다는 인식하에 그 작위의무를 수행하지 아니한 사실이 있
   어야 한다고 하고 있다. 대법원 1983.03.22. 선고 82도3065 판결; 대법원
   1972.09.12. 선고 72도1175 판결; 대법원 1965.12.10. 선고 65도826 전원합의체
   판결; 한편 학설은 부진정부작위범이라는 견해, 진정부작위범이라는 견해,
   직무수행의 거부는 진정부작위범, 직무유기는 부진정부작위범이라는 견
   해가 대립하고 있다. 이재상/장영민/강동범, 형법각론 제10판, 박영사, 2016,
   704면; 김성천/김형준, 형법각론 제5판, 도서출판 소진, 2015, 802-803면; 정영
   일, 형법각론 제3판, 박영사, 2011, 756-757면; 김성돈, 형법총론 4판, 성균관
   대학교 출판부, 2015, 545-546면; 오병두, 직무유기의 성립범위에 관한 연구,
   홍익법학 제14권 제2호, 홍익대학교 법학연구소, 2013, 558-562면.
37) 김성천/김형준, 형법각론, 2015, 803면 참조.
38) 국제범죄처벌법 제15조 제1항과 제2항에 대하여 (진정)부작위범으로 보는
   견해가 있으나 그 근거에 대하여는 특별한 설명이 없다. 박중섭, 부하의
   전쟁범죄에 대한 지휘관의 형사책임, 인도법논총 27호, 대한적십자사 인도

3) 부하의 국제범죄

(1) 부하의 국제범죄의 법적 성격

제15조 제1항과 제2항에서 부하의 국제범죄의 발생의 법적 성격이 문제된다. 법문의 구조에 비추어 고의(제15조 제1항)와 과실(제15조 제2항)은 직무태만에 관한 것이지 부하의 범죄에 대한 고의나 과실을 의미하지 않는다. 우리 국제범죄처벌법 제15조 제1항의 규정은 그 문언 자체로는 부하의 범죄의 발생에 대하여 상급자가 고의나 과실이 있어야 하는지에 대하여 어떠한 언급도 하고 있지 않다. 독일 국제형법전 제13조의 입법자들은 동조에서 부하의 범죄의 발생을 객관적 처벌조건이라고 보았다. 이에 대하여 독일 국제형법전 제13조가 부진정부작위범이라고 하면서 부하의 범죄의 발생을 순수한 객관적 처벌조건으로는 볼 수 없다는 견해가 있다.[39] 이 견해는 독일 국제형법전 제13조 제1항이 상급자가 하급자의 범죄사실을 인식할 수 있었고, 하급자의 범죄를 방지할 수 있었을 것을 요건으로 하고 있다는 점을 근거로 하였다. 그러나, 우리 국제범죄처벌법 제15조 제1항과 제2항은 이러한 요건을 요구하지 않고 있다. 입법자는 국제범죄처벌법 제15조 제1항과 제2항을 진정부작위범으로 구성하고 그 불법과 책임의 핵심을 부하의 범죄를 발생하게 한 상급자의 직무태만(부작위)에서 찾고 있다. 따라서, 제15조 제1항과 제2항에서 부하의 범죄의 발생은 상급자의 고의나 과실이 요구되지 않는 객관적 처벌조건이며, 이 점에서 같은 객관적 처벌조건이지만 그에 대한 상급자의 인식가능성을 요구하고 있는 독일 국제형법전 제13조의 부하의 범죄의 발생과는 다르다. 뒤에서 보는 바와 같이 제15조 제1항의 문

법연구소, 2007, 100면.

39) BT-Drs. 14/8524, S. 36; MüKo-StGB/Weigend, § 13 VStGB Rn. 25; J. Bülte, Vorgesetztenverantwortlichkeit, 2015, S. 708.

언에 따라 상급자의 직무태만과 부하의 범죄 발생 사이에 인과관계
가 요구되며, 이러한 점에서 특수한 객관적 처벌조건이다.[40]

(2) "부하가 집단살해죄등을 범하는 것을 방지하거나 제지하지 못한"

"부하가 집단살해죄등을 범하는 것을 방지하거나 제지하지 못한"
이라는 표현은 일상용어에 가깝고 형법의 처벌규정의 문언으로는
적절하지 않다. 이 표현의 해석의 단서는 제15조 제1항과 제2항에서
는 부하의 국제범죄의 발생이라는 요건이 명시적으로 나타나고 있지
않다는 점에서 찾을 수 있다. 다음과 같은 견해들이 있을 수 있다.

"부하가 집단살해죄등을 범하는 것을 방지하거나 제지하지 못한"
이라는 표현을 부하가 집단살해죄등을 범하는 것을 방지하거나 제
지하지 않았다는 순수한 부작위(행위)를 표현한 것으로 해석하는 방
안이 있을 수 있다(부작위설). 우리 입법자가 제15조 제1항에서 부하
의 국제범죄의 발생이라는 요건을 포함시키려는 의도가 있었는지는
불명확하지만 국제범죄(미수 포함)가 발생하지 않았다면 이것은 국
내 형법의 문제일 뿐이며, 국제범죄처벌법에 규정하여 이를 처벌하
여야 할 이유가 없다. 따라서 제15조 제1항의 "부하가 집단살해죄등
을 범하는 것을 방지하거나 제지하지 못한"이라는 표현을 상급자가
부하의 범죄를 방지하거나 제지하지 않은 부작위만으로 해석하는
것은 국제범죄를 처벌하려는 국제범죄처벌법의 목적에 부합하지 않
는다. 이러한 해석은 고려의 대상이 되지 못한다.

---

40) 객관적 처벌조건은 보통 그에 대한 고의나 과실이 요구되지 않는다. 한편,
피고인의 행위와 객관적 처벌조건의 발생 사이에 인과관계에 대하여는 아
직 명확히 규명되었다고 보기는 어렵지만, 이를 요구하지 않는다고 보는
것이 일반적인 견해로 보인다. Sch/Sch/Eisele, Vorbem. §§ 3 ff., Rn. 126; Sch/
Sch/Stree/Sternbert-Lieben, § 231 Rn. 6 참조.

제15조 제1항이 국제범죄처벌법의 규정으로서 의미를 갖기 위하여는 부하의 국제범죄의 발생이라는 요건을 포함시켜야 한다. 이러한 요건은 실효적인 지휘와 통제하에 있는 부하가 집단살해죄등을 범하는 것을 방지하거나 제지하지 "못한"이라는 표현 속에서 찾을 수 있다. 즉, 입법자는 실효적인 지휘와 통제하에 있는 부하가 집단살해죄등을 범하는 것을 방지하거나 제지하지 못하였다는 표현을 통하여 부하가 집단살해죄등을 범했다는 것을 의미했다고 해석할 수 있다.

"실효적인 지휘와 통제하에 있는 부하가 집단살해죄등을 범하는 것을 방지하거나 제지하지 못한"이 단순히 부하의 범죄의 발생이라는 요건만을 의미하는지 더 나아가 상급자가 "실효적인 지휘와 통제하에 있는 부하가 집단살해죄등을 범하는 것을 방지하거나 제지하지 않은 행위"(상급자의 부작위)를 포함하는지가 문제된다. 이에 대하여는 먼저 다음과 같은 두 가지 해석 방법이 있을 수 있다. 첫째는 "실효적인 지휘와 통제하에 있는 부하가 집단살해죄등을 범하는 것을 방지하거나 제지하지 못한"을 상급자의 부작위와 부하의 범죄 발생이 병존하는 것으로 해석한다(부작위와 결과 병존설). 둘째는 부하가 집단살해죄등을 범하였다는 결과만을 의미하고 상급자가 부하의 범죄를 방지하거나 제지하지 않은 부작위를 포함하지 않는다고 보는 것이다(결과설).

부작위와 결과 병존설은 Triffterer가 로마규정 제28조의 모두 문구 (chapeau element)에 있는 "적절하게 통제하지 못한"(failure to exercise control properly)이라는 문언이 지휘관책임의 범죄방지, 억제, 처벌, 보고의무위반(부작위)과 별도로 요구되는 독립한 부작위라고 구성한 것과 유사한 해석 방식이다. 앞에서 본 바와 같이 Triffterer의 견해는 현재 적어도 범죄방지, 억제의무의 위반과 관련하여서는 동의를 얻지 못하고 있다(제4장 제2절 Ⅲ. 2. 참조). "실효적인 지휘와 통제하에 있는 부하가 집단살해죄등을 범하는 것을 방지하거나 제지하지 못한"이라는 문언에서 별도의 부작위라는 요건을 찾는 것은 Triffteter의 주장에 대해서와 마찬가지로 다음과 같은 비판을 할 수 있다. 형법상 고의를 요구하는 표현이 없어도 과실과 같은 특별한 주관적 구성요건이 명시되지 않은 범죄행위는 주관적 요건으로 고의를 요구한다. 제5조에서 고의의 부하의 범죄방지의무불이행을 부하의 범죄에 정한 형으로 처벌하면서, 제15조 제1항에서 고의의 직무태만과 고의의 부하의 범죄방지의무불이행을 결합한 범죄규정을 다시 둘 이유도 없고, 이렇게 고의를 요구하는 범죄에 대하여 겨우 7년 이하의 징역에 처한다는 것은 제5조의 법정형과 균형이 맞지 않는다.

한편 결과설에 대하여는 제15조 제1항의 "부하가 집단살해죄등을 범하는 것을 방지하거나 제지하지 못한"이라는 문언에서 명시적으로 표현된 부하가 범죄를 범하는 것을 '"방지하거나 제지"하지 못한'이라는 부작위를 무시하는 것이다. 제15조 제1항의 "방지하거나 제지하지 못한"에서 부하의 범죄라는 결과만을 남기고 상급자의 부작위라는 요소를 제거하는 것은 문언의 상식적인 의미를 벗어난다. 그러나, 이러한 부작위에 고의가 필요하다고 해석하는 것도 제5조와 제15조의 관계, 그리고 제15조 제1항의 법정형에 비추어 부당하다. 가능한 해석은 "방지하거나 제지하지 못한"이라는 표현은 상급자의 부작위와 부하의 범죄의 발생이라는 결과를 모두 포함하며 이 전체가 객관적 처벌조건이 된다고 보는 것이다. 따라서, 제15조 제1항의 "방지하거나 제지하지 못한"에 포함된 상급자가 부하의 범죄를 방지하거나 제지하지 "않은" 부작위에 대하여는 상급자의 고의가 요구되지 않는다(부작위와 결과 결합설). 뒤에서 보는 바와 같이 상급자가 부하의 범죄를 방지하거나 제지하지 않은 부작위에 과실을 요구할 수 있는 근거도 없으므로 결국 상급자가 부하의 범죄를 방지하거나 제지하지 않은 부작위 자체에는 고의나 과실이 요구되지 않는다.

(3) 인과관계

국제범죄처벌법 제15조 제1항은 군대의 지휘관 또는 단체·기관의 상급자로서 직무를 게을리하거나 유기하여 실효적인 지휘와 통제하에 있는 부하가 집단살해죄등을 범하는 것을 방지하거나 제지하지 못한 사람을 처벌한다. 그 기본적 구조는 상급자가 직무태만"하여" 부하의 범죄를 제지하거나 방지하지 못한 것이다. 따라서, 상급자의 부작위(방지 또는 제지하지 않은 행위)와 부하의 국제범죄의 발생은 상급자의 직무태만의 결과일 것이 요구된다.

4) 상급자의 과실이 요구되는지

국제범죄처벌법 제15조 제1항과 제2항은 상급자의 직무태만에 대하여 고의와 과실을 규정하고 있으나 상급자가 부하의 범죄에 대하여 알고 있었는지 여부에 대한 규정을 포함하고 있지 않다. 독일 국제형법전 제13조의 해석과 관련하여 Weigend는 상급자가 부하의 범행 또는 그 범행의 구체적 가능성을 실제로 예견했고, 그리고 부하의 범죄를 제지, 방지할 수 있는 가능성(Abwendungsmöglichkeit)을 인식했다면 독일 국제형법전 제13조가 적용되지 않고 국제형법전 제4조가 적용된다고 한다.[41] 이러한 해석은 독일 국제형법전 제13조의 입법취지와 제13조의 법문이 하급자의 범죄사실에 대한 인식가능성과 방지가능성을 규정하고 있다는 점에 근거한 것이다.[42] 우리 국제범죄처벌법 제15조 제1항은 위와 같은 요건들을 포함하고 있지 않지

---

41) MüKo-StGB/Weigend, § 13 VStGB Rn. 27.
42) 입법이유서는 감독자가 부하들의 임박한 범죄를 인식하지 못하고 따라서 독일 형법의 원칙에 따라 고의가 없기 때문에 부하의 관련 범죄에 대하여 정범으로 처벌할 수 없는 경우를 포함하기 위하여 제13조를 만들었다고 명시적으로 설명하고 있다. BT-Drs. 14/8524, S. 19; J. Bülte, Vorgesetztenverantwortlichkeit, 2015, S. 707.

만 상급자의 부하의 범죄에 대하여 알았던 경우는 국제범죄처벌법 제5조에서 규정하고 있고, 제5조의 법정형이 제15조 제1항과 제2항에 비하여 중하기 때문에 제15조 제1항과 제2항은 상급자가 부하의 범죄에 대하여 몰랐던 경우에만 적용된다고 해석할 것이다. 나아가 상급자가 부하의 범죄에 대하여 알지 못한데 과실이 있어야 하는지가 문제된다.

제15조 제1항의 문언은 상급자가 부하의 범죄에 대하여 알았어야 했음에도 불구하고 이를 알지 못한 경우를 포함하는지 명확하지 않다. 제5조와 제15조 제1항과의 관계를 통해 부하의 범죄에 대하여 인식이 있었던 경우는 제5조가 적용되기 때문에 제15조 제1항이 적용되지 않는다는 해석은 제15조 제1항이 상급자가 부하의 범죄에 대하여 인식이 없는 경우에 적용된다는 결론을 도출하게 한다. 그러나, 이러한 해석에 의해 제15조 제1항에 상급자가 과실로 부하의 범죄를 몰랐다는 요건을 만들어 줄 수는 없다.[43] 뒤에서 보는 바와 같이 상급자가 부하의 범죄를 알지 못한 과실이 요구되는지는 제15조 제1항과 제2항이 결과적 가중범인지 여부와 관련된다.[44]

---

43) 고의나 과실로 직무를 게을리하거나 유기하였다는 것은 자신의 직무에 관한 요건이고 부하의 범죄에 대하여 상급자가 인식을 하지 못한 것이 과실이라는 것을 표현하는 것이 아니다. 제15조 제1항과 제2항은 부하의 범죄에 대한 상급자의 주관적 요건에 대하여 어떤 기준도 제시하고 있지 않다. 2004년 국제형사재판소 관할범죄의 처벌등에 관한 법률안은 제5조 제1항에서 명시적으로 군지휘관이 부하가 범죄를 범하거나 범하려 함을 알거나 또는 "정황상 알았어야 했던 경우에" 필요한 조치를 취하지 않은 경우를 포함하고 있었다. 당시의 공청회에서 문제되었던 것은 제5조 제2항의 민간인 상급자(문민실권자)에 대하여 고의만을 요구하고 로마규정과 달리 무모함 기준을 포함시키지 않았었다는 것이었다. 무모함 기준이 영미법의 주관적 요건으로 인정되고 있지만, 우리 법체계에서의 위치는 명백하지 않다. 따라서 이러한 기준을 받아들이지 않은 것 자체는 논쟁의 여지가 있지만 문제점이라고 보기는 어렵다. 그런데, 2004년 법률안에 있었던 과실 요건이 현행 국제범죄처벌법 제5조, 제15조에는 포함되어 있지 않다.

5) 결과적가중범 여부

국제범죄처벌법 제15조 제1항과 제2항이 결과적 가중범을 의도하였는지는 명확하지 않다. 제15조 제1항은 우리 형법의 각칙에서 결과적 가중범[45]이라고 지목되는 규정들과 약간의 표현 차이는 있지만 구조가 유사하다. 각칙의 결과적 가중범은 사람의 신체를 상해하여 사망에 "이르게" 한 자(형법 제259조 제1항 상해치사죄), 강간을 범한 자가 사람을 상해에 "이르게" 한 때(형법 제301조 강간치상) 또는 사망에 "이르게" 한 때(형법 제301조의2 강간치사)라는 표현을 쓰고 있다. 결과적 가중범에서 사용하는 사망이나 상해에 "이르게" 하였다는 표현은 기본범죄를 한 자에 의하여 중한 결과가 발생하였다는 인과관계를 요구한다.

한편 앞에서 본 바와 같이 제15조 제1항과 제2항은 '상급자가 직무태만"하여" 부하의 범죄가 발생하였다"라는 구조로 되어 있어서 상급자의 직무태만과 부하의 범죄 발생 사이에 인과관계를 요구하고 있다. 이러한 점에 착안하여 직무태만을 기본범죄라고 본다면 국

---

44) 국제범죄처벌법 제15조가 상급자의 과실에 의한 형사책임을 규정하고 있다는 견해가 있으나 이 견해는 더 이상의 설명이 없다. 김영석, 국제형사재판소 관할 범죄의 처벌 등에 관한 법률 해설서, 법무부, 2008, 32면; 국제범죄처벌법 제15조에 대하여 과실만으로는 국제범죄에 대한 결과를 상급자에게 귀속시킬 수 없다는 요청과 상급자에게 중한 책임을 부과하여 국제범죄를 축출하기 위해 과실에 대해서까지 그 형사책임을 부과하려는 관습국제법과 조화와 균형을 이루기 위한 것으로 해석된다는 견해가 있다. 이 견해는 제15조가 지휘관의 직무유기에의 고의범과 과실범을 처벌하는 것이라고 하고 있으나 더 이상 구체적인 설명을 하고 있지는 않다. 이태엽, 국제형사법상 전시 지휘관 책임의 법적 성격, 법조 통권 제614호, 대한변호사협회, 2007. 11., 150면.

45) 형법 제15조(사실의 착오) ② 결과로 인하여 형이 중할 죄에 있어서 그 결과의 발생을 예견할 수 없었을 때에는 중한 죄로 벌하지 아니한다.

제범죄처벌법 제15조 제1항과 제2항은 이 기본범죄와 부하의 범죄의 발생(중한 결과)[46]이 인과관계로 결합된 결과적 가중범처럼 보인다.[47]

형법의 결과적 가중범의 근본적 문제는 기본범죄와 중한 결과의 과실범의 결합범을 창조함으로써 개별 범죄들의 상상적 경합에 의해 산출되는 법정형을 초과한다는 점에 있다. 형법 각칙에 규정된 결과적 가중범 자체는 기본범죄와 중한 결과 사이의 인과관계만을 요구하고 있음에도 불구하고, 이러한 문제점을 시정하기 위하여 통설과 판례는 결과적 가중범에 적용되는 형법 제15조 제2항이 규정하고 있는 중한 결과에 대하여 예견가능성을 과실로 해석하고 있다. 나아가 학설은 직접적 인과관계 또는 중한 결과가 기본범죄의 직접적인 결과인 경우에 한하여 객관적 귀속을 인정한다는 직접성의 원칙을 논의하고 있다.[48]

---

46) 중한 결과란 그 자체로서 기본범죄에 비해 중한 결과를 가리키는 것이 아니라 기본범죄의 불법과 합해서 기본범죄보다 중한 결과가 된다는 의미이다. 이상돈 형법강론, 2015, 170면; 결과적 가중범이란 기본적 구성요건에 해당하는 범죄에서 중한 결과가 발생한 때에 기본범죄보다 가중되는 형벌로 처벌되는 범죄유형이다. 이용식, 결과적 가중범에 관한 연구 -전형적 위험의 실현과 미수의 인정여부에 관한 하나의 문제제기-, 서울대학교 법학 46권 1호, 2005, 155면.

47) 독일의 국제형법전 제13조 제1항은 결과적가중범인 독일 군형법 41조를 모델로 하였다. J. Bülte, Vorgesetztenverantwortlichkeit, 2015, S. 294.

48) 신동운, 형법총론 제9판, 법문사, 2015, 250-253면. 이용식, 결과적 가중범에 관한 연구 -전형적 위험의 실현과 미수의 인정여부에 관한 하나의 문제제기-, 서울대학교 법학, 제46권 제1호, 서울대학교 법학연구소, 2005, 156-159면; 김성돈, 형법총론, 2015, 518-519면; 김성천/김형준, 형법각론, 2015, 203-205면; 대법원 2008.02.29. 선고 2007도10120 판결; 대법원 1988.04.12. 선고 88도178 판결; 대법원 1990.09.25. 선고 90도1596 판결; 형법 제15조 제2항의 결과적 가중범의 "예견가능성"을 과실로 변경하여야 한다는 점에 대하여 학자들간에 대체로 견해가 일치하고 있다고 한다. 조상제, 형법총칙 구성요건 관련조문들의 개정방안, 형사법연구 제20권 제1호, 2008, 11면.

국제범죄처벌법 제15조 제1항의 상급자가 "직무를 게을리하거나 유기하여 실효적인 지휘와 통제하에 있는 부하가 집단살해죄등을 범하는 것을 방지하거나 제지하지 못하였다"는 규정에서 상급자가 부하의 범죄를 "과실로" 방지하거나 제지하지 못하였다는 요건은 발견되지 않는다.[49] 그런데, 형법 총칙의 규정은 다른 법령에 정한 죄에도 적용되므로(형법 제8조), 국제범죄처벌법 제15조 제1항과 제2항이 결과적 가중범이라면, 결과적 가중범에 적용되는 형법 제15조 제2항이 국제범죄처벌법 제15조 제1항과 제2항에 적용될 수 있는지가 문제된다.

그러나 국제형법의 지휘관책임은 결과적 가중범이 아니다. 지휘관책임이 복잡한 유형을 포함하고 있기는 하지만 하나의 단일한 책임형식이며, 그 자체가 기본범죄이다. 가중되기 전의 기본범죄가 존재하지 않기 때문에 결과적 가중범처럼 기본범죄에 대하여 형이 가중된 것이 아니다. 결과적 가중범의 형의 가중의 초점은 중한 결과에 있지만 지휘관책임의 불법의 핵심은 오히려 결과적 가중범에서 말하는 기본범죄(상급자의 부작위)에 있는 것이다.[50]

국제범죄처벌법 제15조 제1항과 제2항은 다음과 같은 이유로도 결과적 가중범으로 볼 수 없다. 형법의 결과적 가중범의 규정들은

---

49) 앞에서 본 부하의 국제범죄에 관한 부작위와 결과 결합설에 의하면 상급자가 부하의 범죄를 방지하거나 제지하지 않은 부작위에 고의가 요구되는 것도 아니다.

50) Beling은 결과적 가중범에 있어서의 중한 결과를 현재의 객관적 처벌조건에 상응하는 형벌위하조건에 속한다고 보았다. Beling의 형벌위하조건은 실정법에 규정되어 있기는 하지만 구성요건해당성과 달리 아무런 심리적 연관도 필요없고, 그 사실상의 존재로 충분한 것으로 파악하였다. 김용희, 객관적 처벌조건에 관한 연구, 법학연구 제18집, 한국법학회, 2005, 311면; 결과적 가중범에서의 중한 결과를 한때 객관적 처벌조건으로 보았던 경우도 있지만 현재는 중한 결과에 대하여 예견가능성, 즉 과실을 요구함으로써 객관적 처벌조건으로 보자는 견해는 더 이상 없어 보인다.

상해치사, 강간치상, 강간치사 의 경우처럼 대부분 "치상" 또는 "치사"라는 표현을 죄명에 포함시키고 있는데 국제범죄처벌법 제15조는 죄명자체가 "직무태만죄"이며 결과적 가중범의 취지를 담고 있지 않다. 결과적 가중범이라는 용어 자체도 중한 결과를 이유로 기본 범죄의 형을 가중한다는 것이므로 기본범죄가 이미 별도로 존재하고 있어야 한다. 우리나라의 경우에 공무원에 대하여는 형법 제122조(직무유기죄), 군인에 대하여는 군형법 제24조(직무유기죄), 제35조(근무태만죄), 제43조(출병거부죄), 제44조(항명죄)가 직무해태 또는 직무유기와 관련이 있다. 그러나, 공무원이나 군인에 대하여도 상급자로서의 단순한 직무해태만을 이유로 한 처벌규정은 발견되지 않으며, 민간인에 관하여는 직무태만과 관련된 처벌 규정이 발견되지 않는다.

6) 직무태만: "직무를 게을리하거나"

국제범죄처벌법 제15조 제1항의 "직무를 게을리하거나 유기"하였다는 문언이 과실에 의한 직무태만과 고의에 의한 직무태만을 열거한 것인지, 고의의 직무태만을 그 태만의 정도에 따라 열거한 것인지 혼란스럽다. 특히 "직무를 게을리하거나" 의미가 문제된다. 다음과 같은 견해가 대립될 수 있다.

(1) 고의설

우리 대법원은 직무유기죄에 관하여 다음과 같이 판시하고 있다: "'직무를 유기한 때'란 공무원이 법령, 내규 등에 의한 추상적 성실의무를 태만히 하는 일체의 경우에 성립하는 것이 아니라 직장의 무단이탈, 직무의 의식적인 포기 등과 같이 국가의 기능을 저해하고 국민에게 피해를 야기시킬 가능성이 있는 경우를 가리킨다. … 공무원이 태만·분망 또는 착각 등으로 인하여 직무를 성실히 수행하지 아니한 경우나 형식적으로 또는 소홀히 직무를 수행한 탓으로 적절한 직무수행에 이르지 못한 것에 불과한 경우에도 직무유기죄는 성립하지 아니한다."[51] 직무유기죄는 고의범이므로 판례가 "태만"을 과실행위로 보았다면 위와 같은 구별의 문제가 처음부터 제기되지 않는다. 위 판례에서 "태만"은 직무유기죄의 고의는 있으나 피고인의 행위가 성실 또는 적절한 직무수행에 미치지 못하는 정도에 불과하여 직무유기죄로 처벌하지 않는 경우를 말한다. 판례의 이러한 용어례를 염두에 두면 "직무를 게을리 한 경우"는 판례가 말하는 "태만"을 말한다. 국제범죄처벌법 제15조 제1항은 직무를 게을리 한 "협의의 직무태만"(직무해태)과 직무를 유기한 "직무유기"로 구성되고, 국제범죄처벌법 제15조의 제목인 "지휘관 등의 직무태만죄"에서의 직무태만(광의의 직무태만)은 이러한 협의의 직무태만(직무해태)과 직무유기를 모두 포함한다. 그러므로 직무유기와 협의의 직무태만(직무해태)은 광의의 직무태만에서 직무 수행의 불성실과 부적절의 정도에 따라 구별된다.

(2) 과실설

일부 견해는 판례가 "공무원이 태만, 분망, 착각 등으로 인하여 직무를 성실히 수행하지 아니한 경우나 형식적으로 또는 소홀히 직무를 수행하였기 때문에 성실한 직무수행을 못한 것에 불과한 경우"라고 표현한 부분은 과실에 의해 직무유기를 말한다고 주장한다.[52] 한

---

51) 대법원 2014.04.10. 선고 2013도229 판결; 대법원 2013.4.26. 선고 2012도15257 판결; 대법원 2011.07.28. 선고 2011도1739 판결; 대법원 1983.01.18. 선고 82도2624 판결 등.
52) 판례와 통설이 "공무원이 태만, 분망, 착각 등으로 인하여 직무를 성실히 수행하지 아니한 경우나 형식적으로 또는 소홀히 직무를 수행하였기 때문에 성실한 직무수행을 못한 것에 불과한 경우" 본죄가 성립하지 않는다고

편 판례도 직무유기죄가 아닌 사안에서 이러한 주장에 부합하는 듯
한 표현을 쓰고 있다. 판례는 정보통신망 이용촉진 및 정보보호 등
에 관한 법률 제75조(양벌규정)[53]의 "위반행위를 방지하기 위하여 해
당 업무에 관하여 상당한 주의와 감독을 게을리 [한] 경우"는 위반행
위가 발생한 그 업무와 관련하여 "상당한 주의 또는 관리·감독 의무
를 게을리한 과실로 인하여 처벌"된다는 것을 의미한다고 해석하였
다.[54] 업무상과실치사 사건에서 "주의의무를 게을리" 한 경우를 과실

하는 것은 과실에 의한 직무유기죄의 성립이 문제되지 않기 때문이다. 오
병두, 직무유기의 성립범위에 관한 연구, 홍익법학 제14권 제2호, 홍익대학
교 법학연구소, 2013, 564-565면; 태만 분망 등의 이유로 직무집행을 부실하
게 처리한 것에 불과한 경우는 고의가 없다고 보아야 한다. 임종수, 국공
립학교 교원의 직무유기죄 적용에 관한 법적 논의, 교육법학연구 제24권
제1호, 대한교육법학회, 2012, 144면.

53) 제75조(양벌규정) 법인의 대표자나 법인 또는 개인의 대리인, 사용인, 그
밖의 종업원이 그 법인 또는 개인의 업무에 관하여 제71조부터 제73조까지
또는 제74조제1항의 어느 하나에 해당하는 위반행위를 하면 그 행위자를
벌하는 외에 그 법인 또는 개인에게도 해당 조문의 벌금형을 과(科)한다.
다만, 법인 또는 개인이 그 위반행위를 방지하기 위하여 해당 업무에 관하
여 상당한 주의와 감독을 게을리하지 아니한 경우에는 그러하지 아니하다;

54) 대법원 2012.05.09. 선고 2011도11264 판결[정보통신망이용촉진및정보보호등
에관한법률위반(정보통신망침해등)]; 대법원 2010.04.15. 선고 2009도9624 판
결[도로법위반]; 헌법재판소 2007. 11. 29. 2005헌가10, 판례집 19-2, 520 [위헌];
헌법재판소, 대법원, 학설의 지배적인 견해, 법무부는 양벌규정이 과실책
임을 의미한다는 데 의견의 일치를 보이고 있는 것 같다. 김유근, 양벌규
정에 정한 개별적인 범죄방지(선임감독)의무의 위반행위의 범죄유형에 대
하여, 형사법연구 23권 2호, 2011, 57면; 2007년 11월 29일 선고된 헌법재판소
의 2005헌가10 위헌 결정이 있기 전에 발표된 조국의 논문도 헌법재판소
결정과 대법원 판결은 법인은 피용자의 선임·감독에 대한 주의의무 위반
에 대한 과실 때문에 책임을 진다는 '진정과실책임설'을 명시적으로 지지
하고 있다고 쓰고 있다. 다만, 조국은 진정과실책임설은 법인에게 과실이
있는 경우에만 처벌을 하는 것이 아니라 고의부작위가 있는 경우에도 당
연히 처벌한다고 한다. 조국, 법인의 형사책임과 양벌규정의 법적 성격,
서울대학교 법학 제48권 제3호, 서울대학교 법학연구소, 2007. 9., 67-74면;

로 본 판례도 있다.[55] 여기서 판례가 의무의 이행과 관련하여 사용하고 있는 "게을리"라는 표현이 과실을 지칭하기 위하여 사용되었다는 점을 알 수 있다. 따라서 국제범죄처벌법 제15조 제1항의 직무를 게을리하였다는 요건은 상급자가 과실로 직무태만을 하였다는 취지로 해석한다.[56] 한편, 직무를 게을리 한 경우가 과실과 고의의 직무태만을 모두 포함한다는 견해가 있는데 이 견해는 과실의 직무태만이 국제범죄처벌법 제15조 제1항에 포함된 것으로 보고 있다는 점에서 과실의 직무태만으로 보는 견해와 차이가 없다.[57]

이 밖에도 우리 대법원은 "조치를 강구하여야함에도 이를 게을리" 한 경우를 과실을 표현하는 것으로 사용하고 있으며(대법원 2009.4.23. 선고 2008도 11921 판결), 민사사건의 하급심 법원에서 근무태만을 직무상 과실이라고 표현한 경우도 있다(대법원 2001.06.26. 선고 99다5484 판결).

55) 대법원 2009.07.23. 선고 2009도3219 판결

56) 이윤제, 야마시타 사건과 상급자책임, 서울국제법연구 제20권 제1호, 서울국제법연구원, 2013, 61-62면; 국제범죄처벌법 제15조의 직무유기는 고의범이고 직무태만은 과실범이다. 김경호, 지휘책임법의 이해, 합동군사대학교 법무실, 2012, 27면.

57) 직무를 게을리 하는 직무태만은 고의로 하는 경우와 과실로 하는 경우가 있을 수 있다. 제15조 제1항은 "직무를 유기하여"로만 하고 "게을리 하거나"라는 문구는 삭제하여 고의범인 직무유기죄의 형식으로 두고 제15조 제2항은 "과실로 직무를 태만히 하여"로 규정하여 과실범인 직무태만죄로 규정하여야 한다. 박중섭, 부하의 전쟁범죄에 대한 지휘관의 형사책임, 인도법논총 제27호, 대한적십자사 인도법연구소, 2007, 100-101면; 군형법은 제7장 군무태만의 죄에서 "근무태만죄"(제35조)를 규정하고 있다. 근무태만죄의 하나의 유형인 전투준비태만죄는 "지휘관 또는 이에 준하는 장교로서 그 임무를 수행하면서 적과의 교전이 예측되는 경우에 전투준비를 게을리한 사람"을 무기 또는 1년 이상의 징역에 처하고 있다. 이에 대하여 전투준비를 태만히 한다 함은 전투준비에 관하여 할 바를 다하지 않고 이를 해태하는 것으로 고의·과실을 불문한다는 견해(이상철 외 5인, 군사법원론, 박영사, 2014, 164면, 박중섭, 앞의 논문, 101면)와 전투준비태만죄는 고의범이며 과실은 포함되지 않는다는 견해(육군종합행정학교, 군형법, 2012, 232면)가 대립하고 있다.

(3) 소결

국제범죄처벌법 제15조 제1항이 사용하고 있는 "직무를 게을리하였다"는 문언을 과실행위를 표현하기 위해 사용되고 있다고 해석한다면, 다음과 같은 모순이 발생한다.

제15조 제1항은 이미 '과실로 직무를 게을리하거나 고의로 직무를 유기하여'라고 규정하여 직무위반의 과실과 고의를 모두 규정하고 이에 대하여 7년 이하의 징역에 처하고 있다. 국제범죄처벌법 제15조 제2항은 과실로 제1항의 행위에 이른 자에 대하여 제1항(7년 이하 징역) 보다 법정형을 2년 정도 감경(5년 이하 징역)하여 처벌하고 있다. 고의나 과실의 직무태만으로 범죄를 방지하거나 제지하지 못한 경우를 제1항에서 규정하고도 제2항은 다시 과실로 제1항의 행위에 이른 경우라고 규정하고 있다. 이를 종합하면 제2항은 '과실로' '고의나 과실의 직무태만으로 범죄를 방지하거나 제지하지 못한 경우'를 말하게 된다. 이러한 문제점을 피하기 위하여 제15조 제2항의 "과실로 인하여 제1항의 행위에 이른"이 "직무를 게을리하거나 유기"에 관한 것이 아니라 "집단살해죄등을 범하는 것을 방지 또는 제지하지 못한"을 지칭하는 것으로 해석하는 방안이 있을 수 있다. 이러한 해석 방법은 두 가지 방식이 있을 수 있다.

첫째는 국제범죄처벌법 제15조 제2항이 과실로 인하여 부하가 집단살해죄등을 범하는 것을 방지 또는 제지하지 못한 자를 과실 직무태만죄로 처벌하면서 제15조 제1항의 직무태만죄보다 법정형을 낮게 한 것이라고 해석하는 견해이다.[58] 이 견해는 국제범죄처벌법 제15조 제2항의 "제1항의 행위"가 제1항 중에서 "실효적인 지휘와 통제 하에 있는 부하가 집단살해죄등을 범하는 것을 방지하거나 제지하지 못한"만 지칭한다고 보고 있다. 이에 따르면 제15조 제2항은 "군

---

58) 박중섭, 앞의 논문, 99면.

대의 지휘관 또는 단체·기관의 상급자로서 과실로 인하여 실효적인 지휘와 통제하에 있는 부하가 집단살해죄등을 범하는 것을 방지하거나 제지하지 못한 사람은 5년 이하의 징역에 처한다."라고 규정한 것이다. 이렇게 되면 "군대의 지휘관 또는 단체·기관의 상급자로서 직무를 게을리하거나 유기하여"라는 직무태만죄의 핵심은 제15조 제2항에서 사라지고 제15조 제2항은 단순히 과실로 부하의 범죄를 방지하거나 제지하지 못한 경우가 된다. 제15조의 제목이 직무태만죄라는 점에 비추어 입법자의 의도와는 무관해 보인다.

둘째는 "군대의 지휘관 또는 단체·기관의 상급자로서 직무를 게을리하거나 유기하여"를 포함하여 해석하는 것이다. 이에 따르면 다음과 같은 문제가 생긴다. 국제범죄처벌법 제15조 제2항이 과실로 "집단살해죄등을 범하는 것을 방지 또는 제지"하지 않은 경우이므로 제15조 제1항은 그와 반대로 고의로 "집단살해죄등을 범하는 것을 방지 또는 제지"하지 않은 경우가 될 것이다. 즉, 제15조 제1항은 "군대의 지휘관 또는 단체·기관의 상급자로서 직무를 게을리하거나 유기하여 실효적인 지휘와 통제하에 있는 부하가 집단살해죄등을 범하는 것을 고의로 방지하거나 제지하지 못한 사람은 7년 이하의 징역에 처한다.", 제15조 제2항은 "군대의 지휘관 또는 단체·기관의 상급자로서 직무를 게을리하거나 유기하여 실효적인 지휘와 통제하에 있는 부하가 집단살해죄등을 범하는 것을 과실로 방지하거나 제지하지 못한 사람은 5년 이하의 징역에 처한다."라는 규정이 된다. 제15조 제1항에서 "군대의 지휘관 또는 단체·기관의 상급자로서 직무를 게을리하거나 유기하여 실효적인 지휘와 통제하에 있는 부하가 집단살해죄등을 범하는 것을 고의로 방지하거나 제지하지 못한 사람은 7년 이하의 징역에 처한다."라고 규정에 해당하는 사례는 지휘관이 부하들이 집단살해죄등을 범하는 것을 알고 있는 경우로서 국제범죄처벌법 제5조가 적용되는 경우이므로 이러한 해석은 제5조를 무의미하게 만든다. 결국 직무를 게을리하였다는 표현을 과실로 해석할 수는 없다.

따라서 국제범죄처벌법 제15조의 직무해태(직무를 게을리하였다)는 과실을 말하는 것은 아니고 고의의 경우이지만 직무불이행의 정도가 유기에 이르지 않는 경미한 경우를 말한다고 보아야 할 것이다.

7) 직무

독일의 국제형법전 제13조는 '하급자를' 적절히 '감독'하는 것의 부작위를 규정하고 있다. 국제형법은 상급자가 부하를 적절히 통제할 의무를 위반하였다는 것을 지휘관책임의 핵심으로 보고 있다. 독일 국제형법전 제13조의 부하를 적절히 "감독"할 의무가 국제형법의 지휘관책임의 적절히 "통제"할 의무와 동일한 것인지 여부는 별론으로 하고 감독이라는 문언이 통제라는 표현에 일정 정도 상응하는 점을 인정할 수 있다. 통제나 감독은 그것이 상급자의 직무중에서 하급자에 대한 관리나 감독과 관련되어 있다는 것을 보여준다. 그러나, 국제범죄처벌법의 "직무"라는 표현은 광범위하게 쓰일 수 있다.

따라서, 여기서 직무의 내용은 제한적으로 해석되어야 한다. 그렇지 않다면 상급자의 직무태만과 조건적 인과관계를 가지는 하급자의 모든 국제범죄에 대하여 제15조 제1항이 성립하며, 특히 제15조 제2항이 과실의 직무태만까지 처벌하고 있다는 점에서 그 부당성은 명확하다. 제15조의 직무의 제한적 해석의 단서는 제15조 제1항의 "군대의 지휘관 또는 단체·기관의 상급자로서"라는 표현과 "실효적인 지휘와 통제하에 있는 부하가 집단살해죄등을 범하는 것을 방지하거나 제지하지 못한 사람"이라는 표현에서 찾을 수 있다. 상급자로서 직무를 게을리하거나 유기하였다는 표현이 "상급자가" 직무를 게을리하거나 유기하였다는 것인지 "상급자로서의" 직무를 게을리하거나 유기하였다는 표현인지 명확하지는 않지만, 후자로 해석하는 것이 지휘관책임의 취지와 부합한다. 한편, "실효적인 지휘와 통제하에 있는 부하가 집단살해죄등을 범하는 것을 방지하거나 제지하지 못한"이라는 문언은 "상급자로서의" "직무"가 실효적인 지휘와 통제하에 있는 부하의 국제범죄를 방지하거나 제지하는 것과 관련될 것으로 요구한다고 해석할 수 있도록 하여 준다. 즉, 제15조 제1항과 제2항의 직무는 부하의 국제범죄를 방지하거나 제지하는 것과 관련된 상급자로서의 직무를 말한다.

4. 제15조 제3항 [범죄보고 직무태만]

독일 국제형법전 제14조의 제목은 범죄보고불이행(Unterlassen der Meldung einer Straftat)이다. 조상제는 이것을 불고지죄라고 번역하였다.[59] 불고지(죄)라는 죄명은 우리의 국가보안법 제10조의 죄명이다.[60] 불고지죄는 독재정권, 권위주의 정권에서 시민의 자유를 침해하고 정권을 유지하는 수단으로 남용되어 그 악명을 떨쳤다.[61] 국제범죄처벌

---

59) 조상제, 국제조약의 국내이행 형사특별법: 독일 국제형법전의 입법과정과 내용, 형사정책연구원, 2008, 158면.

60) 국가보안법 제10조(불고지) 제3조, 제4조, 제5조제1항·제3항(제1항의 미수범에 한한다)·제4항의 죄를 범한 자라는 정을 알면서 수사기관 또는 정보기관에 고지하지 아니한 자는 5년 이하의 징역 또는 200만원 이하의 벌금에 처한다. 다만, 본범과 친족관계가 있는 때에는 그 형을 감경 또는 면제한다.

61) 북한 형법은 제25조에서 불신고범에 대한 형사책임을 규정하고 있는데 형법에 규정된 경우에만 처벌을 하고 있다. 이에 따라 반국가 및 반민족범죄의 경우의 불신고는 예외없이 처벌되며(제72조), 일반범죄의 경우에는 국가재산강도죄, 고의적 중살인죄, 개인재산 강도죄를 신고하지 않은 경우에 불신고죄로 처벌된다(제228조). 법무부, 북한형법 주석, 2015, 176-178면; 북한 형법은 친족관계에 대한 예외 규정을 두고 있지 않다. … 남한의 형법에는 불고지규정을 두고 있지 않으므로, 형법만 비교한다면 남한형법이

법 제15조 제3항은 북한 형법이나 우리나라 국가보안법의 불고지죄와
마찬가지로 (진정)부작위범이라는 점은 같지만, 그 적용 대상과 법적
성격이 다르다. 국가보안법의 불고지죄는 시민의 양심, 사상의 자유,
정치적 자유를 제한하는 내용을 가지고 있다. 그러나, 지휘관책임의
유형으로서의 국제범죄 보고의무위반의 주체는 국가 또는 이에 준하
는 집단의 지도자이다. 국제범죄는 지도자들의 유인, 묵인, 방치에 의
해서 발생하였고, 그래서 국가 권력은 이들을 처벌하지 않았다. 지휘
관책임은 국제범죄를 은폐하고 그럼으로써 장래의 국제범죄를 조장
한 지도자들을 처벌하기 위하여 상급자(지도자)들에게 국제범죄의 처
벌의무를 부과하고 이러한 처벌의무를 이행하기 어려운 경우에 대비
하여 범죄를 관할 당국에 알리도록 요구한 것이다. 따라서 국가 지도
자들의 범죄보고의무는 국제형법에서 범죄방지의무, 범죄억제의무와
동등한 지위에 있다. 국가보안법의 불고지죄는 국가 또는 정권에 대
한 죄의 성격을 갖지만, 지휘관책임의 범죄처벌의무 또는 그 대체 수
단으로서의 범죄보고의무의 위반은 시민과 민중을 포함하는 인류와
인간성에 대한 죄로서 그 성격이 다르다.

더 자유주의적이다. 한인섭, 국가보안법 폐지론, 헌법학연구 10권 4호, 2004.
12. 141면; [국가보안법 제10조(불고지)]는 인권침해적 법률로 집중 비판받
는 조항으로서 국가의 존립·안전을 위해서가 아니라 독재정권 강화 요청
에 부응하여 날치기 및 비상입법의 방법으로 편입된 것이다. 그러한 독재
강화·인권유린을 위한 특별규정을 제외하고 그야말로 대한민국의 존립과
안전을 보호하기 위한 입법적 장치로는 현행 형법으로 충분하다. … 국가
보안법이 폐지될 경우 그동안 가장 남용되었던 조항, 시민적 자유를 직접
침해하는 조항이 곧바로 삭제되는 효과를 갖는 것이다. 국가보안법이 폐
지되거나 적어도 제7조(찬양·고무), 제10조라도 폐지된다면 공안당국에 의
한 인권침해의 가능성은 훨씬 줄어들 것이다. 한인섭, 국가보안법 쟁점과
남북정상회담, 관훈저널 여름호, 관훈클럽, 2006. 6. 55-57면; 한편 헌법재판
소는 국가보안법 제10조에 대하여 합헌 결정을 내렸고(헌법재판소 1998. 7.
16. 96헌바35, 판례집 10-2, 159 [합헌]), 대법원도 위헌이 아니라고 한다(대법
원 1990.8.24. 선고 90도1285 판결[국가보안법위반,외국환관리법위반]).

국제범죄처벌법이 제15조 제3항에서 상급자의 범죄보고의무위반에 대하여 5년 이하의 징역을 법정형으로 규정한 것은 이러한 지휘관책임의 범죄보고의무의 중요성을 인식하지 못한 것이다. 국제범죄처벌법 제15조 제3항의 5년 이하의 징역형은 벌금형이 없다는 점을 제외하면 국가보안법 제10조 불고지죄의 법정형과 같다. 상급자의 국제범죄 보고의무위반을 국가보안법의 불고지죄와 같은 성격의 범죄로 이해하고 있다는 점을 추측하게 한다.

한편, 국제범죄처벌법은 과실의 범죄보고의무위반에 대한 처벌규정이 없다. 앞에서 언급하였듯이 지휘관책임에 있어서 범죄보고의무는 범죄방지의무, 범죄억제의무에 비하여 덜 중요한 의무가 아니다. 지도자가 부하들의 국제범죄를 처벌하거나 관할 당국에 처벌하도록 보고하지 않는 것은 장래의 국제범죄를 조장하는 것이다. 따라서 국제형법은 범죄처벌의무, 범죄보고의무위반을 범죄방지의무와 동등한 지휘관책임의 유형으로 파악하고 있다. 범죄보고의무가 범죄방지의무, 범죄억제의무보다 덜 중요하고 그 의무위반의 불법도 다른 의무위반보다 작다고 생각하는 것은 그것이 국가보안법의 불고지죄와 같은 성질의 처벌규정이라고 생각할 때 가능한 것이다. 국제형법은 과실의 범죄보고의무위반도 다른 유형의 의무위반과 마찬가지고 지휘관책임이 성립한다고 보고 있으며 시효도 적용되지 않는다. 따라서 우리 국제범죄처벌법(마찬가지 이유로 독일의 국제형법전)은 로마규정의 보충성의 원칙을 만족시키지 못하고 있다.

한편, 제15조 제3항의 범죄보고직무태만죄에 있어서 부하의 범죄는 이미 발생한 것이므로 객관적 처벌조건이 아니라 단순한 객관적 구성요건 요소에 불과하다.

제3절 우리 형법의 책임주의와 지휘관책임

우리 형법의 기본원칙인 책임주의란 책임 없으면 형벌을 과할 수 없고, 형벌을 과하는 경우에도 책임의 한도를 넘을 수 없다는 원칙이다. 책임비난을 가하려면 그 전제로 고의나 과실이 인정되어야 한다.[62] 국제형법은 개인의 형사책임에 관한 법이기 때문에 책임주의가 적용되며, 지휘관책임이 국제 형법의 책임형식이라는 이유로 책임주의를 벗어날 수 없다. 그러나, 국제형법의 책임주의는 국내 형법의 책임주의와 동일한 내용을 갖지는 않는다.

국제형법의 지휘관책임의 책임주의와 관련하여 다음의 두 가지의 특수성을 살펴보자. 첫째, 국제형법의 죄형법정주의는 국내 형법과 다르다. 예를 들면, 국제형법에서는 형벌법정주의가 적용되지 않으며, 개별 범죄에 대하여 법정형을 규정하지 않는다. 따라서, 불법과 책임에 비례하는 형벌이라는 개념은 범죄(책임)의 성립 규정 자체에서는 관철될 수 없고 양형 단계에서 적용된다. 이런 이유로 법정형을 달리 규정하기 위하여 지휘관책임의 성립단계에서는 지휘관책임의 유형의 차이, 즉 고의나 과실의 유형, 범죄방지의무위반과 범죄처벌의무위반 유형을 구분하지 않는다. 둘째는 국제범죄의 집단범죄성이다. 지휘관책임은 국제범죄를 저지른 조직의 지도자(상급자)에 대한 형사책임이다. 국제형법은 국제범죄 발생에 대한 지도자(상급자)의 실질적 기여를 형사책임의 성립에 반영하여 지휘관책임이라는 특별한 책임을 인정하고 있다. 국제범죄를 직접 실행하지 않

---

62) 신동운, 형법총론 제9판, 법문사, 2015, 165, 791면; '책임없는 자에게 형벌을 부과할 수 없다'는 형벌에 관한 책임주의는 형사법의 기본원리로서, 헌법상 법치국가의 원리에 내재하는 원리인 동시에, 국민 누구나 인간으로서의 존엄과 가치를 가지고 스스로의 책임에 따라 자신의 행동을 결정할 것을 보장하고 있는 헌법 제10조의 취지로부터 도출되는 원리이다. 헌법재판소 2009. 7. 30. 2008헌가16, 판례집 21-2상, 97 [위헌] 다수의견.

은 조직의 지도자(상급자)에 대하여 부하들의 국제범죄에 대하여 알
고 있었던 경우는 물론 알지 못한데 과실이 있는 경우까지 처벌한
다. 국내 형법이 일반적으로 과실의 부작위를 처벌하지 않는 것과
달리 국제형법은 지도자(상급자)의 과실의 부작위를 처벌하고, 이에
대하여 공적 지위에 기한 면책을 인정하지 않으며, 시효도 적용되지
않는다.[63]

그러나, 국제형법의 특수성을 인정한다고 하더라도 지휘관책임이
국내 형법에 편입되어 국내 법원에서 적용되기 위하여는 그 나라 국
내형법의 책임주의와 조화될 것이 요구된다. 따라서 우리 헌법과 형
법이 요구하는 책임주의가 지휘관책임에 어떻게 반영되고, 어떻게
조화될 수 있는지에 대한 논의가 필요하다. 이러한 검토는 형법 제8
조, 그리고 우리 형법에 있는 지휘관책임의 요소, 국제범죄처벌법의
지휘관책임의 분석을 통하여 이루어진다.

1. 형법 제8조

형법 제8조(총칙의 적용)는 "본법 총칙은 타법령에 정한 죄에 적
용한다. 단, 그 법령에 특별한 규정이 있는 때에는 예외로 한다."고
규정하고 있다. 따라서 형법 제8조는 다른 법령에 특별한 규정이 있
는 경우에는 고의나 과실, 인과관계 등에 관하여 형법 총칙의 규정

---

63) 박찬운은 2004년 국제형사재판소관할범죄의처벌등에관한법률안 제5조(지
휘관 기타 상급자의 책임)에 관하여 "지휘관에 대해 고의범과 과실범을 가
리지 않고 동일한 형으로 처벌하도록 하는 것은 책임주의에 반한다는 비
판이 있다. 그러나 이 조문에서 지휘관의 책임은 지휘관의 책임영역에서
일어난 행위에 대한 결과에 대해 형사상 책임을 진다는 것을 의미하므로
일반적인 형사상 책임주의를 여기에서 적용시키는 것은 맞지 않는다."라
고 주장하였다. 법무부, 국제형사재판소관할범죄의처벌등에관한법률안 공
청회 자료, 2004, 52면.

과 다른 내용을 규정할 수 있는 예외를 인정할 수 있는 근거를 제시한다고 볼 수 있다. 헌법재판소도 "법인에 대한 형사처벌과 책임주의"에 관하여 자연인에 대한 책임 개념을 법인에 그대로 적용하지 않아도 책임주의에 반하는 것이 아니라고 보고 있다.[64]

국제범죄는 국제적 요소(international element)와 기본범죄(underlying offence)로 구성된다. 국제적 요소는 국내법상의 일반범죄를 국제공동체가 관심을 가지고 처벌을 하게 만드는 상황을 말하는 것으로 국가와 같은 거대 조직의 개입과 관여를 통하여 발생한다. 기본범죄는 국제범죄의 개별적 행위를 이루는 부분으로 국내 형법의 살인, 강도, 강간과 같은 범죄와 같이 대부분 국내 형법에 의해서도 범죄가 된다.[65] 따라서 국제범죄를 이루는 기본범죄, 즉 개별적 행위는 대부분 우리 형법의 처벌대상이 된다.[66] 입법부가 국제범죄를 처벌하는 특

---

64) "형사적 책임은 순수한 윤리적 비난이 아니라 국가적 규범의 침해에 대한 법적인 책임이므로 자연인에 대한 위와 같은 책임개념을 법인의 책임에 대하여도 동일하게 적용할 필요가 없[다.]"고 하면서 "법인의 행위는 이를 대표하는 자연인인 대표기관의 의사결정에 따른 행위에 의하여 실현되므로 자연인인 대표기관의 의사결정 및 행위에 따라 법인의 책임 유무를 판단하지 못할 바도 아니[며]", "입법자가 일단 법인의 일정한 반사회적 활동에 대한 대응책으로 가장 강력한 제재수단인 형벌을 선택한 이상, 그 적용에 있어서는 형벌에 관한 헌법상 원칙, 즉 법치주의와 죄형법정주의로부터 도출되는 책임주의원칙이 준수되어야 한다."고 판시하고 있다. 헌법재판소 2009. 7. 30. 2008헌가16, 판례집 21-2상, 97 [위헌] 다수의견.

65) 정치적, 종교적 인종적 박해(persecution)나 인종차별 같은 행위가 국가에 따라서는 범죄가 되지 않는 경우가 있다. 과거 남아프리카 공화국에서는 인종분리정책(Apartheid)이 법률로 공식화된 국가정책이었다.

66) 국제범죄에는 공소시효가 적용이 되지 않는다는 점에서 일반범죄에 의한 처벌과 차이가 있다. 한편, 집단살해죄의 불법을 반영하지 못하는 살인죄 규정에 의하여 집단살해죄를 처벌하는 것은 로마규정의 보충성원칙을 준수하지 못한다는 견해도 있다. 예를들어 노르웨이 형법의 살인죄는 집단살해죄의 특수한 불법을 반영할 수 없다는 이유로 피고사건을 노르웨이로 이송하여 달라는 신청을 기각한 사례가 있다. Prosecutor v. Bagaragaza, (Case

별법인 국제범죄처벌법을 제정한 것은 국제범죄를 구성하는 일반 범죄를 일반 형법으로 처벌하는 것을 넘는 특별한 취급이 필요하다는 것을 인정한 것이라고 볼 수 있다. 이러한 입장에서 보면 국제형법의 책임형식(a mode of liability)인 지휘관책임을 반영하는 국제범죄처벌법의 규정은 형법 총칙에 대한 특별 규정이 된다.

2. 형법 제34조 제2항(특수 교사·방조)

지휘관책임은 국제범죄의 집단범죄적 특성을 범죄행위를 한 하급자와 그가 속한 조직의 의사결정권자인 지도자의 인적 관계의 특수성에서 반영하고 있다. 지휘관책임은 상급자(지도자)와 하급자의 공모를 요구하지 않으며 구성원간의 공모를 요구하는 국제형법의 공동범죄집단(JCE)과 구별된다. 공동범죄집단은 우리 형법의 공모공동정범과 비슷한 점이 많으며, ICC에서는 공동범죄집단을 대체할 수 있는 이론으로 범행지배설를 고려하고 있다.[67]

No. ICTR-2005-86-R11bis) Trial Chamber Decision on the Prosecution Motion for Referral to the Kingdom of Norway, 19 May 2006, para. 16.
67) 범행지배설을 정교화한 록신은 간접정범에서의 의사지배는 행위자를 강제하거나, 행위자의 착오를 이용하거나 혹은 누구나 범죄수행자가 될 수 있는 조직적 권력구조를 활용하는 세 가지 유형으로 구분될 수 있으며 이 중 마지막 형태는 조직지배(Organisationsherrschaft)라고 불린다. 조직적 범행지배를 인정하지 않는다면 조직의 지도자와 같은 배후 인물은 일반적으로 실행을 분업적으로 지배하거나 실행행위자의 의사를 지배한 것이 아니기 때문에 정범이 되지 못한다. 록신은 조직지배에 의한 간접정범을 인정하기 위한 전제조건으로 ① 직접행위자의 대체가능성, ② 법에 구애받지 않는 권력 구조, ③ 배후자가 지시권한을 가지고 구성요건 실현을 위해 이를 행사, ④ 현저히 상승된 도구의 범죄수행태세를 제시하였다. 김동률, 불법체계의 수뇌부 처벌근거로서의 조직지배론, 형사정책 25권 3호, 2013. 12, 317-320면; 이상돈, 형법강론, 2015, 515-517면; Roxin의 정범 배후의 정범(Täter hinter dem Täter)과 조직지배론을 원용한 카탕가 사건 참조. Prosecutor v.

여기서는 형법 제34조 제2항의 특수 교사·방조를 검토함으로써 우리 형법은 지휘관책임의 취지를 이미 반영하고 있었다는 점을 확인하고자 한다. 형법 제34조 제2항은 우리 형법의 입법자가 범죄를 실행한 자에 대하여 지휘, 감독권을 가지는 자의 범죄에 대한 가담과 이러한 관계가 없는 자의 범죄에 대한 가담을 같이 취급할 수 없다고 보았다는 것을 명확히 보여준다. 먼저 형법 제34조 제2항의 입법경위를 살펴본다.[68]

1) 형법 제34조 제2항의 입법경위

1951년 정부초안

제30조

① 2인이상 공동하여 죄를 범한 때에는 각자를 그 죄의 정범으로 처벌한다.

② 범죄를 목적으로 한 단체의 조직자, 가입자 및 지도의 임무에 있는

Germain Katanga & Mathieu Ngudjolo Chui, (Case No. ICC-01/04-01/07) Pre-Trial Chamber I Decision on the Confirmation of Charges, 30 September 2008, paras. 480-518.

68) 일제의 불법강점으로 우리나라에서는 일본에서 1907년 제정·공포된 일본 신형법이 대한민국 정부수립 이후 1953년 현행 형법이 시행되기 전까지 적용되었다. 법전편찬위원회는 1949년 11월 12일 형법초안을 완성하고 "형법 초안이유설명서"와 함께 정부에 제출하였다. 정부는 간통죄를 쌍벌죄로 하는 1개 조문만을 추가한 "정부초안"을 1951년 4월 13일 국회에 제출하였다. 국회의 법제사법위원회가 정부초안을 검토하여 법사위수정안을 작성하고, 이것은 1952년 8월 27일 법사위원회 전체회의를 통과하였다. 이후 1953년 4월 16일 형법안 제1독회가 시작되어 정부초안, 법사위수정안, 국회의원 개인별 수정안이 검토되었고, 이러한 과정을 거쳐 현행 형법이 1953년 9월 18일 공포되고 10월 3일부터 시행되었다. 신동운, 제정형법의 성립경위, 형사법연구 20호, 2003 겨울, 11-12면.

> 자는 전항과 같다.
>
> ③ 전항을 적용할 죄는 각 본조에 정한다.[69)]
>
>   제34조
>
> 자기의 행위에 대하여 처벌되지 않는 자, 과실범으로 처벌될 자 또는 자기의 지휘감독에 복종하는 자의 행위를 교사 또는 방조한 자는 정범에 정한 형의 장기 또는 다액의 2분의 1을 가중한다.

정부초안 제30조 제2항은 당시 의제공범으로 불렸던 것으로 범죄단체의 위험성에 대처하기 위하여 자기 이외의 단체원이 한 범행에 대한 인식유무를 불문하고 처벌하는 규정이었으나 책임개별화원칙에 반한다는 이유로 법제사법위원회 안에서 제2항과 제3항은 삭제되었다.[70)]

> ### 1953년 법제사법위원회 제34조 수정안
>
> ① 어느 행위로 인하여 처벌되지 아니할 자 또는 과실범으로 처벌될 자를 교사 또는 방조하여 범죄행위의 결과를 발생하게 한 자는 교사 또는 방조의 예에 의하여 처벌한다.
>
> ② 자기의 지휘감독에 복종하는 자를 교사 또는 방조하여 전항의 결과를 발생하게 한 자는 교사인 때에는 정범에 정한 형의 장기 또는 다

---

69) 정부초안의 원문에는 항 표기가 없지만, 여기서는 논의의 편의를 위해 항을 표시하였다. 국회속기록에서도 항을 넣어서 읽었었다. 신동운 편저, 한국형사정책연구원, 형사법령제정자료집(1) 형법, 1991, 572면.

70) 신동운 편저, 한국형사정책연구원, 형사법령제정자료집(1) 형법, 1991, 88-89, 218-220면; 범죄단체 구성원들 사이에 의사연락이 있는 것으로 의제하여 실행행위에 관여하였음이 판명되지 아니한 자도 공동정범으로 처벌하려는 취지에서 구상된 장치이므로 정확한 표현은 의제공동정범이다. 신동운, 형법총론, 2015, 652-653면.

> 액에 그 2분지 1을 가중하고 방조인 때에는 정범의 형으로 처벌한
> 다.[71]

법제사법위원회는 단순한 간접정범과 자기의 지휘감독에 복종하는 자를 이용한 경우를 구별하지 않고 동일하게 가중하고 있는 정부초안 제34조의 문제점을 해소하기 위하여 수정안을 제출하였고 이 수정안이 일부 표현을 바꾸어 현행 제34조 제1항과 제2항으로 규정되었다.

2) 지휘감독자에 대한 가중 처벌

현행 형법 제34조의 제목은 "간접정범, 특수한 교사, 방조에 대한 형의 가중"이다. 형법 제34조 제1항에 의하면 어느 행위로 인하여 처벌되지 아니하는 자 또는 과실범으로 처벌되는 자를 교사 또는 방조하여 범죄행위의 결과를 발생하게 한 자는 교사 또는 방조의 예에 의하여 처벌된다. 형법 제34조 제1항(간접정범)은 피고인이 타인을 이용(교사·방조)하여 범죄에 참여한 경우이다. 통설은 간접정범을 우월한 의사지배에 의하여 타인을 도구로 이용한 정범으로 보고 있다.[72] 한편 제34조 제2항은 자기의 지휘, 감독을 받는 자를 교사 또는 방조하여 "전항의 결과"를 발생하게 한 자는 교사인 때에는 정범에 정한 형의 장기 또는 다액에 그 2분의 1까지 가중하고 방조인 때에

---

71) 신동운 편저, 형사법령제정자료집(1) 형법, 한국형사정책연구원, 1991, 221면과 신동운 편저, 형법 제·개정 자료집, 한국형사정책연구원, 2009, 154면 이 약간의 표현 차이가 있는바, 후자에 따랐다.

72) 방조의 경우에는 정범의 법정형이 아니라 방조의 예에 따라 정범에 정한 형에 대하여 법률상의 감경이 적용된다는 점에서 우리 형법 제34조 제1항을 "정범"에 관한 규정으로 볼 수 있는지 의문이다.

는 정범의 형으로 처벌한다.[73] 여기서 제2항의 "전항의 결과"의 의미
에 대하여 학설이 대립하고 있다. 이것은 제2항의 교사, 방조의 해석,
지휘·감독자의 가중처벌의 적용범위와 관련된다.

(1) 특수간접정범설

제34조 제2항이 특수간접정범만을 규정하고 있으며 여기서 교사,
방조는 엄격한 의미에서 교사범의 교사와 방조범의 방조가 아니라
단지 이용행위의 태양을 구별해 놓은 것에 불과하다고 한다. 정범에
종속된 공범의 지위가 지휘감독자라고 해서 특별히 가중된 불법비
난을 가해야 할 이유가 없다고 한다. 따라서, 이와 같은 가중처벌을
폐지하고 대신에 양형의 참작사유로 삼아 법관의 재량에 맡기는 것
이 좋다고 제안한다.[74] 이 견해에 따르면 제34조 제2항의 "전항의 결
과"는 "어느 행위로 인하여 처벌되지 아니하는 자 또는 과실범으로
처벌되는 자"를 교사, 방조하여 실행시킨 범행의 결과를 의미하게
되고 정상적인 고의범인 정범을 교사, 방조하는 경우에는 제34조 제2
항이 적용되지 않는다.

(2) 교사방조특칙설

제34조 제2항의 "전항의 결과"는 제34조 제1항의 내용 중에서 "범
죄행위의 결과"만을 지시한다. 제34조 제2항은 자기의 지휘, 감독을
받는 자를 교사 또는 방조하여 범죄행위의 결과를 발생하게 한 자를
가중처벌하는 규정이다. 따라서 제34조 제2항은 제31조 제1항의 교사
범과 제32조 제2항의 방조범의 형량에 대한 특칙이며, 교사 또는 방

---

73) 독일 형법은 교사범은 정범에 정한 형으로 처벌하고, 방조범은 정범의 형
   을 형법 제49조 제1항에 의해 감경(유기자유형의 경우는 법정형의 4분의 3
   이하로 감경한다)한다. 독일 형법 제26조, 제27조, 제49조 제1항 참조.
74) 김일수, 한국형법 II [총론 하], 법문사, 1992, 311-312면.

조의 예에 의하여 처벌되는 제34조 제1항의 간접정범에 대하여도 적
용된다.[75]

(3) 분석과 비판

교사방조특칙설에 찬성한다. 첫째, 특수간접정범설은 제34조 제2
항의 적용범위를 제34조 제1항이 적용되는 경우로 한정하고 있는데,
법문상 이러한 제한적 해석을 하여야 할 근거가 없다. 둘째, 1951년
정부초안 제30조 제2항의 소위 의제공범 조항은 국회 법사위수정안
에서 삭제되었고, 현행 형법 제34조 제1항과 제2항의 사안 모두에 대
하여 가중처벌하는 정부초안 제34조의 내용이 2개로 분리되어 현행
형법의 제34조 제1항과 제2항으로 나누어 규정되었다.[76] 정부초안
제34조는 간접정범의 처벌 근거를 부여하는 내용과 자기의 지휘감독
을 받는 자를 교사방조한 경우를 가중처벌하는 내용을 함께 규정하
고 있었다. 그런데, 지휘감독을 받는 관계가 없이 단순히 자기의 행
위에 대하여 처벌되지 않는 자, 과실범으로 처벌될 자를 교사 또는
방조한 자(간접정범)까지 정범에 정한 형의 장기 또는 다액의 2분의
1을 가중하도록 할 이유는 없었던 것이다. 간접정범의 처벌근거와
특수교사방조의 가중을 혼돈한 실수를 발견한 법제사법위원회가 정
부초안 제34조의 내용을 구분하여 자기의 행위에 대하여 처벌되지
않는 자, 과실범으로 처벌될 자는 가중처벌 없이 교사 또는 방조의
예에 따라 처벌하도록 항을 나눈 것이다.[77] 따라서, 입법자가 특수교
사방조의 가중에서 주안점으로 둔 것은 지휘감독관계였으며 그 적
용범위를 간접정범이 성립되는 경우로 한정할 의사는 없었던 것이
다. 셋째, 당시 법제사법위원장 대리인 엄상섭 의원은 현행 형법 제

---

75) 신동운, 형법총론, 2015, 652면.
76) 신동운, 형법총론, 2015, 653면.
77) 신동운 편저, 형법 제·개정 자료집, 한국형사정책연구원, 2009, 154면 참조.

34조 제2항과 관련하여 '회사 사장이 자기 마음대로 쓸 수 있는 비서에게 범죄를 시킨 경우 등은 정상이 가중하여 형을 중하게 하자'는 취지를 명백히 하였다. 여기서 비서는 어느 행위로 처벌되지 아니하는 자나 과실범으로 처벌되는 자가 아니다. 사장이 자신의 지휘감독 하에 있는 자를 이용했다는 점에서 사장을 가중처벌하려는 취지를 알 수 있다.[78] 이런 입법 취지에 따르면 정범이 통상적인 고의범으로 처벌되는 경우에는 형법 제34조 제2항에 의한 가중처벌이 허용되지 않는다는 특수간접정범설은 타당하지 않다.[79]

일본의 1907년 신형법이나 독일 형법에는 우리나라의 현행 형법 제34조 제2항에 상응하는 규정이 없다. 우리 형법의 입법자들이 자신의 지휘감독을 받는 자를 이용하여 범죄행위의 결과를 발생하는 경우에 이를 가중처벌하고자 도입했던 것으로 우리 형법의 특색이다. 우리 형법은 지휘감독권을 가진 자가 자신의 권한에 복종하는 자의 범죄행위에 가담하는 경우는 일반적인 공범보다 불법과 책임이 가중된다고 보았으며, 이것은 하급자에 대하여 실효적 통제를 가진 지도자(상급자)는 부하의 범죄에 대하여 알았거나 알 수 있었을 때에는 그에 대한 책임을 져야 한다는 지휘관책임과 그 취지가 같다. 물론 독립범죄설의 입장에서 보면 지휘관책임은 공범이 아니므로 형법 제34조 제2항은 국제형법의 지휘관책임을 규정한 것은 아니다. 책임형식설(공범설)의 입장에서 보면 형법 제34조 제2항은 지휘관책임과 그 내용이 상당 부분 중복된다. 형법 제34조 제2항은 지휘권을 가진 자와 이에 복종하여야 하는 자의 수직적 결합관계에 근거하고 있다

---

78) 제16회 국회임시회의속기록 제10호(1953. 6. 26), 법제사법위원장 대리 엄상섭: "자기 지휘감독에 복종하는 자, 가령 회사 사장이 자기 마음대로 쓸 수 있는 비서를 시켜서 했다든지 그런 경우에 있어서는 좀 그 정상이 가중(可憎)하니 더 형을 중하게 하자". 신동운 편저, 형법 제·개정 자료집, 한국형사정책연구원, 2009, 154면.

79) 신동운, 형법총론, 2015, 652면 참조.

는 점에서는 국제형법의 지휘관책임과 그 구조가 같은 것이다.

3. 「국제범죄처벌법」의 지휘관책임과 책임주의

1) 제5조 [지휘관과 그 밖의 상급자의 책임]

부진정부작위범을 규정한 독일 국제형법전 제4조는 부하의 범죄에 정한 형으로 상급자를 처벌하는 근거를 상급자의 부작위와 부하의 범죄의 발생 사이의 인과관계가 요구된다는 점에서 찾고 있다. 그러나 우리 국제범죄처벌법 제5조는 이러한 인과관계를 요구하지 않으면서도 상급자를 부하의 범죄에 정한 형으로 처벌하고 있다. 방조범에 대하여 인과관계를 요구하지 않는 견해나 정신적 방조의 경우처럼 정범의 범죄실현의 가능성을 높이는 정도의 기여로 충분하다는 견해(기회증대설)에 따르면 국제범죄처벌법 제5조와 방조범의 차이는 크지 않을 것이다.[80] 국제범죄처벌법 제5조가 비록 인과관계를 요구하지 않지만, 부하의 범죄를 방지하거나 처벌할 수 있는 실질적인 능력을 가지는 상급자가 부하의 범죄에 대하여 알고도 부작위한 경우에 그 상급자를 부하가 저지른 범죄의 정범과 같은 형으로 처벌하는 것이 책임주의에 반한다고 할 수는 없을 것이다.

우리 형법 제34조 제2항은 자기의 지휘, 감독을 받는 자를 방조한 경우에 정범에 정한 형으로 처벌한다. 따라서 우리 형법은 실효적 통제를 가지고 있는 상급자의 지위를 불법과 책임의 가중요소로 보고 있으며 이러한 우리 형법의 태도에 비추어 보아도 국제범죄처벌법 제5조는 책임주의에 반하지 않는다.

---

80) 신동운, 형법총론, 2015, 657-659면.

2) 제15조 제1항과 제2항 [고의 또는 과실의 범죄 방지·제지 직무태만]

국제범죄처벌법 제15조 제1항, 제2항이 직무태만을 불법의 핵심으로 규정한 것은 부하의 범죄를 과실로 방지하지 못한 것만으로 상급자를 처벌하는 것, 즉 과실의 방조범을 처벌하는 것은 책임주의위반이라는 독일 국제형법전 제13조와 입법취지를 같이 한다. 그럼에도 불구하고, 국제범죄처벌법 제15조 제1항과 제2항이 규정하고 있는 고의 또는 과실의 범죄 방지·제지 직무태만죄는 고의 또는 과실의 직무태만을 처벌하는 것이며, 부하의 범죄를 방지하지 못한데 과실이 있을 것을 요구하고 있지는 않다.

네덜란드(부하의 범죄의 3분의 2 이하)나 캐나다(종신 구금형)의 과실 범죄방지의무위반 유형의 법정형에 비하여 7년 이하의 징역이나 5년 이하의 징역이라는 비교법적으로 과경한 법정형을 두고 있는 점, 상급자가 태만한 직무가 부하의 범죄와 일정한 관련성을 가진다는 점에서 책임주의 위반은 아니다.

3) 제15조 제3항 [범죄보고 직무태만]

국제범죄처벌법 제15조 제3항은 벌금형이 없다는 점을 제외하면 그 법정형을 국가보안법 제10조의 불고지죄처럼 징역 5년 이하로 하고 있으므로 책임주의 위반의 문제는 없다. 그러나, 국가, 군, 이에 준하는 조직의 지도자가 부하의 국제범죄를 알면서 이를 처벌하기 위하여 필요한 조치를 하지 않은 경우를 일반 시민이 국가보안법상의 범죄를 고지하지 않은 경우와 같은 정도로 처벌하는 것이 타당한지가 의문이다. 비교법적으로 제15조 제3항의 문제는 과경한 법정형이며, 과실 유형의 범죄보고 직무태만을 처벌하지 않고 있는 점이 오히려 문제인 것이다.

4) 소결

우리 국제범죄처벌법의 지휘관책임 관련 규정은 책임주의 위반 문제가 제기되지 않는다. 그것은 독일의 국제형법전이 죄형법정주의와 책임주의의 관철을 위하여 독일 형법 이론에 의해 지휘관책임을 재구성하였고, 우리 국제범죄처벌법이 이를 참고로 하였기 때문이다. 앞에서 본 바와 같이 우리 국제범죄처벌법의 지휘관책임 관련 규정에 일부 문제점이 있지만 책임주의위반이 문제될 정도는 아니다.

다음 절에서 보는 바와 같이 필자는 국제범죄처벌법에 대한 2개의 개정안을 제시한다. 부분개정안(私案 I)은 지휘관책임에 대하여 시효의 적용을 배제하고, 지휘관책임 관련 규정의 입법상 실수를 수정하며 과실로 부하의 범죄를 수사기관에 알리지 않은 경우를 처벌하는 내용을 담고 있다. 시효의 적용을 배제하고 과실의 범죄보고 직무태만죄를 새로 신설하는 것은 로마규정의 태도와 일치하고, 로마규정의 보충성의 원칙을 만족시키지 못하는 상황이 발생하는 것을 방지하며, 다른 나라들의 입법 경향과도 일치한다.

한편 필자가 주장하는 전면개정안(私案 II)은 국제형법의 지휘관책임에 관한 독립범죄설을 기초로 하고 있다. 독립범죄설에 따라 상급자의 작위의무위반(부작위) 자체를 불법으로 파악하고, 대륙법계 국가들의 입법을 참고로 각 유형에 상응하는 법정형을 제시하였다. 상급자가 부하의 범죄에 대하여 책임을 지는 것이 아니라 자신의 의무위반에 대하여 책임을 진다는 점에서 처음부터 책임주의 위반 문제가 제기되지 않는다.

제4절 지휘관책임 개정사안(改正私案)

1. 「국제범죄처벌법」 지휘관책임의 문제점

국제형법의 지휘관책임은 국제범죄에 책임이 있는 최고 지도자들을 적용 대상으로 하는 국제형법의 가장 중요한 책임형식이다. 지휘관책임은 군지휘관만이 아니라 민간인 상급자(문민실권자)를 대상으로 하고 있으며 국가수반도 적용대상이 되기 때문에 이러한 책임을 받아들일지, 그 내용을 어떻게 구성할지는 국가 정책과 관련된다. 야마시타 판결을 통해 지휘관책임을 탄생시킨 미국은 로마규정의 성안 과정에서 민간인 상급자에 대한 지휘관책임의 성립요건을 엄격하게 하려고 노력하였고, 자국의 입장을 관철시키고도 결국은 로마규정의 비준을 거부하였다. 일본은 지휘관책임을 포함하여 전쟁책임 문제를 야기할 수 있는 이행입법을 피하였다. 독일은 국제형법전을 제정하고 지휘관책임을 받아들였으나, 대신 집단범죄적 특성을 배제하고 독일의 국내 형법 이론에 따라 지휘관책임을 재구성하였다. 로마규정이 처벌하고 있는 과실의 처벌의무위반을 제외하였고 국제형법전 제13조, 제14조에 시효가 적용되도록 하였다.[81] 일본과 독일은 ICC 로마규정의 당사국이므로 위와 같은 입법태도는 로마규정의 보충성 원칙을 충족시키지 못함으로써 발생하는 ICC에 대한 자국민 인도(surrender)의 위험을 감수하는 것을 의미한다. 국제범죄는 인류공동체와 인간성에 대한 범죄라는 점에서 미국, 일본, 독일의 태도를 비판할 수 있지만, 자국의 이익을 깊이 고려한 정책적 판단이 반영되었다는 점을 알 수 있다.[82]

---

81) 집단범죄에 관한 독일의 고민은 카를 야스퍼스(이재승 역), 죄의 문제, 앨피, 2014 참조.

82) 프랑스에서는 나치 전범에 대하여는 기소할 수 있지만, 프랑스가 알제리

로마규정의 당사국들의 이행입법의 최우선 목표는 로마규정의
보충성 원칙의 충족이다. 로마규정은 당사국이 국제범죄를 처벌할
수 있는 의사와 능력이 있는 경우에는 당사국에게 우선적 재판권을
부여하고 있다. 따라서, 로마규정상의 국제범죄를 처벌할 수 없는
경우에는 이러한 우선적 재판권을 상실할 수 있다. 우리나라는 비교
법적으로 소수에 속하는 독일 국제형법전의 지휘관책임 규정을 참
고로 국제범죄처벌법을 제정하였다. 국제범죄처벌법 제15조에 시효
가 적용되도록 하였고, 과실의 범죄보고불이행을 처벌하지 않음으로
써 로마규정의 보충성원칙이 충족되지 않을 수 있다. 자국민을 ICC
에 인도(surrender)해야 하는 위험을 감수하면서까지 독일 국제형법전
의 취지를 따르는 입법을 할 필요는 없었다고 생각된다.

2. "부분개정안"(私案Ⅰ)과 "전면개정안"(私案Ⅱ)

필자는 이 논문에서 우리나라의 지휘관책임의 이행입법에 관련
하여 2개의 제안을 한다. 하나는 우리나라의 지휘관책임을 부분적으
로 개정하는 것(부분 개정안, 사안Ⅰ)이고, 다른 하나는 독립범죄설
에 기초하여 지휘관책임을 전면적으로 개정하는 것(전면개정안, 사
안Ⅱ)이다.

필자는 국제형법의 성격에 비추어 각국의 지휘관책임을 통일하
는 것이 타당하며, 독립범죄설에 입각한 필자의 개정안(전면개정안,
사안Ⅱ)에 따라 우리 국제범죄처벌법이 개정되면 각국의 지휘관책임
을 통일시키는데 모델 입법으로 제시될 수 있다고 생각한다. 그러나,
이러한 개정안은 현행 지휘관책임의 규정 3개를 완전히 교체하는 작

에서 저지른 인도에 반하는 죄를 처벌하는 것은 불가능하다. Ward N.
Ferdinadusse, Direct Application, 2006, p. 66; Catherine Elliott, French Criminal Law,
2001, pp. 130-131.

업을 요구한다. 국제범죄처벌법이 이미 제정되었고, 현재까지 한번도 적용된 적이 없는 국제범죄처벌법을 국회가 전면적으로 개정하리라고 기대하는 것은 현실성이 없다. 따라서 ICC 로마규정의 보충성을 만족시키지 못하여 우리나라의 법원이 우리 국민들에 대하여 가지고 있는 재판권행사의 ICC에 대한 우선권을 잃는 것이 명백하고, 규정의 문언이 잘못된 부분만을 제시하는 부분개정안(사안 I)을 먼저 별도로 제시한다. 부분개정안(사안 I)은 법규정이 모호하거나 일부 문제가 있더라도 해석에 의해서 해결이 가능한 부분은 포함하지 않는다.

3. 지휘관책임 부분개정안(私案 I)

1) 선행문제 - 시효

앞서 본 바와 같이 현행 국제범죄처벌법은 지휘관책임과 관련된 제15조 직무태만죄에 대하여 시효가 적용되도록 하고 있다. 한편, 지휘관책임에 관한 제5조에 대하여도 시효가 적용되는지에 대한 의문이 있을 수 있다. 입법자가 제5조에 대하여는 부하가 범한 범죄에서 정한 형으로 처벌한다는 문언에 의해 시효의 적용이 배제된다고 생각하였을 것으로 추정되나, 제5조의 법적 성질을 진정부작위범으로 보는 경우에는 제5조는 부하의 범죄와는 별개의 범죄이므로 제5조에도 시효가 적용이 되지 않는다는 것을 명백히 할 필요가 있다(제7장 제2절 I. 1. 참조).

따라서 먼저 국제범죄법 제6조를 다음과 같이 개정한다.

현행법

제6조(시효의 적용 배제) 집단살해죄등에 대하여는 「형사소송법」 제249
조부터 제253조까지 및 「군사법원법」 제291조부터 제295조까지의 규
정에 따른 공소시효와 「형법」 제77조부터 제80조까지의 규정에 따
른 형의 시효에 관한 규정을 적용하지 아니한다.

개정사안(改正私案)

제6조(시효의 적용 배제) 이 법 제5조, 제15조와 집단살해죄등에 대하여는
「형사소송법」 제249조부터 제253조까지 및 「군사법원법」 제291조부
터 제295조까지의 규정에 따른 공소시효와 「형법」 제77조부터 제80
조까지의 규정에 따른 형의 시효에 관한 규정을 적용하지 아니한다.

---

2) 부분개정안(私案 Ⅰ)

현행법

제5조(지휘관과 그 밖의 상급자의 책임)

군대의 지휘관(지휘관의 권한을 사실상 행사하는 사람을 포함한다.
이하 같다) 또는 단체·기관의 상급자(상급자의 권한을 사실상 행사
하는 사람을 포함한다. 이하 같다)가 실효적인 지휘와 통제하에 있
는 부하 또는 하급자가 집단살해죄등을 범하고 있거나 범하려는 것
을 알고도 이를 방지하기 위하여 필요한 상당한 조치를 하지 아니
하였을 때에는 그 집단살해죄등을 범한 사람을 처벌하는 외에 그
지휘관 또는 상급자도 각 해당 조문에서 정한 형으로 처벌한다.

제15조(지휘관 등의 직무태만죄)

① 군대의 지휘관 또는 단체·기관의 상급자로서 직무를 게을리하거나
유기(遺棄)하여 실효적인 지휘와 통제하에 있는 부하가 집단살해죄

등을 범하는 것을 방지하거나 제지하지 못한 사람은 7년 이하의 징역에 처한다.

② 과실로 제1항의 행위에 이른 사람은 5년 이하의 징역에 처한다.

③ 군대의 지휘관 또는 단체·기관의 상급자로서 집단살해죄등을 범한 실효적인 지휘와 통제하에 있는 부하 또는 하급자를 수사기관에 알리지 아니한 사람은 5년 이하의 징역에 처한다.

개정사안(改正私案)

제5조(지휘관과 그 밖의 상급자의 책임)

군대의 지휘관(지휘관의 권한을 사실상 행사하는 사람을 포함한다. 이하 같다) 또는 단체·기관의 상급자(상급자의 권한을 사실상 행사하는 사람을 포함한다. 이하 같다)가 실효적인 지휘와 통제하에 있는 부하 또는 하급자가 집단살해죄등을 범하고 있거나 범하려는 것을 알고도 이를 방지하거나 **제지하기** 위하여 필요한 상당한 조치를 하지 아니하였을 때에는 그 집단살해죄등을 범한 사람을 처벌하는 외에 그 지휘관 또는 상급자도 각 해당 조문에서 정한 형으로 처벌한다.

제15조(지휘관 등의 직무태만죄)

① 군대의 지휘관 또는 단체·기관의 상급자로서 직무를 게을리하거나 유기(遺棄)하여 실효적인 지휘와 통제하에 있는 부하 또는 **하급자**가 집단살해죄등을 범하는 것을 방지하거나 제지하지 못한 사람은 7년 이하의 징역에 처한다.

② 과실로 제1항의 행위에 이른 사람은 5년 이하의 징역에 처한다.

③ 군대의 지휘관 또는 단체·기관의 상급자로서 집단살해죄등을 범한 실효적인 지휘와 통제하에 있는 부하 또는 하급자를 수사기관에 알리지 아니한 사람은 5년 이하의 징역에 처한다.

④ **과실로 인하여 제3항의 죄를 범한 사람은 3년 이하의 징역에 처한다.**

제15조 제1항에 "부하"만 규정되어 있고 다른 규정들과 달리 "하급자"가 누락되어 있으므로 이를 보충할 필요가 있다(제7장 제2절 I. 2. 참조).

(1) 상급자의 작위의무

국제형법의 지휘관책임에서의 통설은 부하의 범죄의 진행 상황에 따라 범죄를 방지할 의무, 범죄를 억제할 의무, 범죄를 처벌할 의무(또는 범죄를 처벌할 권한이 없는 상급자의 대체적 의무로서 범죄를 보고할 의무)가 발생한다고 한다. 필자는 이러한 통설에 반대하지만, 이러한 통설의 문제점이 크지 않고, 캐나다의 이행입법도 이러한 태도를 따르고 있는 점에 비추어 부분개정안(사안 I)에서는 통설에 따른다.

제5조에서 부하가 범죄를 "범하고 있거나 범하려는 것"을 "방지"하지 않은 경우를 규정하고 있다. 제15조 제1항과 제2항은 부하가 범죄를 "범하는 것"을 "방지"하거나 "제지"하지 못한 경우를 규정하고 있다. 제15조 제1항이 "방지하거나 제지"하지 못한 사람이라는 표현을 사용함으로써 방지와 제지를 구별하여 사용하면서도 제5조는 이러한 구별이 없다. 제5조의 "방지"는 제15조 제1항의 "방지와 제지"와 같은 의미로 사용된 것이므로 법규정도 그 의미에 부합하게 변경하는 것이 죄형법정주의의 명확성원칙에 부합한다(제7장 제2절 I. 3. 참조).

(2) 과실의 범죄보고 직무태만죄 신설

로마규정은 상급자가 부하의 범죄에 대하여 과실로 알지 못하여 관할 당국에 회부하지 못한 경우도 처벌하고 있으며, 많은 나라의 이행입법이 이를 따르고 있다. 앞서 본 바와 같이 부하의 범죄에 대한 처벌의무(그 대체적 의무로서의 보고의무)는 시민의 자유를 제한

하는 불고지죄와는 그 성질과 적용 대상이 다르다. 현행 국제범죄처
벌법은 지휘관책임에서 과실의 범죄보고의무불이행 유형을 배제함
으로써 로마규정의 보충성 원칙을 만족시키지 못하고 있다. 제15조
의 법정형은 전체적으로 과경하다는 문제점을 가지고 있지만, 지휘
관책임이 지도자를 중한 형벌로 처벌하라는 것이 아니라 국제범죄
에 책임이 있는 지도자를 반드시 처벌해야 한다는 취지이므로 과경
한 법정형은 큰 문제라고 보기 어렵다. 과실의 범죄보고 직무태만죄
를 신설하여야 한다(제7장 제2절 IV. 참조).

4. 지휘관책임 전면개정안(私案 II)

필자는 우리나라의 국제범죄처벌법의 지휘관책임의 전면개정안
(私案 II)의 제안을 통하여 관습국제법, 로마규정, 그리고 국내적 국
제형법(각국의 로마규정의 이행입법)의 궁극적 통일을 가능하게 하
는 모델을 수립하고자 한다. 이러한 모델은 관습국제법, 로마규정,
그리고 각국의 국제형법이 장래에 통일을 하는데 도움이 되는 내용
을 가져야 할 것이다. 전면개정안은 다음과 같은 기준을 준수하고자
하였다.

첫째, 지휘관책임의 집단범죄적 특성을 반영하는 독립범죄설을
바탕으로 지휘관책임을 하나의 일관된 원리에 의하여 통일적으로
구성함으로써, 국제적 국제형법(internationales Völkerstrafrecht)과 국내
적 국제형법(nationales Völkerstrafrecht)의 통일을 지향한다.

둘째, 관습국제법과 로마규정의 취지를 반영하고 보충성의 원칙
을 준수한다.

셋째, 명확성, 책임주의, 국내 형법의 일반원칙을 위반하지 않는
다. 이것은 지휘관책임이 반드시 국내 형법 이론을 그대로 따라야
한다는 것을 의미하지 않는다(제7장 제3절 I. 참조). 또한 독립범죄설

은 상급자의 부작위에 대한 형사책임으로 부하의 범죄에 대하여 처벌하는 것이 아니므로 책임주의를 위반하는 것이 아니다.

넷째, 주요 국가들의 이행입법의 내용을 반영하고, 지휘관책임을 입법하려는 다른 나라에 참고가 될 수 있는 지휘관책임 모델을 제공한다.

1) 독립범죄설에 따른 이론 구성

지휘관책임의 규정을 마련하기 위해서는 지휘관책임의 법적 성질이 먼저 규명되어야 한다. 지휘관책임의 법적 성질은 국제범죄의 집단범죄적 성격과 국제형법의 규범적 성격을 반영하여야 하며, 하급자가 저지른 국제범죄의 발생에 실질적 책임이 있는 상급자를 반드시 처벌하여야 한다는 관습국제법과 로마규정의 책임의 취지를 반영하여야 한다. 이러한 점에 비추어 지휘관책임은 상급자가 부하의 범죄에 가담한 것이 아니라 자신들의 고유한 의무위반에 따라 처벌받는다는 독립책임설이 타당하다는 점은 앞에서 언급한 바와 같다(제5장 참조). 뒤에서 보듯이 독립범죄설에 입각하여 구성된 지휘관책임을 전통적인 "지휘관책임"의 용어를 반영하여 "지휘관책임위반죄"로 부른다.

2) 선결 문제

전면개정안(사안 II)를 검토하기 전에 몇 가지 관련 문제를 지적한다.

첫째, 지휘관책임의 규정에서 가장 중요한 "상급자"라는 용어는 국제범죄처벌법 제4조(상급자의 명령에 따른 행위)에서도 사용되고 있다. 따라서, 네덜란드처럼 지휘관책임의 핵심이 되는 상급자의 개념을 총칙의 정의 규정에 배치하는 것을 적절하지 않다.

둘째, 지휘관책임 미수범의 인정여부가 문제된다. 필자는 지휘관 책임의 법적 성질에 관하여 독립범죄설에 따라 순수한 부작위범으로 보며, 부작위범에서는 미수가 불가능하다고 생각한다.[83] 지휘관 책임은 부하의 범죄(미수범을 포함한다)[84]의 발생을 요건으로 하며 여기서 부하의 범죄는 일종의 객관적 처벌조건이다. 이러한 점에서도 지휘관책임의 미수범은 인정되지 않는다.[85]

셋째, 독립범죄설에 입각한 지휘관책임의 통일적 구성을 위하여 현행 국제범죄처벌법 제5조는 삭제한다. 지휘관책임은 부진정부작 위범이 아니라 진정부작위범이므로 총칙 규정에 지휘관책임위반죄를 배치하지 않는다.[86] 지휘관책임위반죄는 부하의 범죄에 대하여 가담하거나 부하의 범죄에 대한 구성요건의 수정형태가 아니다. 독

---

83) 우리나라에서는 (진정)부작위범의 미수범이 인정되는지에 대하여는 다툼이 있다. 배종대, 형법총론 12판, 홍문사, 2016, 725-726면; 이재상/장영민/강동범, 형법총론, 2015, 372-375면; 진정부작위범에는 작위의무가 구성요건 자체에 표현되어 있고, 구성요건이 규정해 놓은 작위의무에 위반하는 순간 당해 구성요건은 충족되며 미수범은 생각할 여지가 없다. 반면에 부진정부작위범은 부작위의 형태로 행해지는 작위범이므로 미수범의 성립이 가능하다. 신동운, 형법총론, 2015, 548-550면.

84) 독일의 국제형법전에서는 부하의 범죄가 국제형법전 6조부터 12조의 미수범이거나 형법 제30조(참여의 미수)에 해당하는 경우에도 감독의무의 위반은 완성되었으므로 감독자는 처벌된다. 독일 형법 제23조는 중죄의 미수는 항상 처벌하고, 경죄의 미수는 법률이 명시적으로 규정한 경우에 한하여 처벌된다. 따라서 국제형법전 제13조, 제14조는 경죄이고 미수범 처벌 규정이 없으므로 그 미수범은 처벌되지 않는다. MüKo-StGB/Weigend, § 4 VStGB Rn. 23 참조.

85) 한편, 지휘관책임을 독립범죄로 규정하고 있는 캐나다의 이행입법은 미수범 처벌규정을 가지고 있다[캐나다 국제범죄법 제5조(2), 제7조(2.1)].

86) 부진정부작위범은 "총칙상의 일반규정과 작위범의 개별구성요건과의 결합에 의해 성립되는 독자적인 범죄유형", 즉 구성요건의 수정형태이다. 이 설명은 형법전상 부작위범에 관한 총칙규정이 있어야 가능하다. 오병두, 「형사법연구」 20년을 통해서 본 부작위범이론의 현상과 과제, 형사법연구 제20권 제4호, 한국형사법학회, 2008, 97면.

립범죄로서 제5조와 현행 제15조를 통합하여 새로운 내용으로 각칙에서 제15조를 구성한다.

넷째, 앞서 본 바와 같이 제15조 직무태만죄에 대하여 시효가 적용되지 않도록 현행법 규정을 개정해야 한다. 다음 항목에서 보는 것처럼 국제범죄처벌법 제2조 제1호 "집단살해죄등"의 정의에 지휘관책임위반죄(전면개정안 제15조)를 포함시키는 경우에는 현행 국제범죄처벌법 제6조를 변경하지 않아도 지휘관책임위반죄에 시효가 적용되지 않는다.

다섯째, 지휘관책임의 성립요건인 부하의 범죄에 지휘관책임이 포함되는가가 문제된다. 이것을 국제형법에서는 지휘관책임에 대한 지휘관책임(command responsibility for command responsibility), 다중 지휘관책임(multiple command responsibility), 지휘관책임에 대한 지휘관책임(command responsibility per command responsibility), 수직적 지휘관책임(perpendicular command responsibility)이라고 부른다. ICTY의 Orić(오리취) 사건에서 피고인은 스레브레니차(Srebrenica)의 구금 시설에서 세르비아계의 수용자(Serb detainees)의 살해와 잔혹한 처우를 방지하지 않은 부작위에 대하여 상급자책임에 근거하여 유죄판결을 받았다. 1심재판부는 스레브레니차의 헌병대장 Krdzić(크르지치)가 피해자들이 구금되었던 스레브레니차 경찰서와 수용소 건물에서 간수들의 작위와 부작위에 대한 책임을 진다고 하였다.[87] Sliedregt는 이 판결이 명시적으로 '지휘관책임에 대한 지휘관책임'을 언급하지는 않았지만, Orić가 스레브레니차의 구금시설에서 발생한 세르비아계 수용자들에 대한 살해와 잔혹한 처우에 대하여 책임을 진다는 재판부의 판단은 '지휘관책임에 대한 지휘관책임'을 근거로 한 것이라고 보고 있다.[88] 독립범죄설의 입장에서는 부하의 지휘관책임도 국제범죄이다.

---

87) Prosecutor v. Orić, (Case No. IT-03-68) Trial Chamber Judgement, 30 June 2006, para. 489-490.

부하의 범죄가 지휘관책임인 경우에 상급자에 대하여 지휘관책임이 성립될 수 있다고 본다. 따라서 국제범죄처벌법 제2조 1호의 "집단살해죄등"은 지휘관책임(전면개정안 제15조)을 포함하도록 개정되어야 한다. 다만, 부하의 지휘관책임을 과실로 알지 못한 경우까지 처벌하는 경우에 과실의 지휘관책임을 지는 부하에 대하여 다시 상급자가 과실의 지휘관책임을 질 수 있으며, 이러한 경우를 처벌하는 것이 타당한가라는 문제가 있다. 이러한 경우는 피고인이 직접 국제범죄의 실행행위를 한 하급자에 대하여 실효적 통제를 가지고 있었는지 여부를 따져서 지휘관책임이 성립하는지를 검토하면 족하고 굳이 지휘관책임에 대한 지휘관책임을 따질 필요는 없다고 생각한다. 즉, 피고인과 국제범죄의 실행자 사이의 상급자-하급자 관계에 기초한 지휘관책임으로 규율하면 족하다. 이러한 취지를 반영하기 위하여 전면개정안 제15조 제7항에 "하급자의 범죄가 지휘관책임위반죄인 경우에 상급자가 하급자의 지휘관책임위반죄에 대하여 과실로 알지 못한 경우에는 처벌하지 아니한다."라는 규정을 둔다.

현행법

제2조(정의) 이 법에서 사용하는 용어의 뜻은 다음과 같다.

1. "집단살해죄등"이란 제8조부터 제14조까지의 죄를 말한다.

개정사안(改正私案)

제2조(정의) 이 법에서 사용하는 용어의 뜻은 다음과 같다.

1. "집단살해죄등"이란 제8조부터 제15조까지의 죄를 말한다.

---

88) E. V. Sliedregt, Individual Criminal Responsibility, 2012, p. 190; 독일의 국제형법전도 부하의 범죄가 지휘관책임(4조, 제13조, 제14조)인 경우를 포함한다. MüKo-StGB/Weigend, § 4 VStGB Rn. 40-41.

3) 전면개정안(私案 II)

제15조 지휘관책임위반죄

① 상급자는 그의 하급자가 집단살해죄등을 범하려고 하고 있거나, 범하고 있거나, 범하였다는 것을 알면서 그 범죄를 방지, 억제 또는 처벌하기 위하여 자신의 권한 내의 모든 필요하고 합리적인 조치를 취하지 아니하였을 때에는 하급자의 범죄가 발생한 경우에 상급자를 지휘관책임위반죄로 처벌한다.

② 제1항의 경우에 상급자가 하급자의 범죄를 방지, 억제하기 위하여 자신의 권한 내의 모든 필요하고 합리적인 조치를 취하지 아니한 경우에는 그 하급자가 범한 범죄에 정한 형으로 처벌한다.

③ 제1항의 경우에 상급자가 하급자의 범죄를 처벌하기 위하여 자신의 권한 내의 모든 필요하고 합리적인 조치를 취하지 아니한 경우에는 하급자가 범한 범죄의 형의 상한의 3분의 2 이하에 처한다. 이 때 하급자가 범한 죄의 형이 사형인 경우에는 무기 또는 징역 30년 이상 50년 이하의 징역 또는 금고로, 무기징역 또는 무기금고인 경우에는 20년 이상 50년 이하의 징역 또는 금고로 한다.

④ 제2항의 경우에 하급자가 집단살해죄등을 범하려고 하고 있거나, 범하고 있다는 것을 상급자가 과실로 알지 못한 경우에는 제2항의 형을 감경한 형으로 상급자를 처벌한다.

⑤ 제3항의 경우에 하급자가 집단살해죄등을 범하였다는 것을 상급자가 과실로 알지 못한 경우에는 제3항의 형을 감경한 형으로 상급자를 처벌한다.

⑥ 본 조에서 상급자는 군대 또는 무장병력, 기타 단체·기관의 법적 또는 사실상의 상급자로서 하급자들에 대하여 실효적 통제를 가지고 있는 자를 말한다.

---

⑦ 하급자의 범죄가 지휘관책임위반죄인 경우에 상급자가 하급자의
지휘관책임위반죄에 대하여 과실로 알지 못한 경우에는 처벌하지
아니한다.

⑧ 상급자를 본 조의 죄로 기소하는 경우에 죄명은 부하가 범한 범죄
의 죄명과 지휘관책임위반죄를 결합하여 "'하급자의 죄명'의 지휘관
책임위반죄"로 하고, 상급자가 부하의 범죄에 대하여 과실로 알지
못한 경우에는 "하급자의 죄명의 과실지휘관책임위반죄"로 한다.

(1) 죄명

지휘관책임 자체는 죄명이 되기 부적절하다. 지휘관책임의 죄명
으로 국제범죄처벌법 제15조의 직무태만죄나 독일 국제형법전의 감
독의무위반죄, 캐나다의 책임위반죄 등이 고려될 수 있다. 지휘관책
임의 작위의무의 근거가 1907년 제4 헤이그협약 부칙 제1조에서 책
임을 지는 지휘관이라는 규정이었다는 점, 지휘관책임이라는 용어에
도 "책임"이 들어 있다는 점, 전통적으로 지휘관책임이라는 용어가
사용되었다는 점에서 "지휘관책임위반죄"가 적절하다고 생각된다.[89]

(2) 상급자

군지휘관과 민간인 상급자(문민실권자)에 대한 구별을 두지 않고
실효적 통제를 가지고 있는지를 기준으로 한다.[90] 따라서 공식적인

---

89) 지휘관책임의 기원이 되는 미 연방 대법원의 야마시타 판결은 지휘관책임
은 책임지휘의 원칙(principles of responsible command)에서 기원한다고 보고
있으며, 이에 대하여는 특별한 이론이 없다. C. Meloni, Command Responsibility,
2010, pp. 35-37; In re Yamashita, 327 U.S. 1, at 15 (1945).

90) 5·18 광주 민중 학살 사건에서 신군부의 군지휘체계는 형식적 지휘권과 실
질적 지휘권이 일치하지 않고 있었다. 당시 전두환은 보안사령관(중장)으
로 계엄군의 공식적인 지휘계통에 있지도 않았고 대통령 최규하, 국방부
장관 주영복, 계엄사령관 이희성(대장)에 대하여 하급자였다. 그러나, 군의

군지휘관과 사실상의 군지휘관, 민간인 상급자는 국제범죄를 범한 하급자에 대하여 실효적 통제를 가지고 있으면 지휘관책임의 주체가 될 수 있다. 민간인 단체나 기관의 지도자는 국가의 군조직과 달리 법적 단체가 아니므로 공식적인 임명이라는 것 자체가 무의미할 수 있다. 따라서 민간인 조직의 경우에는 법적인 민간인 상급자나 사실상의 민간인 상급자라는 개념 구분이 필요한 것은 아니다. 실효적 통제 기준에서는 군지휘관과 사실상의 군지휘관의 구분도 반드시 필요로 하는 것이 아니지만 이러한 구분은 국제인도법과 국제형법의 오랜 전통에 속하는 것이므로 전면개정안에서 유지한다.

ICC 로마규정이 민간인 상급자(문민실권자)를 군지휘관과 구별하고 있는 점에 대하여 많은 비판이 있다. 국제범죄라는 잔혹한 집단범죄를 저지른 조직의 경우에 그것이 군대 조직인지 민간인 조직인지를 구별하는 것은 정당성이 없다. 상급자의 지위는 하급자나 부하에 대한 실효적 통제를 가지고 있다는 것을 말한다. 따라서 군 조직이나 민간인 조직의 상급자이든 이러한 실효적 통제를 가지고 있다는 점에서 차이가 없으며, 조직의 하급자의 범죄 행위에 대한 주의의무에 구별을 둘 필요는 없을 것이다. 군조직과 민간인 조직의 차이에 따른 주의의무의 내용에 차이가 인정된다고 하더라도 이것이 군조직의 상급자와 민간인 조직의 상급자의 주의의무의 정도의 차이를 의미하는 것은 아니라고 본다. 따라서 현행 국제범죄처벌법의 예에 따라 부하의 범죄에 관하여 알지 못한 과실의 정도에 차이를 두지 않는다.

주관적 기준은 인식과 과실(인식의 실패) 기준으로 하였다. 전통적으로 지휘관책임은 인식을 요구하였다. 고의를 요구하는 것은 국제형법의 지휘관책임 기준이 아니다. 고의와 인식의 차이는 국제형

실질적인 의사결정권자는 전두환이었다. 한인섭, 5·18 재판과 사회정의, 2006, 55-56면.

법의 발전에 따라 보다 명확해 질 것으로 기대한다. 부작위의 과실범을 처벌하는 것은 상급자의 역할과 실효적 통제 능력에 비추어 긍정되며, 부하의 범죄를 알고 있었던 경우에 비하여 불법과 책임이 경미한 점은 법정형에서 고려한다.

(3) 부하의 범죄

부하의 범죄는 지휘관책임에 있어서 국제적 요소이다. 부하의 범죄가 국제범죄라는 점이 상급자의 부작위를 국제범죄로 처벌하게 하는 요건이 된다. 부하의 범죄는 국내 형법의 관점에서는 특수한 객관적 처벌조건이다. 부하의 범죄가 발생하지 않으면 지휘관책임에 의하여 처벌할 수 없다는 면에서 처벌의 제한 조건이 된다. 한편, 지휘관책임은 상급자가 부하의 범죄에 대하여 알았거나 과실로 알지 못한 경우에만 성립한다. 부하의 범죄의 내용은 상급자에 대한 양형에서 고려하여야 할 요소가 될 것이다. 따라서 부하의 범죄의 지휘관책임에서의 법적 성격은 특별하다. 국제형법은 부하의 범죄에 대한 죄명으로 상급자를 기소하고 유죄판결을 하고 있지만 위와 같은 점을 고려하여 지휘관책임으로 기소하는 경우에 지휘관책임으로 기소한다는 취지와 지휘관책임과 부하의 범죄와의 관련성을 표시하여 줄 필요가 있다. 자신의 범죄가 아닌 부하의 범죄에 대한 죄명으로 유죄판결을 받는 것은 자신의 불법에 상응하는 죄명으로 처벌되어야 한다는 원칙(fair labeling)에 반한다.

상급자의 부작위와 부하의 범죄의 발생 사이에 인과관계는 요구되지 않는다. 부하에 대하여 실효적 통제를 가지고 있는 상급자는 부하의 행위를 통제할 수 있고, 이것은 부하의 범죄를 방지, 억제, 처벌할 수 있는 실질적인 능력을 말한다. 따라서 이러한 실효적 통제를 가지고 있는 상급자가 부하의 범죄를 방지하거나 억제, 처벌하여야 할 의무를 이행하지 않았다는 것(부작위)으로 상급자 처벌의 정

당성은 인정되며, 상급자의 부작위와 부하의 범죄의 발생 사이에 인과관계를 별도로 요구하지 않는다.[91]

(4) 부하의 범죄 상황과 상급자의 작위 의무

부하의 국제범죄와 관련된 상급자의 의무는 부하의 범죄를 방지하기 위하여 부하를 적절히 통제할 의무이다. 부하가 범죄를 저지른 경우에 상급자가 부하를 처벌해야 하는 의무도 이러한 통제의무의 내용을 이룬다. 필자는 부하의 범죄의 진행 상황에 따라 상급자에게 상이한 의무가 발생한다는 주류적 견해에 찬성하지는 않는다. 주류적 견해는 범죄 방지의무와 범죄 억제의무의 차이를 명확하게 설명하지 못하고 있다. 한편, 주류적 견해는 이 두 가지 의무와 범죄처벌의무를 달리 취급하고 있다. 범죄방지의무와 범죄억제의무는 아직 범죄가 완성되기 전이라는 점에서 범죄처벌의무와 다르다고 보는 것이다. 독일 국제형법전 제13조와 제14조가 이러한 경향을 반영하고 있다. 그러나, 부하의 범죄가 발생한 것을 알면서 처벌하거나 수사기관에 알리지 않은 것은 범죄처벌(보고)의무를 위반한 동시에 범죄방지의무와 범죄억제의무를 위반한 것으로 볼 수 있다. 또한, 국제범죄의 미수범의 경우에 기수 이전의 미수에 대하여 범죄(완성)방지 또는 범죄(진행)억제 의무가 발생하고 이와 동시에 범죄처벌의무도 발생한다. 이러한 점에서 주류적 견해의 구분은 완전하지 못하고 혼란을 야기시킨다. 따라서 이러한 주류적 견해의 구분을 폐지하는

---

91) 한인섭은 5·18 광주 민중 학살 사건에 대한 평가에서 국제연합 인권위원회 48차 회의 보고서의 지휘관책임을 인용하면서 "하급자의 행위가 상급자의 통제범위 내에서 이루어졌다면 상급자의 책임은 당연하다"라고 쓰고 있다(강조는 필자). 이것은 상급자가 부하에 대하여 실효적 통제를 가지고 있다면 상급자의 부작위와 하급자의 범행 사이의 인과관계는 별도로 요구할 필요는 없다는 취지로 볼 수 있다. 한인섭, 5·18 재판과 사회정의, 2006, 52면 참조.

것이 이론상으로 타당하다. 필자의 견해는 제15조 제1항의 범죄의 성립에 반영하였다. 즉, 범죄성립단계에서는 범죄의 진행상황과 상급자의 의무를 개별적으로 대응시키지 않고 전면개정안 제15조 제1항에서 총괄적으로 규정하였다.

다만, 이미 범죄가 발생한 경우에는 범죄의 처벌이 상급자의 가장 중요한 의무가 된다는 점에서 주류적 견해가 범죄의 진행 상황별로 가장 대표적인 의무를 중심으로 상급자의 의무를 파악하는 입장에 찬성한다. 이러한 점에서 부하의 범죄의 진행 정도와 그에 상응하는 상급자의 작위의무의 위반에 따른 처벌을 현재 국제형법의 주류적 이론에 따라 구성하되, 주류적 이론의 입장은 지휘관책임의 성립이 아닌 지휘관책임의 처벌(법정형)에 관한 조항(전면개정안 제15조 제2항, 제3항, 제4항, 제5항)에 반영하였다.

처벌의무위반 외에 보고의무위반을 별도로 규정하지 않았다. 범죄보고는 범죄처벌의 권한이 없는 경우에 대체적 의무이행 수단이므로 처벌의무를 이행하기 위해 필요한 조치에 포함된다. 처벌의무를 규정하지 않고 보고의무만을 규정한 입법례(ICC 로마규정 28조, 독일 국제형법전 제14조)가 있는데 이것은 지휘관책임이 매우 낮은 수준의 상급자들에 적용되는 것으로 오인하게 만든다. 지휘관책임은 국가지도자에 대하여 적용되는 것이며 이들이 국제범죄를 저지른 하급자를 처벌하는 방법에는 징계 절차 등 여러 가지가 있을 수 있으므로 굳이 보고의무로 한정하는 것은 타당하지 않다.

(5) 소결

전면개정안은 국제적 국제형법의 이론에 부합하게 지휘관책임의 모든 유형을 하나의 항에서 통일적으로 포함시켰다. 이러한 통일적 구성은 범죄방지, 억제, 처벌의무가 상호 긴밀히 연결되어 있다는 점을 반영한 것이다. 한편, 법정형을 규정하는 항에서는 상급자의 작

위의무와 상급자의 인식과 과실을 기준으로 지휘관책임을 유형별로
분류하였다. 여기서 유형별 범죄성립요건을 구체적으로 명확하게
표시하고, 유형별 불법과 책임에 상응하는 법정형을 제시함으로써
명확성의 원칙에 부합하도록 하였다. 각각의 범죄유형에 따른 죄명
을 표시하도록 함으로써 책임주의가 죄명에도 반영되게 하였다. 필
자의 전면개정안(사안 II)의 구상은 범죄의 성립에 관한 조항과 법정
형에 관한 조항을 구분하고 있는 것이 특징인데, 이러한 방식은 캐
나다의 책임위반죄, 네덜란드의 지휘관책임(형사책임의 확장), 독일
국제형법전(제13조 제4항)에서도 나타나고 있다.

제8장 결론

이 연구에서는 국제범죄와 지휘관책임의 집단범죄성을 검토하고, 관습국제법과 로마규정의 지휘관책임을 살펴보았다. 지휘관책임에 관한 중요 판결과 각국의 로마규정 이행입법을 비교분석하였다. 이를 토대로 우리나라의 국제범죄처벌법의 문제점을 시정하는 지휘관책임 부분개정안(私案Ⅰ)을 제시하였으며, 이와 별도로 장래에 우리나라와 각국의 지휘관책임을 통일하는데 참고가 될 수 있는 전면개정안(私案Ⅱ)도 마련하였다.

국제범죄의 집단범죄성(collective criminality)은 국제형법에서 공동범죄집단(Joint Criminal Enterprise)과 지휘관책임(Command Responsibility)이라는 두 개의 독특한 책임의 원칙을 출현시켰다. 공동범죄집단은 불법한 목적으로 결합한 집단이 저지른 범죄의 공모자들에 대한 형사책임을 다룬다. 지휘관책임은 조직의 지도자인 상급자가 부하에 대하여 가지는 실효적 통제를 이유로 상급자가 부하의 범죄를 방지하거나 처벌하지 않은 부작위에 대한 형사책임을 다룬다. 상급자가 부하의 범죄에 대하여 안 경우는 물론 과실로 알지 못했던 경우, 그리고 상급자의 범죄 방지, 억제, 처벌, 보고의무위반을 모두 포함하는 포괄적 책임이다. 지휘관책임은 국제범죄의 집단범죄적 성격을 반영하지만 아무런 귀책사유 없이 상급자라는 이유로 부하의 범죄에 대하여 책임을 지게 하는 것이 아니므로 집단처벌, 대위책임이나 결과책임과는 다르다. 지휘관책임의 포괄적 성격으로 인하여 지휘관책임에 대하여는 죄형법정주의위반, 책임주의위반이라는 비판이 있다. 이러한 이유로 지휘관책임의 성립요건을 명확히 하는 노력이 전개되었다.

지휘관책임에 대한 관습국제법은 야마시타 판결을 계기로 성립하였다. 미국 군사위원회는 필리핀 주둔 일본군 대장 야마시타에 대하여 그의 부하들이 전쟁범죄를 광범위하게 저질렀고, 야마시타가 부하들에 대한 실효적 통제를 하지 않았다는 이유로 부하들이 저지른 전쟁범죄에 대하여 유죄판결을 하였다. 도쿄재판은 부하의 범죄에 대하여 알았거나 그러한 사실을 과실로 알지 못한 경우에 부하의 범죄를 방지하기 위한 조치를 하지 않은 상급자에게 지휘관책임이 성립한다고 하였다. 1977년 제1추가의정서는 지휘관책임에 관한 당시의 관습국제법을 최초로 성문화하여 부하의 범죄에 대하여 알았거나 부하의 범죄를 알게 하는 정보를 가지고 있었음에도 불구하고 가능한 조치를 취하지 않은 상급자를 처벌하도록 하였다. 1977년 제1추가의정서의 규정과 유사한 지휘관책임 규정을 가지고 있는 ICTY는 Čelebići 사건에서 상급자의 부작위와 부하의 범죄 사이에 인과관계를 필요로 하지 않는다고 판시하였다. 현재 Čelebići 판결은 지휘관책임에 관한 관습국제법 기준으로 통용되고 있다.

ICTY는 상급자-부하의 관계에 관하여 군지휘관과 민간인 상급자(문민실권자)를 구분하지 않고 부하에 대하여 실효적 통제(effective control)를 가지고 있는지 여부를 기준으로 하였다. 1998년 채택된 ICC 로마규정 제28조의 지휘관책임은 군지휘관과 기타 상급자(민간인 상급자)를 구별하고 민간인 상급자에 대하여 군지휘관보다 더 어려운 성립요건을 규정하였다. 또한 '병력이나 부하들에 대하여 적절한 통제를 하지 못한 결과로서' 지휘관책임이 성립한다고 규정함으로써 이 문언의 법적 효과에 대한 논란을 야기하였다.

ICTY의 Hadžihasanović 사건의 2003년 중간항소심 판결에서 소수의견이 독립범죄설을 택함으로써 지휘관책임의 법적 성질에 관한 논쟁이 시작된다. 책임형식설은 부하의 범죄에 대하여 상급자가 부작위에 의해 참가한 공범의 일종이라고 보는데 반하여 독립범죄설은 지휘관책임은 상급자가 부하의 범죄에 대하여 필요한 조치를 취하지 않은 부작위에 대한 형사책임이며 부하의 범죄로부터 독립한 범죄라고 이해한다. ICC Bemba 사건의 1심재판부는 책임형식설을 택하면서 상급자의 부작위와 부하의 범죄발생 사이에 인과관계가 요구된다고 판시하였다.

로마규정의 보충성의 원칙에 따라 로마규정의 당사국들은 ICC에 대하여 자국민에 대한 재판권행사의 우선권을 확보하기 위하여 로마규정의 이행입법으로서 자국의 형법체계 내에 국제형법을 도입한다. 영미법계 국가에서는 지휘관책임은 그대로 원용(영국)되거나 일부 수정되어 편입된다(호주). 영미법 국가의 하나인 캐나다는 독립범죄설을 채택하여 지휘관책임을 책임위반죄라는 독립된 국제범죄로 규정하고 이를 종신 구금형에 처할 수 있도록 규정하였다. 대륙법계 국가는 지휘관책임과 자국의 형법 이론이 충돌하자 국내 형법의 이론을 반영하여 지휘관책임을 재구성한다. 네덜란드는 고의와 과실을 기준으로 지휘관책임을 구분하였다. 독일은 고의와 과실, 상급자의 작위의무의 구체적 내용을 기준으로 3가지 규정을 만든다. 독일의 국제형법전의 지휘관책임은 상급자가 고의로 부하의 범죄를 방지하지 않은 경우에 상급자를 정범과 같은 형으로 처벌하는 총칙규정 1개(4조), 상급자의 고의 또는 과실의 감독의무위반과 과실에 의한 부하의 범죄의 방지의무위반을 결합한 감독의무위반죄(제13조), 고의로 부하의 범죄를 고지하지 않은 부작위를 처벌하는 범죄보고불이행죄(제14조)로 구분된다. 일본은 지휘관책임을 포함하는 국제범죄에 관한 실체법을 제정하지 않았다. 우리나라의 국제범죄처벌법은 독일의 국제형법전을 참고로 하였으나 3개의 조문을 두지 않고 독일 국제형법전의 제13조와 제14조에 해당하는 내용을 하나의 조문에서 직무태만죄로 구성하였다(제15조). 독일의 국제형법전은 지휘관책임의 근거를 상급자의 보증인 지위에서 구하고 지휘관책임을 부진정부작위범으로 파악하였다. 책임형식설과 마찬가지로 부진정부작위범설은 상급자가 부하의 범죄에 대하여 알지 못하는 과실 유형과 부하의 범죄가 이미 발생한 경우에 성립하는 지휘관책임을 설명하기 어렵다. 지휘관책임에 관한 책임형식설이나 부진정부작위 범설을 취하는 경우에는 ICC 로마규정의 이행입법에서 지휘관책임 의 통일성을 유지하지 못하며, 개별 국가의 국내 형법의 공범 체계 에 따라 지휘관책임이 다원화하는 현상을 초래하게 된다.

우리나라의 국제범죄처벌법의 지휘관책임의 문제점은 제15조 직 무태만죄에 시효가 적용되도록 하고, 과실 범죄보고의무불이행에 대 한 처벌규정을 두지 않은 것이다. 로마규정은 국제범죄에 대하여 시 효를 배제하고 있으며, 과실 범죄보고불이행도 지휘관책임으로 처벌 하고 있다. 독일의 국제형법전이 지휘관책임에 대하여 시효를 적용 하도록 한 것은 국제형법의 이론에 비추어 부당하더라도 국가정책 으로 이해될 수 있는 측면이 있다. 독일과 입장이 다른 우리나라가 지휘관책임에 대하여 시효를 적용하도록 한 것은 타당하지 않다. 우 리나라 국제범죄처벌법 제15조 제3항의 범죄보고직무태만죄는 국가 보안법의 불고지죄와 달리 시민을 대상으로 한 것이 아니라 지도자 (실권자)를 대상으로 한 것으로 법적 성질과 적용 대상이 불고지죄 와 다르며, 국제형법에서 범죄방지의무위반과 동등한 위치를 갖고 있다. 시민의 양심의 자유나 정치적 자유를 대상으로 하는 것이 아 니라 시민의 자유와 인권을 유린한 지도자들의 의무위반을 적용대 상으로 하는 것임에도 불구하고 범죄보고불이행에 대하여 국가보안 법의 불고지죄와 동일한 법정형을 규정하였을 뿐만 아니라, 과실로 범죄보고불이행을 한 경우는 처벌의 대상으로 하고 있지 않다. 따라 서, 우리의 국제범죄처벌법은 로마규정의 보충성원칙을 만족시키지 못하며 우리 법원이 자국민에 대하여 가지고 있는 ICC에 대한 우선 적 재판권을 상실할 가능성이 있다.

각국의 지휘관책임이 국가별로 다원화하면 어떤 법원에서 재판을 받느냐에 따라 처벌이 달라지는 문제가 발생한다. 국제범죄의 성격과 지휘관책임의 중요성에 비추어 각국의 지휘관책임이 통일되는 것이 바람직하다. 지휘관책임의 법적 성질에 대한 독립범죄설을 바탕으로 각국의 지휘관책임을 통일할 수 있는 지휘관책임 전면개정안(사안 II)을 제시하였다. 그러나, 이러한 이상적 개정안에 따라 국회가 지휘관책임을 대폭 개정하는 것을 현실적으로 바라기 어렵다. 따라서, 현행 지휘관책임의 문제점을 수정하고 로마규정의 보충성 원칙을 만족시키기 위하여 필수적으로 개정하여야 할 부분만을 제시하는 부분개정안(사안 I)을 별도로 마련하였다.

참고문헌

Ⅰ. 국내문헌

1. 단행본

김경호, 지휘책임법의 이해, 합동군사대학교 법무실, 2012.

김대순, 국제법론 제18판, 삼영사, 2015.

김성돈, 형법총론 4판, 성균관대학교 출판부, 2015.

김성천/김형준, 형법각론 제5판, 도서출판 소진, 2015.

김영석, 국제형사재판소 관할 범죄의 처벌 등에 관한 법률 해설서, 법무부, 2008.

김일수, 한국형법 Ⅱ [총론 하], 법문사, 1992.

김주덕, 국제형법, 육서당, 1997.

박미숙/탁희성/임정호, 양벌규정의 개선방안에 관한 연구, 형사정책연구원, 2008.

박원순, 아직도 심판은 끝나지 않았다, 한겨례신문사, 1996.

박은정/한인섭, 5·18, 법적 책임과 역사적 책임, 이화여자대학교 출판부, 1995.

박찬운, 국제범죄와 보편적 관할권, 한울, 2009.

배종대, 형법총론 12판, 홍문사, 2016.

법무부, 질서위반행위규제법 해설집, 2012.

신동운 편저, 형법 제·개정 자료집, 한국형사정책연구원, 2009.

_____, 형사법령제정자료집(1) 형법, 한국형사정책연구원, 1991.

신동운, 신형사소송법 제5판, 법문사, 2014.

_____, 형법총론 제9판, 법문사, 2015.

이상돈, 형법강론, 박영사, 2015.

이상철 외 5인, 군사법원론, 박영사, 2014.

이재상/장영민/강동범, 형법각론 제10판, 박영사, 2016.

이재상/장영민/강동범, 형법총론 제8판, 박영사, 2015.

이재승, 국가범죄, 앨피, 2010.

정영일, 형법각론 제3판, 박영사, 2011.

정인섭, 신국제법강의 제6판, 박영사, 2016.

조상제, 국제조약의 국내이행 형사특별법: 독일 국제형법전의 입법과정과 내용, 형사정책연구원, 2008.

조상제/천진호/류전철/이진국, 국제형법, 준커뮤니케이션즈, 2011.

한인섭, 5·18 재판과 사회정의, 경인문화사, 2006.

_____, 재심·시효·인권, 경인문화사, 2007.

사법연수원, 국제형사법, 2000.

육군종합행정학교, 군형법, 2012.

Brian Z. Tamanaha(이헌환 역), 법치주의란 무엇인가, 박영사, 2014.

Dinstein, Yoram(김현수 역), 무력분쟁법상의 적대행위, 연경문화사, 2011.

Klaus Volk(김환수 외 2인 역), 독일형사소송법, 박영사, 2009.

多谷千香子(이민효/김유성 역), 전쟁범죄와 법, 연경문화사, 2010.

디텔름 클레스브스키(김성돈 역), 독일형사소송법, 성균관대학교 출판부, 2012.

카를 야스퍼스(이재승 역), 죄의 문제, 앨피, 2014.

Christopher Hitchens(안철홍 역), 키신저 재판, 아침이슬, 2001.

2. 학위논문

김응학, 국제형사법상 지휘관의 부작위로 인한 형사책임−ICTY와 ICTR 판례를 중심으로−, 고려대학교 박사학위 논문, 2006.

김헌진, 국제형사재판소규정과 그 이행입법에 대한 연구, 청주대학교 박사학위논문, 2005.

박미경, 국제형사법상 개인의 형사책임 원칙에 관한 연구, 한양대학교 박사학위 논문, 2014.

박영길, 국제법상 보편적 관할권, 서울대학교 박사학위 논문, 2009.

3. 논문

권오곤, 국제 형사재판과 한국 형사재판의 비교법적 고찰, 인권과 정의 359호, 대한변호사협회, 2006.

권오신, 일본의 필리핀 지배와 미국의 군사적 대응 (1941 - 1945), 강원사학 제13권, 강원대학교 사학회, 1998.

_____, 태평양전쟁기 일본의 필리핀 점령과 지배: "대동아공영권"의 그림자, 아시아연구 제9권 제2호, 부산대학교 아시아문제연구소, 2006.

김동률, 불법체계의 수뇌부 처벌근거로서의 조직지배론, 형사정책 제25권 제

3호, 2013.

김상걸, 인도에 반하는 죄의 상황적 구성요건, 국제법학회논총 제61권 제1호, 대한국제법학회, 2016.

김성규, 객관적 처벌조건과 범죄의 성립요건, 법조 통권 제611호, 대한변호사협회, 2007. 8.

김성돈, 양벌규정과 책임주의원칙의 재조명, 형사법연구 제27권 제3호, 한국형사법학회, 2015.

김성룡, 부진적부작위범의 한국적 해석으로서 단일정범개념, 비교형사법연구 제5권 제1호, 한국비교형사법학회, 2003.

김성룡/권창국, 기업·법인의 형사책임법제 도입가능성과 필요성, 형사법의 신동향 제46호, 대검찰청, 2015.

김성천, 전범재판의 이념과 시사점-일본 전범재판을 중심으로-, 비교형사법 연구 제16권 제2호, 한국비교형사법학회, 2014.

김영석, 전쟁범죄에 있어서 군사지휘관 및 기타상급자의 책임에 관한 고찰, 인도법논총 제25호, 대한적십자사 인도법연구소, 2005.

김용희, 객관적 처벌조건에 관한 연구, 법학연구 제18집, 한국법학회, 2005.

김유근, 선임감독자의 '일반적인' 범죄방지(선임감독)의무 위반행위의 범죄유형, 형사법연구 제22권 제2호, 한국형사법학회, 2010.

_____, 양벌규정에 정한 개별적인 범죄방지(선임감독)의무의 위반행위의 범죄유형에 대하여, 형사법연구 제23권 제2호, 한국형사법학회, 2011.

김종구, 미국 형법상 Recklessness 개념에 관한 고찰, 형사법의 신동향 통권 제45호, 대검찰청, 2014.

김혜선, 국제범죄와 다국적 범죄의 개념 구분에 관한 고찰, 한국경찰연구 14권 3호, 2015.

박경규, ICTY 판례에 의해 확립된 JCE이론의 법적 성격, 서울법학 제23권 제3호, 서울시립대학교 법학연구소, 2016.

박병도, 국제범죄에 관한 보편적 관할권, 국제법학회논총 제49권 제2호, 대한국제법학회, 2004.

박중섭, 부하의 전쟁범죄에 대한 지휘관의 형사책임, 인도법논총 제27호, 대한적십자사 인도법연구소, 2007.

백기봉, 국제형사재판소(ICC)의 형사절차제도상의 한계에 관한 검토, 서울국제법연구 제16권 제1호, 서울국제법연구원, 2009.

서철원, 가상공간에서의 관할권행사에 관한 소고, 숭실대학교 법학논총 제14집, 숭실대학교 법학연구소, 2004.

설일영, 공동범죄집단(Joint Criminal Enterprise) 법리 연구: ICTY의 판례를 중심
　　으로, 인도법논총 제30호, 대한적십자사 인도법연구소, 2008.

신동운, 제정형법의 성립경위, 형사법연구 20호, 2003 겨울.

오병두, 「형사법연구」 20년을 통해서 본 부작위범이론의 현상과 과제, 형사
　　법연구 제20권 제4호, 한국형사법학회, 2008.

＿＿＿, 직무유기의 성립범위에 관한 연구, 홍익법학 제14권 제2호, 홍익대학
　　교 법학연구소, 2013.

이경재, 영미형법상의 죄형법정주의, 법학연구 제21권 제3호, 2010.

이승호, 가벌요건론의 문제점과 해결방향, 형사법연구 12권, 한국형사법학회,
　　1999.

이용식, 결과적 가중범에 관한 연구 -전형적 위험의 실현과 미수의 인정여부
　　에 관한 하나의 문제제기-, 서울대학교 법학, 제46권 제1호, 서울대학
　　교 법학연구소, 2005.

＿＿＿, 공범의 인과관계의 의미내용-방조의 인과관계와 심리적 인과관계
　　를 중심으로-, 서울대학교 법학 제38권 제1호, 서울대학교 법학연구
　　소, 1997.

＿＿＿, 부작위에 의한 정범과 공범의 구별, 서울대학교 법학 제40권 제2호,
　　서울대학교 법학연구소, 1999.

이윤제, 국제형사재판소의 재판전공소사실확인 제도, 아주법학 제6권 제2호,
　　2012.

＿＿＿, 야마시타 사건과 상급자책임, 서울국제법연구 제20권 제1호, 서울국
　　제법연구원, 2013.

이장희, 도쿄국제군사재판과 뉘른베르크 국제군사재판에 대한 국제법적 비
　　교 연구, 동북아시아역사논총 제25호, 동북아역사재단, 2009.

이종화, 국제범죄의 개념과 현황, 한국경찰법연구 1권 1호, 2003.

이진국, 국제형법상 침략범죄 구성요건의 신설과 전망, 형사정책연구 제24권
　　제1호, 한국형사정책연구원, 2013.

＿＿＿, 국제형사재판소에 관한 로마규정 제28조의 상급자책임, 아주법학 제
　　1권 제3호, 2007.

이태엽, 국제형사법상 전시 지휘관 책임의 법적 성격, 법조 통권 제614호, 대
　　한변호사협회, 2007. 11.

임덕규, 부하의 위법행위에 대한 상관(지휘관)의 지휘책임, 인도법논총 17호,
　　대한적십자사 인도법연구소, 1997.

임덕규, 전쟁법과 지휘관의 책임, 국제법학회논총 41권 2호, 대한국제법학회,

1996.

임종수, 국공립학교 교원의 직무유기죄 적용에 관한 법적 논의, 교육법학연
구, 제24권 제1호, 대한교육법학회, 2012.

전지연, 부작위에 의한 정범과 공범, 저스티스 76호, 한국법학원, 2013.

_____, 원인에서 자유로운 행위, 한림법학 Forum 제3권, 한림대학교 법학연
구소, 1993.

정인섭, 국제형사재판제도의 발전, 국제인권법 제5호, 국제인권법학회, 2002.

조 국, 법인의 형사책임과 양벌규정의 법적 성격, 서울대학교 법학 제48권
제3호, 서울대학교 법학연구소, 2007.

조병선, 개정양벌규정에서의 기업의 형사책임: 과실추정설에 대한 반론, 형
사정책 제21권 제1호, 한국형사정책학회, 2009.

조상제, 형법총칙 구성요건 관련조문들의 개정방안, 형사법연구 제20권 제1
호, 한국형사법학회, 2008.

최태현, 한국에 있어서의 ICC규정 침략범죄조항의 국내적 이행, 한양대학교
법학논총, 제32집 제2호, 한양대학교 법학연구소, 2015.

최태현/박미경, JCE이론의 주요 내용과 그에 대한 비판, 법학논총 31집 2호,
한양대학교 법학연구소, 2014.

한인섭, "Kwangju and Beyond: Coping with Past State Atrocities in South Korea",
Human Rights Quarterly, Vol. 27, No. 3, The Johns Hopkins University Press,
2005.

_____, 국가보안법 쟁점과 남북정상회담, 관훈저널 여름호, 관훈클럽, 2006.
6.

황문규, 초국가적 범죄의 개념과 우리나라 경찰의 대응 방향, 경찰학연구 제
11권 4호, 2011.

Klaus Marxen(김성천 역), 소급효 금지의 근거와 범위－구 동독 정부의 범죄행
위에 대한 형사 사법적 처리에 관한 독일 내에서의 최근의 논의 전
개－, 형사법연구 제8권, 1995.

반야 아드레아스 벨케(한상훈 역), 소급효금지원칙의 의의와 한계, 민주법학
제10호, 1996.

本名 純(백영준 역), 마피아들의 '동아시아공동체' 비전통적 안전보장문제로
서의 월경범죄, 배재대학교 한국-시베리아센터 A View of Russian
Mafiya 6호, 2009.

요아힘 헤르만(신동운/김재봉 역), 베를린 장벽경비판결에 대한 평석, 서울대
학교 법학 제34권 3·4호, 1993.

4. 자료

대한민국국회사무처, 제144회 국회 5·18 광주민주화운동진상조사특별위원회
　　　회의록 제7호.
법무부, 국제형사재판소관할범죄의처벌등에관한법률안 공청회 자료, 2004. 6.
_____, 국제형사재판소 로마규정 이행입법 외국 입법례 연구, 2008.
_____, 형법 개정 및 양벌규정 개선 공청회, 2008.
_____, 형법 총칙 개정 공청회, 2010.
법원행정처, 법원실무제요 형사[Ⅰ], 2008.
여성부, 2000년 일본군성노예전범여성국제법정 자료집, 2004.

Ⅱ. 국외문헌

1. 단행본

Ambos, Kai, Internationales Strafrecht, 4. Aufl., C.H.Beck, 2014.

_____, Treatise on International Criminal Law Volume 1: Foundation and General
　　　Part, Oxford University Press, 2013.

Arendt, Hannah, Eichmann in Jerusalem: A Report on the Banality of Evil, Penguin
　　　Classics, 2006.

Ashworth, Andrew/Horder, Jeremy, Priniciples of Criminal Law 11th ed., Oxford
　　　University Press, 2013.

Bassiouni, M. Cherif, International criminal law vol. 1, Sources, subjects, and contents
　　　3rd ed., Martinus Nijhoff Publishers, 2008.

_____, Introduction to International Criminal Law 2nd ed., Martinus Nijhoff Publishers,
　　　2013.

_____, The Legislative History of the International Criminal Court Volume 3,
　　　Tranational Publishers, 2005.

Boas, Gideon/Bischoff, James L./Reid, Natalie L., International Criminal Law Practitioner
　　　Library Volume I - Forms of Responsibility International Criminal Law,
　　　Cambridge University Press, 2007.

Boister, Neil, An Introduction to Transnational Criminal Law, Oxford University Press,
　　　2012.

Boot, Machteld, Genocide, crimes against humanity, war crimes: nullum crimen sine lege and the subject matter jurisdiction of the International Criminal Court, Intersentia nv, 2002.

Bossuyt, Marc J., Guide to the "Travaux Preparatoires" of the International Covenant on Civil and Political Rights, Martinus Nijhoff Publishers Publishers, 1987.

Brouwers, M.P.W., The Law of Command Responsibility, Wolf Legal Publishers, 2012.

Bülte, Jens, Vorgesetztenverantwortlichkeit im Strafrecht, Nomos, 2015.

Campbell, Liz, Organised Crime and the Law, Hart Publishing, 2013.

Cassese, Antonio, International Criminal Law 2nd ed., Oxford University Press, 2008.

Cassese, Antonio/Acquaviva, Guido/Fan, Mary/Whitng, Alex, International Criminal Law: Cases & Commentary, Oxford University Press, 2011.

Cassese, Antonio/Gaeta, Paola /Jones, John RWD, The Rome statute of the International Criminal Court: a commentary, Oxford University Press, 2002.

Cassese, Antonio/Gaeta, Paola/Baig, Laurel/Fan, Mary/Gosnell, Christopher/Whitng, Alex, Cassese's International Criminal Law, 3rd ed., Oxford University Press, 2013.

Cryer, Robert, Prosecuting International Crimes, Cambridge University Press, 2005.

Cryer, Robert/Friman, Håkan/Robinson, Darryl/Wilmshurst, Elizabeth, An Introduction to International Criminal Law and Procedure, 3rd ed., Cambridge University Press, 2014.

D'Ascoli, Silvia, Sentencing in International Criminal Law, Hart Publishing, 2011.

Darcy, Shane, Collective Responsibility and Accountability Under International Law, Transnational Publishers, 2007.

Davis, Howard, Human Rights Law, Oxford University Press, 2007.

Di Amato, Astolfo, Criminal law in Italy, Kluwer Law International, 2011.

Drumbl, Mark A., Atrocity, punishment, and international law, Cambridge University Press, 2007.

Dubber, Markus D./Hörnle, Tatjana, Criminal law: a comparative approach, Oxford University Press, 2014.

_____, The Oxford Handbook of Criminal Law, Oxford University Press, 2014.

El Zeidy, Mohamed, The principle of complementarity in international criminal law: origin, development and practice, Martinus Nijhoff Publishers, 2008.

Elliott, Catherine, French Criminal Law, Routledge, 2001.

Ferdinadusse, Ward N., Direct Application of International Criminal Law in National Courts, T.M.C.Asser Press, 2006.

Fletcher, George P., Rethinking Criminal Law, Oxford University Press, 2000.

_____, The Grammar of Criminal Law Volume one : Foundations, Oxford University Press, 2007.

Fletcher, George P./Sheppard, Steve, American Law in a Global Context, Oxford University Press, 2005.

Gallant, Kenneth S., The Principle of Legality in International and Comparative Criminal Law, Cambridge University Press, 2009.

Hall, Jerome, General Principles of Criminal Law 2nd ed., Lawbook Exchange, LTD., 1960.

Hallevy, Gabriel, A Modern Treatise on the Principle of Legality in Criminal Law, Springer, 2010.

Hart, H.L.A., Punishment and Responsibility 2nd ed., Oxford, 2008.

Haveman, Roelof/Kavran, Olga/Nicholls, Julian, Supranational criminal law: A system sui generis. Vol. 1, Intersentia nv, 2003.

Hayek, Friedrich August, The Political Ideal of the Rule of Law, National Bank of Egypt, 1955.

Heller, Kevin Jon, The Nuremberg Military Tribunals and the Origins of International Criminal Law, Oxford University Press, 2011.

Heller, Kevin/Dubber, Markus, The handbook of comparative criminal law, Stanford University Press, 2011(2010?).

Hermida, Julian, Criminal Law in Canada 2nd ed., Wolters Kluwer, 2015.

Issacs, Tracy/Vernon, Richard, Accountability for Collective Wrongdoing, Cambridge University Press, 2011.

Jackson, Miles, Complicity in International Law, Oxford University Press, 2015.

Jescheck, Hans-Heinrich/Weigend, Thomas, Lehrbuch des Strafrechts, Allgemeiner Teil, 4. Aufl., Berlin·Duncker und Humblot, 1996.

Joecks, Wolfgang et al. (Hrsg.), Münchner Kommentar zum StGB, 2. Aufl., Bd. 8: Nebenstrafrecht III, 2013.

Joseph, Sarah/Castan, Melissa, The International Covenant on Civil and Political Rights, Oxford University Press, 2004.

Kolb, Robert/Hyde, Richard, An Introduction to the International Law of Armed Conflict, Hart Publishing, 2008.

La Fave, Wayne R., Criminal Law, 5th ed., Thomson Reuters, 2010.

Lael, Richard L., The Yamashita Precedent: War Crimes and Command Responsibility,

Scholarly Resources Inc, 1982.

Lafontaine, Fannie, Prosecuting Genocide, Crimes Against Humanity and War Crimes in Canadian Courts, Carswell, 2012.

Long, Bronson, No Easy Occupation: French Control of the German Saar, 1944-1957, Boydell & Brewer, 2015.

Lüder, Sascha Rolf/Vormbaum, Thomas, Materialien zum Volkerstrafgesetzbuch: Dokumentation des Gesetzgebungsverfahrens, Beitrage zur Strafrechtswissenschaft, Bd. 6, LIT Verlag Munster, 2002.

Macedo, Stephen, Universal Jurisdiction, University of Pennsylvania Press, 2006.

Maga, Timothy P., Judgment at Tokyo: The Japanese War Crimes Trials, University Press of Kentucky, 2001.

May, Larry/Hoskins, Zachary, International Criminal Law and Philosophy, Cambridge University Press, 2010.

Meloni, Chantal, Command Responsibility in International Criminal Law, T·M·C Asser Press, 2010.

Mettraux, Guénaël, The Law of command Responsibility, Oxford University Press, 2009.

Moffett, Luke, Justice for victims before the International Criminal Court, Routledge, 2014.

Nybondas, Maria L., Command Responsibility And Its Applicability to Civilian Superiors, T.M.C Asser Press, 2010.

O' Keefe, Roger, International Criminal Law, Oxford University Press, 2015.

Olásolo, Héctor, The Criminal Responsibility of Senior Political and Military Leaders as Principals to International Crimes, Hart Publishing, 2010.

Paust, Jordan/Bassiouni, M. Cherif/Scharf, Michael/Sadat, Leila/Gurule, Jimmy /Zagaris, Bruce, International Criminal Law, 3rd ed., Carolina Academic Press, 2007.

Rhea, Harry M., The United States and International Criminal Tribunal, Intersentia, 2012.

Rockwood, Lawrence P., Walking Away from Nuremberg, University of Massachusetts Press, 2007.

Sandoz, Yves/Swinarski, Christophe/Zimmermann, Bruno, Commentary on the additional protocols : of 8 June 1977 to the Geneva Conventions of 12 August 1949, Martinus Nijhoff Publishers, 1987.

Satzger, Helmut, Internationales und Europäisches Strafrecht, 3. Aufl., Nomos, 2009.

Schabas, William A., An Introduction to the International Criminal Court 4th ed., Cambridge University Press, 2011.

_____, The International Criminal Court: A Commentary on the Rome Statute, Oxford University Press, 2010.

Schönke, Adolf/Schröder, Horst, Strafgesetzbuch. Kommentar, 29 Aufl., C.H.Beck, 2014.

Sliedregt, E. V., Individual Criminal Responsibility in International Law, Oxford University Press, 2012.

Stahn, Carsten, The Law and Practice of the International Criminal Court. Oxford University Press, 2014.

Swart, Bert/Zahar, Alexander/Sluiter, Göran, The Legacy of the International Criminal Tribunal for the Former Yugoslavia, Oxford University Press, 2011.

Taylor, Telford, Final Report to The Secretary of the Army on the Nuremberg War Crimes Trials under Control Coucil Law No. 10, JAG school, 1945.

Triffterer, Otto, Commentary on the Rome Statute of the International Criminal Court, C.H.Beck, 2008.

Van Schaack, Beth/Slye, Ronald, International Criminal Law and its Enforcement, 3rd ed., Foundation Press, 2015.

Van Sliedregt, Elies, Individual Criminal Responsibility in International Law, Oxford University Press, 2012.

Van Sliedregt, Elies, The Criminal responsibility of Individuals for Violations of International Humanitarian Law, T.M.C Asser Press, 2003.

Van Sliedregt, Elies/Vasiliev, Sergey, Pluralism in International Criminal Law, Oxford University Press, 2014.

Werle, Gerhard, Principles of International Criminal Law 2nd ed., T·M·C·Asser Press, 2009.

_____, Principles of International Criminal Law, T·M·C·Asser Press, 2005.

Werle, Gerhard/Jessberger, Florian, Principles of International Criminal Law, 3rd ed., Oxford University Press, 2014.

Wet, Erika de/Hestermeyer, Holger/Wolfrum, Rüdiger, The Implementation of International Law in Germany and South Africa, Pretoria University Law Press, 2015.

Zahar, Alexander/Sluiter, Göran, International Criminal Law, Oxford University Press, 2008.

Black, Henry C., Black's Law Dictionary, 5th ed., West Publishing Co, 1979.

ICTY, ICTY Manual on Developed Practices, UNICRI Publisher, 2009.

Report of the Ad Hoc Committee on the Establishment of an International Criminal Court General Assembly Official Records·Fiftieth Session Supplement No. 22 (A/50/22).

Report of the Commission to the General Assembly on the work of its forty-sixth session, Yearbook of the International Law Commission 1994, Volume II(part 2).

Report of the Commission to the General Assembly on the work of its forty-third session, Yearbook of the International Law Commission 1991, Volume II(part 2).

Report of the International Law Commission on the work of its forty-eighth session, 6 May - 26 July 1996, UNGA, Official Records, 51st Session, Supplement No. 10 (A/51/10).

The International Centre for Criminal Law Reform and Criminal Justice Policy, Manual for the Ratification and Implementation of the Rome Statute 3rd ed., 2008.

The United Nations War Crimes Commission, Law Reports of Trials of War Criminals Volume IV, 1948.

Trial of the Major War Criminals before the International Military Tribunal, Nuremberg, 14 November 1945 - 1 October 1946, Volume 1, Published at Nuremberg, Germany, 1947.

United States Government Printing Office, Trials of War Criminals before the Nuernberg Military Tribunals, Volume XI, 1950.

2. 논문

Ambos, Kai, "Joint Criminal Enterprise and Command Responsibility", Journal of International Criminal Justice 5(1), 2007, pp. 159-183.

_____, "Superior Responsibility", in: Antonio Cassese/Paola Gaeta/John R. W. D. Johns(ed.), The Rome Statute of the International Criminal Court: A Commentary, Oxford University Press, 2002.

Arnold, Roberta/Triffterer, Otto, "Article 28 Responsibility of Commanders and Other Superiors", in: Antonio Cassese/Paola Gaeta/John R. W. D. Johns(ed.), The Rome Statute of the International Criminal Court: A Commentary, Oxford University Press, 2002.

Arsanjani, Mahnoush H., "The Rome Statute of the International Criminal Court", The American Journal of International Law 93(1), 1999, pp. 22-43.

Bejesky, Robert, "Abu Ghraib Convictions: A Miscarriage of Justice", Buffalo Public Interest Law Journal 32(2), 2013, pp. 103-175.

Bonafé, Beatrice I., "Finding a Proper Role for Command Responsibility", Journal of International Criminal Justice 5(3), 2007, pp. 599-618.

Borgwardt, Elizabeth, "Re-Examining Nuremberg As A New Deal Institution: Politics, Culture and the Limits of Law in Generating Human Rights Norms", Berkeley Journal of International Law 23(2), 2005, pp. 401-462.

Chinkin, Christine M., "Women's International Tribunal on Japanese Military Sexual Slavery", The American Journal of International Law 95(2), 2001, pp. 335-341.

Damaška, Mirjan, "The Shadow Side of Command Responsibility", The American Journal of Comparative Law 49(3), 2001, pp. 455-496.

Danner, Allison Marston/Martinez, Jenny S., "Guilty Associations: Joint Criminal Enterprise, Command Responsibility, and the Development of International Criminal Law", California Law Review . 93(1), 2005, pp. 75-169.

Douglass, John Jay, "High Command Case: A Study in Staff and Command Responsibility", The International Lawyer 6(4), 1972, pp. 688-705.

Drumbl, Mark A., "Collective violence and individual punishment: The criminality of mass atrocity", Northwestern University Law Review 99(2), 2005, pp. 539-610

Duffy, Hellen/Huston, Jonathan, "Implementation of the ICC Statute", in: Claus Kreβ/Flavia Lattanzi(ed.), The Rome Statute and Domestic Legal Orders Volume I, Nomos Verlagsgesellschaft, 2000.

Greenwood, Christopher, "Command responsibility and the Hadžihasanović Decision", Journal of International Criminal Justice 2(2), 2004, pp. 598-605.

Hage, Robert, "Implementing the Rome Statute: Canada's Experience", in: Roy S. Lee(ed.), States' Responses To Issues Arising From The ICE Statute: Constitutional, Sovereignty, Judicial Cooperation and Criminal Law, Transnational Publishers, Inc., 2005.

Hall, Christopher Keith, "The First Two Sessions of the UN Preparatory Committee on the Establishment of an International Criminal Court", The American Journal of International Law 91(1), 1997. pp. 177-187.

_____, "The Third and Fourth Sessions of the UN P eparatory Committee on the Establishment of an International Criminal Court", The American Journal of International Law 92(1), 1998, pp. 124-133.

Hansen, Victor, "What's Good for the Goose is Good for the Gander Lessons from Abu Ghraib: Time for the United States to Adopt a Standard of Command Responsibility Towards its Own", Gonzaga Law Review 42(3), 2006, pp.

335-415.

Heller, Kevin Jon, "A Sentence-Based Theory of Complementarity", Harvard International Law Journal 53(1), 2012. pp. 85-133.

Joyner, Christopher C., "Arresting impunity: The case for universal jurisdiction in bringing war criminals to accountability", Law and Contemporary Problems 59(4), 1996, pp. 153-172.

Kaul, Hans-Peter, "Germany: Methods and Techniques Used to Deal with Constitutional, Sovereignty and Criminal Law Issues", in: Roy S. Lee(ed.), States' Responses To Issues Arising From The ICE Statute: Constitutional, Sovereignty, Judicial Cooperation and Criminal Law, Transnational Publishers, Inc., 2005.

Keiler, Johannes, "Towards a European Concept of participation in: André Klip(ed.), Crime", in: Substantive Criminal Law of the European Union, Maklu, 2011.

Kelsen, Hans, "Collective and Individual Responsibility in International Law with Particular Regard to the Punishment of War Criminals", California Law Review 31(5), 1943, pp. 530-571.

Kress, Claus, "Germany and International Law: Continuity or Change?", in: Herbert R. Reginbogin/Christoph J. M. Safferling(ed.), The Nuremberg Trials International Criminal Law Since 1995, 60th Aniversary International Conference, K·G·Saur München, 2006.

Lafontaine, Fannie, "Canada's Crimes Against Humanity and War Crimes Act on Trial", Journal of International Criminal Justice 8(1), 2010, pp. 269-288.

Landrum, Bruce D., "The Yamashita War Crimes Trial: Command Responsibility Then and Now", Military Law Review 149, 1995, pp. 293-302.

Lelieur-Fischer, Juliette, "Prosecuting the Crimes against Humanity Committed during the Algerian War: an Impossible Endeavour?", Journal of International Criminal Justice 2(1), 2004, pp. 231-244.

Lippman, Matthew, "War Crimes: The My Lai Massacre and the Vietnam War", San Diego justice journal 1, 1993, 295 et seq.

_____, "The evolution and scope of command responsibility", Leiden Journal of International Law 13(1), 2000, pp. 139-170.

Meierhenrich, Jens/Ko, Keiko, "How Do States Join the International Criminal Court? The Implementation of the Rome Statute in Japan", Journal of International Criminal Justice 7(2), 2009, pp. 233-256.

Moloto, Bakone Justice, "Command Responsibility in International Criminal Tribunals",

Berkeley Journal of International Law Publicist 3, 2009, pp. 12-29.

Osiel, Mark, "The Banality of Good: Aligning Incentives Against Mass Atrocity", Columbia Law Review 105(6), 2005, p. 1751.

Parks, William H., "Command Responsibility for War Crimes", Military Law Review 62, 1973, pp. 1-104.

Robinson, Darryl, "How Command Responsibility Got So Complicated: A Culpability Contribution, its Obfuscation, and a Simple Solution", Melbourne Journal of International Law 13(1), 2012, pp. 1-58.

Safferling, Christoph J.M., "Germany's Adoption of an International Criminal Code", in: Annual of German & European Law Vol 1, Berghahn Books, 2004, pp. 365-380.

Saiki, Naoko, "Japan's View on the International Criminal Court, Implementing the Rome Statute: Canada's Experience", in: Roy S. Lee(ed.), States' Responses To Issues Arising From The ICE Statute: Constitutional, Sovereignty, Judicial Cooperation and Criminal Law, Transnational Publishers, Inc., 2005.

Schabas, William A., "Canadian Implementing Legislation for the Rome Statute", Yearbook of International Humanitarian Law Vol. 3, 2002, pp. 337-346.

Shany, Yuval/Michaeli, Keren R., "The case against Ariel Sharon : revisiting the doctrine of command responsibility", New York University Journal of International Law & Politics 34(4), 2002, pp. 797-886.

Sluiter, Göran, "Implementation of the ICC Statute in the Dutch Legal Order", Journal of International Criminal Justice 2(1), 2004, pp. 158-178.

Stewart, James G., "Complicity", in: Markus D. Dubber/Tatjana Hörnie(ed.). The Oxford Handbook of Criminal Law, Oxford University Press, 2014.

_____, "The End of 'Modes of Liability' for International Crimes", Leiden Journal of International Law 25(1), 2012, pp. 165-219.

Sunga, Lyal S, "Musing on The Future of International Criminal Justice", Asia Pacific Law Review 11(2), 2003, pp. 217-232.

Trechsel, Stefan, "Command Responsibility as a Separate Offense", Berkeley Journal of International Law Publicist 3, 2009, pp. 26-35.

Triffterer, Otto, ""Command Responsibility"–crimen sui generis or participation as "otherwise provided" in Article 28 Rome Statute?', in: J. Arnold(ed.), Menschengerechtes Strafrecht - Festschrift für Albin Eser zum 70. Geburtstag, C.H.Beck, 2005.

_____, "Causality, a Separate Element of the Doctrine of Superior Responsibility as Expressed in Article 28 Rome Statute", Leiden Journal of International Law 15(1), 2002, pp. 179-205.

Triggs, Gillian, "Implementation of the Rome Statute for the International Criminal Court: A Quiet Revolution in Australian Law", Sydney Law Review 25(4), 2003, pp. 507-534.

Verweij, Harry/Groenleer, Martijn, "The Netherlands' Legislative Measures to Implement the ICC Statute", in: Roy S. Lee(ed.). States' Responses To Issues Arising From The ICE Statute: Constitutional, Sovereignty, Judicial Cooperation and Criminal Law, Transnational Publishers, Inc., 2005.

Vetter, Greg R., "Command responsibility of non-military superiors in the International Criminal Court (ICC)", Yale Journal of International Law 25(1), 2000, pp. 89-143.

Wilmshurst, Elizabeth, "Implementation of the ICC Statute in the United Kindom", in: Roy S. Lee(ed.). States' Responses To Issues Arising From The ICE Statute: Constitutional, Sovereignty, Judicial Cooperation and Criminal Law, Transnational Publishers, Inc., 2005.

Wirth, Steffen, "Germany's New International Crimes Code: Bringing a Case to Court", Journal of International Criminal Justice 1 (1), 2003, pp. 151-168.

Zahar, Alexander, "Command Responsibility of Civilian Superiors for Genocide", Leiden Journal of International Law 14(3), 2001, pp. 591-616.

オステン フィリップ, "正犯概念再考: ルバンガ事件判決と國際刑法における共同正犯論の展開を素材に", 法學研究 第87卷 第5號, 2014, 1-34.

朱文奇, 現代國際刑法, 商務印書館, 2015.

竹村仁美, "國際刑事法におけるJCE(Joint Criminal Enterprise)の概念(1)", 「一橋法學」 第6卷 第2號, 2007, 965-979.

竹村仁美, "國際刑事法におけるJCE(Joint Criminal Enterprise)の概念(2・完)"「一橋法學」 第6卷 第3號, 2007, 1417-1435.

橫濱和弥, "國際刑法における「上官責任」とその國內法化の態様に關する一考察：ドイツ「國際刑法典」を素材として" 法學政治學論究 第97號, 2013, 301-333.

III. 판례

〈ICTY〉

Prosecutor v. Aleksovski, (Case No. IT-95-14-1) Trial Chamber Judgement, 25 June 1999.

Prosecutor v. Blaškić, (Case No. IT-95-14-T) Trial Chamber Judgement, 3 March 2000.

Prosecutor v. Br đ anin, (Case No. IT-99-36-T) Trial Chamber Judgement, 1 September 2004.

Prosecutor v. Delalić et al., (Case No. IT-96-21) Appeals Chamber Judgement, 20 February 2001.

Prosecutor v. Delalić et al., (Case No. IT-96-21) Trial Chamber Judgement, 16 November 1998.

Prosecutor v. Furundžija, (Case No. IT-95-17-1) Trial Chamber Judgement, 10 December 1998.

Prosecutor v. Hadžihasanović & Alagic & Kubura, (Case No. IT-01-47-AR72) Appeals Chamber Decision on Interlocutory Appeal Challenging Jurisdiction in Relation to Command Responsibility, 16 July 2003.

Prosecutor v. Hadžihasanović & Kubura, (Case No. IT-01-47) Trial Chamber Judgement, 15 March 2006.

Prosecutor v. Halilović, (Case No. IT-01-48-T) Trial Chamber Judgement, 16 November 2005.

Prosecutor v. Kordić & Čerkez, (Case No. IT-95-14-2) Trial Chamber Judgement, 26 February 2001.

Prosecutor v. Kordić & Čerkez, (Case No. IT-95-14-2-A) Appeals Chamber Judgement, 17 December 2004.

Prosecutor v. Krnojelac, (Case No. IT-97-25-A) Appeals Chamber Judgement, 17 September 2003.

Prosecutor v. Krstić, (Case No. IT-98-33-A) Appeals Chamber Judgement, 19 April 2004.

Prosecutor v. Kvočka et al., (IT-98-30/1-A), Appeals Chamber Judgement, 28 February 2005.

Prosecutor v. Orić, (Case No. IT-03-68) Trial Chamber Judgement, 30 June 2006.

Prosecutor v. Orić, (Case No. IT-03-68-A) Appeals Chamber Judgement, 3 July 2008.

Prosecutor v. Stakić, (Case No. IT-97-24-T) Trial Chamber Decision on Rule 98 bis

Motion for Judgement of Acquittal, 31 October 2002.

Prosecutor v. Stakić, (Case No. IT-97-24) Trial Chamber Judgement, 31 July 2003.

Prosecutor v. Strugar, (Case No. IT-01-42-T) Trial Chamber Judgement, 31 January 2005.

Prosecutor v. Tadić, (Case No. IT-94-1) Trial Chamber Judgement, 7 May 1997.

Prosecutor v. Tadić, (Case No. IT-94-1-A) Appeals Chamber Judgement, 15 July 1999.

⟨ICTR⟩

Prosecutor v. Akayesu, (Case No. ICTR-96-4-T) Trial Chamber Judgement, 2 September 2000.

Prosecutor v. Bagaragaza, (Case No. ICTR-2005-86-R11bis) Trial Chamber Decision on the Prosecution Motion for Referral to the Kingdom of Norway, 19 May 2006.

Prosecutor v. Bagaragaza, (Case No. ICTR-05-86-AR11bis) Appeals Chamber Decision on Rule 11 bis Appeal, 30 August 2006.

Prosecutor v. Kayishema & Ruzindana, (Case No. ICTR-95-1-T) Appeals Chamber Judgement, 1 June 2001.

Prosecutor v. Musema, (Case No. ICTR-96-13-A) Trial Chamber Judgement, 27 January 2000.

Prosecutor v. Musema, (Case No. ICTR-96-13-A) Appeals Chamber Judgement, 16 November 2001.

Prosecutor v. Nahimana et al., (Case No. ICTR-99-52-A) Appeals Chamber Judgement, 28 November 2007.

Prosecutor v. Ntagerura et al, (Case No. ICTR-99-46-T) Trial Chamber Judgement, 25 February 2004.

Prosecutor v. Rukundo, (Case No. ICTR-2001-70-A) Appeals Chamber Judgement, 20 October 2010.

⟨ICC⟩

Prosecutor v. Thomas Lubanga Dyilo, (Case No. ICC-01/04-01/06) Trial Chamber I Judgement, 14 March 2012.

Prosecutor v. Thomas Lubanga Dyilo, (Case No. ICC-01/04-01/06) Pre-Trial Chamber I Decision concerning PTC I' s Decision of 10 February 2006 and the Incorporation of Documents into the Record of the Case against Mr Thomas Lubanga Dyilo, 24 February 2006.

Prosecutor v. Germain Katanga & Mathieu Ngudjolo Chui, (Case No. ICC-01/04-01/07) Pre-Trial Chamber I Decision on the Confirmation of Charges, 30 September 2008.

Prosecutor v. Jean-Pierre Bemba Gombo, (Case No. ICC-01/05-01/08) Trial Chamber III Judgement, 21 March 2016.

Prosecutor v. Jean-Pierre Bemba Gombo, (Case No. ICC-01/05-01/08-388) Pre-Trial Chamber III Decision Adjourning the Hearing pursuant to Article 61(7)(c)(ii) of the Rome Statute, 3 March 2009.

Prosecutor v. Jean-Pierre Bemba Gombo, (Case No. ICC-01/05-01/08-424) Pre-Trial Chamber II Decision Pursuant to Article 61(7)(a) and (b) of the Rome Statute on the Charges of Prosecutor Against Jean-Pierre Bemba Gombo, 15 June 2009.

⟨ECCC⟩

Prosecutor v. Nuon Chea et al., (Case No. 002/19-09-2007/ECCC/TC) Trial Chamber Decision on the Applicability of Joint Criminal Enterprise, 12 September 2011.

찾아보기

이 윤 제

서울대학교 법과대학 (법학사)
아주대학교 법무대학원 (법학석사)
서울대학교 대학원 (법학박사)
전 법무부 국제법무과 검사
전 국제연합 구유고전범재판소 항소심 재판연구관(Associate Legal Officer)
미국 University of Texas at Austin 방문학자(Fulbright 재단 중견학자 연구비 수혜)
미국 University of San Diego 방문학자(법무부 국외훈련검사)
법무부 법무·검찰 개혁위원회 위원
일제강제동원피해자지원재단 감사
미국 캘리포니아 주 변호사
아주대학교 법학전문대학원 교수

■ 주요논문
"일본군'위안부'에 대한 국제범죄의 법적 구성"
"일본군'위안부'에 대한 국제범죄와 죄형법정주의"
"검찰개혁과 고위공직자비리수사처"

국제범죄의 지휘관책임

초판 인쇄 ㅣ 2017년 12월 05일
초판 발행 ㅣ 2017년 12월 15일

지 은 이   이윤제

발 행 인   한정희
발 행 처   경인문화사
총 괄 이 사   김환기
편   집   김지선 한명진 박수진 유지혜
마 케 팅   김선규 하재일 유인순
출 판 번 호   제406-1973-000003호
주   소   파주시 회동길 445-1 경인빌딩 B동 4층
전   화   031-955-9300 팩   스   031-955-9310
홈 페 이 지   www.kyunginp.co.kr
이 메 일   kyungin@kyunginp.co.kr

ISBN 978-89-499-4312-1 93360
값 32,000원